"十二五"普通高等教育本科国家级规划教材

国际航运中心高级航运人才培养工程
国家级一流本科专业及课程建设项目
国家高等学校特色专业建设项目

多式联运组织与管理

（第二版）

孙 明　王学锋　编著

上海交通大学出版社
SHANGHAI JIAO TONG UNIVERSITY PRESS

内容提要

本书以集装箱货物的国际多式联运为研究对象,从业务组织与管理的角度展开,内容涉及业务、法律、管理等多个方面。全书共分为 8 章,全面阐述了多式联运的基本概念、载运工具与设备、网络、业务组织、单证、费用计收、项目管理、法律与惯例等。

本书可作为高等院校交通管理(国航)、交通运输、物流管理、国际贸易、工商管理等专业的教材,也可作为相关学科研究和业务实践的参考书。

图书在版编目(CIP)数据

多式联运组织与管理/孙明,王学锋编著. —2 版
. —上海:上海交通大学出版社,2022.8
(国际航运中心高级航运人才培养工程)
ISBN 978 - 7 - 313 - 27105 - 1

Ⅰ.①多… Ⅱ.①孙…②王… Ⅲ.①陆军装备—多式联运—研究 Ⅳ.①E151

中国版本图书馆 CIP 数据核字(2022)第 125876 号

多式联运组织与管理(第二版)
DUOSHI LIANYUN ZUZHI YU GUANLI (DI‐ER BAN)

编　著:孙　明　王学锋
出版发行:上海交通大学出版社　　　　　　地　　址:上海市番禺路 951 号
邮政编码:200030　　　　　　　　　　　　电　　话:021-64071208
印　制:上海新艺印刷有限公司　　　　　　经　　销:全国新华书店
开　本:710mm×1000mm　1/16　　　　　印　张:27.25
字　数:527 千字
版　次:2011 年 11 月第 1 版　2022 年 8 月第 2 版　　印　次:2022 年 8 月第 2 次印刷
书　号:ISBN 978 - 7 - 313 - 27105 - 1
定　价:88.00 元

序

  建设上海国际航运中心是党中央、国务院的重大战略部署,既是我国经济发展的需要,也是融入全球经济一体化和积极参与世界经济竞争的需要,意义重大。十多年来,上海国际航运中心建设已经取得了重大进展,基础设施建设成果显著,软环境改善成效明显。随着上海国际航运中心建设的进一步推进,航运人才的培养与集聚日益为人们所重视。

  上海海事大学以服务于国家航运事业发展和上海国际航运中心建设为己任,努力培养又好又多的大学生,为实现中国由海运大国向海运强国的转变而努力奋斗。我校的航运管理专业是教育部、财政部批准的第六批高等学校特色专业建设点,也是上海市第三期本科教育高地建设项目。

  本系列教材以教育部教学质量与教学改革工程为指导,以高校学科专业布局结构优化与调整为基础,以特色专业建设为主要内容。系列教材主要有如下特点:

  (1)对航运管理专业原有课程体系进行了梳理和调整,部分教材为国内首次编写。

  (2)在行业管理和企业实践方面,适应国际航运市场的新变化和国际航运业务的新特点。

  (3)在重视实践的基础上,注重对组织和管理能力的培养。

  希望本系列教材的出版,对于国际航运与物流人才的培养有所裨益。

上海海事大学党委书记、校长

2010 年 9 月

第二版前言

　　《多式联运组织与管理》第一版自 2011 年 1 月出版以来,已逾 10 年。其间,国际经济形势、贸易惯例、运输法规等发生了新的变化,我国《民法典》自 2021 年 1 月 1 日起施行。此外,美国次贷危机及全球金融危机、中美贸易争端、新型冠状病毒疫情等也深刻影响了世界贸易与供应链、产业链的发展格局。

　　2013 年 9 月和 10 月,我国国家主席习近平在出访哈萨克斯坦和印度尼西亚时先后提出共建"丝绸之路经济带"和"21 世纪海上丝绸之路"的重大倡议。中国政府成立了推进"一带一路"建设工作领导小组,并在中国国家发展和改革委员会设立领导小组办公室。多年来,共建"一带一路"倡议得到了越来越多国家和国际组织的积极响应,受到国际社会广泛关注,影响力日益扩大,其聚焦"六廊六路多国多港"主骨架,在设施联通方面,铁路、港口、航空等一批标志性项目取得了举世瞩目的成就。

　　结合以上情况,本次修订旨在全面更新与完善第一版教材内容。教材仍以集装箱货物的国际多式联运为主要研究对象,从业务组织与管理的角度展开,共分为 8 章。其中,第 1 章对各种运输方式进行了概述,阐述了多式联运相关的基本概念;第 2 章对海运、空运、铁路、公路各区段的载运工具和设备进行了介绍;第 3 章总结了现有多式联运的节点、线路和网络;第 4 章详细阐述了各区段货物进出口运输业务的组织方式,对多式联运路径选择方法、各区段分运承运人评价方法进行了研究;第 5 章探讨了各区段以及多式联运业务单证的特点和使用方法;第 6 章介绍了各区段运输费用的种类和计算方法,并对多式联运单一费率的构成进行了分析;第 7 章围绕进度、质量、成本三个方面对多式联运项目管理的相关问题进行了分析;第 8 章介绍了现有各区段所适用的法律和惯例,并对多式联运经营人的责任制度进行了研究,可供多式联运风险管理以及争议与纠纷处理参考。

　　上海海事大学孙明和王学锋老师牵头并全面参与了本版教材的修订,他们多年来从事多式联运领域的教学与研究,取得了丰硕的成果。上海海事大学交通管理(国航)专业已有 60 年办学历史,已入选 2020 年度国家级一流本科专业建设点,其特色优势在于"文理结合、强调实践、服务海运、面向世界"。多年来,该专业师生在教育教学改革和创新人才培养等方面取得了丰硕的成果,有上海市教学成果特等奖、市级教学团队、教学能手、宝钢优秀教师,有世界技能大赛货运代理项目全国前 2 名、"一带一路"国际技能大赛金牌获得者(均为本专业学生),还有一批国家级和上海市精品课程。其中,本教材同名课程"多式联运组织与管理"获评首批国家级一流本科课程。

　　本次修订工作还得到了上海海事大学江海伦、穆麒羽、王宏宇、朱梓君、王雨晨、江程、宋文博、黄静怡、洪国皓、陈珮钰、蒋林玲、朱占景等在校生的协助,他们在资料收集和文字整理方面做了大量工作,在此表示感谢! 在本次修订中,编者还参阅和引用了同行专家的著作及数据,在此一并致谢!

　　对本书中可能存在的不妥之处,恳请使用本教材的老师、同学和广大读者批评指正!

编　者

2022 年 8 月

前　　言

按照 1980 年《联合国国际货物多式联运公约》的定义，"国际多式联运"是指按照多式联运合同，以至少两种不同的运输方式，由多式联运经营人将货物从一国境内接管货物的地点运至另一国境内指定交付货物的地点。

作为主要的组织者和协调者，多式联运经营人采用两种或两种以上运输方式，为货主提供了一次托运、一次报关、一次计费、一次保险、一份合同、一张单证、一个经营人对全程运输负责的业务便利，使货主能够专注于生产、销售等业务。作为多式联运网络中最重要的参与者，多式联运经营人一方面要对托运人负责，保证货物在全程运输中不出意外；另一方面要负责利用多式联运网络中所有可利用资源，选择最优的运输线路和最合适的区段承运人，调控不经济的运输组织方式，合理组织运输。

本书的主要研究对象为集装箱货物的国际多式联运，从业务组织与管理的角度展开，共分为 8 章。其中，第 1 章对各种运输方式进行了概述，阐述了多式联运相关的基本概念，并对欧美国家发展多式联运的经验进行了总结；第 2 章对海运、空运、铁路、公路各区段的载运工具和设备进行了介绍；第 3 章总结了现有多式联运的节点、线路和网络；第 4 章详细阐述了各区段货物进出口运输业务的组织方式，对多式联运路径选择方法、各区段分运承运人评价方法进行了研究；第 5 章探讨了各区段以及多式联运业务单证的特点和使用方法；第 6 章介绍了各区段运输费用的种类和计算方法，并对多式联运单一费率的构成进行了分析；第 7 章围绕进度、质量、成本三个方面对多式联运项目管理的相关问题进行了分析；第 8 章介绍了现有各区段所适用的法律和惯例，并对多式联运经营人的责任制度进行了研究，可供多式联运风险管理以及争议与纠纷处理参考。

　　本书中的部分研究内容是探索性的,可能有些观点需进一步发展和完善,希望读者提出宝贵意见。

　　在本书编写过程中,参阅了大量的国内外著作、论文,对这些文献的作者表示诚挚的谢意! 上海海事大学硕士研究生王丽莎、刘纯、杨海站、桂雨、刘欣妍、张露等为本书的编写搜集整理了大量资料,在此表示感谢!

　　我国开展多式联运实践已经有较长时间,但是多式联运发展还不够完善,因此本书撰写难免有不足之处,恳请广大专家和读者批评指正。

编　者

2010 年 9 月

Contents

目　　录

1 多式联运导论

1.1 各种运输方式概述

1.1.1 海上货物运输

1.1.1.1 海运船舶营运方式

海上货物运输是随着航海贸易的发展而发展起来的。海运船舶的营运方式必须与国际贸易对海上货物运输的要求相适应。因此，为了适应不同贸易合同下的货物运输需要，也为了合理地利用船舶的运输能力，并获得良好的营运经济效益，目前国际海运船舶的营运方式可分为两大类，即定期船运输（班轮运输）和不定期船运输（租船运输）。

班轮运输（liner shipping），也称定期船运输，是指班轮公司将船舶按事先制定的船期表（liner schedule），在特定航线的各挂靠港口之间，经常地为非特定的众多货主提供规则的、反复的货物运输服务（transport service），并按运价本（tariff）或协议运价的规定计收运费的一种营运方式。

租船运输（charter shipping），又称不定期船运输（tramp shipping），这是相对于定期船运输，即班轮运输而言的另一种船舶营运方式。由于这种营运方式需在市场上寻求机会，没有固定的航线和挂靠港口，也没有预先制定的船期表和费率本，船舶经营人与需要船舶运力的租船人是通过洽谈运输条件、签订租船合同（charter party）来安排运输的，故称为"租船运输"。租船运输主要是根据租船人的要求来安排营运的。通常，由租船人租用整船进行运输，而且根据租船人的不同要求，又分为不同的租船方式。

1.1.1.2 海上货物运输的特点

1）班轮运输的特点

与租船运输相比，班轮运输具有以下一些特点：

（1）承运人与货主之间在货物装船之前通常不书面签订具有详细条款的运输

合同。在杂货班轮运输中,通常是在货物装船后,由承运人或其代理人签发提单;在集装箱班轮运输中,除通常由承运人或其代理人签发提单外,还可以根据需要签发海运单。这些单证上记有详细的有关承运人、托运人或收货人的责任以及权利和义务条款。

(2)在杂货班轮运输中,除非订有协议可允许托运人在船边交货和收货人在船边提货外,通常承运人是在装货港指定的码头仓库接受货物,并在卸货港的码头或仓库向收货人交付货物;在集装箱班轮运输中,通常承运人是在装货港集装箱堆场接受货物,并在卸货港集装箱堆场交付货物。拼箱货则由集拼经营人在装货港集装箱货运站接受货物,并在卸货港集装箱货运站交付货物。

(3)班轮公司一般负责包括装货、卸货和理舱在内的作业和费用,在杂货班轮运输中,班轮公司通常不负担仓库至船边或船边至仓库搬运作业的费用;在集装箱班轮运输中,由于运输条款通常为 CY/CY(堆场/堆场),所以班轮公司理应负担堆场至船边或船边至堆场搬运作业的费用。

(4)承运人与货主之间不规定装卸时间,也不计算滞期费和速遣费。在堆场或货运站交接货物的情况下,会约定交接时间,而不规定装卸船时间;在船边交货或提取货物时,也仅约定托运人或收货人需按照船舶的装卸速度交货或提取货物,否则,货方应赔偿船方因降低装卸速度或中断装卸作业所造成的损失。

2)租船运输的特点

在租船运输中,船舶的营运是根据船舶所有人与承租人双方签订的租船合同来进行的,一般进行的是特定货物的运输。船舶提供的是货物运输服务,而承租人则是按约定的运价支付运费或按约定的租金费率支付租金。因此,区别于班轮运输,租船运输具有以下特点:

(1)按照船舶所有人与承租人双方签订的租船合同安排船舶就航航线,组织运输,没有相对于班轮运输的船期表。

(2)适合大宗散货运输,货物的特点是批量大、附加值低、包装相对简单,因此,租船运输的价格相对班轮运输而言较低。

(3)舱位的租用一般以提供整船或部分舱位为主,根据租约来定。另外,承租人一般可以将舱位或整船再租与第三人。

(4)船舶营运中的风险以及有关费用的负担由租约约定。随之,运价或租金水平也相应变化。

(5)租船运输中提单的性质不同于班轮运输,它不是一个独立的文件,对于承租人和船舶所有人而言,仅相当于货物收据,这种提单要受租船合同的约束。当承租人将提单转让与第三人时,提单起着权利凭证的作用;在第三人与船舶所有人之间,提单则是货物运输合同的证明。

(6)承租人与船舶所有人之间的权利和义务是通过租船合同来确定的。

（7）在租船运输中，船舶港口使用费、装卸费及船期延误，按租船合同规定由船舶所有人和承租人分担、划分及计算，而班轮运输中船舶的一切正常营运支出均由船方负担。

1.1.1.3　海上货物运输的种类

1）班轮运输的种类

根据班轮运输的发展和承载对象的不同，班轮运输的种类又分为杂货班轮运输和集装箱班轮运输两种。

最早的班轮运输是杂货班轮运输。杂货班轮运输的货物以件杂货为主，还可以运输一些散货、重大件等特殊货物。对货主而言，杂货班轮运输具有以下优点：

（1）能及时、迅速地将货物发送和运达目的港；因为货主能根据船期表预知货物的发运和到达时间，所以能保证货物的供需要求。

（2）特别适应小批量零星件杂货对海上运输的需要。货主能够随时向班轮公司托运，而不论货物的批量大小，因此可以节省货物等待集中的时间和仓储的费用。

（3）能满足各种货物对海上运输的要求，并能较好地保证货运质量。

（4）通常，班轮公司都负责转运工作，货主可以要求班轮公司安排货物的转运工作，从而满足货物运输的特殊需要。

20 世纪 60 年代后期，随着集装箱运输的发展，班轮运输中出现了以集装箱为运输单元的集装箱班轮运输方式。由于集装箱运输具有运送速度快、装卸方便、机械化程度高、作业效率高、便于开展联运等优点，到 20 世纪 90 年代后期，以技术可行和经济可行为前提，集装箱班轮运输已逐渐取代了传统的杂货班轮运输。

对货主而言，集装箱班轮运输除了具有与杂货班轮运输相似的优点外，在运输速度、货运质量等方面更具有优势。但是，大多数班轮公司不接小批量的拼箱货，因此需要集拼经营人来安排小批量的拼箱货运输。

2）租船业务的种类

租船业务不等于租船运输。除用于海上货物运输外，租船业务还可满足船舶所有人、经营人之间调剂船舶运力的需要。目前，航运业主要的租船业务种类有航次租船（voyage charter or trip charter）、定期租船（time charter or period charter）、光船租船（bareboat charter or demise charter）、包运租船（contract of affreightment，COA）以及航次期租（time charter on trip basis or time charter trip，TCT）五种。其中最基本的租船运输经营方式是具有运输承揽性质的航次租船。

航次租船又称"航程租船"或"程租"，是指由船舶所有人向承租人提供船舶在指定的港口之间进行一个或几个航次的指定货物运输的租船运输方式。

航次租船是租船市场上最活跃、最为普遍的一种租船方式，对运费水平的波动最为敏感。在国际现货市场上成交的绝大多数货物（主要有液体散货和干散货两大类）通常都是通过航次租船方式运输的。

定期租船又称"期租"，是指由船舶所有人将特定的船舶，按照租船合同的约定，在一定时期内租给承租人使用的一种租船方式。这种租船方式以约定的使用期限为船舶租期来计算租金，而不以完成航次数多少来计算运费。在租期内，承租人利用租赁的船舶既可以进行不定期货物运输，也可以投入班轮运输，还可以在租期内将船舶转租，以取得运费收入或谋取租金差额。租期的长短完全由船舶所有人和承租人根据实际需要约定，少则几个月，多则几年，乃至更长的时间。

定期租船的承租人既有一些大型企业或实力较强的贸易机构，利用租赁船舶进行自有货物的运输；也有一些航运公司，利用租赁船舶从事货物运输，以便弥补自身船队运力的不足。大型企业或实力较强的贸易机构往往拥有稳定的货源，有着长期的运输需求，对租船市场的租金水平有一定影响。

在定期租船方式下，被租船完全处于承租人的使用和控制下。所以，除因船舶不能处于适航状态外，其他情况所造成的营运风险一般均由承租人承担。

光船租船又称船壳租船。这种租船方式实质上是一种财产租赁方式，船舶所有人不具有承揽运输的责任。在租期内，船舶所有人只提供一艘空船给承租人使用，船舶的配备船员、营运管理、供应以及一切固定或变动的营运费用都由承租人负担。船舶所有人在租期内除了收取租金外，对船舶和其经营不再承担任何责任和费用。

以包运租船方式所签订的租船合同称为"包运租船合同"，或称"运量合同"（quantity contract / volume contract）。包运租船是指船舶所有人向承租人提供一定吨位的运力，在确定的港口之间，按事先约定的时间、航次周期和每航次较为均等的运量，完成合同规定的全部货运量的租船方式。

包运租船实质上具有"航次租船"的基本特征。包运租船运输时，船舶每个航次的货物运输除受包运合同的限制外，还受其中明确规定的每航次租船合同的限制。

对船舶所有人而言，包运租船货运量大，较长时间内有较充足的货源，基本保障了稳定的运费收益；而且在包运租船中，船舶所有人可根据自有的船舶运力灵活地安排船舶；在保证按合同规定完成货物运输的前提下，船舶所有人通过对船舶的适当调度，可利用航次间的多余时间装运其他货物，提高运力利用率，从而获得更大经营效益。

对承租人而言，包运租船可以保证在较长时间内满足货物的运输需求，而且可在较大程度上摆脱租船市场行情的变动所带来的影响，确保运力将货物运往最终市场，从而保障生产或销售活动的正常进行。

在目前的实际业务中，承租双方还经常采用一种介于航次租船和定期租船之间的租船方式，即"航次期租"。这种租船方式的主要特点在于，其没有事先明确的租期期限,而只确定了特定的航次。这种租船方式以完成航次运输为目的,按实际租用的时间(一般以天为单位)和租金率计算租金,费用和风险则按照定期租船方式的基本原则来处理。这种租船方式减少了船舶所有人因各种原因所造成的航次时间延长所带来的船期损失,将风险在很大程度上转嫁给了承租人。

因为航次期租是建立在定期租船和航次租船两种租船方式基础上的一种边缘型的租船方式,对于航次期租的处理方法,在法律上往往是依据具体航次时间持续的时间长短来确定其性质的:整个航次持续时间较长的通常被认为具有较多的定期租船的性质,而更多地按定期租船的办法予以处理;租期较短的往往被认为更多具有航次租船的性质,尽管船舶出租人收取的不是运费而是租金,也往往会考虑航次租船的一些要求。当然,总的看来,一般还是认为这种租船方式是以期租为基础,融合了航次租船的性质。

承租人在以航次租船、定期租船和光船租船方式的任何一种方式租用船舶后,除非租船合同明确规定不允许承租人转租船舶与第三者外,承租人有权将租用船舶再次租出,即所谓的转租(subletting),船舶所有人一般无权限制转租。

从承租人处再次租用船舶的第三者称为再承租人。承租人与再承租人以签订租船合同的方式转租船舶,该合同称为第二租船合同。在发生纠纷时,再承租人可根据第二租船合同向承租人索赔。

1.1.2　航空货物运输

1.1.2.1　国际航空飞机营运方式

航空运输与其他运输方式相比,是比较年轻的运输行业。1903 年 12 月 17 日,美国的莱特兄弟完成了世界上第一架有动力的、持续稳定受控的飞机试飞,开创了航空运输的新纪元,也标志了民用航空的诞生。为了合理地利用飞机的运输能力并获得良好的营运经济效益,目前国际航空飞机的营运方式可分为两大类,即定期航班运输(班机运输)和不定期运输(租机运输)。

1) 定期航班运输

定期航班运输,又称班机运输(scheduled flights transport),是指航空公司将飞机按事先制定的航班时刻表,在特定航线的各既定起落站之间,经常性地为非特定的众多货主提供规则的、反复的运输服务,并按运价本或协议运价的规定计收运费的一种营运方式。用于班机运输的飞机主要是客货混载,在搭载旅客的同时又运送小批量货物。但一些规模较大的航空公司在一些货源比较充足的航线上也使用全货机开辟定期货运航班。

班机航线和停靠港固定,定期开航,定点到达,因此国际货物流通采用班机方式可以使收、发货人确切掌握货物起运和到达时间,保证货物安全、准时地成交。特别是对运送国际市场上的急需商品、行李、鲜活物、贵重物、电子器件等,效果十分明显。

由于班机大多使用客货混用机,而大多以客为主,舱位有限,尤其在旅游旺季,航空公司往往首先满足旅客的要求,有限的舱位更显得不足,不能满足大批量货物的及时出运,只能分期分批运输,使得班机在货物运输方面存在很大的局限性。

在定期航班运输方式下,除了普通的零散件班机运输和直接运输外,根据舱/板/箱销售方式和货源及组织形式的不同,还有以下具体业务种类:

(1) 包舱/板/箱运输。包舱/板/箱运输(cabin/pallet/container chartering)是定期航空货物运输的一种销售方式,它指托运人根据所运输的货物在一定时间内需要单独占用飞机部分或全部货舱、集装箱、集装板,而承运人需要采取专门措施予以保证。

包舱包板运输是航空包机运输中经常采用的方式,这无论对于航空公司还是代理人都是一个双赢的策略。根据具体的双方协议和业务操作,其又可分为固定和非固定包舱两种。前者是指托运人在承运人的航线上通过包板(舱)的方式运输时,无论是否向承运人交付货物,都必须支付协议上规定的运费;后者是指托运人在承运人的航线上通过包板(舱)的方式运输时,在航班起飞前72 h如果没有确定舱位,承运人则可以自由销售舱位,但承运人对代理人包板(舱)的总量有控制。

(2) 航空快递。航空快递(air courier)是指具有独立法人资格的企业将进出境货物或物品从发件人(consignor)所在地通过自身或代理的网络运达收件人(consignee)的一种快速运输方式,采用上述运输方式的进出境货物/物品称为快件。

航空快递业因其所运送的货物主要以文件和小包裹为主而区别于普通航空货运业务。

(3) 集中托运。由于航空运价随着货物计费重量的增加而逐级递减,货物重量越重,航空货运代理人或集运商(consolidator)就可以从航空公司获取更加优惠的运价。因此,集中发送大批量货物的运营模式成为众多代理人追求的目标,这样就能从航空公司获取比其他竞争对手较低的运价。航空货运市场目前还是一个价格敏感度较强的市场,较低的价格意味着拥有较强的竞争优势,市场销售将会非常得力,会吸引更多的托运人发货,这样一来,运送货物的总量会进一步增大,就能与航空公司谈到更加优惠的运价。

2) 不定期航班运输

不定期运输(non-scheduled transport),主要是不定期的包机运输(transport by chartering),是相对于班机运输而言的另一种飞机营运方式,由于这种营运方式须在市场上寻求机会,没有固定的航线和挂靠港,也没有事先制定的航班时刻表和费率,当事人须在市场上通过洽谈运输条件,订立飞机租用合同来安排运输。

我国《中华人民共和国民用航空法》第九十八条规定:公共航空运输企业从事不定期运输,应当经国务院民用航空主管部门批准,并不得影响航班运输的正常经营。

包机运输是由租机人租用整架飞机或若干租机人联合包租一架飞机进行货运的物流方式。包机如往返使用,则价格较班机低;如单程使用,则价格较班机高。包机适合专运高价值货物。

根据包机人包用飞机舱位的多少,包机可分为整架包机和部分包机两种。

整架包机即包租整架飞机,是指航空公司或包机代理公司按照与租机人事先约定的条件与费率,将整架飞机出租给包机人,从一个或几个航空站装运货物到指定目的地的运输方式。这种方式适合运输大批量货载,运费比较低。但整架包机的租机人要在货物装运前一个月与航空公司联系,以便航空公司安排飞机运载和向起落机场及有关政府部门申请,办理入境、过境及有关手续。

部分包机有两种方式:一种是由几家航空货运代理公司或发货人联合包租整架飞机;另一种是由包机公司把整架飞机的舱位分租给几家航空货运代理公司。部分包机适合于不足整机但货量也较大(一般为 1 t 以上)的货物运送。

1.1.2.2　航空货物运输的特点

国际航空货物运输虽然起步较晚,但发展极为迅速,这与它所具备的许多特点是分不开的。这种运输方式与其他运输方式相比,具有如下特点:

第一,运送速度快。现代喷气运输机速度一般都在 1 450 km/h 左右,协和式飞机速度可达 2 173 km/h。航空线路不受地面条件限制,一般可在两点间直线飞行,航程比地面短得多,而且运程越远,快速的特点就越显著。

第二,安全准确。航空运输管理制度比较完善,航空法规的建制几乎随航空技术的发展同步进行。所以,货物运输的破损率低,被盗窃机会少,可保证运输质量,如使用空运集装箱,则更为安全。飞机航行有一定班期,世界各航空公司都十分重视正点率(又称准点率),把它视为影响企业发展的重要因素之一,可以保证货物按时到达。

第三,手续简便。航空运输为了体现其快捷便利的特点,为托运人提供了简便的托运手续,也可以由货运代理人上门取货,并为其办理一切运输手续,还可以通过货运代理人送货上门,实现"门到门"的运输服务,极大地方便托运人和收货人。

第四,节省包装、保险、利息和储存等费用。由于航空运输速度快,商品在途时间短,周期快,存货可相对减少,资金可迅速收回,从而大大节省贷款利息费用。加之航空货物运输中货损、货差较少,货物包装可以相对简化,从而可降低包装费用和保险费用。

第五,运价较高,载量有限,易受天气影响。与其他运输方式相比,航空运输的不利之处也是明显的。由于技术要求高、运输成本大等原因,运价相对较高,例如,从中国到美国西海岸,空运运价通常是海运运价的 10 倍以上;由于飞机本身载重、容积的限制,其货运量相对海运来说要少得多,如目前最常见的大型货机 B777 - 200F 型可载货 105 t 左右,相比海运船舶几万吨、十几万吨的载重量要小得多;航空运输若遇到大雨、大风、雾等恶劣天气,航班就不能得到有效保证,可能导致货物的延误及损失。

但是,由于这种运输方式的优点突出,可弥补运费高的缺陷。加之货物保管制度完善,货损、货差少,适用于价值较高、运量小、时间要求紧、运费负担能力强的货物运输。

1.1.3　铁路货物运输

1.1.3.1　国际铁路联运的概念

铁路运输是利用铁路线、铁路机车等设备将旅客、货物从一个车站运到另一个车站的运输方式。

国际铁路货物联运简称国际联运,是指使用一份统一的国际联运票据,无须发货人与收货人参加,而由铁路部门负责办理两个或两个以上国家铁路全程运送的货物运输。

1.1.3.2　铁路运输的特点

铁路运输是国民经济的大动脉,是现代运输的主要方式之一,具有以下特点:

(1) 铁路运输的准确性和连续性强,几乎不受气候的影响,可以不分昼夜地进行定期的、有规律的、准确的运输。

(2) 铁路运输速度比较快,比一般的海上运输要快得多。

(3) 运输量比较大,要高于航空运输和公路运输。

(4) 与航空运输和公路运输相比,铁路运输成本较低。

(5) 铁路运输安全可靠,风险比海上运输小。

(6) 初期投资大,铁路运输需要铺设轨道、建造桥梁和隧道,需要消耗大量钢材、木材,占用大量土地等。

1.1.3.3　铁路货物运输的分类

根据托运人托运货物的数量、体积、形状等条件,结合铁路的车辆和设备等情况,铁路货物运输的形式可分为三种:整车、零担和集装箱运输。

整车运输是指货物的重量[①]、体积或形状需要以一辆或一辆以上的货车装运。

零担运输是指一批货物的重量、体积或形状不够整车运输条件时作为零星货物交运,承运部门采用将不同货主的货物按同一到站凑整一车后再发运的服务形

[①] 在货物运输过程中,业内常常用重量指代货物的质量,通常用千克或磅为单位。

式。按零担托运的货物还需具备另外两个条件：一是单件货物的体积最小不得小于 0.02 m³（单件货物重量在 10 kg 以上的除外）；二是每批货物的件数不得超过 300 件。下列货物不得按零担托运：

（1）需要冷藏、保温或加温运输的货物。

（2）规定限按整车办理的危险货物。

（3）易于污染其他货物的污秽品（如未经过消毒处理或未使用密封不漏包装的牲畜、湿毛皮、粪便、炭黑等）。

（4）蜜蜂。

（5）不易计算件数的货物。

（6）未装容器的活动物（铁路局规定在管内可按零担运输的除外）。

（7）一件货物重量超过 2 t、体积超过 3 m³ 或长度超过 9 m 的（经发站确认不致影响中转站和到站装卸车作业的除外）。

集装箱运输是指对不会损坏箱体、能装入箱内的货物采用铁路箱或国际标准箱进行的运输服务。符合集装箱运输条件的货物都可按集装箱运输办理。

按照铁路运送的货物可分为普通货物、按特殊条件运送的货物两类。

普通货物是指在铁路运送过程中按一般条件办理的货物，如煤、粮食、木材、钢材、矿建材料等。

按特殊条件办理的货物是指由于货物的性质、体积、状态等在运输过程中需要使用特别的车辆装运或需要采取特殊运输条件和措施才能保证货物完整和行车安全的货物，如超长、集重、超限、危险和鲜活等货物。具体分为以下三类：

（1）超长、集重和超限的货物。超长货物是指一件货物的长度超过用以装运的平车的长度，需要使用游车或跨装运输的货物；集重货物是指一件货物装车后，其重量不是均匀地分布在车辆的底板上，而是集中在底板的一小部分上的货物；超限货物是指一件货物装车后，车辆在平直的线路上停留时，货物的高度和宽度有任何部分超过机车车辆限界的，或者货车行经半径为 300 m 的铁路线路曲线时，货物的内侧或外侧的计算宽度超过机车车辆限界的以及超过特定区段的装载限界的货物。

（2）危险货物。危险货物是指凡具有爆炸、易燃、毒害、腐蚀、放射性等特性，在运输、装卸和储存保管过程中，容易造成人身伤亡和财产毁损而需要采取制冷、加温、保温、通风、上水等特殊措施，以防止腐烂变质或病残死亡的货物。

（3）鲜活货物。鲜活货物分为易腐货物和活动物两大类；托运人托运的鲜活货物必须品质新鲜、无疾残，有能保证货物运输安全的包装，使用的车辆和装载方法要适应货物性质，并根据需要采取预冷、加冰、上水、押运等措施，以保证货物的质量状态良好。

1.1.4　公路货物运输

1.1.4.1　公路运输的概念

公路运输(road transportation)又称道路运输,是指利用一定运载工具通过公路实现旅客或货物的空间位移的过程。公路运输由运载工具、公路和场站组成,所以也称为公路运输系统,是整个运输体系中的子系统之一。

由于运载工具主要有汽车、拖拉机、畜力车、人力车等,因此公路运输的概念有广义和狭义之分。从广义上来说,公路运输包括了上述的各种运载工具;从狭义上来说,即指汽车运输。在这里仅讨论狭义上的公路运输,即汽车运输。

1.1.4.2　公路运输的特点

公路运输是现代运输方式之一,同时,也是构成陆上运输的两个基本运输方式之一。它在整个运输领域中占有重要的地位,并发挥着重要的作用。

公路运输有以下特点:

(1) 公路运输是一种机动灵活、简捷方便的运输方式。在短途货物集散运转上,它比铁路、航空运输具有更大的优越性,尤其是在实现"门到门"的运输中,其重要性更为显著。

(2) 公路运输是衔接空运、铁路运输、海运不可缺少的运输方式。空运、铁路运输、海运或多或少都要依赖公路运输来完成最终两端的运输任务。例如,铁路车站、水运港口码头和航空机场的货物集疏运都离不开公路运输。

(3) 适应点多、面广、零星、季节性强的货物运输。

(4) 运距短,单程货多。

(5) 汽车投资少,见效快。

(6) 公路运输的载重量少,交通事故较频繁,易造成货损货差事故,对环境的影响较大。

(7) 运输成本费用较水运和铁路运输要高。

1.1.4.3　公路运输的分类

根据货物本身的特点,公路运输分类如下:

(1) 整批货物运输,指托运人一次托运货物计费重量 3 t 以上或不足 3 t,但其性质、体积、形状需要一辆汽车运输的。

(2) 大型特型笨重物件运输,指因货物的体积、重量的要求,需要大型或专用汽车运输的。

(3) 集装箱汽车运输,指采用集装箱为容器,使用汽车运输的。

(4) 快件货物运输,指在规定的距离和时间内将货物运达目的地的。应托运人的要求,采取即托即运的,为特快件货物运输。

(5) 危险货物汽车运输,指承运《危险货物品名表》列名的易燃、易爆、有毒、有腐蚀性、有放射性等危险货物和虽未列入《危险货物品名表》但具有危险货物性质的新产品的。

（6）出租汽车货运，指采用装有出租营业标志的小型货运汽车，供货主临时雇用，并按时间、里程和规定费率收取运输费用的。

（7）搬家货物运输，指为个人或单位搬迁提供运输和搬运装卸服务，并按规定收取费用的。

根据公路运输的组织形式，公路运输分类如下：

（1）公共运输业。公共运输业是由专业经营汽车货物运输业务并以整个社会为服务对象，其经营方式有定期定线、定线不定期和定区不定期3种。定期定线是指不论货载多少，在固定路线上按时间表行驶。定线不定期是指在固定路线上视货载情况，派车行驶。定区不定期是指在固定的区域内根据货载需要，派车行驶。

（2）契约运输业。契约运输业是指按照承托双方签订的运输契约运送货物。与之签订契约的一般都是一些大的工矿企业，常年运量较大而又较稳定。契约期限一般都比较长，短的有半年、一年，长的可达数年。按契约规定，托运人保证提供一定的货运量，承运人保证提供所需的运力。

（3）自用运输业。自用运输业是指工厂、企业、机关自置汽车，专为运送自己的物资和产品，一般不对外营业。

1.1.5　管道货物运输

管道运输是利用运输管道，通过一定的压力差而完成气体、液体、粉状固体运输的一种现代化运输方式。

管道运输是随石油开发而兴起，并随着石油、天然气等流体燃料需求量的增长而发展的。目前各国主要利用管道进行国内和国际的流体燃料运输，有不少国家在国内已建成油、气管道网，大型国际管道横跨北美、北欧、东欧乃至跨越地中海连接欧非两大陆。

1.1.5.1　管道运输的优点

（1）运量大。一条输油管线可以源源不断地完成运输任务。根据其管径的大小不同，其每年的运输量可达数百万吨到数千万吨。

（2）占地少。运输管道通常埋于地下，其占用的土地很少。运输系统的建设实践证明，运输管道埋于地下的部分占管道总长度的95%以上，因而对于土地的永久占用很少。所以，在交通运输规划系统中，优先考虑管道运输方案，对于节约土地资源意义重大。

（3）运输建设周期短、费用低，运营费用也低。

（4）管道运输安全可靠、连续性强。由于石油、天然气易燃、易爆、易泄露，采用管道运输方式既安全又可大大减少挥发损耗,同时由于泄漏导致的空气、水和土壤污染也可大大减少。也就是说,管道运输能较好地满足运输工程的绿色环保要求。此外,由于管道基本埋于地下,其运输过程受恶劣多变的气候条件影响小,可以确保运输系统长期稳定地运行。

(5) 不受地形限制。管道埋于地下,可以从河流、湖泊、铁路、道路等穿过,一般不受地形与坡度限制。

1.1.5.2　管道运输的缺点

(1) 灵活性差、专用性强。管道运输不如其他运输方式灵活,除承运的货物比较单一外,也不能随便扩展管线,实现"门到门"的运输服务。对一般用户来说,管道运输常常要与铁路运输、道路运输、水路运输配合才能完成全程运输。此外,在运输量明显不足时,运输成本会显著增大。

(2) 运输对象单一。管道运输只能运输流体,这就限制了其运输对象的扩展。

1.2　多式联运的基本概念

1.2.1　国际多式联运的定义

1.2.1.1　1980 年《联合国国际货物多式联运公约》的定义

目前看来,《联合国国际多式联运公约》关于国际货物多式联运的定义最具权威性和影响力。根据该公约,国际货物多式联运是指:"按照多式联运合同,以至少两种不同的运输方式,由多式联运经营人将货物从一国境内接管货物的地点运至另一国境内指定交付货物的地点。为履行单一方式运输合同而进行的该合同所规定的货物接送业务,不应视为国际多式联运。"①

公约的这一定义有两个特点:第一个特点是它将多式联运与转运明确区分开来,前者是在不同运输方式之间进行连续运输,而后者是在单一运输方式之间进行连续运输;第二个特点是公约强调多式联运的国际性,并规定国际性的标准是接管货物和交付货物的地点要位于不同国家。在实务中,国际货物多式联运也的确在整个多式联运中占了绝大比例,因此,本书在分析有关多式联运的问题时,主要论及的是国际货物多式联运。

1.2.1.2　1991 年《国际商会多式联运单证规则》的定义

距《联合国国际货物多式联运公约》的生效大概还需要相当长的一段时间,原因可能如下:其一,公约具有强制适用性。其第 3 条规定,符合公约要求的多式联运合同一经签订,本公约即对这种合同强制适用。② 这种强制适用的要求,对一些

---

① 《联合国国际货物多式联运公约》(以下简称多式联运公约)第 1 条第 1 款。
② 《联合国国际货物多式联运公约》第 3 条第 1 款。

国家来说,可能一时难以接受。其二,公约生效的条件也比较不易满足。它要求30个国家加入后的12个月内才能生效,但到目前为止,仅有十多个国家加入了该公约。为了确保该公约生效前国际货物多式联运能有效地进行,有关国际组织决定制定一个临时性的规则,这就是联合国贸发会会同国际商会在1975年《国际商会联合运输单证(Combined Transport Document — Combidoc)统一规则》的基础上,参考联合国多式联运公约制定的1991年《国际商会多式联运单证规则》(以下简称1991年国际商会规则)。

1991年国际商会规则对多式联运并没有做出定义。但是根据其定义的"多式联运合同"和"多式联运经营人"来看,该规则所指的多式联运与联合国多式联运公约的定义唯一的区别在于1991年国际商会规则对多式联运的国际性没有规定。在内容上,它只规定至少使用两种不同的运输方式即可;在名称上,它使用的是"多式联运"而非"国际货物多式联运"。所以,该规则既可应用于国际货物的多式联运,又可应用于国内货物的多式联运。除此之外,多式联运的内涵在这两个国际性的法律文件中并没有其他不同。

1.2.1.3　对几个问题的理解

1) 多式联运运输区段当中是否必须包含海运

《中华人民共和国海商法》(以下简称《海商法》)第102条规定:本法所称多式联运合同,是指多式联运经营人以两种以上的不同运输方式,其中一种是海上运输方式,负责将货物从接收地运至目的地交付收货人,并收取全程运费的合同。

《中华人民共和国民法典》(以下简称《民法典》)中所称的多式联运合同,是指多式联运经营人以两种以上的不同运输方式,负责将货物从接收地运至目的地交付收货人,并收取全程运费的合同。

对此,根据我国《海商法》所采用的多式联运定义,多式联运是由多式联运经营人负责将货物以几种不同的运输方式,其中一种是海运的方式,将货物从一国境内运至另一国境内的运输方式。而根据我国《民法典》,多式联运是以几种不同的运输方式将货物由接收地运至目的地的运输方式,而不论是否有海上运输的参与。

对此,两者的规定并不矛盾。《海商法》的调整对象是海上运输关系,因此该法对多式联运的定义仅限于该法所调整的多式联运,当然包含了海上运输区段的多式联运。而《民法典》所调整的合同关系中所涵盖的运输合同关系也包括海上运输合同关系,但不限于海上运输合同关系。因此,多式联运各运输区段当中不一定要包含海运,只要有两种或两种以上运输方式即可。

2) 1980年《联合国国际货物多式联运公约》对国际多式联运定义的除外规定

根据1980年《联合国国际货物多式联运公约》对国际多式联运的定义,为履行单一方式运输合同进行的该合同所规定的货物接送业务,不应视为国际多式联运。

这也是公约对多式联运定义的一个除外规定。[①] 其实,早在制定国际公路货物运输公约时,航空运输承运人就曾坚持将类似的除外规定列入公路公约的适用范围中,而这项规定也是在航空运输经营人的坚持下被列入本公约的。这是因为公路(卡车)运输常是航空运输必要的辅助运输,航空运输的接送货物常需由公路运输完成,不论接送货物作业的运输距离长短,这种接送货物的公路运输都须受到一张适用于空运的航空货运单的约束,如果多式联运公约生效,而又未将这种接送货物的作业从多式联运公约的定义中除外,航空承运人就有可能被作为多式联运经营人而受多式联运公约的制约。不过,这里所说的接送货物的作业并不是任意的,通常是指由各该运输区段承运人委托的、定点的、不能为其他运输方式取代的,且作为各该种运输方式辅助业务的接送货物作业。

3) 转运、联运与多式联运

联合运输(combined transport)和多式联运(multi-modal transport)一般并无差别。根据1975年《国际商会(ICC)关于联合运输单证的统一规则》的规定,它是指至少以两种运输方式,将货物从一国的接收地运往目的地为另一国的运输方式。严格说来,"联合运输"不如"多式联运"精确。因为单纯从语意上讲,"联合运输"亦包括由单一运输方式组成的联运。目前在实务中,"联合运输"多指"多式联运"。在"多式联运"这一术语出现之前,人们多用"联合运输"来表示此种运输方式。虽然现在该词语仍为一些船公司或当事方所使用,但其出现频率已大大降低。

转运(transshipment)通常是指同一种运输方式之间的联合运输,区别于直达运输。

4) 特定情况下的多式联运

在特定情况下,规范某种运输方式的国际公约或国内立法中所定义的国际多式联运可能有所不同。例如,考虑国际集装箱多式联运中极少采用空运方式,我国曾经在《国际集装箱多式联运管理规则》中将航空运输方式排除在国际多式联运之外。又如,考虑到国际海运与国内水运实行不同的管理和责任制度,为了管理上的需要,国际商会的《联合运输单证统一规则》和我国过去的《国际集装箱多式联运管理规则》也将国际海运与国内水运视为两种不同的运输方式,即将国际海运与国内水运之间的水水联运也视为多式联运。再如,我国境内段铁路运输和港澳段铁路运输适用不同的管理和责任制度,因此,这种铁铁联运也可视为多式联运。

5) 国际多式联运下货物的种类

目前,绝大多数国际公约或国内立法对国际多式联运货物的种类通常并无限

[①] 此处所提及的"为履行单一方式运输合同进行的该合同所规定的货物接送业务,不应视为国际多式联运"的含义:该种货物接送业务不属于本公约所调整的国际多式联运之范畴。至于该种货物接送业务是否构成多式联运,此处不做论述。

制,既可以是集装箱货物、成组托盘货物,也可以是一般的散杂货等。然而,由于采用集装箱运输的效果最好,故国际多式联运货物通常是指集装箱货物。而且某些国际多式联运法规或惯例专门对国际多式联运货物的种类予以限定,如西伯利亚大陆桥运输中的货物仅限于国际集装箱货物。

1.2.2　多式联运的基本特征

从国际货物多式联运的概念分析,可以得出国际货物多式联运的如下基本特征:

(1) 国际货物多式联运首先是一种跨越国界的运输,其运输的起始地和目的地一定位于不同的国家境内,以此区别于一国境内的多式联运。

(2) 此种运输一定是通过两种以上不同的运输方式得以完成,不同运输方式的区分还要结合不同运输区段适用法律的不同加以界定。

(3) 虽然参与此项运输的当事方不止一个,但是必须有一个多式联运经营人作为多式联运合同的一方主体组织完成全部的运输,并承担相应的合同责任。

(4) 全部多式联运过程必须涵盖在一个单独的货物运输合同之下,多式联运经营人有可能接受不同合同的约束,比如受多式联运经营人与其雇佣人之间雇佣合同的约束,同时在各个运输区段间不可避免地会有各种辅助性的工作是不能全部包括在各个分运输合同中的。所以,一个覆盖全程运输的单独的运输合同就成为多式联合运输得以完成的必要条件,多式联运也由此成为一种独立的运输模式,而不再是各种单一运输方式的简单叠加。

国际多式联运是一种较高级的运输组织方式,它集中了各种运输方式的特点,扬长避短,融为一体,组成连贯运输,达到简化货运环节、加速周转、减少货损货差、降低运输成本、实现合理运输的目的。它相对于单一运输方式具有较大的优越性,主要表现在如下几个方面:

(1) 提高运输组织水平。在国际多式联运开展以前,各种运输方式都是自成体系,因此其经营的范围是有限的,承运的数量也是有限的。多式联运的开展实现了运输的合理化,改善了不同运输的衔接协作,从而提高了运输的组织和管理水平。

(2) 综合利用各种运输的优势。多式联运通过各种运输方式的合理搭配,充分发挥各类运输工具的效能,提高了运输效率,减少了货物的库存时间和费用,降低了运输成本。

(3) 是实现"门到门"运输的有效途径。国际多式联运综合了各种运输的特点,组成了直达连贯运输,可以把货物从发货人的内地工厂或仓库直接运到收货人的内地工厂或仓库,还可以运到收货人指定的任何适宜的地点。

(4) 手续简便、提早结汇。在多式联运方式下,货主只需办理一次托运手续,指定目的地，货物在启运地装上第一程运输工具后，货主即可取得多式联运单证，并可凭此向银行办理收汇手续。这较之过去从内地发货，需要在到达港口装船后才可取得装船提单收汇要早，因而，也有利于加速资金周转，节省利息支出。

（5）安全迅速。整个多式联运过程各个环节配合密切，衔接紧凑，中转迅速而及时，中途停留时间短。此外，多式联运以集装箱为主体，货物封闭在集装箱内，这样既减少了货损货差，还可以防止货物污染和被盗，能够较好地保证货物安全、迅速、准确、及时地运到目的地。

（6）降低运输成本，节约运杂费用。多式联运可以从多方面节约费用，降低成本，对货主而言是优惠运价，对承运人而言是高利润。

1.2.3　多式联运经营人

1.2.3.1　国际多式联运经营人的法律性质

1980 年《联合国国际货物多式联运公约》规定的国际货物多式联运经营人是指其本人或者通过其代表订立国际货物多式联运合同的任何人。多式联运经营人是本人，而不是发货人的代理人或者代表或参加多式联运的承运人的代理人或代表，并且负有履行合同的责任。所以，多式联运经营人是一个独立的法律主体，他的身份是基于多式联运合同而向托运人承担履行运输义务的本人，不管他是作为多式联运的实际提供人还是作为运输的承办人，只要他事实上与发货人签订了国际货物多式联运合同，作为本人他就应该负责对多式联运做出妥善安排，同时对整个多式联运合同履行过程中发生的货物的灭失、损害以及货物的迟延交付承担责任。

此外，随着贸易运输实践的发展以及社会分工的不断细化，多式联运经营人不可能也没有必要去亲自完成多式联运的所有环节，更多的情况是多式联运经营人自己将其中的一部分或者全部业务委托给各区段实际承运人或货运代理人、雇佣人等去完成。这样，多式联运经营人一方面作为本人与托运人签订了多式联运合同，承担所有合同义务，为货物利益方提供一次托运、一次收费、一单到底、统一理赔、全程负责的一体化运输服务；另一方面又与各区段承运人、货运代理人、雇佣人等发生契约关系，通过这种契约关系利用他们的服务以完成自己在多式联运合同中的义务。[①] 所以，多式联运经营人的这种区别于任何单一运输方式下承运人的独特法律地位在这多层次的合同关系中得以集中体现，同时也决定了多式联运经营人的法律性质及多式联运经营人在多式联运中的法律地位和作用。

1.2.3.2　国际多式联运经营人的基本特征

国际货物多式联运是由众多运输方式有机结合而完成的，所以它的法律关系

---

① 田聿新. 国际集装箱货物多式联运组织与管理[M]. 大连：大连海事大学出版社，1999，11：118 - 122.

也就显得较为复杂,其中既有多式联运经营人与货物利益方之间的运输合同关系,又有多式联运经营人与其代理人、受雇人及其他相关方之间的代理关系、承揽运送关系、侵权关系等。作为国际货物多式联运合同的主体,多式联运经营人应当具备以下基本特征:

(1)无论是其本人还是通过其代理人,多式联运经营人必须是与托运人签订国际多式联运合同的合同主体,他本人即是合同的一方当事人。多式联运的实质在于它是一个单一的运输过程,即通过不同的运输方式,把货物自接管地点运往交货地点。所以,多式联运经营人为完成运输而与其他分订约人订立的合同关系只是为履行多式联运经营人与托运人订立的多式联运合同而必须采取的具体手段而已,两者属于不同的合同关系层面。

(2)多式联运经营人从接管货物时起到交付货物时止,对无论是否实际处于其掌管支配下的货物的灭失、损害以及迟延交付承担赔偿责任。虽然这并不影响多式联运经营人向实际造成货物灭失、损害以及迟延交付的责任人进行追偿,但是只要货物利益方选择向其主张权利,其便负有第一位的赔偿责任。尽管大多数情况下合同项下的货物并不是由联运经营人亲自支配,但是只要在责任期间内,货物即视为在其掌管之下,这是多式联运经营人与托运人订立多式联运合同的必然要求。

(3)多式联运经营人还必须承担多式联运合同中所规定的与运输和其他服务有关的相关责任,并保证将货物最终妥善交付给多式联运单证持有人或者是单证中指定的收货人。这方面的责任有①合理谨慎地选择和监督实际承运和处理货物的分订约人责任;②照管运输期间货物的责任,这体现在履行特定义务、要求指示义务以及依指示履行合同义务三方面。

(4)多式联运经营人应当具备从事国际货物多式联合运输所要求的基本物质、技术条件和相应的资质能力。

1.2.3.3　国际多式联运经营人的经营资质

关于国际货物多式联运经营人应该具备什么资质,有关的公约和规则都未做出具体的规定,虽然在1980年联合国多式联运公约的制定过程中发展中国家曾经建议在公约中增设有关多式联运经营人应该具备的最低资质要求的条款,但是这一建议未被其他国家所接受,最终只是在公约的第四章"多式联运管理"中做了一个一般性的规定,即"多式联运经营人应遵守其营业所在国所适用的法律和本公约的规定"。这样,多式联运经营人就与一般的单式运输承运人或者一般的生产经营者一样,其具体营业资格的取得有赖于各个国家有关法律、法规的相关规定。

我国曾在《国际集装箱多式联运管理规则》中对多式联运经营人提出过5点资质要求,但是在2003年12月该规则已经被废止。《国际海运条例》及其《实施细则》分别针对国际船舶运输业务经营者、无船承运业务经营者、国际船舶代理业务经营者、国际船舶管理业务经营者以及国际班轮运输业务经营者规定了不同的资格条件,虽然这些规定都仅仅针对国际海上运输及其辅助性业务经营者,但对确定联运经营人的资格条件不无借鉴意义,可以在综合以上各个可能发展为联运经营人的主体资格条件的基础上确定多式联运经营人应该具有的资质要求,即确定该多式联运经营人由何种主体(国际船舶运输业务经营者、无船承运业务经营者、国际船舶代理业务经营者、国际船舶管理业务经营者等)充当,则该多式联运经营人首先应具有其主体原本应具有的资质要求。

在实务中,许多国际货运代理和物流企业都曾有过以国际多式联运经营人身份签发国际多式联运单证的经历。然而,从经营的角度来看,国际多式联运应被划归在定期运输之列,即至少应有相对固定的国际多式联运线路和相应的价格。因此,为了确保国际多式联运业务的稳定性,国际多式联运经营人还必须具备如下基本条件:

(1) 具备国际多式联运线路以及相应的经营网络。从事国际多式联运业务的企业不仅需要一支具有各种运输方式、运输知识、经验和能力的专业队伍,而且还必须建立自己的国际多式联运路线,并在所经营的各条联运线路上有由分支机构、代表或代理人等所组成的完整的业务服务网络。同时,还必须拥有先进的信息管理系统以实现运输的全程控制、实时控制。

(2) 与所经营的国际多式联运线路有关的实际承运人、场站经营人之间存在长期的合作协议。多种运输方式组成的国际多式联运线路,既不是国际多式联运经营人也不是某一实际承运人所具备的,因此,为了确保国际多式联运业务的稳定性,国际多式联运经营人必须与有关的实际承运人、场站经营人签署长期合作协议,以便从这些实际承运人、场站经营人处获得订舱、仓储优先权和享受运杂费优惠。

(3) 具备必要的运输设备,尤其是场站设施和短途运输工具。尽管法律、法规上并未要求从事国际多式联运业务的企业必须拥有短途运输工具、货运站、仓库等硬件设施,但从实际运作来看,为了能在激烈的市场竞争立足,即使代理型的国际多式联运经营人也需要以投资入股、联营、长期租赁等形式获得必要的运输设备。

(4) 拥有符合要求的国际多式联运单证。多式联运单证是多式联运合同的表现形式与证明文件。如以海运提单作为多式联运单证,应符合《海商法》和《国际海运条例》的规定。

(5) 具备所经营国际多式联运线路的运价表。由于国际多式联运是由国际多式联运经营人将不同运输方式组成综合性和一体化运输,通过一次托运、一张单证、一次计费,由各运输区段的承运人共同完成货物的全程运输,因而,理论上讲,国际多式联运企业应制定全程运价表,且应采用单一运费率制。然而,由于单一费率系由运输成本、经营管理费和利润所构成,而其中的运输成本[包括各区段不同运输方式的运费、装运站(港)包干费、中转站(港)费用、目的地(港)交货前的费用等]不仅随着不同的交货条件、运输方式和运输路线而变化,而且在很大程度上取决于市场供需状况以及各区段实际承运人的运费标准。因而,制定单一运费率是一个较为复杂的问题。目前,几乎所有的国际多式联运企业都未能按单一运费率计收运费。但无论如何,国际多式联运企业都应力争制定出自己所经营路线的运价表并对外公布,以提高其知名度和市场竞争力。

1.2.4　多式联运合同与多式联运单证

1.2.4.1　多式联运合同

根据 1980 年《联合国国际货物多式联运公约》,"多式联运合同"是指多式联运经营人凭以收取运费、负责完成或组织完成国际多式联运的合同。

多式联运合同应具有以下特点:

第一,是双务合同。多式联运合同的双方均负有义务,享有权利。如多式联运经营人有完成货物全程运输的义务,并有收取运费的权利;而托运人有支付运费的义务,也有提取完好货物、如出现货损货差向多式联运经营人索赔的权利。

第二,是有偿合同。多式联运经营人收取运费是以完成全程运输为代价的;而发货人或收货人获取运输服务是以支付运费为代价的。

第三,是非要式合同。尽管多式联运合同是以多式联运单证为证明的,但多式联运单证本身并不是合同。

1.2.4.2　多式联运单证

1980 年《联合国国际货物多式联运公约》将多式联运单证定义为证明多式联运合同及证明多式联运经营人接管货物并负责按照合同条款交付货物的单证。

当前国际运输中所使用的运输单证虽然性质各有不同,但都显示出一些共同的特点,比如它们都具有运输合同成立的证明和货物收据的性质。其中,用于海上运输的提单还具有物权凭证的性质。在包含了海运区段的多式联运业务中,如果多式联运经营人签发的单证是多式联运提单(multi-modal transport B/L)的话,由于多式联运提单属于提单的一种,其自然应具有提单所具有的性质。

多式联运公约总结了签发具有物权凭证性质的单证所采用的标准形式,规定多式联运单证既可以以"凭指示"的形式签发,也可以以"持票人"的形式签发。而且规定,如果以"凭指示"形式签发,必须经过背书,单证才可以转让;如果以"持票人"形式签发,则无须背书即可转让。不仅如此,为了保证多式联运单证具有物权凭证的性质,多式联运公约还规定,"只有交出可转让多式联运单证,并在必要时经背书,才能向多式联运经营人或其代表提取货物"。除此以外,关于多式联运单证的签发份数,也像签发海运提单那样,多式联运公约规定,"如签发一套一份以上的正本,应注明正本份数""如签发任何副本,每份副本均应注明不可转让字样",而为了对多式联运经营人给予必要的保护,又规定"如签发一套以上的可转让多式联运单证正本,而多式联运经营人或其代表已正当地按照其中一份正本交货,该多式联运经营人已履行其交货责任"。

　　至于不可转让的多式联运单证,也像海上运输中不可转让的记名提单的做法那样,多式联运公约规定,"多式联运单证以不可转让的方式签发时,应指明记名的收货人""多式联运经营人将货物交给此种不可转让的多式联运单证所指明的记名收货人或经收货人,通常以书面正式指定的其他人后,该多式联运经营人即已履行其交货责任"。

载运工具与设备

2.1 海上货物运输工具与设备

2.1.1 海运船舶

2.1.1.1 干货船

干货船可以分为件杂货船、滚装船、冷藏船、多用途船和干散货船、集装箱船等许多不同类型。当今的国际班轮运输大多采用的是集装箱船。

1) 件杂货船

件杂货船(general cargo vessel),也称普通杂货船、杂货船,主要用于运输各种包装和裸装的普通货物。杂货船通常设有双层底,并采用多层甲板以防止货物因堆装过高而被压损;一般设置4～6个货舱,每个货舱设有货舱口,货舱口两端备有吊杆或起重机,吊杆起重量相对较小(通常为5～20 t),若配置重吊,则可起吊重件。国际海上货运中,杂货船的吨位一般为5 000～20 000 t。

2) 滚装船

滚装船(roll on/roll off ship,ro/ro ship)是采用将装有集装箱或其他件杂货的半挂车或装有货物的带轮的托盘作为货运单元,由牵引车或叉车直接在船岸之间进行装卸作业形式的船舶。其主要特点是将船舶装卸作业由垂直方向改为水平方向。滚装船上甲板平整全通,下面的多层甲板之间用斜坡道或升降平台连通,以便车辆通行;有的滚装船甲板可以移动,便于装运大件货物。滚装船的开口一般设在船尾,有较大的铰接式跳板,跳板可以35°～40°角斜搭到岸上,船舶航行时跳板可折起矗立。滚装船的吨位大多为3 000～26 000 t。

3) 冷藏船

冷藏船(refrigerated ship)是将货物处于冻结状态或某种低温条件下进行载运的专用船舶。其货舱为冷藏舱,并有若干个舱室。每个舱室都是一个独立、封闭的装货空间,舱门、舱壁均为气密,并用隔热材料使相邻舱室可以装运不同温度的货物。冷藏船上有制冷装置,制冷温度一般为－25～15℃。冷藏船的吨位较小,通常为数百吨到数千吨。

4) 多用途船

多用途船(multi-purpose ship)是具有多种装运功能的船舶。多用途船按货物对船舶性能和设备等的不同要求可分为以载运集装箱为主的多用途船,以载运重大件为主的多用途船,兼运集装箱和重大件的多用途船以及兼运集装箱、重大件和滚装货的泛多用途船四种。

5) 干散货船

干散货船(dry bulk carrier)是运输粉末状、颗粒状、块状等无包装大宗货物的船舶。由于其所运输货物的种类较少,对隔舱要求不高,所以仅设单层甲板,但船体结构较强。为提高装卸效率,货舱口很大。按所载运的货物种类不同,又可分为运煤船(coal carrier)、散粮船(bulk grain carrier)、矿石船(ore carrier)以及其他专用散装船。

6) 集装箱船

集装箱船(container ship)从装卸方式来分类,主要有吊装式和滚装式两种。此外,有人把载驳货船作为浮装式集装箱船,也归入集装箱船中。

滚装船和载驳货船都是在集装箱化以后产生的货船,它们本身都可以装载大量的集装箱。载驳货船上的驳船也有人称为"浮动集装箱"(floating container)。因此,广义的集装箱船可以分为三大类,每一类又可分为几种,如表 2-1 所示。

表 2-1　集装箱船舶的种类

集装箱船	吊装式集装箱船	集装箱两用船
		半集装箱船
		全集装箱船(集装箱专用船)
	滚装式集装箱船	多层甲板滚装船
		尾角跳板滚装船
		滚装/吊装两用船
	浮装式集装箱船	普通载驳货船(拉希型,LASH)
		海蜂式载驳货船(西比型,SEABEE)
		双体载驳货船(巴卡特型,BACAT)
		浮坞式载驳船(巴可型,BACO)

人们通常所说的集装箱船是指吊装式全集装箱船,或称集装箱专用船。吊装式集装箱船是指利用船上或岸上的起重机将集装箱进行垂直装卸的船舶。其又可分为集装箱两用船、半集装箱船和全集装箱船三种。

集装箱两用船(conventional container ship)是一种既可以装载普通杂货,又可以装载集装箱船的两用船舶。其特点是大舱口、平舱盖,舱盖上也可以装载集装箱。目前世界上的多用途船,大多可以装载集装箱,因此都可以成为集装箱两用船。

半集装箱船(semi-container ship)是指普通货船中的一部分船舱(通常是中央部位的船舱)作为集装箱专用舱装载集装箱,而首尾舱为普通杂货舱。这种船的缺点是由于杂货与集装箱混装在一条船上,装卸时杂货需在杂货码头上装卸,集装箱需在集装箱码头上装卸,因此,在装卸过程中需要移泊,船舶营运效率不高。另外,因一部分船舱装载了杂货,船上集装箱装载量减少。这种船舶一般都设有装卸集装箱的起重设备。实际上,这种半集装箱船很少,大量采用的是集装箱两用船,并把集装箱两用船都称为半集装箱船。

全集装箱船(full container ship)是一种专用于装载集装箱以便在海上运输时能安全、有效地大量运输集装箱而建造的专用船舶。全集装箱船的结构特点:一般为大开口、单甲板船,且常为双船壳,以利于集装箱的装载和卸载。船舱内设置格栅结构,以固定集装箱,防止集装箱在运输途中发生前、后、左、右方向移动,从而保证航行安全和货运质量。舷侧设有边舱,可供载燃料或作为压载用。甲板上设置了能装载多层集装箱的特殊结构,多采用尾机型。由于舱内设有永久性的格栅结构,只能装运集装箱而无法装载杂货。

部分全集装箱船上带有船用装卸桥,用于装卸集装箱。但目前大多数全集装箱船都依靠港内的装卸桥装卸,故都不设装卸设备。

随着集装箱船舶大型化的不断发展,集装箱船尺度不断增大。到 2021 年为止,世界上最大的集装箱船舶"阿尔赫西拉斯"轮已经投入运营,可装载国际标准集装箱(twenty feet equivalent unit, TEU)23 946 个,是目前运载能力最大的集装箱船舶。集装箱船舶大型化在带来规模经济效益的同时,也对港口和船舶建造、营运公司提出了更高的要求。

现代集装箱船的尺度还根据船宽能否通过巴拿马运河分成三类:第一类巴拿马型船(Panama),这类船舶的船宽在巴拿马运河尺度 32.2 m 限制范围内,在分代中的第一代、第二代和第三代集装箱船都属于这一类船。第二类巴拿马极限型船(Panamax),这类船舶载箱量为 3 000~4 000 TEU,船宽 32.2 m。第三类超巴拿马型船(post-Panamax),这类船舶载箱量大于 4 000 TEU,船宽大于 32.2 m。也有人将超巴拿马型船中载箱量在 6 000 TEU 以上的船舶进一步划分为第四类:特超巴拿马型船(或称超级超巴拿马型船)(super post-Panamax /extra post-Panamax)。2016 年,巴拿马运河扩建工程竣工,大大提升了其通过能力。如今,大多数集装箱船均可通行。

2.1.1.2　液货船

液货船是指载运散装液态货物的船舶,主要有油船、液化气船和液体化学品船三种。

1) 油船

油船(tanker)是专门载运石油及成品油的船舶。油船有严格的防火要求,在货舱、机舱、泵舱之间设有隔离舱。油舱设有纵舱壁和横舱壁,以减少自由液面对船舶稳性的不利影响。油船有专门的油泵和油管用于装卸,还有扫舱管系和加热管系。油船甲板上一般不设起货设备和大的舱口,但设有桥楼。就载重吨而言,油轮在各类船舶中列世界第一位。世界上最大的油轮有 600 000 多载重吨,一般油轮的载重吨为 20 000～200 000 t。

2) 液化气船

液化气船(liquefied gas carrier)是专门装运液化气的船舶,可分为液化天然气船和液化石油气船。

液化天然气船(liquified natural gas carrier,LNG Carrier)按液货舱的结构可分为独立储罐式和膜式两种。独立储罐式是将柱形、筒形、球形等形状的储罐置于船内,液化气装载于储罐中进行运输。膜式液化天然气船采用双层壳结构,内壳就是液货舱的承载体,并衬有一层由镍合金钢制成的膜,可起到阻止液货泄漏的屏蔽作用。

液化石油气船(liquefied petroleum gas carrier,LPG Carrier)按液化的方法分为压力式、半低温半压力式和低温式三种。压力式液化石油气船是将几个压力储罐装在船上,在高压下维持液化石油气的液态。半低温半压力式和低温式的液化石油气船采用双层壳结构,液货舱用耐低温的合金钢制造并衬以绝热材料,船上设有气体再液化装置。

液化气船的吨位通常用货舱容积来表示,一般为 $(6～13)×10^4$ m³。

3) 液体化学品船

液体化学品船(chemical tanker)是载运各种液体化学品,如醚、苯、醇、酸等的专用液货船。因为液体化学品大多具有剧毒、易燃、易挥发、易腐蚀等特点,对防火、防爆、防毒、防腐蚀有很高的要求,所以液体化学品船上分隔舱多、货泵多。船舶有双层底和双层舷侧,翼舱宽度不小于船宽的五分之一。载运腐蚀性强的酸类液货时,货舱内壁和管系多采用不锈钢或辅以橡胶等耐腐蚀材料。液体化学品船的吨位多为 3 000～10 000 t。

2.1.2　海运集装箱

2.1.2.1　集装箱的定义和标准化

集装箱(container)在我国台湾省和香港特区等地称为"货柜"或"货箱"。根据国际标准化组织(International Standardization Organization,ISO)及大多数标准术语的定义,它是一种运输设备(transport equipment),而在运输实践中又分为承运人提供的集装箱(carrier owned container,C. O. C)和货主箱(shipper owned container,S. O. C)两种情况来处理。国际标准化组织制定了集装箱规格,力求使集装箱标准化得到统一。标准化组织不仅对集装箱尺寸、术语、试验方法等做了规定,而且就集装箱的构造、性能等技术特征做了某些规定。集装箱的标准化促进了集装箱在国际的流通,对国际货物流转的合理化起了重大作用。

根据《国际标准化组织 104 技术委员会》(简称 ISO/104)的规定,集装箱应具有如下条件:

(1) 具有耐久性,其坚固强度足以反复使用。

(2) 便于商品运送而专门设计的,在一种或多种运输方式中无须中途换装。

(3) 设有便于装卸和搬运,特别是便于从一种运输方式转移到另一种运输方式的装置。

(4) 设计时应注意到便于货物装满或卸空。

(5) 内容积为 1 m³ 或以上。

承运人提供的集装箱应能满足抵抗海上运输中所会遇到的可预见的风险的条件和能满足货物运输所需要的条件。货主箱则应能满足抵抗海上运输中所可能预见的风险条件。

集装箱标准化的工作早在 1933 年就已开始,当时欧洲铁路采用了"国际铁路联盟"的集装箱标准。1957 年,美国霍尔博士首先发表了有关集装箱标准化的设想,并写了许多有关集装箱标准化的著作。1958 年,美国标准协会、美国海运管理署、美国国际运输协会开始集装箱标准化工作。1959 年美国国际运输协会建议采用 8 ft×8 ft×20 ft(1 ft=0.304 8 m)、8 ft×8 ft×40 ft 型集装箱。1964 年 4 月,美国标准协会采用了 8 ft×8 ft×10 ft、8 ft×8 ft×20 ft、8 ft×8 ft×30 ft、8 ft×8 ft×40 ft 型集装箱为国家标准集装箱。

ISO/TC104 是国际标准化组织下的一个专门制定集装箱标准的国际性技术委员会组织,下设 3 个分委会和 8 个工作组。分委会分别负责通用集装箱的国际标准化工作、专用集装箱的国际标准化工作和代码、标记和通信的国际标准化工作。1961 年 ISO/TC104 成立后,首先对集装箱规格和尺寸等基础标准进行研究,并于 1964 年 7 月颁布。世界上第一个集装箱规格尺寸的国际标准,此后,又相继制定了集装箱箱型技术标准、零部件标准以及名词术语、标记代码等标准。目前,ISO/TC104 共计已制定了 18 项集装箱国际标准。

1978 年 8 月,中国颁布实施了第一个集装箱国家标准——《集装箱规格尺寸国家标准》(GB 1413—78)。为了加强中国集装箱专业领域内的标准化工作,又于 1980 年 3 月成立了全国集装箱标准化技术委员会。委员会成立后,共组织制定了 21 项集装箱国家标准和 11 项集装箱行业标准。

目前使用的国际集装箱规格尺寸主要是第一系列的 4 种箱型,即 A 型、B 型、

C 型和 D 型。它们的尺寸和重量如表 2-2 所示。另外,为了便于计算集装箱数量,可以以 TEU 作为换算标准箱,并以此作为集装箱船载箱量、港口集装箱吞吐量、集装箱保有量等的计量单位。其相互关系为:40 ft 集装箱等于 2 TEU,30 ft 集装箱等于 1.5 TEU,20 ft 集装箱等于 1 TEU,10 ft 集装箱等于 0.5 TEU。另外,实践中人们有时将 40 ft 集装箱称为 FEU(forty foot equivalent unit)。

表 2-2　第一系列集装箱规格尺寸和总重量

规格 /ft	箱型	长		宽		高		最大总重量	
		公制/ mm	英制	公制/ mm	英制/ ft	公制/ mm	英制	kg	lb
40	1AAA	12 192	40 ft	2 438	8	2 896	9 ft 6 in	30 480	67 200
	1AA					2 591	8 ft 6 in		
	1A					2 438	8 ft		
	1AX					<2 438	<8 ft		
30	1BBB	9 125	29 ft 11.25 in①	2 438	8	2 896	9 ft 6 in	25 400	56 000
	1BB					2 591	8 ft 6 in		
	1B					2 438	8 ft		
	1BX					<2 438	<8 ft		
20	1CC	6 058	19 ft 10.5 in	2 438	8	2 591	8 ft 6 in	24 000	52 900
	1C					2 438	8 ft		
	1CX					<2 438	<8 ft		
10	1D	2 991	9 ft 9.75 in	2 438	8	2 438	8 ft	10 160	22 400
	1DX					<2 438	<8 ft		

① 1 in=2.54 cm。

2.1.2.2　集装箱的类型

集装箱分类可以有多种方法,如以制造材料不同或以尺度不同等进行分类。这里以集装箱的用途不同进行分类,以便大家在工作中可以根据所运输的货物的不同来选择不同类型的集装箱。

1) 干货集装箱

除冷冻货,活的动物、植物外,不需要调节温度,且在尺寸、重量等方面均适于装于箱内运输的货物,几乎均可使用干货集装箱(dry cargo container,DC)。一般所称的通用集装箱(general purpose container,GP)就是这种集装箱。这种集装箱适用于各种干杂货,包括日用百货、食品、机械、仪器、家电用品、医药及各种贵重物品。在集装箱运输中,这种集装箱所占的比重最大,国际标准化组织建议的标准集装箱的系列指的都是这种集装箱。这种集装箱样式较多,使用时应注意箱子内部容积和最大负荷,特别是在使用 20 ft、40 ft 集装箱时更应注意这一点。

2) 保温集装箱

保温集装箱(insulated container)是一种所有箱壁都用热导率低的材料隔热,用以运输需要冷藏和保温货物的集装箱,一般包括冷藏集装箱、隔热集装箱和通风集装箱三种类型。

(1)冷藏集装箱(reefer container,RF)是指装载冷藏货并附设有冷冻机的集装箱。在运输过程中,启动冷冻机使货物保持在所要求的指定温度。箱内顶部装有挂肉类、水果的钩子和轨道,适用于装载冷藏食品、新鲜水果,或特种化工产品等。冷藏集装箱投资大,制造费用几倍于普通箱;在来回程冷藏货源不平衡的航线上,常常需要回运空箱;船上用于装载冷藏集装箱的箱位有限;同普通箱比较,该种集装箱的营运费用较高,除因支付修理、洗涤费用外,每次装箱前应检验冷冻装置,并定期为这些装置大修而支付不少费用。

(2)隔热集装箱(insulated produce container)是一种为防止箱内温度上升,使货物保持鲜度,主要用于载运水果、蔬菜等类货物的集装箱,通常用干冰制冷,保温时间约 72 h。

(3)通风集装箱(ventilated container)是一种为装运不需要冷冻,且具有呼吸作用的水果蔬菜类货物,而在端壁上开有通风口的集装箱。这种集装箱通常以设有通风孔的冷藏集装箱代用。

3) 特种集装箱

特种集装箱(special container)是一种为适应特种货物运输的需要,而在集装箱的结构和设备方面进行了特殊设计和装备的集装箱。这种集装箱因所适用的货物种类不同而有许多种类,其中主要有如下几类。

(1)散货集装箱(solid bulk container)。散装集装箱主要用于运输啤酒、豆类、谷物、硼砂、树脂等货物。散装集装箱的使用有严格要求,如每次掏箱后,要进行清扫,使箱底、两侧保持光洁;为防止汗湿,箱内金属部分应尽可能少外露;有时需要熏蒸,箱子应具有气密性;在积载时,除了由箱底主要负重外,还应考虑到将货物重量向两侧分散;箱子的结构易于洗涤;主要适用装运重量较大的货物,因此,要求箱子自重应比较轻。

(2)罐式集装箱。罐式集装箱(tank container,TK)专门装运各种液体货物,如食品、酒品、药品、化工品等。货物由液罐顶部的装货孔进入,卸货时,货物由排出孔靠重力作用自行流出,或者由顶部装货孔吸出。

(3)敞顶集装箱。敞顶集装箱(open top container,OT)在实践中又称开顶集装箱,是集装箱种类中需求增长较少的一种,主要原因是货物装载量较少,在没有月台、叉车等设备的仓库无法进行装箱,在装载较重的货物时还需使用起重机。这种箱子的特点是吊机可从箱子上面进行货物装卸,然后用防水布覆盖。目前,开顶集装箱仅限于装运较高货物或用于代替尚未得到有关公约批准的集装箱种类。

(4) 框架集装箱。框架集装箱(flat rack container,FR)是以装载超重货物为主的集装箱,省去箱顶和两侧,其特点是可从箱子侧面进行装卸。框架集装箱适用于那些形状不一的货物,如废钢铁、卡车、叉车等。框架集装箱的主要特点:自身较重;普通集装箱是采用整体结构的,箱子所受应力可通过箱板扩散,而框架集装箱仅以箱底承受货物的重量,其强度很大;出于同样的原因,这种集装箱的底部较厚,所以相对来说,可供使用的高度较小,密封程度差。由于这些原因,该种集装箱通过海上运输时,必须装在舱内运输,在堆场存放时也应用毡布覆盖。同时,货物本身的包装也应适应这种集装箱。

(5) 牲畜集装箱。牲畜集装箱(pen container)是一种专门为装运动物而制造的特殊集装箱,箱子的构造采用美国农业部的意见,材料选用金属网使其通风良好,而且便于喂食,该种集装箱也能装载小汽车。

(6) 汽车集装箱。汽车集装箱(car container)是专门供运输汽车而制造的集装箱;结构简单,通常只设有框架与箱底,根据汽车的高度,可装载一层或两层。

2.1.2.3 集装箱的代码、识别和标记

集装箱代码、识别和标记国家标准(GB/T 1836—2017/ISO 6346:1995)规定了集装箱识别系统和识别标记、尺寸和箱型代码及其相关标记、作业标记以及标记的标打方法。

1) 识别系统和识别标记

(1) 识别系统。识别系统由以下几个部分组成,它们应同时使用。

GB/T 1836—2017/ISO 6346:1995

——箱主代码:3 个拉丁字母;

——设备识别码:1 个拉丁字母;

——箱号:6 位数字;

——校验码:1 位数字。

① 箱主代码。集装箱箱主代码应由三个大写拉丁字母组成,具备唯一性,且应在国际集装箱局(International Container Bureau, BIC)注册。例如,中国远洋海运集团有限公司的箱主代码为 COS。

② 设备识别码。设备识别码由 1 个大写拉丁字母表示:

——"U"表示所有集装箱;

——"J"表示集装箱所配置的挂装设备;

——"Z"表示集装箱拖挂车和底盘挂车。

③ 箱号。箱号由 6 位阿拉伯数字组成。不足 6 位时,应在前面置 0 以补足 6 位。

④ 校验码(核对数字)。校验码用于检验箱主代码和箱号传递的准确性,按该国标"附录 A"所列的方法,通过箱主代码、设备识别码和箱号求得,标打时应设在方框之内。

(2) 识别标记。上述箱主代码、设备识别码和校验码为集装箱必备识别标记,它们应按规定的字体大小、字型和布局要求,并按照便于作业人员视读的位置紧凑排列。

2) 尺寸和箱型代码

集装箱的外部尺寸和类型均应在箱体上标出以便识别。对于相关标准规定的,具备从箱顶起吊、搬运和堆码作业等条件的集装箱,均应按要求标出尺寸和箱型代码。

(1) 尺寸代码。集装箱的尺寸(指外部尺寸)代码应用两位字符表示。

——第 1 位:用数字或拉丁字母表示箱长,例如,2 表示箱长为 20 ft,4 表示箱长为 40 ft;

——第 2 位:用数字或拉丁字母表示箱宽和箱高,例如,2 表示箱宽为 8 ft、箱高为 8 ft 6 in,5 表示箱宽为 8 ft、箱高为 9 ft 6 in。

(2) 箱型代码。集装箱的箱型代码包括箱型及其特征信息,并用两位字符表示。

——第 1 位:由 1 个拉丁字母表示箱型;

——第 2 位:由 1 个数字表示该箱型的特征。

例如,G0 表示一端或两端开门的通用集装箱。

作为交换数据,如果不需要标示具体特征,可用组代码表示。例如,GP 为通用集装箱的组代码。

3) 作业标记

作业标记不同于上述用于数据传递或其他用途的代码。它标打在箱体上,仅是为提供某些信息或视觉警示。

必备的作业标记主要包括最大总重量(MAX GROSS)和空箱重量(TARE)、空/陆/水联运集装箱标记、箱顶防电击警示标记、箱高超过 2.6 m(8 ft 6 in)的集装箱高度标记。

标打在集装箱上的"最大总重量"应与国际集装箱安全公约(CSC)所列标牌完全一致。

除了必备的作业标记,还可标打最大净货载(NET)的数据,此为可择性作业标记。

上述重量的单位均用 kg 和 lb 同时标出。

2.1.2.4　集装箱货物的交接

1) 集装箱货物的流转形态

集装箱运输是将散件货物(break bulk cargo)汇成一个运输单元(集装箱),使用船舶等运输工具进行运输的方式。集装箱运输的货物流通途径与传统的杂货运输有所不同,集装箱运输不仅与传统杂货运输一样以港口作为货物交接、换装的地点,还可以在港口以外的地点设立货物交接、换装的站点(inland depot)。

集装箱运输改变了传统的货物流通途径,在集装箱货物的流转过程中,其基本流转形态有整箱货和拼箱货两种,特殊情况下也有"合并运输"和"分立运输"的做法。

整箱货(full container cargo load,FCL)是指由货方负责装箱和计数,填写装箱单,并加封志的集装箱货物,通常只有一个发货人和一个收货人。

拼箱货(less than container cargo load,LCL)是指由承运人的集装箱货运站负责装箱和计数,填写装箱单,并加封志的集装箱货物,通常每一票货物的数量较少,因此装载拼箱货的集装箱内的货物会涉及多个发货人和多个收货人。

2) 集装箱货物的交接地点

货物运输中的交接地点是指根据运输合同,承运人与货方交接货物、划分责任风险和费用的地点。由于国际公约或各国法律通常制定了强制性的法律规范,因此承运人不能通过合同的方式减轻自己的责任;而有关费用问题,则可以由双方当事人另行约定。在集装箱运输中,根据实际需要,货物的交接地点并不固定。

无论是出口国的"接货",还是进口国的"交货",目前集装箱运输中货物的交接地点除了以前的船边外,常用的主要有集装箱堆场(CY)、集装箱货运站(CFS)和其他双方约定的地点"门(door)"。

集装箱堆场(container yard,CY)是交接和保管空箱(empty container)和重箱(full container)的场所,也是集装箱换装运输工具的场所。

集装箱货运站(container freight station,CFS)是拼箱货交接和保管的场所,也是拼箱货装箱和拆箱的场所。

3) 集装箱货物的交接方式

根据集装箱货物的交接地点不同,理论上可以通过排列组合的方法得到集装箱货物的交接方式为以下 9 种。在不同的交接方式中,集装箱运输经营人与货方承担的责任、义务不同,集装箱运输经营人的运输组织的内容、范围也不同。特殊情况下也有"舱内""吊钩下"等做法。

(1) 门到门(door to door)交接方式。门到门交接方式是指运输经营人由发货人的工厂或仓库接收货物,负责将货物运至收货人的工厂或仓库交付。在这种交付方式下,货物的交接形态都是整箱交接。

(2) 门到场(door to CY)交接方式。门到场交接方式是指运输经营人在发货人的工厂或仓库接收货物,并负责将货物运至卸货港码头堆场或其内陆堆场,在CY处向收货人交付。在这种交接方式下,货物也都是整箱交接。

(3) 门到站(door to CFS)交接方式。门到站交接方式是指运输经营人在发货人的工厂或仓库接收货物,并负责将货物运至卸货港码头的集装箱货运站或其在内陆地区的货运站,经拆箱后向各收货人交付。在这种交接方式下,运输经营人一般是以整箱形态接收货物,以拼箱形态交付货物。

(4) 场到门(CY to door)交接方式。场到门交接方式是指运输经营人在码头堆场或其内陆堆场接收发货人的货物(整箱货),并负责把货物运至收货人的工厂或仓库向收货人交付(整箱货)。

(5) 场到场(CY to CY)交接方式。场到场交接方式是指运输经营人在装货港的码头堆场或其内陆堆场接收货物(整箱货),并负责将货物运至卸货港码头堆场或其内陆堆场,在堆场向收货人交付(整箱货)。

(6) 场到站(CY to CFS)交接方式。场到站交接方式是指运输经营人在装货港的码头堆场或其内陆堆场接收货物(整箱),负责将货物运至卸货港码头集装箱货运站或其在内陆地区的集装箱货运站,一般经拆箱后向收货人交付。

(7) 站到门(CFS to door)交接方式。站到门交接方式是指运输经营人在装货港码头的集装箱货运站及其内陆的集装箱货运站接收货物(经拼箱后),负责将货物运至收货人的工厂或仓库交付。在这种交接方式下,运输经营人一般是以拼箱形态接收货物,以整箱形态交付货物。

(8) 站到场(CFS to CY)交接方式。站到场交接方式是指运输经营人在装货港码头或其内陆的集装箱货运站接收货物(经拼箱后),负责将货物运至卸货港码头或内陆地区的堆场交付。在这种方式下货物的交接形态一般也是以拼箱形态接收货物,以整箱形态交付货物。

(9) 站到站(CFS to CFS)交接方式。站到站交接方式是指运输经营人在装货港码头或内陆地区的集装箱货运站接收货物(经拼箱后),负责将货物运至卸货港码头或其内陆地区的集装箱货运站,(经拆箱后)向收货人交付。在这种方式下,货物的交接形态一般都是拼箱交接。

以上9种交接方式是集装箱运输中集装箱货物理论上所存在的交接方式。实践中,海运集装箱货物交接的主要方式为两种:CY to CY是班轮公司通常采用的交接方式,CFS to CFS是集拼经营人通常采用的交接方式。

4) 集装箱货物的交接责任

对于拼箱货的交接责任,如同件杂货那样,承运人对货物的标志、件数或数量以及表面状况承担责任。而对于整箱货的交接责任,有关海上货物运输的国际公约以及各国海商法均未做出特别规定。

对于整箱货的交接责任,通常承运人根据提单正面和背面的印刷条款(如

Received in external apparent good order and condition except as otherwise noted. The total number of the packages or units stuffed in the container, the description of the goods and the weights shown in this Bill of Lading are furnished by the merchants, and which the carrier has no reasonable means of checking and is not a part of this Bills of Lading contract. [1] 以及提单正面的附加条款(如 Said to Contain, STC; Shipper's Load And Count, SLAC; Shipper's Load, Count and Seal, SLCAS; Said By Shipper, SBS; One Container Only, OCO 等"不知条款"), 仅承担在箱体完好和封志完整的状况下接收并在相同的状况下交付货物的责任, 托运人承担在集装箱铅封及外表完好的状态下所载货物灭失或损坏以及由于箱内货物积载不当、理货不清而产生的责任和风险。

2.1.2.5 多式联运下的集装箱箱务管理

1) 多式联运下集装箱空箱调运问题

多式联运下的集装箱空箱调运问题是指在综合考虑两种以上运输方式的情况下,对未装载货物的集装箱的配置和调运计划做出决策。多式联运下的集装箱空箱调运问题可以发生在海上运输阶段或者内陆运输阶段。在实际过程中,集装箱空箱应该要在整个流通过程中进行合理调度,才能使整体得到最优化。鉴于不同运输方式之间的不同特点,集装箱空箱的调度在海上和内陆的流程与方式也有很大的不同。在多式联运下,集装箱空箱调运的问题主要有以下三个特点。

(1) 随机性。在多式联运下的集装箱空箱调运问题中,随机性主要体现在空箱需求和空箱供给的随机性上。

(2) 动态性。虽然港口在一段时期内对特定的箱型和箱种的供需状态是稳定的,但由于季节和突发事件(如 2020—2021 年,受新冠肺炎疫情影响,美西港口严重拥堵、集卡司机和拖车不足,大量空箱无法及时回流,我国港口出现"一箱难求"的情况)所带来的影响,会使得港口的空箱需求和空箱供给状态发生动态变化。

(3) 复杂性。多式联运下集装箱空箱调运问题的随机性和动态性已经体现了一定的复杂性。另外,由于各种运输方式的特点不同,使得公路、铁路以及水运各有优劣势,运输方式综合选择时也存在一定的复杂性。

2) 空箱调运问题原因

空箱调运是班轮公司集装箱管理中最常见、最突出的问题,对集装箱运输的经济效益具有直接的影响。每年全球集装箱空箱调运量占全部集装箱总运量的20%左右,部分航线空箱调运的比例甚至接近50%。如果再考虑到堆存费及其他相关费用,实际发生的费用将远远超过这一数字。因此,班轮公司的空箱调运决策合理与否、空箱调运数量的多少,一方面将影响班轮公司降低所配备的集装箱总

---

① 参见中远集装箱运输有限公司联运提单 Standard Form 9805。

量,另一方面将直接影响班轮公司的经营业绩。

通常,产生空箱调运的主要原因如下:

(1)港口进出口箱量和箱型不平衡。目前,世界各主要集装箱班轮公司的航线几乎都存在货物运输的季节性变化以及航线两端国家或地区的贸易不平衡等所引起的货流量不平衡的问题,其中,尤以跨太平洋航线最为显著。在该航线上,由于美国与日本、中国大陆、中国的台湾地区等存在巨大的贸易逆差,造成东行货流量远高于西行货流量。此外,由于进出口货物种类和性质上的差异以及运费和装卸费的标准不同,造成了进出口箱型的不平衡,如日本多用 40 ft 集装箱向欧洲出口电器、化工产品等轻货,而欧洲多使用 20 ft 集装箱向日本出口纸浆、食品、化学品等重货,形成了日本—欧洲班轮航线上西行的 40 ft 集装箱运量大于东行的 40 ft 集装箱运量。

(2)国家和地区经济发展、产业结构的不平衡。因为国家和地区间经济发展、产业结构的不一致,出现了集装箱货源在货量、货种方面的不均衡,引起了某地空箱大量集聚而其他地方空箱供不应求。这种情况下,只能通过空箱调运方能满足正常的运输需求。一般在制造业发达的地区对空集装箱的巨大需求,而对消费品需求巨大的人口密集地区则往往产生多余的空箱,从而出现了空箱的调运。我国南北适箱货物存在差异,北上和南下的集装箱箱型不均衡导致了空箱调运。从中国北方南下的货物以重工业原材料为主,一般用小箱装载,因此,南下的集装箱以英尺箱为主,而从华南地区北上的货物以食品、塑料、家电、化工产品等轻泡的货物为主。因此,北上的集装箱以英尺箱居多,这就造成南北港口之间箱型的供求差异。此外,南下的原材料交货期长,货量大,多采用水路运输,而北上的货物以产成品为主,交货期短,多采用公路和铁路运输,因此通过水路运输南下的货运量大于北上,南下的集装箱卸空之后,必然有部分集装箱变成空箱,运回北方。如珠三角地区每年都要调运大量空箱北上。从根本上讲,这种现象是地区间产业布局差异和国内贸易的不平衡引起的。

(3)集装箱周转速度慢。集装箱周转期主要取决于港口堆存时间和内陆周转时间。港口地区的内陆集疏运能力较差,造成集装箱内陆周转时间较长,加上管理水平较低,使得集装箱单证流转不畅、交接手续复杂,货主不能及时提箱取货,港口严重压箱,这些大大影响了集装箱的周转。班轮公司为了满足货主的用箱要求和保证船期,不得不从邻近港口或地区调运空箱。

(4)租箱合同中有关退租地点的限制。港口进出口箱量和箱型的不平衡,使得箱源分布不尽合理。为了避免或弥补承租方在租期届满后在集装箱积压地区退租所造成的损失,租箱公司在租箱合同中严格约定了集装箱的退租地点和还箱限额,而还箱费用也会因地而异,低者几十美元,高者几百美元。因此,班轮公司在租期届满时应将租箱调运至指定的还箱地点或还箱费用较低的地区,否则就必须向租箱公司支付高额的还箱费。

(5) 修箱成本和修箱要求的差异。因各地区修箱费用和各班轮公司对修箱要求的不同,班轮公司出于经济上或质量上的考虑,不得不将集装箱空箱调运至修理成本较低或技术水平较高的修理厂家所在的港口或地区进行修理。如日本的集装箱修理工时价为 35 美元左右,而中国大陆只有 3.2~3.5 美元。此外,还存在某些地区的修理厂家乱报修理项目,不如实做出集装箱修理估价单等管理上的原因。

(6) 集装箱管理水平和通信手段落后。在集装箱运输过程中,由于单证交接不全,流转不畅,会影响集装箱的调配和周转。多式联运的大规模采用,不同公司信息系统之间交换信息不顺是造成空箱调运量过大、运输效益不高的主要原因。由于班轮公司及其与港口代理机构之间的集装箱管理信息系统尚不完善,管理水平落后,致使集装箱单证流转不畅、交接手续不全、集装箱动态记录传送速度缓慢,严重影响箱子周转速度及调度,为应付急需不得不调运空箱。

(7) 其他因素。部分其他因素同样也会造成空箱的调运,如集装箱生产地和集装箱需求地分离迫使空箱从生产地向需求地调运。

3) 空箱调运需要解决的核心问题

多式联运下集装箱空箱调运问题,其核心在于解决以下三个问题:

(1) 从何处调运空箱,决定空箱从供给地到需求地的流动路线(或途径)。由于现实中的集装箱供应地与需求地都不是固定的,它们在某时期是供应地,而在另一个时期是需求地,因此在一个确定的时期或计划期内,首先要确定所属各地集装箱空箱的供应量和需求量,可以得出空箱的供应地和需求地。

(2) 何时调运空箱,决定调运空箱的时间。由于班轮船期一般是固定的,为保证每航次能满载,尽量提高船舶的载重率,要求在船舶的靠(离)时能及时疏运卸下来的集装箱,又能使港口堆场有足够的集装箱装船。这对内陆货运站或货主送(提)箱子有一定的时间要求,保证箱子能在预定的时间高效地完成载货周转。

(3) 调运多少空箱,确定需求地与供应地之间空箱的流动量。在调运空箱目标下,综合考虑各方面的问题,主要包括运输成本(如运输费、装卸费、集卡的拖运费、拆装箱费和手续费等)、目标的可达性和调运的可行性等。

4) 空箱调运部分解决方法

随着世界各国物流业的发展逐渐走向成熟,集装箱运输业务也呈现出突飞猛进的发展势头,同时空箱调运的处理问题也越来越受到航运业的重视。最近几年,我国的集装箱空箱的数量越来越大且得不到合理的利用,严重影响了国家进出口贸易的发展。因此,要想促进国家乃至世界经济贸易的发展,必须尽快解决空箱调运问题,采取有效的措施减少空箱产生的数量和调运成本。以下是三种具体的方法。

(1) 控制空集装箱调度的费用。我国集装箱运输企业要想与国际接轨,可采取的减少空箱调运成本的方法有集装箱企业之间可以结成战略联盟从而共享集装箱的供需信息,以便每个企业可以随时检查集装箱状态,进而能够更加合理地完成空箱调运工作。有时集装箱企业在对空箱有需求时,不一定每次都要花重金调运空箱,如果租箱比调箱成本低,则完全可以通过租箱来满足需求,这样可以很好地减少集装箱企业的成本。多式联运公司可以通过对运输路线合理设计来减少运输距离和往返路线的空集装箱量,以提高装载率。

(2)设计和寻找新的管理方法,加强人员的培训。集装箱运输公司应该引进先进的管理模式,在与协作企业交往时争取实现无纸化的办公,使企业和相关人员之间的信息传递时差为零,这种运作管理模式可以大大提高集装箱作业的效率。集装箱运输企业还应该经常组织员工进行培训,培养员工准确录入有关的集装箱信息,建立适当的奖惩制度,调动员工工作的积极性,以达到时刻都能获得准确、及时的箱管信息,促进空箱过程的流畅性。

(3)引进高水平的集装箱信息系统。由于目前我国多式联运行业集装箱空箱调运系统还不够先进,加上从各条航线之间往返的货物运输量相差较大的不可避免性,因此引进或者开发先进的集装箱箱管系统是十分必要的。

2.2 航空货物运输工具与设备

2.2.1 民用航空运输飞机

2.2.1.1 民用航空运输飞机的分类

1)按机身宽窄,分为窄体飞机和宽体飞机

窄体飞机(narrow-body aircraft)的机身宽约 3 m,旅客座位之间有一个走廊,这类飞机往往只在其下货舱装运散货。

宽体飞机(wide-body aircraft)的机身较宽,客舱内有两条走廊,三排座椅,机身宽一般在 4.72 m 以上,这类飞机可以装运集装货物和散货。

2)按使用用途,分为全货机、全客机和客货混用机

全货机(freighter / all cargo)主舱及下舱全部载货。

全客机(passenger)只在下舱载货。

客货混用机(mixed / combination)在主舱前部设有旅客座椅,后部可装载货物,下舱内也可装载货物。

2.2.1.2 民用航空运输飞机的舱位结构

一般地,民用航空运输飞机主要分为两种舱位:主舱(main deck)、下舱(lower deck)。但波音 747 分为三种舱位:上舱(upper deck)、主舱、下舱。

2.2.1.3 民用航空运输飞机的装载限制

1)重量限制

由于飞机结构的限制,飞机制造商规定了每一货舱可装载货物的最大重量限

额。任何情况下,所装载的货物重量都不可以超过此限额。否则,飞机的结构很有可能遭到破坏,飞行安全受到威胁。

2)容积限制

由于货舱内可利用的空间有限,因此,这也成为运输货物的限定条件之一。轻泡货物已占满了货舱内的所有空间,而未达到重量限额。相反,高密度货物的重量已达到限额而货舱内仍会有很多的剩余空间无法利用。将轻泡货物和高密度货物混运装载,是比较经济的解决方法。承运人有时提供一些货物的密度参数作为混运装载的依据。例如,服装类货物约为120.0 kg/m³。

3)舱门限制

由于货物只能通过舱门装入货舱内,货物的尺寸必然会受到舱门的限制。为了便于确定一件货物是否可以装入散舱,飞机制造商提供了散舱舱门尺寸表[①],表内数据以厘米和英寸两种计量单位公布。例如,一件货物的尺寸为240 cm×70 cm×60 cm 装载在波音737散舱内,则货物的长度限制为241 cm。

4)地板承受力限制

飞机货舱内每一平方米的地板可承受一定的重量,如果超过它的承受能力,地板和飞机结构很有可能遭到破坏。因此,装载货物时应注意不能超过地板承受力的限额。

$$地板承受力 = 货物的重量 / 底面接触面积$$

如果超过限额,应使用2~5 cm厚的垫板,加大底面面积。

$$垫板面积 = 货物的重量 / 地板承受力限额$$

2.2.2　航空集装器

2.2.2.1　集装运输的概念和特点

集装运输就是将一定数量的单位货物装入集装货物的箱内或装在带有网套的板上作为运输单位进行运输。

集装运输具有如下特点:

(1)减少货物装运的时间,提高工作效率。

(2)以集装运输替代散件装机,可以减少地面等待时间。

(3)减少货物周转次数、提高完好率。

(4)减少差错事故,提高运输质量。

采用集装设备,工作人员有充裕的时间做地面运输组织工作,可以提前按货物的到达站和种类进行集装,成组上机或下机,减少差错事故的可能性。

---

① 参见 TACT Rules 8.2 Loading Charts。

（5）节省货物的包装材料和费用。采用集装箱进行运输，箱体较为坚固，对货物有保护作用。所以对采用集装器进行运输的货物，在包装上要求较低，这样就可以节约用于包装货物的材料和费用。

（6）有利于组织联合运输和门到门服务。货物运输的集装箱化，进行海空、陆空联运，是货运发展的大趋势。集装器可以直接租给用户，送到企业，实现"门到门"服务。

2.2.2.2 集装设备的种类

集装器的产生是在宽体飞机出现以后，为提高大批量货物的处理能力，人们认识到把小件货物集装成大件货物，如集装板、集装箱等是非常必要的。这些集装器可看作飞机结构中可移动的部件，使装卸更加简便。

装运集装器的飞机，其舱内应有固定集装器的设备用于把集装器固定于飞机上。这时，集装器就成为飞机的一部分，所以对飞机集装器的大小有严格规定。

根据不同的分类标准，可以将集装器的种类划分为以下几种：

1）按注册情况，分为注册的飞机集装器和非注册的飞机集装器

注册（certified）的飞机集装器是指国家政府有关部门授权集装器生产厂家生产的，适宜于飞机安全载运的，在其使用过程中不会对飞机的内部结构造成损害的集装器。

非注册（non-certified）的飞机集装器是指未经有关部门授权生产的，未取得适航证书的集装器，非注册的集装器不能看作为飞机的一部分。因为它与飞机不匹配，一般不允许装入飞机的主货舱，但这种集装器的确适于地面的操作环境，它仅适合于某些特定机型的特定货舱，如 DPE 类的集装器仅适宜于波音 767。

2）按种类，分为集装板、集装棚和集装箱

（1）集装板（pallet）和网套（net）。集装板是具有标准尺寸的，四边带有卡锁轨或网带卡锁眼，带有中间夹层的硬铝合金制成的平板，以便货物在其上码放；网套是用来把货物固定在集装板上，网套的固定是靠专门的卡锁装置来限定的。

以 PEB 集装板（见图 2-1）为例，相应参数：底板尺寸为 53 in× 88 in(1 in＝2.54 cm)；高度为 84 in；集装板重量为 55 kg；集装板最高可容重量（包括集装板重量）为 1 800 kg；适载机型波音747F。

（2）结构与非结构集装棚（igloo）。集装棚分结构式和非结构式两种。非结构式集装棚的前面敞开、无底，由玻璃纤维、金属及其他适合的材料制成坚硬的外壳，这个外壳与飞机的集装板和

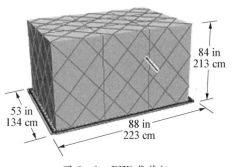

84 in
213 cm

53 in
134 cm

88 in
223 cm

图 2-1 PEB 集装板

网套一起使用。

结构式集装棚的外壳与集装板固定成一体,不需要网套固定货物。

(3) 集装箱(container)。集装箱类似于结构集装棚,它又可分为以下 3 种。

① 空陆联运集装箱。空陆联运集装箱分为 20 ft 或 40 ft,高和宽为 8 ft。这种集装箱只能装于全货机或客机的主货舱,主要用于陆空、海空联运。

② 主货舱集装箱。主货舱集装箱只能装于全货机或客机的主货舱,这种集装箱的高度在 163 cm 以上。

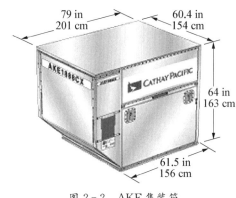

图 2-2　AKE 集装箱

③ 下货舱集装箱。下货舱集装箱只能装于宽体飞机的下货舱。

以 AKE 集装箱(见图 2-2)为例,相应参数:集装箱容量为 152 ft^3;集装箱重量为 100 kg;集装板最高可容重量(包括集装板重量)为 1 588 kg;适载机型为波音 747、747F、777 和空客飞机。

底板尺寸为 53 in×88 in;高度为 84 in;集装板重量为 55 kg;集装板最高可容重量(包括集装板重量)为 1 800 kg。

2.2.2.3　集装器代号的组成

在集装器的面板和集装器的四周,常会看到诸如 PAP5001FM,PAP2233CA 等代号,这些代号是考虑到集装器的类型、尺寸、外形、与飞机的匹配、是否注册等几方面因素形成的。它由以下几部分组成。

(1) 第 1 位:字母,表示集装器的类型。

A:certified aircraft container,注册的飞机集装器。

B:non-certified aircraft container,非注册的飞机集装器。

F:non-certified aircraft pallet,非注册的飞机集装板。

G:non-certified aircraft pallet net,非注册集装板网套。

J:thermal non-structured igloo,保温的非结构集装棚。

M:thermal non-certified aircraft container,保温的非注册飞机集装箱。

N:certified aircraft pallet net 注册的飞机集装板网套。

P:certified aircraft pallet,注册的飞机集装板。

R:thermal certified aircraft container,注册的飞机保温箱。

U:non-structural igloo,非结构集装棚。

H:horse stall,马厩。

V:automobile transport equipment,汽车运输设备。

X、Y 、Z：reserved for airline use only,供航空公司内部使用。

（2）第 2 位：字母,表示集装器的底板尺寸。

A：(224×318)cm,(88×125)in,P1 板。

B：(224×274)cm,(88×108)in,P2 板。

G：(244×606)cm,(96×238.5)in,P7 板。

M：(244×318)cm,(96×125)in,P6 板。

E：(224×135)cm,(88×53)in。

K：(153×156)cm,(60.4×61.5)in。

L：(153×318)cm,(60.4×125)in。

（3）第 3 位：字母,表示集装器的外形或适配性,可查手册 IATA ULD TECHNICAL MANUAL,以获取相关信息。

E：适用于波音 747、TC310、DC10、L1011 下货舱无叉眼装置的半型集装箱。

N：适用于波音 747、TC310、DC10、L1011 下货舱有叉眼装置的半型集装箱。

P：适用于波音 747COMB 上舱及波音 747、DC10、L1011、TC310 下舱的集装板。

A：适用于波音 747F 上舱集装箱。

（4）第 4～7 位：数字,表示集装器的序号。

（5）第 8～9 位：字母,表示集装器的所有人或注册人,通常是航空公司的二字代码。

2.2.2.4 集装器的限制

1）最大承重限制

集装器允许装载的货物重量受到集装器最大承重的限制。超过这一限制的货物不但会损坏集装器的结构,还有可能对机身造成损坏。

P1 板 (224×318)cm (88×125)in 6 804 kg

P2 板 (224×274)cm (88×108)in 4 536 kg

P6 板 (244×318)cm (96×125)in 6 804 kg

P7 板 (244×606)cm (96×238.5)in 11 340 kg

2）体积/尺寸限制

集装箱内部所装货物受到体积限制是不言而喻的。重点考虑集装板体积限制。集装板上所装货物的形状要与飞机的货舱内部形状相适应,且应能从货舱门装入。集装板可装货物的高度,随飞机机型的主货舱或下舱的位置布局而定。如 P1 板可装高度为 164 cm 、244 cm 、299 cm,P6 板可装高度为 164 cm、244 cm、299 cm,P7 板可装高度为 244 cm。

3）货物品名的限制

某些特殊货物装载集装器是受到限制的,如危险品、活动物、贵重货物、尸体等。

此外,还有集装器底板承重等限制。

2.2.2.5 集装货物的基本原则

(1) 检查所有待装货物,根据货物的卸机站、重量、体积、包装材料以及货物运输要求设计货物组装方案。

(2) 一般情况下,大货、重货装在集装板上;体积较小、重量较轻的货物装在集装箱内。组装时,体积或重量较大的货物放在下面,并尽量向集装器中央集中码放;小件和轻货放在中间;危险物品或形状特异可能危害飞机安全的货物,应将其固定,可用填充物将集装器塞满或使用绳、带捆绑,以防损坏设备、飞机,造成事故。

合理码放货物,做到大不压小、重不压轻、木箱或铁箱不压纸箱。同一卸机站的货物应装在同一集装器上。一票货物应尽可能集中装在一个集装器上,避免分散装在多个集装器上。

(3) 在集装箱内的货物应码放紧凑,间隙越小越好。

(4) 如果集装箱内没有装满货物,即所装货物的体积不超过集装箱容积的三分之二,或单件货物重量超过 150 kg 时,就要对货物进行捆绑固定。最好用标准的绳具将货物固定在集装箱的卡锁轨里。

(5) 特别重的货物放在下层,底部为金属的货物和底部面积较小重量较大的货物必须使用垫板,以防金属货物损坏集装板,同时可以分散货物对集装器底板的压力,保证集装器能够平稳顺利地装入飞机。

(6) 装在集装板上的货物要码放整齐,上下层货物之间要相互交错,骑缝码放,避免货物与货物坍塌、滑落。

(7) 装在集装板上的小件货物,要装在其他货物的中间或适当地予以固定,防止其从网套及网眼中滑落。一块集装板上装载两件或两件以上的大货时,货物之间应尽量紧邻码放,尽量减少货物之间的空隙。

(8) 一般情况下不组装低探板货物。确因货物多,需充分利用舱位,且货物包装适合装低探板时,允许装低探板。但是,装低探板货物要按照标准码放,码放货物要合理牢固,网套要挂紧,必要时要用尼龙带捆绑,保证集装货物在运输过程中不发生散落或倾斜。

2.3 铁路货物运输工具与设备

2.3.1 铁路机车和车辆

1) 铁路机车(locomotive)

铁路车辆本身没有动力装置,无论是客车还是货车,都必须把许多车辆连接在一起编成一列,由机车牵引才能运行。所以,机车是铁路运输的基本动力。目前我国铁路使用的机车种类很多,按照机车原动力可分为蒸汽机车、内燃机车和电力机车 3 种。

（1）蒸汽机车。蒸汽机车是以蒸汽机为原动力的机车。其优点是结构比较简单，制造成本低，使用年限长，驾驶和维修技术较易掌握，对燃料要求也不高。但其缺点是热效率太低，总效率一般只有 5%～9%，使机车的功率和速度进一步提高受到限制。因此，在现代铁路运输中，随着铁路运输量的增长，行车速度的提高，蒸汽机车势必被新型机车所代替。我国已于 1989 年停止生产蒸汽机车，并采取自然过渡的办法，在牵引动力改革中将其逐步予以淘汰。

（2）内燃机车。内燃机车是以内燃机为原动力的机车。它的热效率比蒸汽机车高、准备时间短，一次加足燃料后，持续工作时间长，机车利用率高，特别适合在缺水或水质不良地区运行。其缺点是构造复杂，制造、维修和运营费用较高，对环境有较大的污染。

（3）电力机车。电力机车是非自带能源的一种机车，它是从铁路沿线的接触网获取电能产生牵引动力的机车。它的热效率比蒸汽机车高出 1 倍以上，且启动快、速度高、善于爬坡；可以制成大功率机车，运输能力大，运营费用低。电力机车不用水，不污染空气，噪声小，劳动条件好，便于多机牵引。但电气化铁路需要建立一套完整的供电系统，在基建投资上要比采用蒸汽机车或内燃机车大得多。

从世界各国铁路牵引动力的发展来看，电力机车被公认为是最有发展前途的一种机车，它在运营上有良好的经济效果。

2）车辆（car）

铁路车辆是运送旅客和货物的工具，它本身没有动力装置，需要把车辆连挂在一起由机车牵引，才能在线路上运行。

铁路车辆可分为客车和货车两大类。铁路货车的种类很多，为便于在铁路货物运输中使用，现把我国铁路货车的种类、标记分别做介绍。

（1）货车的种类。我国铁路货车的种类，按其用途可分为通用货车和专用货车两大类。

① 通用货车。通用货车分为棚车、敞车和平车 3 种。

棚车（covered car）的车体由端墙、侧墙、棚顶、地板、门窗等部分组成。装运货物时可以关闭门窗，防止风吹日晒和雨雪侵入，便于运送比较贵重和怕潮湿的货物。车内一般还设有床托、拦马杆座等装置，必要时可用来运送人员或牲畜。

敞车（open car）的车体仅有端、侧墙和地板，端、侧墙高度一般在 0.8 m 以上，两侧有门。敞车主要用以装运不怕湿损的散装、裸装或包装货物，如煤炭、矿石、钢材、木材、机械设备和集装箱等，必要时还可以加盖篷布装运怕潮湿的货物，因而敞车是一种通用性较大的货车。

平车（flat car）的车体一般只有一平底板，部分平车装有很低的侧墙和端墙，并且能够翻倒。它适合于装载重量、体积或长度较大的货物，如汽车、钢材、木材、集装箱等。有侧墙和端墙的平车，将侧墙、端墙翻起后可用以装运矿石类货物。也有的将车体做成下弯的凹底平车或一部分不装地板的落下孔车,供装运特殊长大重型货物。

②专用货车。专用货车可分为保温车、罐车和家畜车等,是专供装运某些指定种类货物的车辆。

保温车(cold storage car)的车体与棚车相似,但其墙板由两层壁板构成,壁板间用隔热材料填充,以减少外界气温的影响。车内设有制冷或冰箱等设备。目前,我国以成列或成组使用机械保温车为多,车内有制冷设备。可自动控制车内温度。保温车主要用于运送保鲜的蔬菜、鱼类、肉类等易腐货物。

罐车(tank car)的车体为圆桶形,罐体上设有装卸口,为保证流体货物运送安全,还设有空气包和安全阀等设备。罐车主要用来运送液化石油气、汽油、盐酸、酒精等液体货物,也有少数罐车是用来装运像散装水泥类的粉状货物的。

家畜车(live stock car)的车体内有通风设备,有给水、饲料的储存设施,还有押运人员乘坐设施,主要供运送家畜、家禽等。

此外,专用车还有煤车、矿石车、矿砂车、长大货车等。其中,长大货车是专供运送长大货物及笨重货物之用的,其载重量一般为90 t以上,长度在19 m以上,专用于装运大型汽车、机械设备、桥梁、建筑材料和长大原木等特大超长货物。

货车车辆还可从载重量进行分类,我国的货车车辆可分为20 t以下,30 t、40 t、50 t、60 t、65 t、75 t和90 t等各种不同的车辆。为适应我国大宗货运输的客观需要,有利于多装快运和降低货运成本,现以50 t车为主。

(2)车辆标记(mark of car)。为了表示车辆的类型及其特征,便于使用和运行管理,在每一铁路车辆车体外侧都应具有规定的标记。一般常见的标记主要有以下几种。

①路徽(rail insignia badge)。凡中国铁道部所属车辆均涂有人民铁道路徽,以区别企业自备车和外国车辆。

②车号(car numbers)。车号是识别车辆的最基本标记,包括型号和号码。型号又有基本型号和辅助型号两种。

基本型号代表车辆种类,用汉语拼音字母表示。我国常用货车的基本型号如表2-3所示。

表2-3 常用的货车型号

顺 序	车 种	基本型号	顺 序	车 种	基本型号
1	棚 车	P	7	保温车	B
2	敞 车	C	8	集装箱专用车	X
3	平 车	N	9	家畜车	J
4	粮食车	L	10	罐 车	G
5	煤 车	M	11	水泥车	U
6	矿石车	K	12	长大货物车	D

辅助型号代表车辆构造形式,用阿拉伯数字和汉语拼音组合表示,如"P64A",表示该棚车是"64A"型的结构。号码编在车辆的基本型号和辅助型号之后。车辆号码是按车种和载重分别按顺序编号的,例如,P62 3319324。

③ 配属标记。对固定配属的车辆,应标上所属铁路局和车辆段的简称,如"京局京段"是表示北京铁路局车辆段的配属车。

④ 自重。表示车辆本身的重量,以吨(t)为单位。

⑤ 载重。即车辆允许的最大装载重量,以吨(t)为单位。

⑥ 容积。即货车(平车除外)可供装载货物的容量,以立方米(m^3)为单位。

⑦ 车辆全长及换长。车辆全长指车辆两段钩舌内侧的距离,以米(m)为单位。在实际业务中,习惯上将车辆的长度换算成车辆的辆数,即全长除以 11 m 所得的商表示车辆的换算长度(换长),即换长＝车辆全长(m)/11(m)。

⑧ 特殊标记。根据车辆的构造及设备特征而涂刷的各种特殊标记,如:

MC——表示可以用于国际联运;

(人)——表示具有床托的棚车,可以运送人员;

(古)——表示车内设有拴马环或其他拴马装置的货车;

Ω——表示车辆禁止通过机械化驼峰。

另外,有的车辆在车体四周涂刷一条色带:红色表示装运爆炸品;黄色表示装运剧毒品;白色表示救援列车。

2.3.2　铁路轨距及界限

火车行驶的线路称为铁路线路。它是机车车辆和列车运行的基础,是由路基、轨道和桥隧建筑物组成的整体工程结构。铁路线路涉及的工程技术问题比较复杂,这里仅就与运输业务直接相关的铁路轨距和铁路限界做简要说明。

1) 铁路轨距(rail gauge)

所谓铁路轨距就是铁路线路上两股钢轨头部的内侧距离。按其大小不同,可分为宽轨、标准轨和窄轨 3 种:标准轨的轨距为 1 435 mm;大于标准轨的为宽轨,其轨距大多为 1 524 mm 和 1 520 mm;小于标准轨的为窄轨,其轨距多为 1 067 mm 和 1 000 mm。我国铁路基本上采用标准轨距,只有台湾和海南两省的铁路轨距为 1 067 mm。

由于轨距不同,列车在不同轨距交接的地方必须进行换装或更换轮对。欧、亚大陆铁路轨距按其大小不同,同样可分为宽轨、标准轨和窄轨。所以,国际铁路货物联运的组织必须重视边境口岸两国铁路的轨距。

2) 铁路限界(rail line demarcation)

为了确保机车车辆在铁路线路上运行的安全,防止机车车辆撞击邻近铁路的建筑和设备,而对机车车辆和接近线路的建筑物、设备所规定的不允许超越的轮廓尺寸线称为限界。

铁路的基本限界有机车车辆限界和建筑接近限界两种。

机车车辆限界是机车车辆横断面的最大极限,它规定了机车车辆不同部位的宽度、高度的最大尺寸和底部零部件至轨面的最小距离。机车车辆限界是在桥梁、隧道等限界起相互制约作用的,当机车车辆在满载状态下运行时,也不会因摇晃、偏移而与桥梁、隧道及线路上其他设备相接触,以保证行车安全。

建筑接近限界是一个和线路中心线垂直的横断面,它规定了保证机车车辆安全通行所必需的横断面的最小尺寸。凡靠近铁路线路的建筑及设备,除与机车车辆有相互作用的设备外,其他任何部分都不得侵入限界之内。

当货物装车后,货物任何部分的高度和宽度超过车辆限界时,该货物被称为超限货物。对于超限货物,按货物超限的程度分为一级超限、二级超限和超级超限3个级别。对于超限货物的运输,则要采取特殊的组织方法来进行。

2.3.3　铁路集装箱

1) 中小吨位集装箱

容积 $1.0\sim3.0$ m³(含 3.0 m³),最大容许总重小于 2.5 t 的集装箱为小吨位集装箱;容积在 3.0 m³ 以上至 15.0 m³,最大容许总重为 $2.5\sim5.0$ t(含 5.0 t)的集装箱为中吨位集装箱。小吨位集装箱和中吨位集装箱货物可办理零担或整车货物运送;不属于铁路的小吨位和中吨位空集装箱不适用集装箱运送的规定。

对于小吨位和中吨位集装箱,我国铁路目前只办理整车运送的 5 t 箱和零担运送的 1 t 箱装运进口货物。出口货物可利用返还的集装箱装运到集装箱所属铁路。我国铁路集装箱暂不出口。

2) 大吨位集装箱

长 20 ft、30 ft 或 40 ft(相应为 6 058 mm、9 125 mm 或 12 192 mm),宽 8 ft(2 438 mm)和高 8 ft 6in(即 2 591 mm),符合 ISO(国际标准化组织)系列 1 的集装箱为大吨位集装箱。

大吨位集装箱货物和大吨位空集装箱仅可办理大吨位集装箱货物运送。我国和蒙古铁路间可办理使用中铁 10 t 集装箱货物的运送。

不符合上述条件的集装箱以及《国际货协》附件 2"危险货物运送规则"未做规定的危险货物专用集装箱,需经参加运送的各铁路商定后,才准许运送。

2.4　公路货物运输工具与设备

汽车是公路运输的基本运输工具,它由车身、动力装置和底盘三部分组成。公路货运车辆可以按载重吨位或用途进行分类。

1) 按汽车的载重吨位划分

按汽车的载重能力可划分为重型载货汽车、中型载货汽车、轻型载货汽车和微型载货汽车。

2) 按用途划分

按用途可分为普通载货汽车和专用载货汽车两大类。

专用载货汽车又可分为冷藏保温车、粉物料运输车、散装水泥半挂运输车、集装箱半挂运输车、小汽车专用运输车等种类。

多式联运业务采用的汽车主要是载运集装箱的专用运输汽车——集装箱汽车（container truck）。集装箱运输发展初期，因集装箱载重量较小，数量不大，多用普通载货汽车载运。20 世纪 60 年代以来，随着集装箱运输的迅速发展，各国相继研制成专门运输集装箱的汽车。集装箱汽车装载部位的尺寸按标准集装箱尺寸确定，并在相应于集装箱底部四角的位置上设有固定集装箱的扭锁装置。

集装箱汽车通常采用汽车列车的组合形式。这种组合有半挂式、全挂式和双挂式，其中以半挂式汽车列车居多。组成集装箱汽车列车的半挂车有平板式和骨架式两种。平板式半挂车的装载部位是平板货台，可用于装运集装箱，也可用于装运普通长大件货物，车辆的使用效率较高。骨架式半挂车的装载部位是无货台的底盘骨架，集装箱装到车上并由扭锁装置固定以后，也成为半挂车的强度构件。骨架式半挂车只能专门装运集装箱。它具有自重小、结构简单、维修方便等优点。按结构形式，集装箱半挂车又分直架式和鹅颈式两种。直架式半挂车适于装运平底结构的集装箱；鹅颈式半挂车是专门装运凹槽型底部结构的集装箱，可降低装载高度。

3 多式联运网络

3.1 多式联运节点

多式联运节点的形式主要有集装箱码头、航空港、铁路集装箱办理站和公路集装箱中转站等。

3.1.1 集装箱码头

集装箱码头(container terminal)是集装箱运输的枢纽,它向外延伸国际的海运航线,向内连接国内的铁路、公路、水路等运输线路。因此,集装箱码头是各种运输方式衔接的换装点和集散地,集装箱码头在整个集装箱运输过程中具有重要的地位。做好集装箱码头的建设和管理工作对于加速集装箱及其运载工具的周转,降低运输成本,提高经济效益和社会效益具有极其重要的意义。

3.1.1.1 集装箱码头的布局

集装箱码头的整个装卸作业是采用机械化、大规模生产方式进行的,要求各项作业密切配合,实现装卸工艺系统的高效化。这就要求集装箱码头布局合理,使码头上各项设施合理布置,并使它们有机地联系起来,形成一个各项作业协调一致、相互配合的有机整体,形成高效、完善的流水作业线,以缩短车、船、箱在港口码头的停泊时间,加速车、船、箱的周转,降低运输成本和装卸成本,实现最佳的经济效益。

对于集装箱专用码头,码头布置主要要求集装箱泊位岸线长为 300 m 以上,集装箱码头陆域纵深应能满足各种设施对陆域面积的要求。由于集装箱船舶日趋大型化,载箱量越来越多,因此,陆域纵深一般为 350 m 以上,有的集装箱码头已高达 500 m。码头前沿宽度一般为 40 m 左右,这取决于集装箱装卸工艺系统及集装箱岸壁起重机的参数和水平运输的机械类型。每一集装箱专用泊位,配置 2～3 台岸壁集装箱起重机。集装箱堆场是进行集装箱装卸和堆存保管的场所,集装箱堆场的大小应根据设计船型的装卸能力及到港的船舶密度决定。有关资料表明,岸线长 300 m 的泊位,堆场面积应达 10 500 m^2,甚至更大,这还与采用的装卸工艺系统和集装箱在港停留时间有关。集装箱货运站(拆装箱库)可布置在集装箱码头大门与堆场之间的地方,也可布置在集装箱码头以外的地方。所有通道的布置应根据装卸工艺与机械要求而定。

3.1.1.2 集装箱码头的主要设施

1) 靠泊设施

靠泊设施(wharf)主要由码头岸线和码头岸壁组成,码头岸线是供来港装卸的集装箱船舶停靠使用,其长度应根据其所停靠集装箱船的主要技术参数及有关安全规定而定;码头岸壁一般是指集装箱船停靠时所需要的系船设施。集装箱泊位长度一般为 300 m,前沿水深应满足设计船型的吃水要求一般为 12 m 以上。岸壁上设有系船柱,用于船靠码头时通过缆绳将船拴住。

2) 码头前沿

码头前沿(frontier)是指沿码头岸壁到集装箱编排场(或称编组场)之间的码头面积,设置有岸边集装箱起重机及其运行轨道。码头前沿的宽度可根据岸边集装箱起重机的跨距和使用的其他装卸机械种类而定,一般为 40 m 左右。

集装箱码头前沿一般不设铁路线。因为各种车辆及集装箱的衔接交换都是在前沿进行的,非常繁忙,如果为了部分集装箱的车船直取而铺设铁路线,将会严重影响更多集装箱的装卸作业,结果可能是得不偿失。只有在个别情况下(如直取比例很大的码头),码头前沿才设有铁路线。

3) 集装箱编排场

集装箱编排场(container marshalling yard)又称前方堆场,是指把准备即将装船的集装箱排列待装以及为即将卸下的集装箱准备好场地和堆放的位置。集装箱编排场通常布置在码头前沿与集装箱堆场之间,其主要作用是保证船舶装卸作业快速而不间断地进行。编排场面积的确定主要与集装箱码头吞吐量、设计船型的载箱量、到港船舶密度及装卸工艺系统有关。将集装箱直接堆放还是放在底盘车上,堆放一层还是数层,这些情况不同,则所需的面积也不同。同时,编排场的配置方法、离码头前沿的距离等直接影响装卸作业,应慎重考虑。通常在集装箱编排场上,按集装箱的尺寸预先在场地上用白线或黄线画好方格即箱位,箱位上编上"场箱位号",当集装箱装船时,可按照船舶的配载图找到这些待装箱的箱位号,然后有次序地进行装船。

4) 集装箱堆场

集装箱堆场又称后方堆场,是指进行集装箱交接、保管重箱和安全检查箱的场所,有的还包括存放底盘车的场地。由于进出码头的集装箱基本上均需要在堆场上存放,因此堆场面积的大小必须适应集装箱吞吐量的要求,应根据设计船型的装载能力及到港的船舶密度、装卸工艺系统、集装箱在堆场上的排列形式等计算、分析确定。集装箱在堆场上的排列形式一般有"纵横排列法",即将集装箱按纵向或横向排列,此法应用较多;也有"'人'字形排列法",即集装箱在堆场放成"人"字形,适用于底盘车装卸作业方式。

5) 集装箱货运站

集装箱货运站有的设在码头之内,也有的设在码头外面。货运站是拼箱货物进行拆箱和装箱,并对这些货物进行储存、防护和收发交接的作业场所,其主要任务是出口拼箱货的接收、装箱,进口拼箱货的拆箱、交货等。货运站应配备拆装箱及场地堆码的小型装卸机械及有关设备,货运站的规模应根据拆装箱量及不平衡性综合确定。

6) 控制塔

控制塔(control tower)是集装箱码头作业的指挥中心。其主要任务是监视和指挥船舶装卸作业及堆场作业。控制塔应设在码头的最高处,以便能清楚地看到码头所有集装箱的箱位及全部作业情况,有效地进行监视和指挥工作。

7) 大门

大门(gate)是集装箱码头的出入口,也是划分集装箱码头与其他部门责任的地方。集装箱码头保卫工作十分重要,所有进出集装箱码头的集装箱均在门房进行检查,办理交接手续并制作有关单据,这些单据不仅作为划分责任的依据,也是实行集装箱码头电子计算机管理的主要数据来源。

8) 维修车间

维修车间(maintenance shop)是对集装箱及其专用机械进行检查、修理和保养的场所。它的主要任务是及时对集装箱及主要机械进行检查、修理和保养,使其经常处于完好的技术状态,提高完好率,以保证集装箱码头生产不间断地正常进行。维修车间的规模应根据集装箱的损坏率、修理的期限,码头内使用的车辆和装卸机械的种类、数量及检修内容等确定。维修车间应配备维修设备。

9) 集装箱清洗场

集装箱清洗场(container washing station)主要任务是对集装箱污物进行清扫、冲洗,以保证空箱符合使用要求。清洗场一般设在后方并配备多种清洗设施。

10) 码头办公楼

码头办公楼(terminal building)是集装箱码头行政、业务管理的大本营。目前已基本上实现了管理电子计算机化,最终达到管理的自动化。

3.1.1.3　集装箱码头的机械设备

为了有效地提高集装箱码头的装卸效率,加速船、车、箱的周转,缩短其在港停留时间,集装箱码头必须配备高效专用机械设备,以实现装卸作业机械化。整个集装箱码头机械化系统包括装卸船机械、搬运机械、堆码机械及拆装箱机械等。

1) 岸壁集装箱装卸桥

集装箱装卸桥(quayside container crane)是码头前沿机械,承担集装箱的装、卸作业。该机是现代化集装箱码头高效专业化装卸机械,其装卸效率一般为20~35 TEU/h,起重量为35~45 t,外伸距为35~45 m,内伸距一般为8~16 m,轨距一般为16 m。

2) 跨运车

跨运车(straddle carrier)是一种专用于集装箱码头短途搬运和堆码的机械。跨运车在作业时,以门形车架跨在集装箱上,并由装有集装箱吊具的液压升降系统吊起集装箱进行搬运和堆码,能堆码或跨越2~3层集装箱。该机的最大特点是机动性好,可一机多用,既可做码头前沿至堆场的水平运输,又可做堆场的堆码、搬运和装卸车作业;主要缺点是价格昂贵,维修费用较高,驾驶员的视野有待改善。

3) 集装箱叉车

集装箱叉车(container forklift)是集装箱码头常用的专门机械,可用于集装箱码头装卸、搬运及堆码作业,也可用于拆装箱作业。根据货叉设置的位置不同,可分为正面集装箱叉车和侧向集装箱叉车两种。正面集装箱叉车是指货叉设置在车体的正前方的叉车,而侧向集装箱叉车是指货叉和门架位置在车体侧面的叉车。为了方便装卸集装箱,集装箱叉车配有标准货叉及顶部起吊和侧面起吊的专用属具。

集装箱叉车主要优点是机动灵活,可一机多用,既可做水平运输,又可做堆场堆码、搬运及装卸底盘车作业;造价较低,使用方便,性能可靠。缺点是轮压较大,要求场地承载能力高,因而场地土建投资较多。该机特别适用于空箱作业,一般在集装箱吞吐量较少的多用途泊位上使用。

4) 集装箱正面吊运机

集装箱正面吊运机(front-handing mobile crane)(简称正面吊)是一种目前在集装箱码头堆场上得到越来越频繁使用的专用机械。正面吊运机的结构特点表现在设有可伸缩和左右共120°旋转的吊具,便于在堆场做吊装和搬运;设置有可带变幅的伸缩式臂架及多种保护装置,能保证安全操作;可加装吊钩,吊装其他重大件货物。

该机主要优点:机动性强,可一机多用,既可做吊装作业,又可做短距离搬运;一般可吊装4层箱高,并且稳性好,轮压也不高,因此是一种比较理想的堆场装卸搬运机械,适用于集装箱吞吐量不大的集装箱码头,也适用于空箱作业。

5) 龙门起重机

龙门起重机(transtainer)简称龙门吊,是一种在集装箱堆场上进行集装箱堆垛和车辆装卸的机械。龙门起重机有轮胎式和轨道式两种形式。

(1) 轮胎式龙门起重机(rubber-tired transtainer)。轮胎式龙门起重机是最常见的集装箱堆场作业机械,它主要用于集装箱码头堆场的堆码及装卸底盘车作业。它由前后两片门框和底梁组成的门架支撑在充气轮胎上,可在堆场上行走,并通过装有集装箱吊具的行走小车沿着门框横梁上的轨道行走,可从底盘车上装卸集装箱和进行堆码作业。

该机主要特点是机动灵活,可从一个堆场转移到另一个堆场作业,可堆3~4层集装箱,提高了堆场面积利用率,并易于实现自动化作业。其主要缺点是自重大、轮压大、轮胎易磨损、造价也较高。轮胎式龙门起重机适用于吞吐量较大的集装箱码头。

(2)轨道式龙门起重机(rail mounted transtainer)。该机是集装箱码头堆场进行堆码和装卸集装箱的专用机械。它由两片双悬臂的门架组成,两侧门腿用下横梁连接,支撑在行走轮胎上,可在轨道上行走。该机可堆4~5层集装箱,可跨多列集装箱及一个车道,因而,堆存能力高,堆场面积利用率高;结构简单,操作容易,便于维修保养,易于实现自动化。其主要缺点是要沿轨道运行,灵活性较差;跨距大,对底层箱提取困难。常用于陆域不足且吞吐量大的集装箱码头。

6)空箱堆高机

集装箱空箱堆高机是集装箱堆场常用的专门机械,可用于空箱堆场进行空箱堆码及搬运作业。空箱堆高机操作方式类似集装箱叉车,但其起吊集装箱采用抓夹方式,一般可抓取8 t重的空箱,可堆高8层空箱。

空箱堆高机设置宽视野门架,堆高作业具有较高的速度和灵活机动性。

7)集装箱牵引车-底盘车

集装箱牵引车是专门用于牵引集装箱底盘车的运输车辆。其本身没有装货平台,不能装载集装箱,但它通过连接器与底盘车连接,牵引底盘车运输,从而实现搬运作业的目的。

底盘车是一种骨架式拖车,是装有轮胎的车架,前面有支架,后面有单轴一组轮胎或双轴两组轮胎两种,车上装有扭锁插头,能与集装箱的角件相互锁紧。

集装箱牵引车-底盘车(semi-traller tractor)特点是运行速度快,拖运量大,设备价格较低,营运成本较低,我国多数集装箱码头采用它。

8)集装箱吊具

集装箱吊具(container spreader)是用于起吊集装箱的属具,主要有3种类型:固定式、伸缩式和组合式。

(1)固定式吊具:是一种只能起吊一种集装箱的吊具,其特点是结构简单、自重轻、价格便宜,但是对箱体类型的适应性较差,更换吊具往往要占用较多时间。

(2)伸缩式吊具:通过伸缩臂,可以改变吊具的臂长,以达到起吊不同尺寸集装箱的要求。其特点是变换起吊不同集装箱所需时间较少,使用灵活性较强,但是自重较大,一般可达9~10 t。这是目前在集装箱装卸桥上使用最为普遍的一种集装箱专用吊具。

(3)组合式吊具:将起吊不同尺寸的集装箱的吊具组合使用的一种集装箱专

用吊具。其特点是结构简单、自重较自动式要小(一般为 4～7 t)。这种吊具多用于跨运车和正面吊上。

9) 拆装箱机械

集装箱码头的拆装箱机械一般采用 1.5～3.0 t 低门架叉车、手推搬运车等。

3.1.1.4 集装箱码头的职能

集装箱码头是在国际海上集装箱运输不断发展的基础上逐步形成和发展起来的,随着集装箱运输的飞速发展,作为集装箱运输的重要组成部分的集装箱码头,必须发挥应有的作用,才能保证集装箱运输的高效率,进而促使集装箱运输更进一步发展。

一般说来,可以把传统的海上货物运输分为两个阶段:动态阶段和静态阶段。

动态阶段(movement stage)是指货物在车辆、船舶或飞机等运输工具上,处于受载运输的阶段。

静态阶段(process stage)是指货物处在车站、码头、机场上或其他地点,进行装卸、保管和堆存等相对静止的阶段。

据统计资料,上述两个阶段所耗费的时间和劳动量所占比例相差较大。货物海上运输的整个过程中有 35% 的时间处于"静态阶段",在这一阶段中,要投入所需全部劳力的 80%。货物在静态处理中的大部分时间是处在码头的装卸、堆存和保管之中。因此,要提高运输的效率,关键在于提高码头生产力水平。尽量缩短货物在码头处理的时间。所以,集装箱码头的职能应包括如下几方面:

(1) 货物集散职能。集装箱码头应具有拆箱和拼箱的场所,以适应小件货物的运输。

(2) 货物堆存职能。集装箱码头应具有存放集装箱的场所,同时还应有存放小件货物的仓库,以作为转换集装箱运输方式的缓冲地。

(3) 装卸作业职能。包括堆场交收箱的装卸和船舶装卸。

(4) 其他有关服务职能。如船舶靠泊泊位、集装箱通关、集装箱检验、信息接收处理与传递等。

3.1.1.5 集装箱码头的特点和要求

随着集装箱运输的迅速发展,世界运输"集装箱化"的比例不断提高,集装箱运量不断上升,集装箱船舶日趋大型化和高速化。因而,要求集装箱码头实现装卸作业高效化、自动化,管理工作现代化、标准化和规范化,以加速车、船、箱的周转,降低运输成本,提高整个集装箱运输系统的营运效益和综合社会效益。为满足集装箱运输对集装箱码头的要求,世界各国港口快速发展集装箱专用码头,设置了现代化的硬件及软件系统。集装箱码头应满足以下要求:

(1) 具备设计船型所需的泊位、岸线及前沿水深和足够的水域,保证船舶安全靠、离。

（2）具备码头前沿所必需的宽度、码头纵深及堆场所必需的面积,具有可供目前及发展所需的广阔陆域,保证集装箱堆存、堆场作业及车辆通道的需要。

（3）具备适应集装箱装卸船作业、水平运输作业及堆场作业所必需的各种装卸机械及设施,以实现各项作业的高效化。

（4）具有足够的集疏运能力及多渠道的集疏运系统,以保证集装箱及时集中和疏散,防止港口堵塞及快速船舶装卸作业。

（5）具有维修保养的设施及相应的人员,以保证正常作业的需要。

（6）由于集装箱码头高科技及现代化的装卸作业和管理工作,要求具有较高素质的管理人员和机械司机。

（7）为满足作业及管理的需要,应具有现代管理和作业的必需手段,采用电子计算机及数据交换系统。

鉴于集装箱船舶大型化带来的对集装箱码头设施和装卸服务的新要求,集装箱码头未来发展趋势将是泊位深水化、装卸设备大型化、装卸工艺系统化、集疏运设施现代化、生产信息化、码头泊位高效化、港口生产组织合理化。

3.1.2　航空港

国际民航组织将机场(航空港)定义为供航空器起飞、降落和地面活动而划定的一块地域或水域,包括域内的各种建筑物和设备装置。航空港与机场几乎是同义词,但从专业角度来看,它们是有区别的。所有可以起降飞机的地方都可以叫机场,而航空港则专指那些可以经营客货运输的机场。航空港必须设有候机楼以及处理旅客行李和货物的场地和设施。由于航空港的规模较大,功能较全,使用较频繁,地面交通便利,所以通常选择其开展航空货物运输服务。

3.1.2.1　航空港的构成

航空港主要包括飞行区、航站区以及进出航空港的地面交通系统 3 个部分。

（1）飞行区是航空港内用于飞机起降的区域,通常还包括用于飞机起降的空域,在航空港内占地面积最大。飞行区由跑道、滑行道和机场净空区组成。其相应的设施有目视助航设施、通信导航设施、空中交通管制设施以及航空气象设施。跑道是机场规模的重要标志,它直接与飞机起降安全有关。滑行道是提供飞机从跑道到航站区的通道,使已着陆飞机迅速离开跑道,避免干扰起飞、降落、滑跑的区域。飞行区上空划有净空区,是规定的障碍物限制面以上的空域,地面物体不得超越限制面伸入。限制面根据机场起降飞机的性能确定。

（2）航站区是飞行区与机场其他部分的结合部。航站区包括旅客航站楼、停机坪、停机场等。航站楼的一侧与停机坪相连,另一侧与地面交通系统相连。航站楼是旅客、行李和货邮办理各种手续、进行必要的检查、为改变运输方式而提供的建筑设施。航站楼把空港分为空侧和陆侧:空侧包括停机坪、飞行区等受机场当局严格控制的区域;陆侧是公众能够自由出入、为航空运输提供自由服务的场所。

（3）进出机场的地面交通设施是连接到机场的道路、交通轨道或水运码头,它是客货出入机场的地面通道。

航空港的其他设施通常还包括油库、救援设施、动力与电信系统、保安系统、货运区和航空公司区。

货运量较大的航空港专门设有货运站,航空货运站是连接航空货物与承运飞机的唯一通道和方式,它的服务对象包括航空公司和发货方(货运代理公司或实际发货人),是连接航空公司和发货人的桥梁。货站为进出货站的货物完成安检、计重、装集装器、货物存放、吨控、装卸飞机、分拨等服务。一般来说,货运站的厂区内设有集装箱板/箱坪(存放空集装板/箱的区域)、货坪(对离港待装机及进港待进站的集装货拖车及散斗货车临时停放与保管的区域)、拖车存放场和外场交接货区。外场交接货区设有外场交接货输送机,它与拖车配合完成进出港货物的交接。

航空货运站的运作效率主要依赖于它对货物处理的流程设计和处理方法。根据货物空运流程不同阶段的要求和货物的不同形态,航空货运站的主要货物处理设备包括以下几种。

3.1.2.2 航空货运站的存储系统

航空货运站的存储系统按处理对象不同,分为集装箱/板存储系统、散货存储系统和零散货物存储系统。

1) 集装箱/板存储系统

集装箱/板存储系统包括升降式转运车(ETV)、辊道式货架、存储辊道台和出入库通道输送台。

升降式转运车。升降式转运车是集装板/箱多层存储系统中关键的集装板/箱处理设备,也是衡量货运站处理能力的标准之一。升降式转运车分为纵向升降式转运车和横向升降式转运车。纵向升降式转运车为按其载货台上的辊道台的纵向,即标准 10 ft 集装器的 2 440 mm 宽度方向输送的升降式转运车。横向升降式转运车为按其载货台上的辊道台的横向,即标准 10 ft 集装器的 3 175 mm 宽度方向输送的升降式转运车。升降式转运车的地面轨道有单轨和双轨两种形式。

升降式转运车在巷道内沿轨道进行水平运行,其载货台沿机身立柱导轨升降。ETV 可同时进行水平、升降复合往复运行,自动到达货架指定货位,再通过 ETV 的摩擦提取器,带动货架上的辊道台与 ETV 辊道台同步运行,完成集装板/箱货物入出库搬运作业。

辊道式货架。辊道式货架用于存储航空货运专用的集装板/箱。按每一辊道台上存放 10 ft 集装器的数量和辊道台的输送方向分为 10 ft 或 20 ft、纵向或横向辊道式货架。为有效利用存储空间一般采用 20 ft 辊道式货架。辊道式货架用地脚螺栓紧固于 ETV 地轨中心线两侧的库房地面上。辊道台安装于辊道式货架的货格上,可拆换维修。辊道台分为存放辊道台和出入库通道输送台。存放辊道台自身无动力,由 ETV 摩擦提取器来驱动运行,完成集装板/箱入出库作业;出入库通道输送台自带传动装置,用于首层与外场交接货输送机的集装板/箱入出库作业。

2) 散货存储系统和零散货物存储系统

散货存储系统主要是由堆垛机(stacker-crane)、存储货架和出入库输送设备组成的。在航空货运站中使用的零散货物存储系统主要是层格式货架,用于小件和零散货物的存放。

3.1.2.3　集装器分解/组合系统

集装器分解/组合系统设备主要用于对集装板/箱进行装、卸货作业。集装器分解/组合系统设备分为升降式和固定式两种,处理集装板/箱的规格为 10 ft 或 20 ft。

固定式辊道台不具备升降功能,分为动力辊道台和无动力辊道台。固定式辊道台有两种高度,但一般在同一个货运站中的固定式辊道台的高度只有一种。辊道台面为 508 mm 高的固定式辊道台,因与拖车辊道台面高度相同,可直接与拖车配合完成集装器的交接作业。轨道台面为 200 mm 高的固定式辊道台,可由升降式转运车或辊道输送机与之配合完成集装器的往复运输。

升降式辊道台是将机构安装在地坑中,由操作者控制台面的升降,工作台上有可调节挡板,防止集装器在装卸过程中四处移动。

3.1.2.4　集装器传输系统

集装器传输系统包括转运车、直角转向台、旋转直角台和以 10 ft 辊道输送机为单元的输送辊道带,多用于分解/组合系统与存储系统之间传送集装器。

1) 转运车

转运车是用来搬运集装器的设备,适于单层储运系统对集装器的存储作业。按能搬运集装器的尺寸,转运车分为 10 ft、16 ft 和 20 ft 三种规格;按传输集装器的方向分为纵向和横向两种。有的转运车上的辊筒台是旋转直角台,是集合搬运、转向、调转箱门等主要功能于一身的转运车。

2) 直角转向台

当需要将集装器传输至与原有前进方向成 90°的位置时,在无须搬动集装器的情况下,由辊道输送机、滚轮输送机、微升将机构等设备组成的直角转向台即可完成这一项工作。它是通过滚轮输送机和辊道输送机的工作台相互交换位置而实现的,转换前辊道输送机与转换后辊轮输送机的输送面高度不变。

3) 旋转台

直角转向台由辊道输送台、滚轮输送台、升降机构及回转机构等设备组成。其主要用于集装箱在存储前或分解/组合前调整箱门开口方向,以便于存取和作业。它可以根据要求实现 90°、180°、270°以及 360°的旋转。

4)辊道输送机

辊道输送机由机架、钢辊、法兰轴承、链轮、链条、驱动机构及附件等组成。它是构成航空货运站货物处理系统最主要和最基本传输集装器的设备单元。辊道输送机也分为纵向和横向两种,具体选用哪种要根据工艺流程的需要。

5)集装板或集装箱拖车

拖车的主要任务是在飞机和货运站间往返运输集装器,大多数拖车需要由拖头即牵引车牵引,有些拖车自己带有动力系统。拖车行驶速度一般为 15~20 km/h。拖车的辊道台面高度为 508 mm。根据现行有关规定,一个拖头最多可同时拖拽三个 10 ft 的拖车。需要说明的是,10 ft 拖车装卸集装板或集装箱时是从拖车侧面移动集装器的,而 20 ft 拖车则是从拖车尾部移动集装器,且一个拖车头只能拖拽一个 20 ft 的集装器。

6)散货平板拖车

散货平板拖车是为运输各种散装行李货物而设计制造的车辆。

3.1.2.5　货物装卸设备

1)集装箱/集装板升降平台车

集装箱/集装板升降平台车专门负责飞机装卸集装箱和集装板,是航空货物运输业不可缺少的大型专用机械设备。根据提升装置的不同,在机场上常见的集装箱/集装板升降平台车是单级剪式升降平台车和四柱式升降平台车。这两种平台车都有很强的装载能力,可以轻松地应付 10 ft 和 20 ft 的集装箱或货板。在装卸过程中,升降平台车的工作台面必须和飞机货舱地板等高,否则集装箱在搬过舱门时会被擦伤,造成损失。

升降平台设有导向板,便于和不同宽度的飞机舱门对接;桥平台前置缓冲橡胶筒,桥平台后端有一对挡板,防止货物掉下。

2)行李传送车

行李传送车是用于飞机装卸行李或货物的专用设备,由汽车底盘、传送架、前后升降系统、支撑脚、液压和电气系统等组成。

3)汽车调平台

按动力来源不同,汽车调平台分为机械液压式、电动液压式和电动气囊式。根据不同汽车车厢的高度,工作台面可起升或下降,并将其前端的活动板搭接到车厢底板,便于装卸人员和叉车进出车厢,并具有自动止落装置、防撞装置、脚趾防护装置等安全保护措施。

4)滚筒系统

滚筒系统从仓库开始,直接升到飞机机头,然后把货物运到飞机主舱。

5) 叉车

叉车具有一副水平伸出的叉臂,叉臂可做上下移动,因此叉车具有装载货物的功能,并能携带货物做水平和垂直方向的移动。

3.1.2.6　空港物流的功能作用

(1) 具有口岸功能、出口退税优惠政策,便利加工贸易深加工结转企业间的货物流转。

(2) 支持生产性企业以及为它们提供全面物流链管理和综合服务的物流公司,可以将各种国际国内业务综合集成,开展供应商管理库存业务,实现生产企业真正的"零库存"和"JIT"(准时制,just in time),帮助企业提高物流效率和降低物流成本。

(3) 国际分拨、配送,为跨国制造企业最终产品的国际分拨提供物流服务。

(4) 国际采购物流服务,为跨国制造和分销企业的全球采购提供物流服务。

(5) 保税存放进口航空器材的企业,及时解决航空器材维护所需备件的替换问题。

(6) 寄售维修零配件的保税存储,建立国际著名品牌产品的零配件维修和备件中心。

(7) 高价值产品的进口、分拨及采购企业,为产品迅速连接国内外市场创造便利条件。

(8) 流通性简单加工和增值服务,如对货物进行分级分类、分拆分拣、分装、计量、组合包装、打膜、刷贴标志、改换包装、拼装等辅助性简单作业。

(9) 进出口贸易和国际中转业务。

(10) 解决三方及多方贸易收付汇问题,将物流、商流、资金流、信息流有机结合,为建立国际知名行业交易市场提供高效载体和平台。

3.1.3　铁路集装箱办理站

铁路集装箱办理站是指具备处理铁路集装箱运输业务能力的铁路站点,根据其业务性质和范围的不同可分两种,即铁路集装箱中转站和一般的集装箱办理站。铁路集装箱办理站的基本功能是组织铁路集装箱运输,办理集装箱货物的装、卸、到、发、集拼与存储等业务。其具体职能、组成结构、平面布局、机械设备,除面向铁路车辆运输、装卸而不是面向船舶而具有的特殊要求外,其余与集装箱码头的职能、组成结构、平面布局相类似。但由于其在集疏运系统中所处的层次地位和运量限制,在规模上与集装箱港口码头相比一般要小一些。由于铁路运输的特点及其在远程运输中的优势,在集装箱货物内陆运输(特别是远程集疏运)中,铁路运输线路和办理站发挥着十分重要的作用。

3.1.3.1　铁路集装箱办理站的设置

铁路集装箱运输是通过集装箱办理站来实现的。因此,铁路集装箱办理站的设备现代化和作业合理化是提高集装箱运输效率的关键。集装箱办理站的设置应具备以下条件：

（1）有一定数量且稳定的集装箱货源。

（2）有装卸、搬运集装箱的机械配备。

（3）有一定面积的硬化面堆场。

（4）有办理业务的专职人员。

（5）具有与其他运输方式相衔接的条件。

上述条件中，集装箱货源是基础，也是开展集装箱运输的先决条件。因此，铁路方面要认真调查和掌握货源，货物来源不清、数量不准，即使开办了集装箱业务也会因运量少或运量不均衡给运力带来亏损。装卸、搬运机械以及硬化场地是开办集装箱办理站的物质条件，没有硬化面的场地，集装箱不能直接放在地面上，装卸机械也不能很好地作业，而专职人员又是提高工作效率和保证质量的根本。

在决定集装箱中转站的位置时，则要考虑以下几个原则：

（1）集装箱中转站通常设置在大城市附近或经济发达地区，这些地区是箱源、箱流的产生地和吸引地，集装箱到发量大而稳定。

（2）集装箱中转站一般应设在铁路网的交汇点上，使其具有足够的中转范围，有一定数量的前方与后方集装箱办理站，才能有足够的箱流。

（3）集装箱中转站的数量不宜过多，也不宜过少。

（4）集装箱中转站相互间距离不能太近也不能太远。

办理站内的集装箱场是完成集装箱运输的基层生产单位，负责办理集装箱装、卸车，掏、装箱，组织集装"门到门"运输，编组成组列车，在有条件的集装箱场内，还可编开集装箱直达列车等。所以它的设置与布局是否合理，能否符合运营要求，对集装箱运输任务的完成，起着重要作用。所以，集装箱场须按下列原则来设置：

（1）集装箱场一般宜设在铁路枢纽内进出站方便的车站，以便于汽车拖车将集装箱（或货物）运进和运出车站。

（2）集装箱场在站内的设置地点应便于车辆取送和交接作业，并应有足够的场地供集装箱办理装卸和中转作业，同时还需有足够存放重、空集装箱的场地。

（3）应具备迅速进行集装箱装卸和中转换装作业的条件。

（4）集装箱场内应铺设畅通的汽车拖车通路，一般采用环状双行通路。

（5）为加速集装箱输送，汽车通路与铁路线应互不干扰，要尽量避免环状汽车拖车通路跨越铁路线。

（6）集装箱场地应平坦，硬面化程度高，能够承受汽车拖车、搬运机以及集装箱的重量，并有良好的排水系统。

3.1.3.2 铁路集装箱办理站的设备与设施

铁路集装箱办理站的设施，通常包括装卸线及轨道式龙门吊、堆箱场地、辅助生产与管理区设施等。

1) 装卸线及轨道式龙门吊

集装箱铁路办理站必须拥有一股或数股集装箱装卸线，用于集装箱列车出发前的装车，到达后的卸车，中途的换装。装卸线的股数和长度与办理站的地位（是基地站，还是一般办理站）和集装箱通过量及办理站的业务特点有关。

（1）集装箱通过量小的办理站必须有一股装卸线，装卸线应不短于相当于 10 节列车的长度，以一节集装箱专用车长 14 m 来计算，装卸线长度应不短于 140 m，装卸量比较大的办理站，装卸线长度应相应延长到相当于 20 节列车的长度，即 280 m 。

如果是中转量较大（指从一列火车转到另一列火车）的办理站，装卸线就并列放置两股，便于从一列火车上将集装箱直接换装到另一列火车。

（2）集装箱铁路基地站。集装箱铁路基地站通常指集装箱定期直达列车或集装箱专运列车始发或终端的办理站。这类办理站的装卸线一般应有两股到三股，长度通常应该是一列 50 节专用车长度的一半，即 350 m 以上。

（3）轨道式龙门吊铁路集装箱办理站。通常以轨道式龙门吊作为装卸线上的基本装卸机械，以集装箱正面吊和集装箱叉车为辅助机型。轨道式龙门吊在装卸线上的布置方式通常有三种。

① 装卸线在轨道式龙门吊跨度内行走轨道旁（简称跨内一侧）。这样的布置方式，集装箱堆场可放在另一侧，这样堆场的面积可以比较集中，利用率较高。而且龙门吊在装卸集装箱时，装卸小车单向从箱区向列车方向移动，不跨越列车，安全性较高。卡车通道可以放在任意一端悬臂下，另一端悬臂下还可设堆场。选择跨内一侧布置方式，各种操作协调，平面使用也比较经济，只要办理站的地形条件允许，大多数办理场均采用"跨内一侧"的布置方式。

② 装卸线在轨道式龙门吊跨度中间（简称跨中）。这样的布置方式，集装箱堆场只能放在装卸线的两侧，面积被分割，对于场地利用与管理均不利。龙门吊的装卸小车在装卸集装箱时，不断地在集装箱列车上方跨越，容易发生事故。相对"跨内一侧"布置，"跨中"布置的缺点较多，除非办理站的地形条件等受到很大限制，一般很少采用这种布置方法。

③ 装卸线在轨道式龙门吊跨度外两端悬臂下（简称悬臂下）。这种布置大多是利用原铁路线做办理站的装卸线，在铁路线一侧建堆场箱地与龙门吊行走轨道，将装卸线置于龙门吊一侧的悬臂下。这种布置方式对于在原有基础上改、扩建集装箱办理站的情况较适宜，可以有效减少投资，同时堆箱场地可以利用全部龙门吊跨度位置，堆箱量更大。这种方法的缺点是龙门吊装卸小车在装卸集装箱时，移动的距离较长，降低了作业效率；而且卡车道只能置于龙门吊的另一端悬臂下，当将集装箱在火车与卡车之间换装时，龙门吊的装卸小车所走路线更长。

2）作业区堆箱场

根据铁路集装箱办理站的集装箱运量,场内存放的空、重箱数量,及办理站每日作业量、作业方式、保管期限、集装箱堆放层数等因素的不同,每个铁路集装箱办理站必须有几个大小不等的堆箱场,堆箱场应划分为若干作业箱区。

（1）"到达箱"和"发送箱"区。这里的"到达箱"是指用火车运输到达,等待由集装箱拖挂车、半挂车送往货主处的集装箱;"发送箱"是指货主托运的集装箱,已由拖挂车等送到集装箱办理站,等待装车发送的集装箱。这类箱区的安排应贯彻既有利于铁路车辆,又有利于公路车辆的原则。通常"到达箱区"应设在靠近集装箱拖挂车场地的位置,"发送箱区"应设在靠近铁路装卸线的位置。

一般国际标准集装箱与国内标准铁路箱应设不同的堆放箱区。如果办理站受场地面积限制,两类箱子在同一箱区堆放,一般大型国际标准集装箱应设在堆场的尽头处,这样可使箱区划分清晰,便于管理,不同吨位的机械也可分别停放。大小箱区的地面强度也可按不同要求铺设,能有效减少投资。

（2）中转量小的办理站不一定单独设中转箱区,中转箱可堆放在发送箱区,中转量大的办理站应专设中转箱区。如有两条装卸线的办理站,中转箱区可设在两条装卸线之间,这样便于在两列集装箱列车之间换装。中转时间长的集装箱,则应移到较远的箱区堆放。

（3）拆装箱区。需在办理站内拆箱与拼箱的集装箱,应设专区堆放。这一箱区应选择在离轨道式龙门吊较远的地方,场地应较为开阔;也可设置在装卸场地之外。铁路集装箱办理站应尽可能少承担拆、装箱业务。

（4）备用箱区。一般设置在装卸机卸作业范围之外,主要用于堆存到达后未能及时提取的集装箱。设置备用箱区可提高"到达和发送箱区"箱位的利用率。备用箱区一般设置在轨道式龙门吊的悬臂范围之外。

（5）维修箱区。有维修集装箱能力的铁路集装箱办理站,应单独设置维修箱区。

3）辅助设施

（1）停车场集装箱送达办理站,或从办理站提货。一般都采用集装箱拖挂车或半挂车,因此集装箱办理站会有许多集装箱拖挂车与半挂车进出。由于等待等原因,有些车可能需要在办理站停留一定的时间,所以根据业务量的大小、疏运能力的优劣,铁路集装箱办理站均应设置大小不等的停车场。

（2）维修部门既需要维修、保养办理站的各种集装箱装卸设备、设施,也需要维修损坏的整装箱。一般国内标准的小型铁路集装箱修理要求较低,可由办理站的维修部门修理。大型国际标准集装箱办理站通常不具备维修的条件。

（3）营业与办公部门集装箱办理站的办公房屋,一般放置在大门入口处,便于对进出的集装箱卡车进行登记、检查,办理各类承运交付业务手续。

有些集装箱码头,铁路线一直铺设到码头前沿,这时铁路集装箱办理站与集装箱港口实际已融为一体。铁路集装箱办理站的装卸线甚至会直接延伸到码头集装箱装卸桥的下面,集装箱办理站的概念已完全变化。这样的集装箱水铁联运,效率是最高的。

3.1.3.3 铁路集装箱办理站的职能

集装箱办理站是组织与办理集装箱运输的基层生产单位,它主要负责办理集装箱的出发、到达和中转作业,组织实现集装箱门到门运输。从目前集装箱办理站的业务来看,其一般都具有两种职能,即商务职能和技术职能。

1) 商务职能

(1) 受理集装箱货物的托运申请。

(2) 装箱、拆箱以及加封。

(3) 编制有关运输单证。

(4) 核收有关费用。

(5) 联系其他运输方式以及联系铁路之间的联运等。

2) 技术职能

(1) 提供适合装货、运输的集装箱。

(2) 安排集装箱装卸、搬运等机械。

(3) 办理装卸箱业务。

(4) 编制用车计划。

(5) 向到站发出到达预报通知等。

国境站除办理一般车站的事务外,还办理国际铁路联运货物、车辆与邻国铁路的交接,货物的换装或更换轮对,票据文件的翻译及货物运输费用的计算与复核等工作。因此,海关、检验、货代等部门也在国境站设立办公室,联合办公,实行流水作业。

国际铁路联运集装箱货物在国境站的交接程序如下:

(1) 国境站接到国内前方站的列车到达报告后,立即通知国际联运交接所,做好交接的准备工作。

(2) 列车进站后由铁路会同海关接车,海关负责对列车监管和检查。未经海关许可列车不准移动、解体或调离,车上人员亦不得离开。铁路负责将随车代交的票据送交接所。

(3) 交接所内各单位各司其职,完成货物的出境手续。

(4) 相邻两国国境站办理货物、车辆、单证的交接手续并签署交接证件。

3.1.3.4 铁路集装箱的中转

铁路集装箱中转站的主要任务是把来自不同车站的集装箱货物,通过有计划的组织重新按到站装车,将集装箱货物以最快速度运至到站。

目前,在进行集装箱中转时,有时发现集装箱箱体损坏或封印丢失、失效等情况。一旦发现,中转站要立即会同有关部门清点货物,编制详细记录说明情况,补封后继续运送。如箱体损坏危及货物运输质量时,对箱内货物进行换箱。

中转站的中转作业分以下过程完成。

1) 编制中转配装计划

(1) 详细核对中转计划表。详细核对中转计划表主要内容有方向、主要到站和存箱数、已开始作业和待运的站存箱数。特别值得一提的是,站存箱数必须以货票与集装箱逐批、逐箱进行复查,然后再与中转计划表的数字进行核实。

(2) 确定中转车的去向,审核到达货票,并根据到达待送车的货票,统计中转集装箱去向,确定重车卸后的新去向。

(3) 做集配计划。集配计划是按去向、主要到站站别统计得出的,内容包括停留在堆场的集装箱、各到达车装载的集装箱以及各货车之间相互过车的箱数(卸下的箱要确定堆存箱位)。

(4) 根据集配计划,结合送车顺序,确定货车送入后的中转车作业顺序。

(5) 传达中转作业计划。货运员和装卸工组对计划进行复查核对,做好作业前的准备。在复查中不但要对数字进行复查,还要检查箱体、铅封状态、标签、箱号是否与箱票记载一致。

2) 中转作业

(1) 集装箱中转作业顺序一般是在货车送妥后,根据中转作业计划,首先卸下落地箱,再将过车箱装载应过的车上,最后整理仍在车上的其他货箱。在进行车内整理作业时,要检查留于车内的集装箱的可见箱体和铅封的状态,以便划分责任。

(2) 进行装载。

(3) 中转作业完毕后对货车进行加封。

3) 中转作业后的整理工作

中转的整理工作既是中转作业结束后对中转工作质量的检查,也是下一次作业的开始,主要包括货运票据的整理,报表填记,复查中转作业完成的质量,其作业程序如下:

(1) 整理复查货位。

(2) 整理复查货运票据。

(3) 填写集装箱中转登记簿和有关报表。

(4) 移交货运票记、报表。

(5) 整理集装箱中转计划表。

(6) 准备下一次中转计划。

3.1.4　公路集装箱中转站

集装箱中转站是公路集装箱运输中的重要集散点和作业点,是港口码头、铁路车站和集装箱内陆货站通过公路运输线向腹地延伸的运输枢纽,是集装箱货物实现"门到门"运输的重要环节,在集装箱货物联运中发挥了重要作用。

3.1.4.1　公路集装箱中转站的分类与装卸工艺方案

按我国国家标准《集装箱公路中转站级别划分、设备配备及建设要求》(GB/T 12419—2005),集装箱公路中转站不再区分国际集装箱中转站和国内集装箱中转站,而是主要依据年箱运组织量[设计年度内通过中转站集疏运的集装箱(TEU)总量]和年箱堆存量[设计年度内通过中转站堆存的集装箱(TEU)总量]不同划分成一级站、二级站和三级站,其划分标准如表3-1所示。

表3-1　公路集装箱中转站划分标准

站　级	地理位置	年箱运组织量/TEU	年箱堆存量/TEU
一级站	位于沿海地区	30 000 以上	9 000 以上
	位于内陆地区	20 000 以上	6 000 以上
二级站	位于沿海地区	16 000～30 000	6 500～9 000
	位于内陆地区	10 000～20 000	4 000～6 000
三级站	位于沿海地区	6 000～16 000	3 000～6 500
	位于内陆地区	4 000～10 000	2 500～4 000

对同时经营国际箱和国内箱的中转站,如果其国际集装箱年箱运量达到年总箱运量的70%以上,视为国际集装箱中转站。

公路集装箱中转站装卸工艺方案共有6种。

(1)轮胎式龙门起重机装卸工艺方案。在集装箱堆场上,配置轮胎式龙门起重机,集装箱卡车送达或启运的集装箱,均通过轮胎式龙门起重机装卸。

(2)跨运车装卸工艺方案。集装箱卡车进场送达与启运出场的箱子,均通过跨运车装卸。

(3)正面吊装卸工艺方案。集装箱卡车进场送达与启运出场的箱子,均通过正面吊装卸。

(4)集装箱叉车装卸工艺方案。集装箱卡车进场送达与启运出场的箱子,均通过集装箱叉车进行装卸。

(5)汽车起重机或轮胎式起重机装卸工艺方案。以汽车起重机或轮胎式起重机代替正面吊,进行进出场箱装卸。

(6)底盘车工艺方案。进出场的集装箱均不予装卸,进场时集装箱与车头拆开,底盘车直接停在场地上;出场时与车头挂上,直接开出。

上述工艺方案中,轮胎式龙门吊工艺与跨运车工艺方案初始投资较大,只适用规模大、运量稳定的公路中转站采用。正面吊工艺方案由于其初始投资较小,使用灵活,正在被越来越广泛地采用;规模一般或较小的中转站,可考虑采用叉车工艺。

3.1.4.2　公路集装箱中转站的组成

根据公路中转站的作业功能和业务经营范围,中转站一般包括运输车辆、集装箱装卸堆场、拆装箱作业场、货物仓库、车辆和集装箱的检测维修车间、管理信息系统、检验检疫机构、生产调度和企业管理部门、动力供给、生产辅助设施以及生活保障设施等。各单项工程的建筑物、构筑物需用面积和车辆设备的品种及配备数量要根据企业的生产规划和中转站的规模而定。站内一般划分为以下 5 个区域。

(1) 集装箱堆存、拆装、仓储作业区,包括空重箱堆场、拆装箱作业场、拆装箱仓库、海关监管仓库等。

集装箱堆场这一区域用于完成集装箱卡车进场卸箱作业与出场装箱作业的全过程,同时在这一区域进行集装箱日常堆存。集装箱堆场可按空箱、重箱分别划分区域;如代理船公司、租箱公司作为内陆收箱点的,还可按箱主分别划分堆箱区域。在堆箱区域中,国内箱(小型箱)与国际标准箱要分开。通常,国内箱区应放在较靠外的位置,国际标准箱放在较靠里的位置。集装箱堆场的地面必须做特殊负重处理,以满足相关的负荷要求。堆场地面必须符合规格,避免场地被损坏。

拆装箱作业区域主要用来完成集装箱拆箱、装箱作业和集装箱拼箱货集货、集装箱拆箱货分拣、暂时储存,及某些中转货物的中转储存等工作。仓库的规模应能满足拼、拆箱量的需求,在仓库一侧一般设置“月台”,以备集装箱卡车进行不卸车的拼、拆箱。应有适当开阔面积的拼、拆箱作业区,便于货物集中、分拣与叉车作业。按需要,可设置进行货物分拣的皮带输送机系统。同时,应有适当规模的货物储存区域。

从现代物流各种运输与物流环节“整合”的角度考虑,集装箱公路运输中转站在其集装箱拆、装箱作业仓库,还可以根据需要与可能,发展一些流通加工业务与配送业务,在某种程度上,行使“第三方物流”的职能,使自身的业务面进一步拓展。

(2) 车辆、箱体的检测、维修、清洁作业区,包括车辆机械检测维修车间、集装箱修理和清洁间、材料配件库、工具库等。

(3) 辅助生产作业区,包括加油站、洗车检车台、变电室、水泵房、锅炉房、污水处理、消防设施、停车场等。

(4) 生产业务管理区,包括由检验检疫、货运代理、生产调度、管理信息系统、企业管理、银行保险等部门组成的综合业务楼、中转站大门、验箱桥、地秤房等。

(5) 生活供应区,包括食堂、浴室、候工室、职工宿舍以及对社会服务的生活福利设施等。根据中转站所承担的生产业务范围,各作业区域可分别组成若干个基层单位,如运输车队、装卸车间、拆装箱作业间、集装箱修理间、车辆机械检测维修中心、生产调度室、信息中心等。

根据中转站所承担的生产业务范围,各作业区域可分别组成若干个基层单位,如运输车队、装卸车间、拆装箱车间、集装箱修理间、车辆机械检测维修中心、生产调度室、信息中心等。

3.1.4.3　公路集装箱中转站的主要作业功能

在国际集装箱运输由海上向内陆延伸的运输系统中,公路中转站的作业是一个重要环节。公路中转站既是内陆的一个口岸,又是国际集装箱承托运等各方进行交易和提供服务的中介场所,为海上国际集装箱向内陆延伸的运输系统提供后勤保障作业。同时,公路中转站的设立可在一定程度上改善内陆地区的投资环境,从而促进内陆地区经济的发展,随之又可带动国际集装箱运输在内陆的推广和应用。作为一个具有一定规模、配套设施齐全的公路国际集装箱中转站,它应该具有以下主要作业功能。

1) 内陆集装箱堆场和集装箱货运站业务功能

这是公路国际集装箱中转站最基本的作业功能。根据货主在国际贸易中所签订的运输条款和箱货交接方式,在多式联运过程中需要停留、中转和交付的进出口国际集装箱重箱、空箱或拼箱货物,都可在中转站进行整箱或拼箱货物的交接,并划分其风险责任。中转站根据集装箱到发的不同目的地,可按船、按票集中在堆场堆存,或在仓库存贮,亦可按照货主的要求,直接进行门到门运输服务。

2) 集装箱货物的集散、仓储、换装和拆装箱作业功能

对出口的货物,可提供集货、理货、装箱、拼箱,并向港区码头转运装船等服务;对进口的国际集装箱,可提供拆箱、卸货、理货、分发及上门送货等服务。对拆箱后、装箱前以及需要换装的各种进出口货物,包括需要长期保存周转的免税或保税商品、海关暂扣物资、进出口国际集装箱等,都可进入中转站的专门仓库进行储存和保管。

3) 内陆口岸功能

根据区域经济和对外贸易发展的需要,在内地建立的某些中转站,经政府主管部门批准,可设置海关、检验检疫等口岸监管服务机构及其专业设施,以供各类集装箱货物及其他交通工具办理出入境手续,使出入境口岸业务由沿海港口延伸到内陆中转站,为内陆客户就地办理进出口业务手续提供方便快捷和经济的服务条件。

4) 集装箱箱管站功能

集装箱作为货物运输的一种标准化容器,要在一些跨国航线乃至全世界范围内周转使用。集装箱通常属船公司所有,或由船公司向专门的集装箱公司租用。当重箱运抵目的地后,货主收完货,为减少空箱的远距离调用,空箱将在船公司指定的某些地点汇集存放,以供其他相关流向的货物运输时调用。公路国际集装箱中转站经船公司集装箱管理中心认可并签订协议后,即可作为船公司及其代理人调度、交接、集中、保管和堆存空集装箱的场所,并且由电子数据交换(EDI)系统负责集装箱的动态跟踪,还可按规定的标准、工艺对集装箱进行定期检验、修理或整新以及清洁、维护等作业。

5) 信息处理、传输功能

作为先进的货物运输形式,国际集装箱运输的实物流动是与相关的信息流伴

随而行的。按照船方、货方、港口、中转站以及检验检疫等协作单位对集装箱和集装箱运输进行管理的需要,中转站须建立起管理信息系统。它主要包括以下几个方面。

（1）对集装箱进行动态跟踪和管理,适时反映集装箱所在的地理位置和所处的状况。

（2）对集装箱货的承揽、仓储、运输、堆存、装载和车辆的运输作业、调度计划以及单证的流转、票务结算等进行统计制表,以供分析和决策。

（3）处理在集装箱运输中涉及的单证信息。

（4）在本中转站与其他相关单位链接的管理信息系统网络上,传递交流各类信息。

6）配套服务功能

为国际集装箱运输生产业务配套的服务,包括对车辆机械的技术检测与维修,车辆的清洗、加油和停放,对各类货物进行装卸、包装、分拣以及物流增值服务等,引入与检验检疫监管机构相协作的银行、保险公司、公安、税务等部门,以便为客户提供一条龙服务。

3.2　多式联运线路

3.2.1　水路运输线路

3.2.1.1　海运航线的分类

海运航线是指船舶在港口间海上航行的路线。海运航线依托相互连通的大洋及其附属海域,将海岸沿线不同海域位置的港口彼此联系在一起。海上运输的路线相对于其他各种运输路线,具有投资少、自然形成的特点,进而也更多地受自然条件的影响和制约。依据不同的标准可以将海上运输路线分为不同的类型。

1）根据行经水域范围的不同分类

（1）远洋航线（ocean‐going shipping line）又称跨洋航线,指航程距离较远,船舶航行跨越大洋的运输航线。

（2）近洋航线（near‐sea shipping line）,指本国各港口至邻近国家港口间的海上运输航线的统称。我国习惯上把航线在亚丁港以东地区的亚洲和大洋洲的航线称为近洋航线。

（3）沿海航线（coastal shipping line）,又称国内航线,指本国沿海各港之间的海上运输航线,如上海—天津、青岛—广州等。

2）根据运力、运程和运量特点分类

（1）主干航线。主干航线又称干线,是连接枢纽港口或中心港口的海上航线。通常所说的干线,主要是指世界上主要的集装箱班轮航线。全球集装箱运输的三大主干航线为泛太平洋航线、泛大西洋航线和亚欧航线。世界主要集装箱枢纽港大多坐落在这三条航线上,这是由集装箱船舶及运输规模决定的——在货源稳定充足的条件下,为了降低单位运输成本,实现规模经济效益,海上干线集装箱运输船舶将继续大型化发展,运输规模扩大。

(2) 分支航线。分支航线又称支线,是连接分流港口或称支流港口的海上航线。在支线上航行的船舶,连接的港口多为基本枢纽港或分流港口。

3) 根据船舶运营方式分类

(1) 定期航线。定期航线是指在水运范围内,使用指定船舶,按固定的船期和挂靠港,并以相对固定的运价经营客货运输业务的航线。这类航线通常又称班轮航线,现在多用于集装箱班轮运输。

(2) 不定期航线。不定期航线是指临时根据货物的需要而选择的航线。不定期船舶运输没有预定的船期表,但有些不定期船舶也有固定的航线和挂靠港口,如煤炭运输线、矿石运输线和石油运输线等。

3.2.1.2　集装箱海运航线

1) 远洋航线

我国习惯上以亚丁港为界,把去往亚丁港以西,包括红海两岸和欧洲以及南北美洲广大地区的航线划为远洋航线。集装箱班轮公司在这些航线上运营,分布有密集的航线网络,主要的集装箱运输航线包括美洲航线、欧洲航线、非洲航线及地中海航线。

(1) 美洲航线。

① 远东—北美洲西海岸航线。如图 3-1 所示,该航线包括从中国、朝鲜、日本、俄罗斯远东东海岸到加拿大的温哥华,美国的西雅图、旧金山、洛杉矶和圣迭戈航线。从我国的沿海各港出发,偏南的经大隅海峡出东海;偏北的经对马海峡穿日本海后,或经津轻海峡进入太平洋,或经宗谷海峡,穿过鄂霍次克海进入北太平洋。

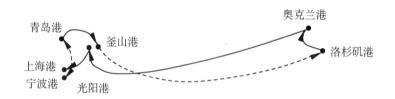

(a)

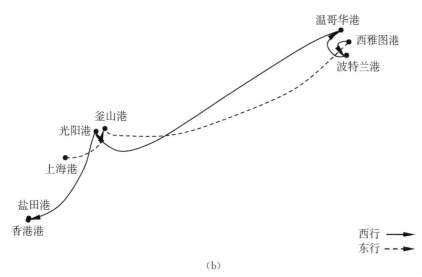

（b）

图 3-1 远东—北美洲西海岸航线

② 远东—加勒比、北美洲东海岸航线。如图 3-2 所示，该航线从远东各港口出发，进夏威夷，过巴拿马河，到加勒比海沿岸各港口，例如科隆、哈瓦那及美国、加拿大的大西洋沿岸的各港口。该航线常经夏威夷群岛南北至巴拿马运河后到达。从我国北方沿海港口出发的船舶多半经大隅海峡或经琉球奄美大岛出东海。

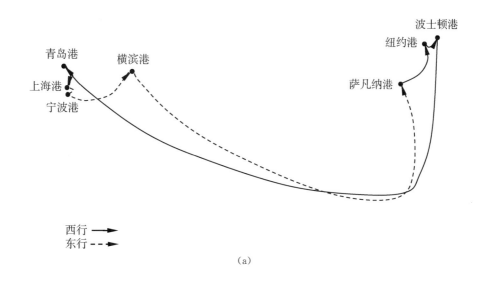

（a）

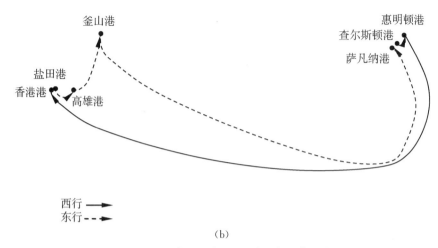

（b）

图 3-2　远东—加勒比、北美洲东海岸航线

③ 远东—南美洲航线。如图 3-3 所示,该航线从远东各港口出发,向东经过琉球群岛等,到南美洲西岸的瓦尔帕莱索等港。从我国北方沿海港口出发的

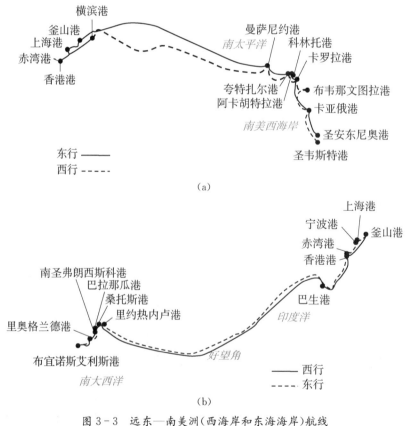

（a）

（b）

图 3-3　远东—南美洲(西海岸和东海岸)航线

船舶多经琉球奄美大岛、琉球列岛、威克岛、夏威夷群岛之南的莱恩群岛穿越赤道进入南太平洋,至南美西海岸各港。或者,从远东各港口出发,经东南亚马六甲海峡,进入印度洋,过非洲好望角,进入南大西洋,到达南美洲里约热内卢、桑托斯、布宜诺斯艾利斯、里奥格兰德、南圣弗朗西斯科诸港。

(2) 欧洲航线。如图 3-4 所示,该航线主要由远东诸港口出发,经马六甲海峡,进入印度洋,过亚丁湾,进入红海,经由苏伊士运河进入地中海,经直布罗陀海峡北上,到达欧洲西部沿海港口。

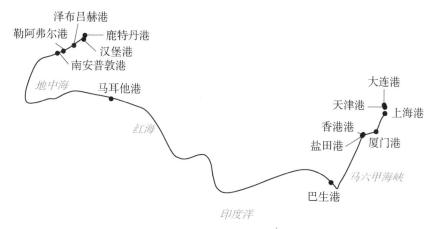

图 3-4 远东—欧洲航线

(3) 地中海航线。如图 3-5 所示,该航线主要由远东诸港口出发,经马六甲海峡,进入印度洋,过亚丁湾,进入红海,经由苏伊士运河进入地中海,到达地中海沿岸港口(或经过地中海,进入爱琴海,通过博斯普鲁斯海峡进入黑海,到达黑海沿岸港口)。

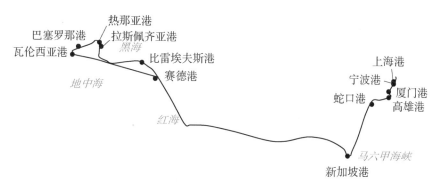

图 3-5 远东—地中海航线

(4) 非洲航线。如图 3-6 所示,该航线主要由远东诸港口出发,经马六甲海峡,进入印度洋,过非洲南部的好望角,进入大西洋北上,到达几内亚湾沿岸港口。

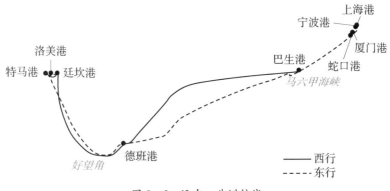

图 3-6　远东—非洲航线

2) 亚太区域航线

(1) 远东—中东航线。如图 3-7 所示,该航线主要由远东诸港口出发,经马六甲海峡,进入印度洋,通过阿拉伯海,进入波斯湾,到达波斯湾沿岸港口。

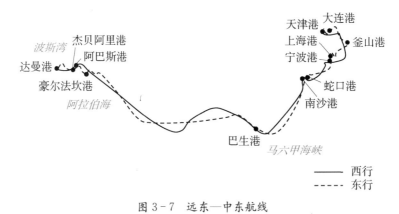

图 3-7　远东—中东航线

(2) 东亚—东北亚航线。如图 3-8 所示,该航线主要是涉及我国沿海港口到日本和韩国的港口。

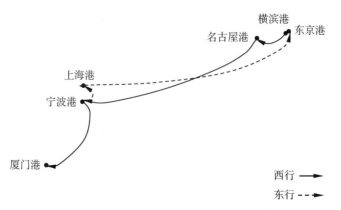

图 3-8　东亚—东北亚航线

（3）东亚—东南亚航线。如图3-9所示，该航线是中国、朝鲜、日本去东南亚各港以及马六甲海峡去印度洋、大西洋沿岸各港口的主要航线。东海、台湾海峡、巴士海峡、南海是该航线船舶的必经之地，航线业务繁忙。

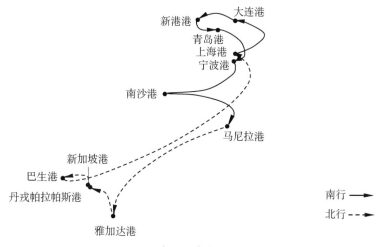

图3-9　东亚—东南亚地区航线

（4）远东—澳新航线。如图3-10所示，该航线从中国北方港口出发，经琉球群岛、加罗林群岛到澳大利亚的悉尼、墨尔本、新西兰的惠灵顿、奥克兰等港口。一般集装箱船舶多在香港中转或加载。去澳大利亚西岸的弗里曼特尔港，需经望加锡海峡，进入印度洋。

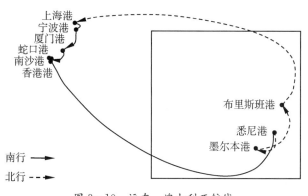

图3-10　远东—澳大利亚航线

3）沿海航线

中国沿海海上运输习惯上以温州为界，划分为北方沿海和南方沿海两个航区。北方沿海航区指温州以北至丹东的海域，它以上海、大连为中心，具体航线实例如图3-11所示。南方沿海航区指温州至北部湾的海域，以广州为中心，包括广州—

汕头、广州—北海、广州—海口等航线,具体航线实例如图 3 - 12 所示。

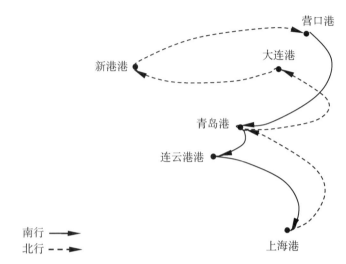

图 3 - 11   上海/青岛/大连/新港/营口/青岛/连云港/上海航线(北方航线)

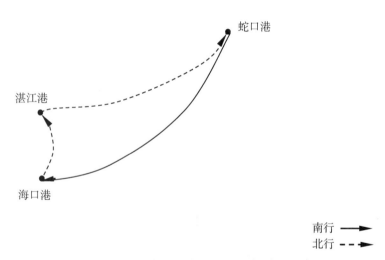

图 3 - 12   蛇口/海口/湛江/蛇口航线(南方航线)

3.2.2   航空运输线路

3.2.2.1   航空线的分类

从事民航运输业务的承运人在获得经营许可证之后,可以在允许的一系列站点(即城市)范围内提供航空客货邮运输服务。由这些站点形成的航空运输路线,称为航线(air route)。航线由飞行的起点、经停点、终点、航路等要素组成。航线不同于航路,它与实际飞行线路的具体空间位置没有直接关系。航线是航空运输承运人授权经营航空运输业务的地理范围,是航空公司的客货运输市场,是航空公司赖以生存的必要条件。因此,对航空公司来说,运营航线的优劣与多少,对它本身的发展十分重要。航线有许多种,按飞行的区域范围划分,可以分为国内航线、国际航线和地区航线。

1) 国内航线

国内航线是指飞行起点、经停点和终点都在同一国家境内的航线。根据飞行起点、经停点和终点所在城市的政治、文化和经济的地位与繁荣程度,国内航线又分为干线(trunk route)、支线(regional route)和地方航线(local route)。

(1) 干线,我国的骨干航线是指首都北京至全国各省会城市和大城市之间的航线,形成省际或大城市之间的空中交通干道,例如,北京—南京、北京—杭州、广州—上海等。一般来说,干线上的客货流量大,使用的机型运载能力强。

(2) 支线,是指大城市(一般指省会)至本地区中小城市之间的航线,主要目的是汇集或疏散客货流,辅助干线运输,例如,上海—黄山、南京—杭州等。

(3) 地方航线,是指省(地区)内的航线,例如,南京—连云港。地方航线主要用于地方上地面交通不便的小城市之间的客货邮运输。

2) 国际航线

国际航线是指飞行起点、经停点或终点超过一个国家的国境线的航线,例如,北京—莫斯科。

3) 地区航线

地区航线是指在中国大陆城市与中国香港特区、中国澳门特区和中国台湾地区间的飞行航线,例如,南京—香港、广州—澳门。

3.2.2.2 国内与国际主要航空运输线路

中国航空运输始于1929年,专业航空始于1930年。中华人民共和国成立初期,航空线路既短又少,航空运输设施差,运输能力低。直到1978年以后,随着航空业改革的进行,中国航空运输在中发展迅速。截至2020年底,我国境内运输机场(不含香港、澳门和台湾地区)共有241个,共有定期航班航线5 581条,定期航班国内通航城市(或地区)237个(不含香港、澳门、台湾),我国航空公司国际定期航班通航62个国家的153个城市。

中国通往国外的主要航线有北京—贝尔格莱德—苏黎世、北京—卡拉奇—亚的斯亚贝巴、北京—卡拉奇—布加勒斯特—贝尔格莱德、北京—沙迦—法兰克福、北京—沙迦—苏黎世—伦敦、北京—沙迦—巴黎、北京—东京、北京—莫斯科—柏林、北京—乌鲁木齐—沙迦—伊斯坦布尔、北京—平壤、北京—上海—东京、北京—上海—大阪、北京—广州—马尼拉、北京—广州—曼谷、昆明—仰光、北京—广州—新加坡、上海—福冈、上海—长崎—东京、上海—东京、上海—洛杉矶、北京—上海—旧金山—纽约、北京—上海—旧金山—洛杉矶、北京—上海—温哥华、北京—

广州—墨尔本—悉尼等。此外,内地还有 14 个城市开辟了至香港地区的航班或包机飞行。

世界上最繁忙的航空线有以下几条。

西欧—北美间的北大西洋航空线,该航线主要连接巴黎、伦敦、法兰克福、纽约、芝加哥、蒙特利尔等航空枢纽;西欧—中东—远东航空线,该航线连接西欧各主要机场至远东香港、北京、东京等机场,并途经雅典、开罗、德黑兰、卡拉奇、新德里、曼谷、新加坡等重要航空站。

远东—北美间的北太平洋航线,这是北京、香港、东京等机场经北太平洋上空至北美西海岸的温哥华、西雅图、旧金山、洛杉矶等机场的航空线,并可延伸至北美东海岸的机场。太平洋中部的火奴鲁鲁是该航线的主要中继加油站。

此外,还有北美—南美、西欧—南美、西欧—非洲、西欧—东南亚—澳新、远东—澳新、北美—澳新等重要国际航空线。在我国,目前主要在北京、上海、杭州、天津、沈阳、大连、哈尔滨、青岛、广州、南宁、昆明和乌鲁木齐等机场接办国际航空货运任务。

3.2.2.3　航空运输市场准入

1) 航空运输市场的概念

一个航空运输市场是指在任何两地之间移动或可以移动人员和货物所构成的商业航空服务在两地之间的业务。国际航空运输市场可以分为 4 个种类。

(1) 城市派对市场,即连接两个城市航线,如北京—纽约。

(2) 国家派对市场,由连接两个国家所有城市派对的航线组成,如美国—英国。

(3) 地区对地区的市场,包括连接两个地区的所有航线,例如,北美—欧洲,通常亦称此地区航线为北大西洋市场。

(4) 航空公司整个行业在世界上经营,包括所有通航地点在内的全球市场。

2) 市场准入的概念

当一个航空承运人在一国申请批准并办理营业执照成为一个国家的合法承运人时方可进入该国国内的航空市场,若要获准进入国际航空运输市场同样需要在每一有关国家申请批准并办理牌照。这一要求称为市场准入。取得市场准入是国际航空承运人开展国际经营的基本前提,市场准入在国家间的双边协定中通过航线权利和营运权利得到具体的体现,市场准入与运力和运价共同构成国际间双边条约的核心内容,主要原因是由于经营国际航空运输市场需要使用另一个或一些国家的领空。根据《巴黎公约》和《芝加哥公约》规定,每一国家都具有在自己领空行使完全的和排他性的主权。所以,当一个国家的某个航空公司计划开辟国际航线,准备开设到另一个国家某个城市的航班时,它必须具有对方国家授予的航空运输市场准入权。

航空运输市场准入权是进入国政府授予的航班营运的基本权利,以允许外国航空公司进入本国航空运输市场进行航空旅客运输或航空货物运输业务。具有市场准入权的航空公司,必须具有进入国政府颁发的航空运输业务经营许可证。进入国政府通过审批市场准入权,可以达到以下目的:①规定外国航空公司进入本国航空运输市场的业务范围,如航线、航班、飞机型号、飞行距离、业载限制、经停机场等;②通过市场准入权的审批控制,保护本国、本地区或经济联盟体的利益;③可以作为进入另一个国家、地区或经济联盟体航空运输市场的交换条件。

3) 经营权利

经营权利是指一国授予另一国的某航班在授权国的业务经营权利,即在一条或数条航线上规定承运人、航班次数、航班号、航班飞机型号、航班经营方式等事项,并在双边航空运输协定中加以详细说明。经营权利是国际航空运输市场准入的内容之一,它的范围除承运人指定权这一基本权利外,还包括飞越权、技术停降权、加班飞行权以及变换飞机权等。

(1) "第一种航空自由"——飞越权。飞越权是给予一个国家的定期或不定期国际航班不降停地飞越授予国领空的权利或特权。根据《芝加哥公约》和《国际航班过境协定》的规定,在缔约国之间,A 国某航班飞往 C 国,不降停地飞越 B 国领空是允许的。

(2) "第二种航空自由"——技术停降权。技术停降权是给予一个国家定期或不定期国际航班在授权国的领土内做非运输业务停降的权利或特权。例如,航班飞机途中加油,做计划外的必要维修或者为了应付某种紧急状况而需要飞机降落。虽然按照定义,技术停降并非是为了运载业务,但也有可能不得不或需要暂时卸下客货,重新装上后继续飞行。

4) 业务权利

业务权利是一种进入市场的权利,是授权国对准入国际航班的经营业务的地理范围和业务范围有着具体规定,明确说明在具体航线、具体航段上经营旅客运输或者货物运输。如果是经营旅客运输,还包括收费的旅客行李运输;如果是经营货物运输,一般是货物和快件物品。对于经营特殊货物运输,必须在航空市场准入的国际航空运输协定中说明。航班业务权利的业务经营方式有以下几种。

(1) "第三种航空自由"——卸载权。卸载权是授权国允许承运人的定期国际航班在授权国的指定机场卸载(下)来自承运人所在国的货物(旅客)。这一权利表明,允许承运人向授权国运送旅客或货物。

(2) "第四种航空自由"——装运权。装运权是授权国允许承运人的定期国际航班回程从授权国的指定机场装载旅客或货物飞回承运人所在国。这一权利表明,允许承运人在权利授权国经营旅客或货物搭载业务。

(3) "第五种航空自由"——第五航行权。"第五航行权"是授权国允许承运人的定期国际航班在授权国下载来自第三国的旅客或货物,或从授权国装载旅客或货物飞往第三国。例如,新加坡—厦门—芝加哥,新加坡航空获得第五航权,可以在新加坡—芝加哥航线上在厦门经停,上下客货。这一权利表明,允许承运人在授权国经营旅客或货物的运输业务,并具有较大的业务经营范围。从法律意义上,由于"第五航行权"意味着授权国向承运人所在国开放航空运输市场,对于本国的航空运输业无疑是一个挑战。

西方一些发达国家,为了扩大本国的海外航空运输市场,提出了"第六种航空自由""第七种航空自由""第八种航空自由",甚至"第九种航空自由"等问题,由于涉及更大程度地扩大在授权国的业务经营权,实际上还是一个有争议的议题,所以尚未得到国际民航组织及其大多数成员国的认可。

(4)"第六种航空自由"——桥梁权。本国航机可以用两条航线的名义,接载甲国和乙国乘客及货物往返,但途中必须经过本国。例如,伦敦—首尔—东京,大韩航空将源自英国的旅客运经首尔后再运到东京。

(5)"第七种航空自由"——完全第三国运输权。本国航机可以在境外接载乘客和货物,而不用返回本国,即本国航机在甲、乙两国间接载乘客和运载货物,例如,伦敦—巴黎,由德国汉莎航空公司承运。

(6)"第八种航空自由"——第八航行权。本国航机可以在协议国国境内两个不同的地方接载乘客、货物往返,但航机以本国为终点站。

(7)"第九种航空自由"——国内运输权。本国航机可以到协议国做国内航线运营。

3.2.3　铁路线路

3.2.3.1　铁路线的类型

根据《铁路线路设计规范》(TB 10098—2017),铁路等级应根据其在路网中的作用、性质、设计速度和客货运量确定分为高速铁路、城际铁路、客货共线铁路和重载铁路。其中,客货共线铁路的年客货运量为重车方向的货运量与由客车对数折算的货运量之和,1 对/d 旅客列车按 1.0 Mt 年货运量折算。客货共线铁路分为Ⅰ、Ⅱ、Ⅲ、Ⅳ级,其划分应符合下列规定:

Ⅰ级铁路:铁路网中起骨干作用的铁路,或近期年客货运量大于或等于20 Mt 者。

Ⅱ级铁路:铁路网中起联络、辅助作用的铁路,或近期年客货运量小于 20 Mt 且大于或等于 10 Mt 者。

Ⅲ级铁路:为某一地区或企业服务的铁路,近期年客货运量小于 10 Mt 且大于或等于 5 Mt 者。

Ⅳ级铁路:为某一地区或者企业服务的铁路,近期年客货运量小于 5 Mt 者。

按正线数量分为单线铁路、双线铁路和多线铁路。复线铁路是指由两条及两条以上供列车行驶的正线路线组成的铁路,有双线铁路、三线铁路和多线铁路。人们习惯上常把多线铁路称为复线铁路。

按轨距分为宽轨铁路、标准轨铁路和窄轨铁路。

(1) 宽轨轨距下限为 1.436 m,通常最宽可达到 1.676 m。

(2) 标准轨轨距等于 1.435 m(巴西为 1.440 m)。

(3) 窄轨轨距上限为 1.434 m,通常在 1 m 左右,最窄的轨距仅有 0.61 m。

我国根据铁路的管理权的归属,还可以将铁路分为国家铁路、地方铁路和企业专用铁路。

目前世界各国和地区铁路轨距各不相同,有的国家在其国内各地区间的铁路轨距也不相同。欧洲、北美、欧洲大部分国家以及东北亚国际的国家的铁路大多是标准轨距。非洲国家由于历史原因,铁路的轨距在国家和地区间的差距很大。南非绝大部分铁路的轨距是 1.065 m;印度大部分铁路轨距为 1.676 m 的宽轨,其余轨距从 0.610 m、0.762 m 到 1 m 不等;尼泊尔的铁路全部由轨距 0.762 m 的窄轨构成;俄罗斯铁路绝大部分是 1.520 m 的宽轨,与我国不同,这也成为中俄边境铁路运输的不利因素。

3.2.3.2 我国的铁路线路

从区域上看,中国铁路运行区域主要分为东北经济区、环渤海经济区、长江三角洲及长江沿线经济区、东南沿海经济区、中部五省经济区、西南及华南部分省份经济区和西北经济区。

国家铁路局发布的《2020 年铁道统计公报》表明,截至 2020 年末,我国全国铁路营业里程达到 14.63 万公里,其中,高速铁路营业里程达到 3.8 万公里,复线率为 59.5%,电化率为 72.8%,西部地区铁路营业里程为 5.9 万公里。全国铁路路网密度为 152.3 公里/万平方公里。

沿海港口铁路线是港口集疏运通道的重要组成部分,我国沿海港口相连接的主要铁路线如表 3-2 所示。

表 3-2 沿海港口相连接的主要铁路线

铁路线	海港	铁路线	海港	铁路线	海港
沈大线	大连	焦石线	日照	鹰厦线	厦门
大秦线/京哈线	秦皇岛	陇海线	连云港	龙汕线	汕头
京哈线	天津	新长线的支线	南通	广深线/京九线	深圳
朔黄线	黄骅港	京沪线/沪杭线	上海	京广线/广三线	广州
蓝烟线	烟台	萧甬线	宁波	黎湛线	湛江
胶济线	青岛	来福线	福州	南防线	防城港

2016 年发布的国家《中长期铁路网规划》是我国铁路基础设施的中长期空间布局规划,是推进铁路建设的基本依据,也是指导我国铁路发展的纲领性文件,其规划期为 2016—2025 年,远期展望到 2030 年。

根据规划,我国的高速铁路网将在"四纵四横"高速铁路的基础上,增加客流支撑、标准适宜、发展需要的高速铁路,部分利用时速 200 公里铁路,形成以"八纵八横"主通道为骨架、区域连接线衔接、城际铁路补充的高速铁路网,实现省会城市高速铁路通达、区际之间高效便捷相连。其中,"八纵"通道包括沿海通道、京沪通道、京港(台)通道、京哈—京港澳通道、呼南通道、京昆通道、包(银)海通道和兰(西)广通道,"八横"通道包括绥满通道、京兰通道、青银通道、陆桥通道、沿江通道、沪昆通道、夏渝通道和广昆通道。

根据规划,我国的普速铁路网将扩大中西部路网覆盖,完善东部网络布局,提升既有路网质量,推进周边互联互通,形成覆盖广泛、内联外通、通边达海的普速铁路网,提高对扶贫脱贫、地区发展、对外开放、国家安全等方面的支撑保障能力。到 2025 年,普速铁路网规模达到 13.1 万公里左右,并规划实施既有线扩能改造 2 万公里左右。

(1) 形成区际快捷大能力通道。推进普速干线通道瓶颈路段、卡脖子路段及关键环节建设,形成跨区域、多径路、便捷化大能力区际通道。结合新线建设和实施既有铁路扩能,强化集装箱、快捷、重载等运输网络,形成高效率的货运物流网,提高路网整体服务效率,扩大有效供给。

(2) 面向"一带一路"国际通道。推进我国与周边互联互通,完善口岸配套设施,强化沿海港口后方通道。

(3) 促进脱贫攻坚和国土开发铁路。扩大路网覆盖面。

(4) 强化铁路集疏运系统。以资源富集区、主要港口及物流园区为重点,规划建设地区开发性铁路以及疏港型、园区型等支线铁路,形成干支有效衔接、促进多式联运的现代铁路集疏运系统,畅通铁路运输的"最先一公里"和"最后一公里"。

上述路网方案实现后,远期铁路网规模将为 20 万公里左右,其中高速铁路为 4.5 万公里左右。

目前,我国与邻国铁路相连的国境站、列车过境的换装与交接方式如表 3 - 3 所示。

表 3 - 3　我国与邻国铁路相连的国境站、列车过境的换装与交接

我国国境 站站名	邻国国境站站名	邻国铁路轨距 /mm	是否需 要换装	货物和列车换装与交接点	
				进　口	出　口
阿拉山口	德鲁日巴	1 520	是	阿拉山口	德鲁日巴
满洲里	后贝加尔	1 520	是	满洲里	后贝加尔

（续表）

我国国境 站站名	邻国国境站站名	邻国铁路轨距 /mm	是否需 要换装	货物和列车换装与交接点	
				进　口	出　口
绥芬河	格罗捷科沃	1 520	是	绥芬河	格罗捷科沃
二连浩特	扎门乌德	1 524	是	二连浩特	扎门乌德
丹　东	新义州	1 435	否	丹　东	新义州
集　安	满　浦	1 435	否	集　安	满　浦
图　们	南　阳	1 435	否	图　们	南　阳
凭　祥	同　登	1 000	是	凭　祥	同　登
山　腰	新　铺	1 000	否	山　腰	新　铺

3.2.4　公路线路

3.2.4.1　公路等级的划分

公路根据功能和适应的交通量的特点,可以分为高速公路、一级公路、二级公路、三级公路和四级公路。

（1）高速公路专门为汽车分向、分车道行驶,并应全部控制出入的多车道公路。高速公路四车道适应车流量(全部将各类汽车折合小型客车,以下同)日均 25 000～55 000 辆;六车道 45 000～80 000 辆;八车道 60 000～100 000 辆。

（2）一级公路为汽车分向、分车道行驶,并根据需要控制出入的多车道公路。日均交通流量方面,四车道 15 000～30 000 辆,六车道 25 000～55 000 辆。

（3）二级公路为供汽车行驶的双车道公路。日均交通流量 5 000～15 000 辆。

（4）三级公路,为主要供汽车行驶的双车道公路。日均交通流量 2 000～6 000 辆。

（5）四级公路为主要供汽车行驶的双车道或单车道公路。日均交通流量,双车道 2 000 辆以下,单车道 400 辆以下。

另外,按照公路行政等级的不同,可以分为国家公路、省公路、县公路和乡公路(简称为国、省、乡道)以及专用公路五个等级。一般把国道和省道称为干线,县道和乡道称为支线。

（1）国道为具有全国性政治、经济意义的主要干线公路,包括国际公路、国防公路,连接首都和各省。自治区首府和直辖市的公路为连接各大经济中心、港站枢纽、商品生产基地和战略要地的公路。

（2）省道为连接省内中心城市和重要经济区的公路,以及不属于国道的省内重要公路。

（3）县道为连接全县主要乡镇和重要经济区的公路以及不属于国道、省道的县际公路。

(4) 乡道主要为乡镇内部经济、文化、行政服务的公路以及不属于县道以上公路的乡与乡之间或乡与外部联系的公路。

(5) 专用公路是指专供或主要供厂矿、林区、农场、油田、旅游区、军事要地等与外部联系的公路。

3.2.4.2　公路运输线路

经过多年的建设,我国基本形成以国道干线公路、高速公路为主,省级公路和县级公路为辅的公路运输网络。交通运输部发布的《2020 年交通运输行业发展统计公报》显示,截至 2020 年末,我国公路总里程为 519.81 万公里,公路密度为 54.15 公里/百平方公里。其中,全国四级及以上等级公路里程为 494.45 万公里,占公路总里程比重为 95.1%;二级及以上等级公路里程为 70.24 万公里,占公路总里程比重为 13.5%;高速公路里程为 16.10 万公里,高速公路车道里程为 72.31 万公里,国家高速公路里程为 11.30 万公里。年末,全国国道里程为 37.07 万公里,省道里程为 38.27 万公里。农村公路里程为 438.23 万公里,其中县道里程为 66.14 万公里,乡道里程为 123.85 万公里,村道里程为 248.24 万公里。

国道干线公路分为三种:以北京为中心呈放射状走向的编号为 101～112 的 12 条国道干线公路;南北走向的编号为 201～219 的 19 条国道干线公路;东西走向的编号为 301～330 的 30 条国道干线公路。

《国家公路网规划(2013—2030 年)》显示,国家公路网规划总规模为 40.1 万公里,由普通国道和国家高速公路两个路网层次构成。其中,普通国道网由 12 条首都放射线、47 条北南纵线、60 条东西横线和 81 条联络线组成,总规模约为 26.5 万公里;国家高速公路网由 7 条首都放射线、11 条北南纵线、18 条东西横线,以及地区环线、并行线、联络线等组成,约 11.8 万公里,另规划远期展望线约 1.8 万公里。

我国公路货运线与邻近国家和地区有着广泛联系。2004 年 4 月 26 日在亚太经社会(联合国亚洲及太平洋经济和社会理事会,ESCAP)第 60 届会议上,亚洲 23 个国家签署了《亚洲公路网政府间协定》,"亚洲公路网"法律形式得到确定。国际公路运输线主要是指国际客货运输对象借助一定的运载工具,沿着公路跨及两个或两个以上国家或地区的移动路线。目前,亚洲已有 32 个国家加入《亚洲公路网政府间协定》,入网里程为 1.45×10^5 公里以上。亚洲路网线路中经过我国的线路 AH1～AH6、AH14、AH31、AH32、AH33、AH34、AH42、AH67 等。

国际运输线路涉及公路国际及地区间的运输,都要通过一定的公路口岸。在国际贸易中,公路口岸作为国际运输主要的控制点,对一国的经济发展有着重要的意义。我国的公路向邻近国家或地区运输的口岸多分布于新疆、西藏、云南、广东、广西、东北及内蒙古等地区。表 3-4 列出了我国公路国际运输口岸的分布情况。

表3-4　我国公路向邻近国家(城市)或地区运输口岸的分布

分布地区	口岸名称	邻国城市或地区
新　疆	老爷庙	蒙古国阿尔泰省
	乌拉斯台	蒙古国北塔格口岸
	塔克什肯	蒙古国科布多省
	红山嘴	蒙古国巴彦乌列盖省
	阿黑土别克	哈萨克斯坦共和国东哈萨克斯坦州
	吉木乃	哈萨克斯坦共和国东哈萨克斯坦州
	巴克图	哈萨克斯坦共和国东哈萨克斯坦州(巴克特口岸)
	阿拉山口陆云	哈萨克斯坦共和国阿木拉图州(德鲁日巴口岸)
	霍尔果斯	哈萨克斯坦共和国阿木拉图州
	都拉塔	哈萨克斯坦共和国阿木拉图州
	木扎尔特	哈萨克斯坦共和国阿木拉图州果勒区(纳林果勒口岸)
	吐尔尕特	吉尔吉斯斯塔共和国(图噜噶尔特口岸)
	伊尔克什坦	吉尔吉斯斯塔共和国奥什州
	红其拉甫	巴基斯坦(苏斯特口岸)
西　藏	普　兰	尼泊尔
	基　隆	尼泊尔
	樟木(聂拉木)	尼泊尔
云　南	孟定清水河	缅甸板户、滚弄镇
	腾冲猴桥	缅甸密支那镇
	畹　町	缅甸(九谷口岸)
	瑞　丽	缅甸(木姐口岸)
	磨　憨	老挝(磨丁口岸)
	金水河	越南(马鹿塘口岸)
	天　保	越南河江省(清水口岸)
广　西	龙　邦	越南高平省
	水　口	越南(驮隆口岸)
	友谊关	越南谅山
	东　兴	越南南芒
广　东	拱　北	澳门特别行政区
	皇　岗	香港特别行政区新界马洲
	横　琴	澳门特别行政区
	文锦渡	香港特别行政区
	沙头角	香港特别行政区
	深圳湾	香港特别行政区
	河　源	香港特别行政区

分布地区	口岸名称	邻国城市或地区
吉　林	临　江	朝鲜慈江道(中江口岸)
	南　坪	朝鲜咸镜北道(茂山口岸)
	三　合	朝鲜咸镜北道(会宁口岸)
	开山屯	朝鲜咸镜北道(三峰口岸)
	珲　春	俄罗斯(克拉斯基诺口岸)
	圈　河	朝鲜(元汀国际口岸)
黑龙江	东　宁	俄罗斯滨海边疆区波尔塔夫卡
	绥芬河	俄罗斯波格拉尼奇内区
	密　山	俄罗斯图里洛格
	虎　林	俄罗斯列所扎沃茨克
内蒙古	满洲里	俄罗斯(后贝加尔)
	阿日哈特	蒙古国东方乔巴山市(哈比日嘎口岸)
	珠恩嘎达布其	蒙古国苏和巴特省(毕其格图口岸)
	二连浩特	蒙古国扎门乌德
	甘其毛道	蒙古国南戈壁省博格达县(嘎顺苏海图口岸)
甘　肃	马鬃山	蒙古国戈壁阿尔泰省

　　公路运输集装箱化有利于提高公路货物运输效率和服务质量。在多式联运运输组织方式中,主要是利用公路运输方式灵活、机动的特性,实现整个联运业务终端的配送运输。公路集装箱运输线路主要分布在高等级公路路网发展较好的地区,而这些地域主要集中在沿海或内河港口的腹地地区。对于多式联运路线,公路运输线上主要承担货物集港,以及铁路运输与航空运输、铁路运输与海路运输、海路运输与航空运输之间衔接的任务。

3.2.5　多式联运线路

　　多式联运线路主要以集装箱海运线路以及陆路上的铁路和公路线路为主体,相互衔接构成集装箱运输线路。集装箱多式联运采用两种或两种以上不同运输方式进行联运的运输组织形式,综合利用各种运输方式的优点,以实现"门到门"的运输服务。目前,多式联运的组织方式主要是海陆联运和海空联运,基于两种不同的组织方式,多式联运的运营线路分布也是各有不同。

3.2.5.1　海陆联运线路

　　海陆联运是一种以航运公司为主体,由其签发联运提单,利用其经营的航线,负责完成海路段的运输任务,并与航线两端的内陆运输部门相衔接,联合开展联运业务,是国际多式联运的主要组织方式。多式联运的线路可以根据其运行的地理区域特性,大体上可以把彼此衔接的一条线路划分为海运线路和陆运线路。海运线路主要是指海运航线,包括连接不同海域区域的国家、同海域不同国家以及同一国家不同地理位置港口的远洋航线、近洋航线、沿海航线以及内陆内河航线;陆运航线主要是指陆上的公路、铁路运输系统,处于整条多式联运线路的两端位置。航运线路在前节已经具体介绍,这里主要介绍陆运线路中最具代表性的线路形式——陆桥运输线。

陆桥运输线主要是指连接大陆两端沿海港口(或沿海港口与内陆点及陆路口岸)的铁路、公路运输线路。在国际多式联运中,陆桥运输起着非常重要的作用,并且具有鲜明的地域特色,国际上习惯按照运输线途经的主要地理区域对陆桥运输线路进行必要的划分。世界上主要的陆桥类型有连接大陆两端沿海港口利用整条陆桥线进行海—陆—海联运的大陆桥、利用整条陆桥运输线进行海陆联运的小陆桥和利用部分陆桥进行海陆联运的微桥。

1) 大陆桥运输

(1) 西伯利亚大陆桥(Siberian Landbridge)。西伯利亚大陆桥又称为第一亚欧大陆桥,是利用俄罗斯西伯利亚铁路作为陆地桥梁,把太平洋远东地区与波罗的海和黑海沿岸以及西欧大西洋口岸连起来。从远东地区至欧洲,通过西伯利亚大陆桥有三条运送路线。

① 东方港(Vostochny)、纳霍德卡港(Nakhodka)(或者通过满洲里、二连浩特、阿拉山口等陆路口岸进入俄罗斯)—欧洲和伊朗等国家:用船把货物运至东方港(Vostochny)、纳霍德卡港(Nakhodka)(或者通过满洲里、二连浩特、阿拉山口等陆路口岸进入俄罗斯),再经铁路运到俄罗斯西部边境站,继续用铁路运至欧洲和伊朗等国(或相反方向运输)。

② 东方港(Vostochny)、纳霍德卡港(Nakhodka)(或者通过满洲里、二连浩特、阿拉山口等陆路口岸进入俄罗斯)—北欧、西欧、巴尔干地区:用船把货物运至东方港(Vostochny)、纳霍德卡港(Nakhodka)(或者通过满洲里、二连浩特、阿拉山口等陆路口岸进入俄罗斯),再经铁路运至波罗的海和黑海港口,装船运至北欧、西欧、巴尔干地区的港口,最终交收货人。

③ 东方港(Vostochny)、纳霍德卡港(Nakhodka)(或者通过满洲里、二连浩特、阿拉山口等陆路口岸进入俄罗斯)—德国、瑞士、奥地利等国:用船把货物运至东方港(Vostochny)、纳霍德卡港(Nakhodka)(或者通过满洲里、二连浩特、阿拉山口等陆路口岸进入俄罗斯),再经铁路运至俄罗斯西部边境布列斯特附近的奥托布列斯特,再经公路将货物运至德国、瑞士、奥地利等国。

(2) 新亚欧大陆桥(New Eurasia Landbridge)。如图 3 - 13 所示,新亚欧大陆桥又称为第二亚欧大陆桥,其东起太平洋西岸中国东部连云港,西达大西洋东岸荷兰鹿特丹、比利时的安特卫普等港口,横贯亚欧两大洲中部地带,总长约 10 900 km,其中在中国境内 4 143 km,主要节点连云港、郑州、西安、乌鲁木齐、阿克斗卡、阿雷斯、索利伊列茨克、布良斯克、布列斯特、柏林、鹿特丹。新亚欧大陆桥运输线比经西伯利亚大陆桥运输线缩短运距 2 700～3 300 km。新亚欧大陆桥所经过的各区域,在经济上具有较强的相互依存性与优势互补性,蕴藏了非常好的互利合作前景。2007 年,"连云港—莫斯科"国际铁路集装箱班列开通,途经中国、哈萨克斯坦、俄罗斯,终点在莫斯科帕维列茨卡亚车站,全程 8 301 km,运输时间 16 天左右。

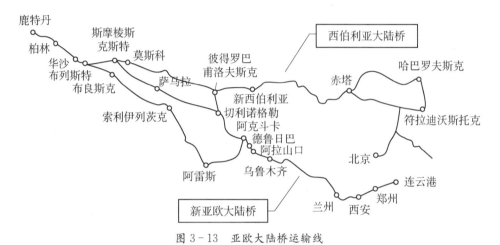

图 3 - 13　亚欧大陆桥运输线

我国云南学者提出了"第三亚欧大陆桥"的战略构想,第三亚欧大陆桥起点始于以深圳港为代表的广东沿海港口群,沿途由昆明经缅甸、孟加拉、印度、巴基斯坦、伊朗,从土耳其进入欧洲,最终抵达荷兰鹿特丹港,横贯亚欧 20 多个国家,全长约 15 000 km,比目前经东南沿海通过马六甲海峡进入印度洋行程要少 3 000 km 左右。

(3) 北美大陆桥(North American Landbridge)。北美大陆桥是指利用北美的大铁路从远东到欧洲的"海陆海"联运,主要指美国大陆桥运输线和加拿大大陆桥运输线。美国大陆桥与加拿大大陆桥是两条基本平行的陆桥运输线(见图 3 - 14),均是把连接美洲东、西海岸,横贯大陆的若干条铁路主干线和公路干线作为桥梁来使用的,是国际多式联运。美国大陆桥包括两条路线:一条是从西部太平洋口岸至东部大西洋口岸的铁路(或公路)运输系统,全长约 3 200 km;另一条是西部太平洋沿岸至南部墨西哥湾口岸的铁路(或公路)运输系统,全长 500～1 000 km。加拿大大陆桥与美国大陆桥相似,由船公司把货物海运至加拿大西南部的温哥华,经大陆桥(铁路)运到蒙特利尔或哈利法克斯,再与大西洋海运相接。目前,比较繁荣的陆桥运输线还是美国大陆桥,一方面原因在于其经济贸易的发展,另一方面也与其航运业发展的历史有一定关系。

图3-14　北美大陆桥运输线

2) 小陆桥运输

小陆桥运输前身为大陆桥运输,这是一种海运与陆运(铁路或公路)联合运输与联合收费的运输方式,比大陆桥运输(即海—陆—海)缩短一段海上运输,成为海—陆或陆—海运输形式。世界上最典型的小陆桥运输线路即北美小陆桥,例如,远东至美国东部大西洋口岸(或美国南部墨西哥湾口岸)多式联运路线,其由原来的全程海运,改为由远东装船运到美国西部太平洋口岸,转装铁路(或公路)专用列车运至东部大西洋口岸或南部墨西哥湾口岸,用陆上铁路(或公路)作为陆桥,将美国西海岸港口同东海岸与南部墨西哥湾港口连接起来。目前,小陆桥运输的主要路线有4条。

(1) 远东到美国西海岸转内地(或反方向)运输,即使用海上运输方式将货物先运至日本港口,再转运至美国西海岸港口,卸船后经由铁路运至美国东海岸,或墨西哥港口区域。货物运量在4条线路中最大。

(2) 澳大利亚到美国西海岸转内地(或反方向)运输。

(3) 欧洲至美国东海岸转内地(或反方向)运输。

(4) 欧洲到美国及墨西哥湾地区转内地(或反方向)运输。

这种小陆桥运输享受了铁路集装箱专用列车优惠价,降低了运输成本;避免绕道巴拿马运河,省去了船舶过运河的费用,还缩短了运输时间,使到货时间提前;货物可以直接运到市区卸货,乃至直接送货上门,特别是通往美国墨西哥湾口岸的得益更大,以致目前从远东到美国墨西哥湾地区的货运70%以上采用此方式运输。

3) 微桥运输

微桥运输又称为内陆公共点多式联运,它是比小陆桥更缩短一段的海陆联运,只利用部分陆桥,没有通过整条陆桥,故又叫作半陆桥运输,实际上为海陆联运。例如,远东至美国内陆的运输路线,在远东装船运至美国太平洋口岸,然后换装铁路(或公路)集装箱专用列车,将货物直接运送到美国内陆城市。这条运输路线克服了绕道和迂回等不合理运输,更缩短了运输距离和时间,使到货的时间提早,还减少了运费。近些年来,这种运输发展异常迅速。海运承运人只需办理一张海运提单,决定内陆运输路线,并支付一切港口费用和内陆运输费用。

除上面介绍的主要陆桥运输外,还有一些其他的运输以陆桥的形式存在,虽然在货运量、业务规范专业化方面与上述的主要陆桥有一点差别,但在促进本地区的经贸发展方面也起到了相当大的作用。南美洲的南美大陆桥(South American Landbridge)东起阿根廷的布宜诺斯艾利斯,西止智利首都圣地亚哥,长 1 000 km,连接大西洋和太平洋两水域,有利于南美诸国间的协作,促进该地区的经济开发;亚洲南部的印度半岛上的南亚大陆桥(South Asian Landbridge),从东岸的加尔各答港到西岸的孟买港之间,形成一条东西向长约 2 000 km 的铁路通道,它使阿拉伯海与孟加拉湾之间的海上运输可以改成铁路联运,大大加快了该地区的贸易流通;非洲南部的纵贯东南非的大陆桥,从坦桑尼亚首都达累斯萨拉姆,经赞比亚、津巴布韦、博茨瓦纳等国家,向西南至南非要港开普敦,这条铁路沿线铜、铬、金等有色金属和贵重金属资源丰富,运输繁忙。这条铁路北段为坦赞铁路,是由中国援建的,是中非友谊的象征。

总的来说,"大陆桥"多是具有国际意义的铁路干线。它的主要功能是便于开展海陆联运,缩短运输里程,加强区际合作,如从远东到西欧,经第一亚欧大陆桥,比全程走水路要缩短航程 9 000 多公里。运输里程缩短了,不仅节省了时间,加速了货物的周转,而且还能节省运费开支,有利于成本的降低,取得较好的经济效益。而且,陆上运输又不受台风和海洋不利因素的干扰,既安全,又可进行"全天候"的连续作业。随着国际集装箱的海陆联运业务的发展,大陆桥在加速和促进国际经贸活动中也一定会发挥更加重要的作用。

3.2.5.2 海空多式联运线路

海空联运在早期主要是从远东地区用船舶将货物运至美国西海岸,再通过航空运至美国内陆地区或美国东海岸。海空联运方式一般以海运为主,只是最终交货运输区段由空运承担,有以下三条主要线路。

(1)远东—欧洲:目前,远东与欧洲间的航线有的以温哥华、西雅图、洛杉矶为中转地,也有的以香港、曼谷、符拉迪沃斯托克为中转地,此外,还有的以旧金山、新加坡为中转地。该运输线路分为东西线路,西行线是远东通过海运至美西港口,如温哥华、西雅图、洛杉矶等,再通过空运至欧洲的目的地,东行线主要通过符拉迪沃斯托克、香港等港口,再通过空运中转至欧洲目的地。东行线路主要是远东至中南美,即远东海运至美西的温哥华、洛杉矶等港口,再转空运至中南美内陆目的地。

远东至欧洲海—空联运航线约占海—空联运总运量的 50% 以上。

（2）远东—中南美：近年来,远东至中南美的海空联运发展较快,因为此处港口和内陆运输不稳定,所以对海空运输的需求很大。该联运线以迈阿密、洛杉矶、温哥华为中转地。

（3）远东—中近东、非洲、澳洲：这是以香港、曼谷为中转至中近东、非洲的运输服务。在特殊情况下,还有经马赛至非洲、经曼谷至印度、经香港至澳洲等联运线,但这些线路货运量较小。

总的来讲,运输距离越远,采用海空联运的优越性就越大,与完全采用海运相比,其运输时间更短;与直接采用空运相比,其费率更低,海空联运的竞争力明显。因此,从远东出发,至欧洲、中南美洲以及非洲作为海空联运线路具有很大的发展空间。

3.2.5.3　我国多式联运线路

目前,我国开办的多式联运路线主要涉及美洲、欧洲、非洲、中东、中亚、东北亚、澳洲、俄罗斯等地区和国家。

（1）美洲线：货物从我国内地运抵沿海基本港口,经远东/美西航线,运达美国西海岸的基本港口,转接北美陆桥运输,典型的线路有我国内地—我国港口（包括香港）—美国港口—美国内地（或反向运输）。

（2）欧洲线：货物是从我国内地运抵沿海基本港口,经远东/欧洲航线,运抵欧洲西海岸,再中转内陆运输,比较有代表性的线路有我国内地—我国港口（包括香港）—德国汉堡港或比利时安特卫普港—北欧、西欧内地（或反向运输）。

（3）非洲线：货物从我国内地运抵沿海基本港口,经马六甲海峡,进入印度洋,运达非洲东海岸基本港口,有代表性的线路有我国港口（青岛、上海、广州等）—肯尼亚的蒙巴萨港—乌干达内地（或反向运输）;我国内陆地区—南非班德港—博茨瓦纳及津巴布韦内陆点（或反向运输）（见图 3-15）。

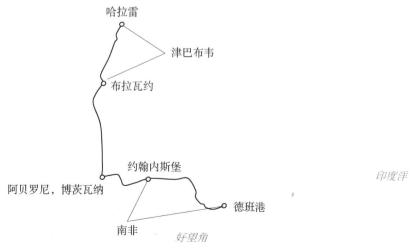

图 3-15　班德（南非）—博茨瓦纳—津巴布韦陆运线路

(4) 中东线：货物从我国内地运抵沿海基本港口,经中东航线,运抵至波斯湾沿岸港口,再转内陆运输,具有代表线的线路有我国内地(西安、成都等)—我国港口(上海、新港)—伊朗霍梅尼港或阿巴斯港—伊朗内陆或中亚国家内陆(或反向运输)(见图 3-16)。

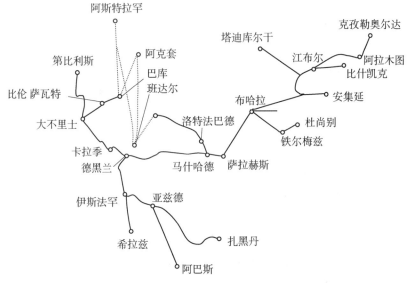

图 3-16　阿巴斯(伊朗)—中亚国家内陆运线路

(5) 中亚及俄罗斯路线：利用我国的铁路和公路网络,货物直接转西伯利亚大陆桥和亚欧大陆桥运输,如我国(沈阳、锦州等)—西伯利亚大陆桥运输—中亚地区或俄罗斯内陆点(或反向运输);我国内地(青岛、西安)—亚欧大陆桥运输—中亚地区或俄罗斯内陆(或反向运输)。

(6) 东北亚线：货物从我国东北地区运抵图们,再转运至朝鲜沿海基本港,运达日本沿海基本港,再转运内陆运输,有代表性的线路有我国东北地区(长春、齐齐哈尔等)—图们—朝鲜清津港—日本港口(或反向运输);我国内地—我国港口—日本港口—日本内地(或反向运输)。

(7) 澳洲线：货物从我国沿海基本港口,挂靠日本沿海港口,再运抵澳洲港口,中转澳洲内陆运输,有代表性的线路有我国港口(青岛、烟台等)—日本长崎港—澳洲港口—澳洲内地。

3.2.5.4 "一带一路"及中欧班列

"一带一路"(The Belt and Road, B&R)是"丝绸之路经济带"和"21 世纪海上丝绸之路"的简称。2013 年 9 月和 10 月,中国国家主席习近平在出访哈萨克斯坦和印度尼西亚时先后提出共建"丝绸之路经济带"和"21 世纪海上丝绸之路"的重大倡议。中国政府成立了推进"一带一路"建设工作领导小组,并在中国国家发展改革委设立领导小组办公室。2015 年 3 月，中国发布《推动共建丝绸之路经济带和 21 世纪海上丝绸之路的愿景与行动》；2017 年 5 月，首届"一带一路"国际合作高峰论坛在北京成功召开。中国还先后举办了博鳌亚洲论坛年会、上海合作组织青岛峰会、中非合作论坛北京峰会、中国国际进口博览会等。

几年来，共建"一带一路"倡议得到了越来越多国家和国际组织的积极响应，受到国际社会广泛关注，影响力日益扩大，其聚焦"六廊六路多国多港"主骨架，在设施联通方面，铁路、港口、航空等一批标志性项目取得了实质性进展。中欧班列（按照固定车次、线路等条件开行、往来于中国与欧洲及"一带一路"沿线各国的集装箱国际铁路联运班列）累计开行数、国内开行城市数、境外到达国家和城市数均日益增加，回程班列已达 99%，基本实现去一回一，综合重箱率也大大提高；与沿线国家开展口岸通关协调合作、提升通关便利性，平均查验率和通关时间均得到显著下降。图 3 - 17 显示了截至 2020 年中欧班列的开行情况。

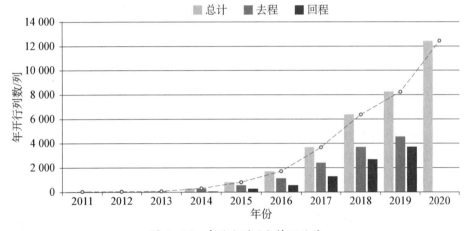

图 3 - 17　中欧班列开行情况统计

设施联通是共建"一带一路"的优先发展方向。在尊重相关国家主权和安全切的基础上，由各国共同努力，以铁路、公路、航运、航空、管道、空间综合信息网络等为核心的全方位、多层次、复合型基础设施网络正在加快形成，区域间商品、资金、信息、技术等交易成本大大降低，有效促进了跨区域资源要素的有序流动和优化配置，实现了互利合作、共赢发展。

（1）国际经济合作走廊和通道建设取得明显进展。新亚欧大陆桥、中蒙俄、中国—中亚—西亚、中国—中南半岛、中巴和孟中印缅等六大国际经济合作走廊将亚洲经济圈与欧洲经济圈联系在一起，为建立和加强各国互联互通伙伴关系，构建高效畅通的亚欧大市场发挥了重要作用。

——新亚欧大陆桥经济走廊。新亚欧大陆桥经济走廊区域合作日益深入，将开放包容、互利共赢的伙伴关系提升到新的水平，有力推动了亚欧两大洲经济贸易交流。《中国—中东欧国家合作布达佩斯纲要》和《中国—中东欧国家合作索菲亚纲要》对外发布,中欧互联互通平台和欧洲投资计划框架下的务实合作有序推进。匈塞铁路塞尔维亚境内贝旧段开工。中国西部—西欧国际公路(中国西部—哈萨克斯坦—俄罗斯—西欧)基本建成。

——中蒙俄经济走廊。中蒙俄三国积极推动形成以铁路、公路和边境口岸为主体的跨境基础设施联通网络。2018 年,三国签署《关于建立中蒙俄经济走廊联合推进机制的谅解备忘录》,进一步完善了三方合作工作机制。中俄同江—下列宁斯阔耶界河铁路桥中方侧工程已于 2018 年 10 月完工。黑河—布拉戈维申斯克界河公路桥建设进展顺利。中俄企业联合体基本完成莫喀高铁项目初步设计。三国签署并核准的《关于沿亚洲公路网国际道路运输政府间协定》正式生效。中蒙俄(二连浩特)跨境陆缆系统已建成。

——中国—中亚—西亚经济走廊。该走廊在能源合作、设施互联互通、经贸与产能合作等领域合作不断加深。中国与哈萨克斯坦、乌兹别克斯坦、土耳其等国的双边国际道路运输协定,以及中巴哈吉、中哈俄、中吉乌等多边国际道路运输协议或协定相继签署,中亚、西亚地区基础设施建设不断完善。中国—沙特投资合作论坛围绕共建"一带一路"倡议与沙特"2030 愿景"进行产业对接,签署合作协议总价值超过 280 亿美元。中国与伊朗发挥在各领域的独特优势,加强涵盖道路、基础设施、能源等领域的对接合作。

——中国—中南半岛经济走廊。该走廊在基础设施互联互通、跨境经济合作区建设等方面取得积极进展。昆(明)曼(谷)公路全线贯通,中老铁路、中泰铁路等项目稳步推进。中老经济走廊合作建设开始启动,泰国"东部经济走廊"与"一带一路"倡议加快对接,中国与柬老缅越泰(CLMVT)经济合作稳步推进。中国—东盟(10+1)合作机制、澜湄合作机制、大湄公河次区域经济合作(GMS)发挥的积极作用越来越明显。

——中巴经济走廊。以能源、交通基础设施、产业园区合作、瓜达尔港为重点的合作布局确定实施。中国与巴基斯坦组建了中巴经济走廊联合合作委员会,建立了定期会晤机制。一批项目顺利推进,瓜达尔港疏港公路、白沙瓦至卡拉奇高速公路(苏库尔至木尔坦段)、喀喇昆仑公路升级改造二期(哈维连—塔科特段)、拉合尔轨道交通橙线、卡西姆港 1 320 MW 电站等重点项目开工建设,部分项目已发挥效益。中巴经济走廊正在开启第三方合作,更多国家已经或有意愿参与其中。

——孟中印缅经济走廊。孟中印缅四方在联合工作组框架下共同推进走廊建设,在机制和制度建设、基础设施互联互通、贸易和产业园区合作、国际金融开放合作、人文交流与民生合作等方面研拟并规划了一批重点项目。中缅两国共同成立了中缅经济走廊联合委员会,签署了关于共建中缅经济走廊的谅解备忘录、木姐—曼德勒铁路项目可行性研究文件和皎漂经济特区深水港项目建设框架协议。

（2）基础设施互联互通水平大幅提升。"道路通，百业兴"。基础设施投入不足是发展中国家经济发展的瓶颈，加快设施联通建设是共建"一带一路"的关键领域和核心内容。

——铁路合作方面。以中老铁路、中泰铁路、匈塞铁路、雅万高铁等合作项目为重点的区际、洲际铁路网络建设取得重大进展。泛亚铁路东线、巴基斯坦1号铁路干线升级改造，中吉乌铁路等项目正积极推进前期研究，中国—尼泊尔跨境铁路已完成预可行性研究。中欧班列初步探索形成了多国协作的国际班列运行机制。中国、白俄罗斯、德国、哈萨克斯坦、蒙古、波兰和俄罗斯等7国铁路公司签署了《关于深化中欧班列合作协议》。2021年6月22日，外交部发言人赵立坚在主持例行记者会答记者问时表示，中欧班列开行10年来，中欧班列开行累计突破4万列，合计货值超过2 000亿美元，打通73条运行线路，通达欧洲22个国家的160多个城市。

目前，中欧班列常态化开行班列情况如表3-5所示。

表3-5　中欧班列常态化开行班列

开行时间	线路	开行与到达城市	货物	行程
2011.3.19	渝新欧	重庆—杜伊斯堡（德国）	笔记本电脑、机械、汽配、服装	16天，11 179公里
2012.10.24	汉新欧	武汉—梅林克帕尔杜比采（捷克）	电子产品、光缆等	23天，10 863公里
2013.4.26	蓉欧快铁	成都—罗兹（波兰）	电子产品、汽配、红酒等	11天，9 826公里
2013.7.18	郑欧班列	郑州—汉堡（德国）	轻纺、机械、电子产品	15天，10 245公里
2013.9.29	苏满欧	苏州—华沙（波兰）	电子产品、机械、服装、小商品	18天，11 800公里
2014.10.18	营满欧	营口—莫斯科（俄罗斯）	电子产品、机械配件	14天，10 500公里
2014.10.30	湘欧快线	长沙—杜伊斯堡（德国）	电子产品、机械、汽配	16～18天，6 476公里
2014.11.18	义新欧	义乌—马德里（西班牙）	工艺品、饮品、玩具	21天，13 000公里
2015.7.1	青岛号	胶州—哈萨克斯坦	轻纺、机械、电子产品	8天，7 900公里
2015.8.16	厦蓉欧	厦门—罗兹（波兰）	汽配、机械、电子产品	15天，12 733公里
2015.10.19	昆蓉欧	昆明—波兰	咖啡、农产品	12天，10 198公里
2016.7.19	辽满欧	大连—莫斯科（俄罗斯）	机械设备、轻纺、汽配等	12天，8 600公里
2020.1.10	中欧班列（义乌—河内）	义乌—河内	工艺品、饮品、玩具	3～4天，2 168公里

数据来源：中国一带一路网，网址：https://www.yidaiyilu.gov.cn/。

　　——公路合作方面。中蒙俄、中吉乌、中俄(大连—新西伯利亚)、中越国际道路直达运输试运行活动先后成功举办。2018 年 2 月,中吉乌国际道路运输实现常态化运行。中越北仑河公路二桥建成通车。中国正式加入《国际公路运输公约》(TIR 公约)。中国与 15 个沿线国家签署了包括《上海合作组织成员国政府间国际道路运输便利化协定》在内的 18 个双多边国际运输便利化协定。《大湄公河次区域便利货物及人员跨境运输协定》实施取得积极进展。

　　——港口合作方面。巴基斯坦瓜达尔港开通集装箱定期班轮航线,起步区配套设施已完工,吸引 30 多家企业入园。斯里兰卡汉班托塔港经济特区已完成园区产业定位、概念规划等前期工作。希腊比雷埃夫斯港建成重要中转枢纽,三期港口建设即将完工。阿联酋哈利法港二期集装箱码头已于 2018 年 12 月正式开港。中国与 47 个沿线国家签署了 38 个双边和区域海运协定。中国宁波航交所不断完善"海上丝绸之路航运指数",发布了"16+1"贸易指数和宁波港口指数。

　　——航空运输方面。中国与 126 个国家和地区签署了双边政府间航空运输协定。与卢森堡、俄罗斯、亚美尼亚、印度尼西亚、柬埔寨、孟加拉国、以色列、蒙古、马来西亚、埃及等国家扩大了航权安排。

3.3　多式联运网络

3.3.1　多式联运网络含义和特点

　　多式联运网络是一个有机综合体,它既包括一定空间范围内由多种交通运输方式的枢纽、线路、物流装备等技术设施共同构成的基础设施,还包括在多式联运过程中多式联运经营人对于不同运输方式承运人的组织管理体系。

　　具体来说,多式联运网络可大体分为两个部分:一是由枢纽、线路等交通运输固定设施组成的一个具有多个起讫点、多条线路等交叉组合所形成的复杂网络结构,也就是通常所指的多式联运基础网络;二是由一个多式联运经营人负责组织管理不同区段多种运输方式装卸、运输、仓储等环节形成的立体经营模式,也可以称其为多式联运运营网络。

　　整个多式联运网络具有以下几方面的特点。

　　1) 由多式联运经营人完成"顶层设计"

　　完善的多式联运网络体系是目前我国交通运输的一个新发展方向。但是由于不同国家的地理条件、经济条件、交通运输基础等差别很大,所以,世界范围内多式联运网络体系并没有一个放之四海而皆准的模式。对于到底哪种多式联运网络体系才是符合我国特点并且适应我国社会经济发展需求的这一问题,任何一个权威机构或专家都不能够给出明确的、业内人士普遍认同的答案。

　　因此,要想使各种运输方式的发展真正与多式联运网络体系的发展轨道同步,首先需要多式联运经营人对于多式联运网络的发展有自己的理念;其次需要有贯彻这种理念的具体措施,还必须要通过自身战略目标设计和战略规划等对多式联运网络体系的框架和结构进行"顶层设计",并以此指导和约束自己在操作多式联运的实践中朝着统一的目标发展,实现多式联运网络结构优化和系统一体化。

2) 多式联运经营人具备较强的沟通与组织能力

多式联运网络体系是一个庞大复杂的系统工程。虽然目前对于多式联运网络的研究逐步增多,但是在我国多式联运网络体系发展战略、框架规划、总体设计不很明确以及管理体制改革尚未到位的情况下,各种交通运输方式在投资建设步伐以及运输组织安排方面都难以进行协调平衡,而且也没有协调平衡比较科学的依据和手段,各运输部门出于业绩、利益甚至全国多式联运网络体系中的地位等方面的目的,较多地注重自身网络的规划和完善。在这种状况下,我国对于多式联运网络的规模合理化、结构优化在具体运输组织执行中没有明确的约束力,协调措施也难以具体落实。因此,多式联运经营人要具备较强的沟通和组织能力才能使货物在网络中运转流畅,保质保量。

当前解决交通运输问题主要采取增加建设基础设施的手段,整个多式联运网络重基础设施建设、轻运输体系组织和服务。并且现阶段对于一体化多式联运网络系统没有进行系统性的研究和规划,各种运输方式都有自己独立的市场体系构架、运行规则、法律法规保障,关键环节衔接薄弱。若多式联运经营人不能较好地组织和沟通,多式联运网络一体化运输服务就不可能有效开展和推广。

3) 各种运输方式之间的物流标准化建设要求严格

在多式联运过程中牵扯到不同运输方式之间的换装、衔接,在多式联运网络中建立和实施物流标准化,如运输设备的标准化、装卸机械的标准化、货物品类代码的标准化、集装箱运输条码的标准化等可以保证整个多式联运网络系统功能的发挥,从而保证货物在流通过程中的质量完好性,以最终降低成本而增强市场竞争力。

在标准化方面,世界各国都比较重视,并且十分强调本国标准与国际标准的对接。日本物流标准化的建设速度很快,建立了许多有关的标准,主要侧重于物流模数体系、集装箱的基本尺寸、平托盘等。此外,澳大利亚在交通运输工具和包装容器的标准化方面做出了成绩,提高了整个交通运输的效率。美国、欧洲目前基本实现了运输工具和设施的统一标准,大大降低了系统的运转难度,加快了系统的运转速度。

4) 多式联运网络的枢纽承担着重要的组织协调作用

随着运输化的发展,多式联运在交通运输中的地位越来越重要,多式联运网络的能力不仅取决于线路的能力,多功能综合枢纽的综合能力更是成为决定多式联运网络效率与能力的重要决定因素。因此要适应这种转变,多式联运网络枢纽的建设必须受到重视。

若各种运输方式自成体系,不同区域内、外交通衔接配合差,各种运输方式之间倒转次数增加,那么多式联运网络一体化的运输组织方式无法有效开展,最终导致整体运输效率低下、交易成本上升以及交通不便捷,在一定程度上加剧了运输紧张和资源的更多占用和低效。

多式联运枢纽是实现多式联运系统网络化和各种运输方式"无缝衔接"最基本的条件。在多式联运网络中,多式联运枢纽承担着收发货物,装卸转运以及分拆包装等大量任务。要保证货物在多式联运网络中流转顺畅,准时、保质地送达,多式联运枢纽的构建与完善工作必不可少。

5) 主要运输通道的通过能力决定了多式联运网络系统的通过能力

多式联运网络中主要的运输手段有航运、空运、铁路和公路。由这四种运输方式组成的多式联运网络系统的通过能力并非是单独通过能力的简单相加,而是由其中最主要的运输通道决定整个网络的通过能力。就拿铁路来说,我国铁路复线率和电气化仍然不高,线路分布存在地域性差异,列车运输速度慢,集装箱、冷藏箱等现代化运输手段取得了较快发展,货运重载、运营管理自动化等方面仍有较大改进空间。虽然目前所形成的几大通道由铁路复线、高速线路组成,但其载运能力大多只是相对其他线路而言,而未真正形成与货运需求量大、流向集中相匹配的运输能力供给。

加强对多式联运主要通道的研究可以保证多式联运经营人更加清楚地了解整个多式联运网络,从而最大化地利用多式联运网络的通过能力,不至于导致整个网络的拥堵。

6) 多式联运网络中不同的运输区段采取的运输方式差异化发展

综合各种交通运输方式的多式联运网络中所涵盖的港口、车站、空港等枢纽设施,以及人工整治、开挖的航道和运河,都要利用土地、山川、海域、河流、湖泊、领空等自然资源,而且网络中所有的运输线路走向和技术标准、港站地址的选择,都受自然条件、经济条件的影响。因此在多式联运网络中,要根据地区经济发展水平、经济结构特点以及自然地理条件,因地制宜地发展不同的交通运输方式。

对此,多式联运经营人在组织多式联运过程中必须要考虑网络中不同区段中各种运输方式主要运输通道、枢纽的分布与发展情况,从而采用不同的运输组合方式。

3.3.2　多式联运网络运营组织

3.3.2.1　多式联运网络运营组织的含义

多式联运网络的运营组织是指以多式联运经营人为主体,为实现多式联运网络体系运输效率高、经济效益好的运输功能,运用多种手段对多式联运网络进行的组织、调节与控制。运营组织的主体是多式联运经营人。多式联运经营人的主要职能是负责从事和/或以自己的名义组织货物联运工作,从掌管货物时起至交付货物时止,从事或组织为确保货物交付所必需的一切工作。这就意味着多式联运经营人是多式联运网络中最重要的参与者,它一方面要对托运人负责,保证货物在全程运输中不出意外;另一方面要负责利用多式联运网络中所有可利用资源,选择最优的运输线路,调控不经济的运输组织方式,合理组织运输。运营组织的客体是多式联运网络中所有有效运输资源。其具体对象是构成多式联运网络的各项要素,如枢纽、线路等基础设施和各区段运输方式承运单位及相关单位。多式联运网络运营组织的具体对象有如下几个方面。

1) 多式联运网络的基础设施

要保持多式联运网络运行畅通,完善的基础设施是重要的保障。改革开放以来,随着我国经济的快速发展,我国交通运输基础设施建设已经有了重大发展,但是并不完善。这就需要多式联运人充分掌握网络中基础设施的情况,在选择运输线路的时候进行优化配置。

2) 多式联运网络的运力结构

要发挥多式联运网络的整体效益,必须有合理的运力结构,包括运输方式结构、运输对象结构、运输质量结构、运输地区结构、运输季节结构等。只有采取合理的运营组织,才能克服多式联运运力增长的盲目性,避免运力结构失衡,实现网络运力的优化。

3) 多式联运的市场价格

市场价格的变动具有自发性,它带来两方面的结果。一方面调节供求关系,使供求关系趋于平衡,这是它的积极作用;另一方面它的调节又具有盲目性,在一定时期内会破坏合理的运力结构,这是它的消极作用。要保持多式联运网络的持续稳定发展,必须考虑不同区段运输价格所占比例及其变化,适应多式联运的市场价格,并对其进行适时的调节。

4) 多式联运网络中不同区段承运人的竞争与合作

竞争是运输市场发展的动力,不仅同一运输方式中的承运人存在着竞争,不同运输方式之间承运人的竞争同样激烈。竞争能够提高企业的发展动力,提供更优质的运输服务,然而无序的竞争结果必然是走向自己的反面,破坏竞争。通过多式联运的运营组织,调节好参与多式联运不同承运人之间的竞争与合作关系才能保护竞争,保持合理的竞争态势,保证多式联运网络的良性发展。

3.3.2.2　多式联运网络运营组织的目标

社会发展对多式联运网络的要求就是不但要使多式联运网络规模和布局适应经济发展需求,更要满足社会经济发展中日益提高的运输质量,日益加快的运输速度等诸多目标。多式联运经营人在多式联运网络中组织货物运输所要达到的目标包括最大可能合理利用网络中的交通资源,节约运输成本,节省运达时间,保证货物在途安全等。

1) 合理利用多式联运网络中的交通资源

在交通基础设施总量不足和铁路、航空、道路、水运这几种交通运输方式的基础网络都不够完善的基础上组织多式联运业务会面临交通资源和社会环境的双重压力。因此,如何促进交通资源的空间最优配置,转变交通运输发展方式,从而真正实现交通运输又好又快可持续发展,发挥多式联运的整体优势成为多式联运网络运营组织的一个重要目标。

交通运输在促进经济发展的同时,具有高度的资源依赖性,大量占用土地和消耗能量,同时也带来比较严重的环境污染。应在确保交通运输供求总量均衡、服务优质的总体目标前提下,优化交通运输资源配置,以最小的资源和环境代价满足经济社会的运输总需求,实现交通运输对于经济、社会和环境可持续发展的综合效益,促进经济与社会协调发展。

多式联运承运人应当通过对多式联运网络中四种主要交通运输方式以及各方式间的网络和枢纽进行衔接、优化,在国家级多式联运网络主骨架的基础上,合理利用交通资源,发挥各种交通运输方式在约束条件下的比较优势和整体效率,实现多式联运网络集约高效和可持续发展。

2) 强调经济效益与社会效益兼顾

多式联运网络运营组织的另一个目标是使多式联运网络发展与社会经济发展相适应。促进对外交流和商贸发展,保护环境,支持国土开发和国防安全,充分发挥各种运输方式的优势,以最少的社会劳动消耗,取得最大的社会经济效益,满足国民经济对交通运输的需要。因此,采取哪一种交通运输方式,或者在哪一区段采取这种运输方式更加合适,多式联运网络资源如何整合,线路怎样选择,都要按照经济合理的原则选择运营成本低、发展速度快、交通运输质量好、适应用户需要的运营组织方案。

多式联运网络运营组织要结合国家社会经济发展所面临的实际问题,充分考虑人口、环境保护压力巨大的实际情况和特定的能源结构,树立科学的交通运输发展观,转变运输能力增长方式,从单一的数量、规模、速度型变为速度、规模、效益相统一;从单纯重视交通运输经济效益转向经济社会效益和环境效益相统一;从粗放资源消耗型变为集约资源节约型;由各种方式各自发展向协调发展转变。

多式联运经营人应当按照环境友好型、土地利用高效率、适应能源结构等标准组织相应的多式联运业务,全面分析各种交通运输方式的比较优势及多式联运网络系统的整体效率,以占地少、能耗低、运能大、科技含量高、环保型的组织方式为目标,合理组织安排各种运输方式。

多式联运经营人在组织经营过程中还要应该考虑到资金、人力、技术、时间等约束条件的影响,甚至包括对于远期不同运输需求的合理预测,远近结合,将实际需要与可能有机地结合起来。

3)提升多式联运网络运输能力

中国社会经济正处在高速发展的时期,其对交通运输的需求持续高速增长。因此,提高多式联运网络运输能力就成为多式联运运营组织必须达到的目标。

多式联运网络运输能力是指多式联运网络供给满足社会经济对其需求的能力,它至少包括两方面的含义:一是对于社会经济的需求在功能上的满足,二是对于社会经济的需求在经济上的满足。交通运输只有在功能上和经济上协调发展,两者均满足社会经济的需求,才能真正体现出交通运输能力。功能上的满足考虑的是在多式联运网络能够从数量上达到社会需求的程度,经济上的满足考虑的是多式联运网络在不同交换代价条件下达到需求的程度。

提升多式联运网络满足社会经济运输需求数量的能力是宏观实现交通运输供给与全社会需求总量平衡的必然要求,而其网络运输经济性的提升,即运输供给与所需交换代价的对比,则是微观交通运输供给与个别交通运输需求特性平衡的必然选择。必须保证社会经济对交通运输的需求在功能上的平衡,以及社会经济对交通运输的需求在经济上的平衡才能保证多式联运网络的均衡发展。若单纯的提升多式联运网络的功能性,则会带来社会资源大量浪费,各种交通运输方式功能不适应市场需求等问题;而若只提升多式联运网络的经济性就有可能出现诸如运输结构性短缺等问题,因此多式联运网络要争取实现功能性与经济性协同发展。

多式联运经营人只有在运营组织中充分考虑到使多式联运网络功能性和经济性的协调发展,两者均满足社会经济的需要,才能真正体现出多式联运网络的高效。

4)提高多式联运服务水平

在各种运输方式的基础设施规模尚未达到合理布局的水平,密度小、通过能力不足,技术装备水平低等条件下,不仅没有富余能力改善运输质量,而且能够承受运输需求波动的弹性很小。以铁路运输方式为例,铁路线路能力利用强度过高、运输负荷过大的话,将导致以低时效和低服务质量为代价来换取更大的运输能力。

一体化的多式联运网络体系应实现多种交通运输方式"无缝"衔接和交通运输过程的连续。因此,多式联运经营人应该在运营组织中实现各种交通运输方式之间、区域间与区域内运输线路间的紧密衔接,力争实现货物运转流畅,保证交通运输畅通;全面推进多式联运组织工作,积极探索多式联运网络运营组织的新模式,探索多式联运全程管理有效措施和方法;建立一支专业性强、高素质的多式联运组织团队,最大限度地提高交通运输服务水平。

5)充分利用各种交通运输方式,发挥多式联运网络系统优势

虽然随着交通基础设施的不断投入和建设,各种交通运输方式的自我发展将

会逐步具备合理性,但是若缺乏统一的总体规划及政策指导,就会导致不同的交通运输方式间难以进行合理的分工协作和有效的衔接配套,从而降低多式联运网络系统的总体效率和服务质量,增加用户的交通运输成本。例如,若铁路集装箱运输发展相对缓慢,公路承担大量的内陆长距离集装箱和干散货运输;铁路、公路和水运在相同区域内对于有限货源的盲目竞争等。

因此,多式联运经营人需要在目前的多式联运网络系统中充分发挥各种交通运输方式的优势,完善相互协作、取长补短,从系统固定的空间特征和资源约束的角度出发,实现交通运输系统的整体优势和综合效益。不仅在各种交通运输线路、交通运输枢纽和交通运输工具建设规模上协调发展,而且在建设时间上也要协调配合,从而将各种交通运输方式作为有机衔接、不可分割的整体,追求系统优化、整体最优,从而发挥多式联运网络的系统优势。

3.3.2.3　多式联运网络运营组织方式

1) 多式联运网络运营组织方式含义

多式联运网络不是一个抽象的组织,而是各种具体运输网络的合体。其运营组织方式必须通过一定的形式表现出来,脱离一定形式的组织内容,或者脱离一定结构的孤立要素,都是不存在的。多式联运网络运营组织方式就是指多式联运经营人按照一定的方式,将多式联运网络中各个具体运输要素结合起来,具体包括运输工具组织、货源组织、货运计划安排、换装方案组织、运行组织等几个方面,其目的是提高网络运行效率和效益。

2) 多式联运网络运营组织方式的特点

多式联运运营组织方式不同于一般企业或者集团中的上下级权力关系,而是一种完全意义上的契约关系。这不仅是一个概念的差异,用契约关系代替权力关系的背后是思维方式的转变。通过权力关系组织的实质是控制,是一种以过程为导向的思维方式。换句话说,上级下发的指令侧重于要求下属"把事情做对"而不是"做对的事情",即侧重于效率而不是效果,尽管表面上看他们也是为目标而奋斗的,但事实上基层只要将领导层的决议贯彻落实,即不用承担其他责任。从根本上说,这些组织方式将导致下级组织的以过程为导向的思维方式。而契约式关系倡导一种以结果为导向的思维方式。多式联运经营人作为甲方只需与其余参与方签订不同内容的合同,只要乙方能够保证最后达到合同所要求的效果,甲方不能也不可能去干涉其做事情的方式。

多式联运运营组织方式与普通的企业管理组织方式既有相同之处,又有区别。其特点主要表现为以下几方面:

(1) 直线型的指令传递方式。直线型是最古老,也是最简单的组织结构形式。所谓"直线"是指在这种组织结构下,运输指令直接从最高层开始向下传递、分解,经过若干个层次达到网络最底层,即指令执行层。

如图3-18所示,对于一项多式联运任务来说,一个多式联运经营人,三个区段承运人,这种结构就是一种直线制。假如这个运输网络再继续扩大,例如其中一个区段承运人又与两个实际承运人签订了分运合同。这种情况下,多式联运承运人依然由三个区段承运人直接对其负责,只不过其中一个承运人增加了两个实际承运人被指挥,依然是直线制的形式。

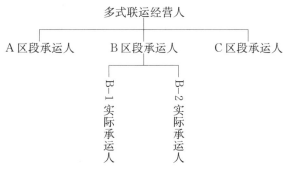

图3-18　直线型的指令传递方式

多式联运网络运行组织方式的这种指令传递方式有以下特点:

① 在此多式联运网络中,每一个承运人对与其直接签订分运合同的下级承运人可以下达直接运输指令。每一个下级承运人只对他的直接上级承运人负责。

② 每位承运人在其承运区段范围内,拥有绝对的控制权,即他可以对所承运的区段范围内的所有运输业务活动行使决策权、指挥权和监督权。

③ 运输指令都是从上往下直接下达的,即只存在垂直指令,不包括水平指令。同一层级的承运人之间基本上不发生直接业务往来。

直线型的指令传递方式可以使多式联运网络的组织权力集中、权责分明,运输指令执行力强,便于指挥管理。但是它对于上级承运人(特别是多式联运经营人)的综合业务水平有相当高的要求,上级承运人必须要熟悉下级承运人业务相关的各种活动,才能下达直接的运输指令。同时,它也有不足之处,在这种指令传递方式中缺乏同级承运人之间的横向协调。出现问题后先要向上级承运人反应后,由上级承运人调解,这样就会减慢处理突发事件的反应速度,造成多式联运网络流的停滞。

(2) 职能部门对于运输部门的补充作用。如图3-19所示,职能部门对于运输部门的补充作用主要是指多式联运组织者在市场开发、销售、财务管理等方面采取了专业化管理。运输统

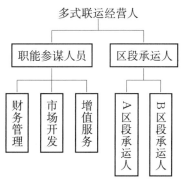

图3-19　职能部门对于运输部门的补充作用

一指挥和相关职能参谋指导相结合,这就能够保证在运输任务统一管理、权责分明的基础上,吸收了职能型结构分工细密、注重专业化管理的长处,从而有助于提高整个多式联运网络的管理效率。

职能部门对于运输部门的补充作用要保持在适当的限度之内,因为区段实际承运人与市场开发,财务管理等职能参谋人员常常会对多式联运网络组织产生意见分歧。多式联运经营人必须要明确双方的作用,在基本运输职能得到保证的前提下,尽可能合理运用职能人员提供的服务,以达到优化多式联运网络运输过程的目标。

(3)虚拟型运营组织方式。多式联运需要组织大量的参与方,理论上来说,多式联运经营人可以选择组建一个庞大的集团公司来包含所有的业务参与部门,但是现实可操作性不强。

根据虚拟型运营组织方式的原理,多式联运经营人完全可以从多式联运网络中得到所需要的各种各样的资源。所以,要想提供完善的多式联运服务,在很多情况下并不需要经营人自己来做所有的事情,可以从多式联运网络中购买资源。目前这种方式在多式联运中最为普遍,特别是在无船承运人作为多式联运经营人的时候,他自身并不拥有运输资源,只能再委托给其他相应的承运人来运输,对交接过程中可能产生的装卸和包装储藏业务,也委托给有关行业办理。

目前大多数多式联运经营人都是选择采取虚拟型的运营组织方式是因为其有核心组织能力,这种情况下,也许用很少几个人、很少资金就可以提供完善的运输服务,所有承担外包运输职能的企业只能赚取到运费以及佣金等,而最大量的利润则流入了多式联运经营人的腰包之中。

3) 运营组织方式选择的原则

多式联运经营人在选择网络运营组织方式的时候应该遵循以下三个原则:

(1)独特性。多式联运网络的组织经营方式必须要适应多式联运这种运输组织方式的一些本质特征,如必须要有两种或两种以上不同运输方式参与,必须要有一个多式联运经营人对全程负责等。这些特性决定了其组织方式的选择必须具有独特性,不能生搬硬套现成的一般项目组织方式。

另外,在不同的多式联运网络中,其规模大小,业务量多少,基础设施完善与否等条件都要求针对不同的多式联运网络选择独特的运营组织方式。

(2)适应性。多式联运业务过程主要是在多式联运承运人的全程组织下完成的,他既可以自己承担一个或几个区段的实际运输,也可以以货主的身份与不同运输区段的实际承运人签订分运运输合同来完成运输组织。因此,在多式联运网络中的组织经营中上级与下级的关系不是权力关系,而是契约式关系。

契约式关系所倡导的是一种以结果为导向的思维方式。这样就要求在多式联运网络经营组织方式选择时更加看重结果,对于最终送达结果的要求相对严格一些。

（3）整体性。多式联运网络包含了众多各种各样的运输要素。若要保证其运行良好，必须选择一种能够将所有涉及的要素合而为一的运营组织方式，这样才能避免各运输要素形成一个个信息孤岛，缺乏沟通桥梁，"信息不对称""反应迟缓"。

同时，各个运输要素组合为一个整体，进而形成新的具有鲜明特色和独特能力的多式联运网络，它具备单个运输要素所不具备的比较优势，诸如规模优势、网络一体化优势、人才优势、专业技术优势、成本优势等。这些比较优势通过有效的运营组织方式可以转化为整体的竞争优势，从而表现为多式联运经营人对多式联运业务实行统筹考虑，统一安排资源要素，统一协调各种运输方式，解决运输业务发展中存在的各种问题，维护多式联运网络的整体利益。

4）几种常见的运营组织方式

（1）运输工具组织。多式联运经营人应根据实际情况，结合多式联运货流路径细化每个网络节点的运输工具编组，并制定切实可行的组织办法，优先考虑同一发货地点、同一到站的始发直达货物的运输工具组织安排。

除此之外，多式联运经营人还应合理组织安排不同运输工具衔接，将前方网络节点的换装能力考虑在内，尽量减少网络站点换装操作以及避免在前方下一网络节点无法换装的情况出现，保证网络节点的运输工具组织效率。

（2）货源组织。多式联运经营人在经营多式联运业务时，首先应加强市场分析，充分发挥营销组织的作用，加强对货运吸引范围的市场调研和货源货流分析预测，掌握货源分布、货流变化、货运需求特点。

其次，制定货源保证措施。多式联运经营人要与发货人制定有效的制约与激励措施，明确协议运量、货源组织、计划提报方面的权责。对均衡稳定的货源要在运力上倾斜，保证货源的充足与稳定。在此基础上进行货源整合，实现同一区域内发货人集中、装车地集中、货源集中、去向集中。

（3）货运计划安排组织。多式联运经营人应优先安排货源集中地的装车计划，按照直达优先、包运优先的原则，优先编制同方向整批直达的货运计划。货运计划人员负责订单的受理，并认真做好核实工作，根据托运人的运输需求、货源实际等提报日常货运计划。日常货运计划可分为每周货运计划、月度货运计划、季度货运计划、临时货运计划等不同种类。对于不同计划设置固定的计划下发运输指令时点，每个时点对下级运输承运人下达一周期的运输指令。

（4）换装方案组织。多式联运网络中的每个网络节点都面临着货物数量大、作业时间紧、平行作业项目多的复杂形势。多式联运经营人必须根据各节点装卸组织管理模式、人员素质和设备情况的不同安排适应的换装方案。

多式联运经营人在安排好货运计划后，应及时通知下级承运人、装卸作业节点按照分工提前做好各项换装准备工作。有关人员要在货物到达其负责区域之前做好换装机具、劳力、装载加固材料的各项准备工作,明确换装作业流程,确保货物到位后立即开展换装作业,节省换装时间,确保换装效率。

下级承运人、装卸节点作业人员负责指导和督促作业进度,及时处理各种问题,保证换装质量。换装作业完成后,由其按规定进行换装质量检查确认。

4

多式联运业务组织

4.1 海运段货物运输业务组织

集装箱班轮运输是在件杂货班轮运输的基础上发展起来的,其货运业务组织和业务单证与杂货班轮的原理相似,但由于集装箱运输的特殊性、货运组织方式和港口运作模式的不同,集装箱班轮运输又有着其自身的特点。

近年来,既有出于跨境贸易便利化、优化口岸营商环境、提升通关物流效率等方面的要求,也有出于企业降本增效的目的,港口和航运企业在线订舱、集装箱货运业务以及相关单证的使用逐渐趋于电子化。以上海港为例,传统的三大纸质单证,即设备交接单、装箱单和提货单,于 2019 年 11 月全面实现了电子化,上海口岸进入了集装箱进出口全程无纸化的时代。

本书保留了一般的集装箱班轮货运程序与单证流转原理,同时也将向读者呈现更加贴近实务的内容,关于国内外各口岸的操作要求和最新动态,可查阅相关企业官网。

集装箱运输的货物分为 FCL 和 LCL 两种,有条件的货运代理人或者多式联运经营人也能承办拼箱业务,即接受客户尺码或重量达不到整箱要求的小批量货物,把不同收货人、同一卸货港的货物集中起来,拼凑成一个 20 ft 或 40 ft 整箱,这种做法称为"集拼",英文通常叫作 consolidation,简称 Consol,承办者称为集拼经营人(consolidator)。从事集拼业务的国际货运代理企业由于签发了自己的提单(House B/L),故通常被货方视为承运人,如果只经营海运区段的拼箱业务,则是无船承运人。

4.1.1 集装箱班轮整箱货业务组织

以到岸价(cost, insurance and freight, CIF)买卖,信用证交易,集装箱 FCL,场到场(CY - CY)交接条款为例(见图 4 - 1),阐述集装箱班轮整箱货业务组织与主要业务单证,各步骤说明如下。

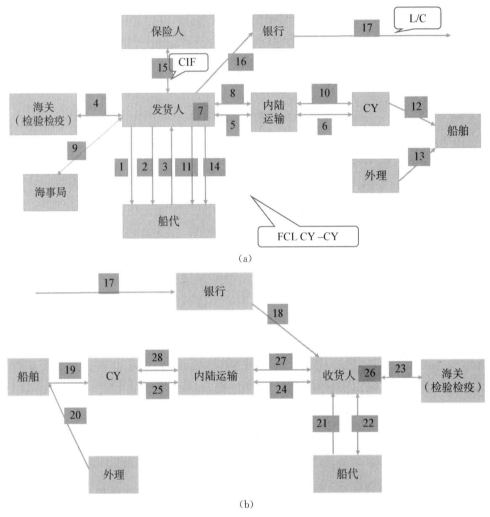

图 4-1　集装箱班轮整箱货业务组织

1) 订舱托运

根据贸易合同和信用证有关条款的规定,作为发货人的出口商(在 FOB 价格条件下,也可能是作为收货人的进口商)应在正式办理托运手续之前,选定班期适当的船舶,填制订舱单或托运单,委托货运代理人向船公司或其代理人,或其他运输方式经营人申请订舱或托运,以满足按时将集装箱货物运至目的地的要求。

发货人或货运代理人向船公司或其代理人订舱时,通常采用电子邮件的方式,因此纸质的订舱单或托运单基本已被电子单证取代。另外,部分船公司或其代理人的官网上也会提供"网上订舱"业务。由于手续简便、运价透明,"网上订舱"业务受到众多中小企业的欢迎,未来势必变得越来越普及。

船公司或其代理人或其他运输方式的经营人,根据货主的订舱申请,考虑航线、船舶、港口条件、运输时间,以及运输条件能否满足货方的要求后,确定是否能接受订舱和托运的要求。

若船公司接受托运,即同意承运,应对订舱或托运要求做出书面确认,称为"承运"。船公司或船公司的代理人审核托运单;对于经过订舱的货物,还须与订舱单核对,确认无误后,就在装货单(shipping order)上盖章,以表明承运货物。此外,部分船公司或其代理人确认承运后,会将"船名""航次"等相关信息整合在"订舱确认书(booking confirmation)"中,发送给货运代理人。而船公司或船公司的代理人则在承运货物后,根据订舱单或托运单缮制订舱清单分送集装箱装卸作业区或集装箱堆场,据以准备空箱的发放和安排重箱的交接、保管以及装船工作。

2)用箱申请

在托运人或其货运代理人提出订舱托运的同时,应根据货物的性质、重量、尺码、积载因数等决定所需集装箱的种类、规格和数量,向船公司或其代理人提出空箱使用申请,同时提供用箱人、运箱人、用箱区域和时间等信息。船公司同意,即会签发一份集装箱发放通知单(目前,多数船公司将该单证与集装箱设备交接单合二为一),凭以提取空箱。

3)发放空箱

在使用承运人箱(carrier owned container,COC)的情况下,集装箱通常是由船公司收取运费无偿借用给货主或集装箱货运站使用一个限定的期间的。

在整箱货的情况下,船公司或他的代理人在接受订舱、承运货物后,即签发集装箱发放/设备交接单交给托运人或货运代理人,据以到集装箱堆场或内陆站提取空箱。而在拼箱货的情况下,则由集装箱货运站提取空箱。

集装箱发放/设备交接单如图4-1所示。在这个环节上,它是船公司指示集装箱堆场将空集装箱及其他设备提交给本单持有人的书面凭证。

4)出口报关(报检)

2018年3月13日,经十三届全国人大一次会议审议,国家质量监督检验检疫总局的出入境检验检疫管理职责和队伍并入海关总署,即"关检合一"开始施行。实务中的电子报检、电子报关与电子通关系统基本情况如下。

电子报检是指报检人使用电子报检软件,通过检验检疫业务服务平台,将报检数据以电子报文方式传输给检验检疫机构,经检验检疫机构业务管理系统和检务人员处理后,将受理的报检信息反馈给报检人,实现远程办理出入境检验检疫报检的行为。

电子报关是指进出口货物的收发货人或其代理人通过计算机系统,按照《中华人民共和国海关进出口货物报关单填制规范》的有关要求,向海关传送报关单电子数据,并备齐随附单证的申报方式。

国家质量监督检验检疫总局和海关总署联合开发了电子通关联网核查系统,

并于 2003 年 1 月 1 日在全国主要口岸的检验检疫机构和海关推广使用。该系统将检验检疫机构签发的出入境通关单电子数据传输到海关计算机作业系统,海关将报检报关数据比对后确认相符合的,予以放行。

目前,检验检疫机构和海关联合采取的通关单联网核查系统还需要同时校验纸质的通关单据,这是将来实现无纸化通关的一个过渡阶段。这种通关方式相比原来传统的通关方式已经有了一个飞跃的发展。它具有数据共享、简化操作程序、降低外贸成本、提高通关速度的功能,还有效控制了报检数据与报关数据不符合的问题和不法分子伪造、变造通关单证的行为。

5) 委托空箱拖运

此项工作一般是由买卖合同中负责运输的一方来完成的。货主可指定某家内陆运输承运人完成空箱拖运事宜,同时还要看货主向船公司托运时与船代的协议上对内陆拖箱有无指定内陆承运人,如有规定,就必须按协议上的规定,找指定的内陆承运人。

6) 空箱出 CY 交接

不论是由货主或是由集装箱货运站提取空箱,都须事先缮制设备交接单(出场)。提取空箱时,在集装箱装卸作业区的门卫处,由装卸作业区的门卫会同提取空箱的卡车司机代表集装箱堆场及集装箱使用人对集装箱及其附属设备的外表状况进行检查,然后分别在设备交接单上签字,各持一份。

集装箱设备交接单(equipment interchange receipt,EIR)简称设备交接单(equipment receipt,E/R),是集装箱所有人(船公司)或集装箱经营人委托集装箱码头、堆场与货方或集装箱货运站(即用箱人)交接集装箱或冷藏集装箱,或特种集装箱及电动机等设备的凭证。设备交接单的格式如表 4-1 所示。

设备交接单分进场设备交接单(IN)和出场设备交接单(OUT),各有三联,分别为箱管单位(或船公司)联,码头、堆场联和用箱人、运箱人联。

设备交接单的各栏分别由作为箱管单位的船公司或其代理人,用箱人、运箱人和码头、堆场的经办人员填写。

设备交接单的流转过程如下。

(1) 由箱管单位填制设备交接单交用箱人、运箱人。

(2) 由用箱人、运箱人到码头、堆场提箱送收箱地(或到发箱地提箱送码头、堆场),经经办人员对照设备交接单,检查集装箱的外表状况后,双方签字,码头、堆场留下箱管单位联和码头、堆场联,将用箱人、运箱人联退还给用箱人、运箱人。

(3) 码头、堆场将留下的箱管人联退还给箱管单位。

设备交接单既是分清集装箱设备交接责任的单证,也是对集装箱进行追踪管理的必要单证。由于集装箱货物是按箱交接的,在集装箱外表无异状、铅封完好的情况下,它实际也是一种证明箱内货物交接无误的单证。

表 4-1　集装箱发放/设备交接单

集装箱发放/设备交接单

EQUIPMENT INTERCHANGE RECEIPT　　　OUT 出场

NO.

用箱人/运箱人(CONTAINER USER/HAULIER)		提箱地点(PLACE OF DELIVERY)

发往地点(DELIVERED TO)		返回/收箱地点(PLACE OF RETURN)

船名/航次(VESSEL/VOYAGE NO.)	集装箱号(CONTAINER NO.)	尺寸/类型(SIZE/TYPE)	营运人(CNTR. OPTR.)

提单号(B/L NO.)	铅封号(SEAL NO.)	免费期限(FREE TIME PERIOD)	运载工具牌号(TRUCK,WAGON,BARGE NO.)

出场目的/状态(PPS OF GATE-OUT/STATUS)	进场目的/状态(PPS OF GATE-IN/STATUS)	出场日期(TIME-OUT)
		月　　日　　时

出场检查记录(INSPECTION AT THE TIME OF INTERCHANGE)

普通集装箱(GP CONTAINER)	冷藏集装箱(RF CONTAINER)	特种集装箱(SPECIAL CONTAINER)	发电机(GEN SET)
□正常(SOUND) □异常(DEFECTIVE)	□正常(SOUND) □异常(DEFECTIVE)	□正常(SOUND) □异常(DEFECTIVE)	□正常(SOUND) □异常(DEFECTIVE)

损坏记录及代号(DAMAGE & CODE)　　BR 破损(BROKEN)　　D 凹损(DENT)　　M 丢失(MISSING)　　DR 污箱(DIRTY)　　DL 危标(DGLABEL)

左侧(LEFT SIDE)　　右侧(RIGHT SIDE)　　前部(FRONT)　　集装箱内部(CONTAINER INSIDE)

顶部(TOP)　　底部(FLOOR BASE)　　箱门(REAR)

如有异状,请注明程度及尺寸(REMARK)

(1) 外代留底

除列明者外,集装箱及集装箱设备交接时完好无损,铅封完整无误。

THE CONTAINER/ASSOCIATED EQUIPMENT INTERCHANGED IN SOUND CONDITION AND SEAL.

INTACT UNLESS OTHERWISE STATED

用箱人/运箱人签署　　　　　　　　　　码头/堆场值班员签署

(CONTAINER USER/HAULIER'S SIGNATURE)　　(TERMINAL/DEPOT CLERK'S SIGNATURE)

7) FCL 装箱

在整箱货的情况下,由货主自行办理货物出口报关手续,在海关派员监装下自行装箱,并缮制装箱单和场站收据。无论是整箱货还是拼箱货,装箱人都要做一份集装箱装箱单,作为商务处理的主要索赔单证。集装箱装箱单(container load plan,CLP),是按装箱顺序(自里至外)记载装箱货物的具体名称、数量、尺码、重量、标志和其他货运资料的单证。对于特种货物还应加注特定要求,比如对冷藏货物要注明对箱内温度的要求等。

集装箱装箱单的用途主要如下。

(1) 集装箱船舶进出口报关时向海关提交的载货清单的补充资料。

(2) 向承运人提供箱内所装货物的明细清单。

(3) 装、卸港的集装箱装卸作业区编制装、卸船计划的依据。

(4) 集装箱船舶计算船舶吃水和稳性的数据来源。

(5) 当发生货损时,还是处理索赔事故的原始依据之一。

(6) 在卸货地作为办理集装箱保税运输的单证之一。

整箱货的装箱单由发货人缮制,而拼箱货的装箱单则由作为装箱人的集装箱货运站缮制。集装箱装箱单如表 4-2 所示。

有的国家,如澳大利亚,对动植物检疫的要求非常严格。在这种情况下,在装箱单上就须附有申请卫生检疫机关检验的申请联。

8) 委托重箱拖运

此项工作一般是由买卖合同中负责运输的一方来完成的。货主可指定某家内陆运输承运人完成重箱拖运事宜,同时还要看货主向船公司托运时与船代的协议上对内陆拖箱有无指定内陆承运人,如有规定,就必须按协议上的规定,找指定的内陆承运人。

值得注意的是,如果货物已在内地办理了出口清关手续,属转关运输的话,应注意海关的相应监管要求。

9) 危险货物出口

因危险货物在运输途中具有较大的潜在危害,相关规章制度和货运流程都比普通货物复杂许多。

发货人或其代理人向船代订舱时,应当提前 10 个工作日向其提交订舱单、出入境危险货物运输包装使用鉴定结果单以及材料安全数据表(material safety data sheet,MSDS)。在订舱单上,除了填写所托运货物的中英文名称、船期、货物包装等基本信息外,还应当注明联合国编号(UN NO.)、危险品等级(CLASS NO.)以及其他特殊注意事项。

随后,货运代理应当提前 4 个工作日向海事局进行危险品货申报,并提供危险品包装使用鉴定结果单、包装危险货物技术说明书以及危险货物安全适运申报单。危险货物安全适运申报单的格式如表 4-3 所示。

表 4-2　集装箱装箱单

CONTAINER LOAD PLAN
装 箱 单

Reefer Temperature Required. 冷藏温度 ℃ ℉			
Class 等级	IMDG Page 危规页码	UN No. 联合国编号	Flashpoint 闪点

	Port of Loading 装港	Port of Discharge 卸港	Place of Delivery 交货地				
Ship's Name/Voy No. 船名/航次							

SHIPPER'S/PACKER'S DECLARATIONS: We hereby declare that the container has been thoroughly cleaned without any evidence of cargoes of previous shipment prior to vanning and cargoes has been properly stuffed and secured.

	Bill of Lading No. 提单号	Packages & Packing 件数与包装	Gross Weight 毛重	Measurements 尺码	Description of Goods 货名	Marks & Numbers 标志
Container No. 箱号						

Seal No. 封号

Front 前

Door 门

Cont. Size　20'　40'　45'　箱型

Cont. TYPE. 箱类
GP=普通箱　TK=油罐箱
RF=冷藏箱　PF=平板箱
OT=开顶箱　HC=高箱
FR=框架箱　HT=挂衣箱

ISO Code For Container Size/Type. 箱型/箱类 ISO 标准代码

Packer's Name/Address. 装箱人名称/地址

TEL No. 电话号码

Packing Date. 装箱日期				
Received By Drayman 驾驶员签收及车号	Total Packages 总件数	Total Cargo Wt 总货重	Total Meas. 总尺码	Remarks: 备注
Backed By: 装箱人签名 Received By Terminals/Date Of Receipt 码头收箱签收和收箱日期		Cont. Tare Wt 集装箱皮重	Cgo/Cont. Total Wt 货箱总重量	

表4-3　危险货物安全适运申报单

危险货物安全适运申报单

Declaration on Safety and Fitness of Dangerous Goods

（包装/固体散装危险货物）

(Packaged/Solid in Bulk)

发货人： Shipper：		收货人： Consignee：		承运人： Carrier：	
船名和航次： Ship's Name and Voyage：		装货港 Port of Loading：		卸货港 Port of Discharging：	

| 货物标记和编号，如适用，组件的识别符号或登记号
Marks & Nos. of the goods, if applicable, identification or registration number（s）of the unit | 正确运输名称*、危险类别、危规编号、包装类**、包件的种类和数量、闪点℃(闭杯)**、控制及应急温度**、货物为海洋污染物**、应急措施编号和医疗应急指南表号**
Proper Shipping Name*、IMO hazard class/division、UN No.、Packaging group**、Number and kind of packages、Flash Point(℃ c. c)、Control and emergency temperature**、Identification of the goods as MARINE POLLUTANT**、Ems NO. and MFAG Table NO.*** | 总重(kg)
净重/净量
Total weight
(kg)
Net weight
(kg) | 交付装运货物的形式：
Goods delivered as：
□ 杂货
　 Break bulk cargo
□ 成组件
　 Unitized cargo
□ 散货包装
　 Bulk Packages
□ 散装固体
　 Solid in bulk
组件类型：
Type of unit：
□ 集装箱
　 Container
□ 车辆
　 Vehicle
□ 罐柜
　 Portable tank
□ 开敞式
　 Open
□ 封闭式
　 Close
如适合，在方格内划"×" |
| * 仅使用专利商标/商品名称是不够的，如适合：(1)应在品名前加"废弃物"；(2)"空的未经清洁的"或"含有残余物—上一次盛装物"；(3)"限量"**如需要，见《国际危规》第1卷第5.4.1.1款 ***需要时
* Proprietary/trade names alone are not sufficient. If applicable：(1)the word "WASTE" should proceed the name；(2)"EMPTY/UNCLEANED" or "RESIDUE-LAST CONTAINED"；(3)"LIMITED QUANTITY" should be added. ** When required in item 5. 4. 1. 1, volume 1 of the IMDG Code；*** When required. | | | |

兹声明： 　　上述拟交付船舶装运的危险货物已按规定全部并准确地填写了正确运输名称、危规编号、分类、危险性和应急措施，需附单证齐全。包装危险货物，包装正确、质量完好；标记、标志/标牌正确、耐久。以上申报准确无误。 Declaration： 　　I hereby declare that the contents of declaration are fully and accurately described above by the proper shipping name、UN No.、Class and EmS No. The goods are properly packaged、marked、labeled/placarded and are in all respects in good condition for transport by sea. 申报员(签字)：＿＿＿＿＿＿＿＿ 证书编号：＿＿＿＿＿＿＿＿＿	申报单位签章 　　年　　月　　日	主管机关签注栏： Remarks by the Administration：

紧急联系人姓名： Emergency Contact Person's Name：		电话： Tel：	
传真： Fax：		电子邮箱： E-mail：	

货运代理在收到海事局审批回执后,对危险品货报信息添加箱号及提单号信息,并发送给船代。船代根据货运代理发送的危险品货报信息,将制作船报信息,并向海事局进行危险品船申报,同时接收海事局的受理、审批回执。

需要注意的是,如果货主或其代理人在订舱时以非危险货物进行申报,而离港后发现所运货物实属危险品,轻则产生危险品误申报费以及由于瞒报漏报而产生的其他罚款或费用,重则当事人可能将担负极大的刑事责任。

10) 重箱进CY交接

发货人和集装箱货运站将由其或其代理人负责装载的集装箱货物运至码头堆场时,设在码头堆场大门的门卫对进场的集装箱货物核对订舱单、场站收据、装箱单、出口许可证等单证。同时,还应检查集装箱的数量、号码、铅封号码是否与场站收据记载相一致。箱子的外表状况以及铅封有无异常情况,如发现有异常情况,门卫应在场站收据栏内注明,如异常情况严重,会影响运输的安全,则应与有关方联系后,决定是否接收这部分货物。对进场的集装箱,堆场应向发货人、运箱人出具设备收据。

现代海上班轮运输以集装箱运输为主,为简化手续即以场站收据作为集装箱货物的托运单。"场站收据"联单现在通常是由货代企业缮制送交船公司或其代理人订舱,因此托运单也就相当于订舱单。

场站收据(dock receipt,D/R)又称港站收据,或称码头收据,是指船公司委托集装箱堆场、集装箱货运站或内陆站在收到整箱货或拼箱货后,签发给托运人证明已收到货物,托运人可凭以换取提单或其他多式联运单证的收据。场站收据的格式如表4-4所示。

我国在1990年开始进行集装箱多式联运工业性试验,简称"集装箱工试"。该项工业性试验虽已结束,但其中的三大单证的原理一直使用至今。三大单证是出口时使用的"场站收据"联单、进口时使用的"交货记录"联单和进出口时都要使用的"设备交接单"联单。

以在上海口岸进行的"集装箱工试"的"场站收据"联单为例,各联的设计和用途:第一联,货主留底;第二联,船代留底;第三联,运费通知①;第四联,运费通知②;第五联,装货单;第五联(附页),缴纳出口货物港务申请书(由港区核算应收之港务费用);第六联(浅红色),场站收据副本大副联;第七联(黄色),场站收据正本;第八联,货代留底;第九联,配舱回单①;第十联,配舱回单②;第十一、第十二联,白纸联(后取消)。

场站收据是十联式集装箱货物托运单中的三联(其中正本场站收据一联,场站收据副本①——装货单一联,以及场站收据副本②——大副收据一联)。

D/R十联单的各联流转如下:

(1) 托运人填制集装箱货物托运单一式十联,委托货运代理人代办托运手续。

表 4-4 场站收据格式

▽				D/R No. (编号)	
Shipper(发货人)				**场站收据** **DOCK RECEIPT**	
Consignee(收货人)					
Notify Party (通知人)			Received by the carrier the Total umber of containers or other packages or units stated below to be transported subject to the terms and conditions of the Carrier's regular form of Bill of Lading (for Combined Transport or Port to port shipment) which shall be deemed to be mcorporated herein. Date(日期)：		
Pre carriage by(前程运输)　Place of Receipt(收货地点)					
Ocean Vessel(船名)　Voy. No (航次)　Port of Loading(装货港)					
				场站章	
Port of Discharge(卸货港)　Place of Delivery(交货地点)			Final　Destination　For　the Merchant's Reference(目的地)		

Partienlars Furnish Lead by Merchants (托运人提供详细情况)	Container No. (集装箱号)	Seal No. (封志号) Marks & Nos (标记与号码)	No. of Containers or P'kgs (箱数或件数)	Kind of Packages; Description of Goods (包装种类与货名)	Gross Weight 毛重(千克)	Measurement 尺码(立方米)
	TOTAL NUMBER OF CONTAINERS OR PACKAGES (IN WORDS) 集装箱数或件数合计(大写)					

Container No. (箱号) Seal No. (封志号) Pkgs. (件数) Container No. (箱号) Seal No. (封志号) Pkgs. (件数)				
		Received(实收) By Terminal clerk. (场站员签字)		
FERIGHT & CHARGES	Prepaid at(预付地点)	Payable at(到付地点)	Place of Issue(签发地点)	
	Total Prepaid(预付总额)	No. of Original B(s)/L (正本提单份数)	BOOKING(订舱确认) APPROVED BY	
Service Type on Receiving □- CY,□- CFS,□- DOOR		Service Type on Delivery □- CY,□- CFS,□- DOOR	Reefer Temperature Required (冷藏温度)	℉　℃

Type of Goods (种类)	□Ordinary (普通)　□Reefer (冷藏)　□Dangerous (危险品)　□Auto (裸装车辆) □Liquid (液体)　□Live Animal (活动物)　□Bulk □ (散货)	危险品	Class Property IMDG Code Page UN No.

（2）货运代理人审核托运单接受委托后，将货主留底联退还给托运人备查。

（3）货运代理人持剩余的九联托运单至船公司或船公司的代理人处办理货物托运。

（4）船公司或船公司的代理人审核托运单，对照订舱清单，确认无误后，在场站收据副本①——装货单上盖章，确认订舱，承运货物，留下船代留底、运费通知①和运费通知②等三联后，将包括经船公司或船公司代理人签章的装货单在内的其余六联退还给货运代理人。

（5）货运代理人留存货代留底联，据以缮制货物流向单。

（6）货运代理人根据船公司或船公司代理人退回的配舱回单①联缮制提单和其他货运单证。

（7）货运代理人持经船公司或船公司的代理人签发的装货单和船公司或船公司的代理人退回的正本场站收据及场站收据副本②——大副联，随同出口货物报关单和其他有关货物出口的单证一起至海关办理货物出口报关手续。

（8）海关审核有关报关单证，同意出口，在装货单上加盖放行章，然后将经海关加盖放行章的装货单和大副联及正本场站收据退还给货运代理人。

（9）货运代理人将集装箱或货物连同装货单、大副联和正本场站收据及配舱回单②等四联送交集装箱堆场或集装箱货运站。

（10）集装箱堆场或集装箱货运站验收集装箱或货物，如无异状，则在正本场站收据及配舱回单②上签章后，退还给托运人或货运代理人；如集装箱或货物的实际状况与场站收据或配舱回单②的记载不符，则须在正本场站收据和配舱回单②上做出批注，退还托运人或货运代理人，而托运人或货运代理人则须根据配舱回单②的批注，修改已缮制的提单。

（11）集装箱堆场留下装货单，集装箱装船后将大副联交船方大副。

（12）托运人或货运代理人持正本场站收据和事先缮制的提单至船公司或船公司的代理人处，办理换取提单手续，船公司或船公司的代理人收回场站收据，签发提单。

随着业务流程的简化以及单证的电子化，"场站收据联单"在实际业务中已不再使用，取而代之的是电子化的装货单等核心单据。其流转程序及原理与上述联单仍然基本相同。学习"场站收据联单"，有利于读者了解单证的流转原理以及相关方的工作内容，故本书保留。

另外需注意的是，根据港区的不同，实务中"出口报关报检"与"重箱进 CY 交接"这两步的顺序也并不相同。以上海港为例，洋山港区施行"先报关、后进港"的顺序，而外高桥港区施行"先进港、后报关"的顺序。无论其顺序如何，重箱在办理完有关的出口通关手续后，方能装船出运。

11) 集装箱核实总重量申报

自 2016 年 7 月 1 日起,《海上生命安全公约》(Safety of Life at Sea,SOLAS)修订案规定了关于集装箱称重的要求:托运人必须在装货单截止日期前向承运商和/或港口码头代表提供集装箱核实总重量(verified gross mass,VGM),否则装箱完毕的集装箱一律不予装船。核实总重量,即货物的总重量,包括垫板和支撑,以及装载货物的集装箱皮重。SOLAS 规定,货物装船之前,托运人须以装船须知或单独沟通的方式,在"货运单据"中提供集装箱的 VGM。

12) 出口装船

集装箱进入集装箱装卸作业区的集装箱堆场后,装卸作业区根据待装货箱的流向和装船顺序编制集装箱装船计划或积载计划,在船舶到港前将待装船的集装箱移至集装箱前方堆场,按顺序堆码于指定的箱位,船舶到港后,即可顺次装船。

集装箱装船后,所有缮制出口载货清单,向海关办理船舶出口报关手续;船舶开航后,缮制载货运费清单,连同其他有关货运单证寄交目的港的船公司的代理人,据以事先做好船舶到港后的卸货与交付的准备,以及向目的港船公司的代理人发送货载邮件等程序,此处不再赘述。

13) 装船理箱

由外轮理货公司做一张装船理箱单,到国外卸货后还要做一张卸船理箱单,这两张单证是用以确定海上箱子灭失的索赔单证。

装船时,外轮理货公司还要做一张 OUT EIR,因为箱子进场时做一张 IN EIR,若这两张单证的内容不符,就说明是 CY 责任,这两张单证是堆场对箱体责任划分的重要单证。

14) 以 D/R 换 B/L

发货人收到经集装箱堆场或集装箱货运站签署的场站收据后,即可凭场站收据向船公司或其他运输方式的经营人付清运费(预付运费的情况下),换取提单或其他多式联运单证,然后前往银行结汇货款。

值得注意的是,无论是整箱货还是拼箱货,理论上,集装箱承运人应接收货物即签署场站收据,此时货物尚未装船,所以换取的提单应为收货待运提单。但在实践中,收货待运提单不足以保障收货人的利益,一般信用证也都要求已装船提单结汇。所以,实际上是等货物装上船后才签发 D/R,那么换取的都是已装船 B/L。

15) CIF 投保

在常见的 CIF 买卖中,由卖方负责向保险人投保,因为结汇时需一张保单一同去结汇。而在 FOB(free on board,又称离岸价,船上交货价)、CFR(cost and freight,成本加运费)买卖中,卖方有义务及时向买方发出装船通知,以便买方及时安排货物运输保险事宜。

16）出口结汇

在信用证交易下，卖方备妥信用证要求的相关单证即可前往议付行议付货款。主要的结汇单证通常有商业发票、提单、保单、汇票、装箱单、原产地证书、品质鉴定书等。银行按照单证严格相符的原则对各项单证的记载内容进行审核，完全符合后予以结汇。

17）B/L 流转国外

议付行给予信用证受益人议付货款后，将全套单证连同受益人开具的汇票流转进口国，由开证行偿付货款。

18）付款赎单

接到开证行通知后，信用证开证申请人即前往银行办理付款赎单手续，取得全套单证。在船舶抵港后，凭提单办理进口提货手续，也可能通过转让提单的方式转卖提单项下的货物，关于提单的转让详见本书第 5 章。

19）进口卸船

在卸货港的船公司代理人接到装货港的船公司或其代理人寄来的有关货运单证后，即联系集装箱装卸作业区的集装箱堆场或货运站经营人，为船舶到港和卸箱做好准备。船舶到港后，组织卸船和安排集装箱在集装箱堆场的存放或者转运，或者在集装箱货运站进行拆箱等工作。

20）卸船理箱

由外轮理货公司做一张卸船理箱单，与装箱港的装船理箱单一起用以确定海上箱子灭失的责任归属。

卸船时，外轮理货公司还要做一张 IN EIR，因为箱子出场时做一张 OUT EIR，若这两张单证的内容不符，就说明是 CY 责任，这两张单证是堆场对箱体责任划分的重要单证。

21）通知提货

到货通知书（arrival notice，A/N）是在卸货港的船公司的代理人在集装箱卸入集装箱堆场，或移至集装箱货运站，并办好交接准备后，用书面向收货人发出的要求收货人及时提取货物的通知。

到货通知书共有五联：第一联，到货通知书；第二联，提货单；第三联，费用账单①；第四联，费用账单②；第五联，交货记录。

A/N 五联单的各联流转如下：

（1）五联到货通知书都由船公司在卸箱港的代理人在船舶到港前填制。

（2）船舶抵港前，船公司在卸货港的代理人根据装箱港的船公司或他的代理人寄来的载货运费清单或提单副本的有关货运资料填制到货通知书一式五联后，在集装箱卸船并做好交货准备后，将五联单中的第一联——到货通知书寄交收货人或通知人。

(3) 收货人持正本提单和到货通知书至船公司在卸货港的代理人处,换取其余四联,即提货单、费用账单①和②及交货记录等单证。

(4) 船公司在卸箱港的代理人审核提单和是否已付清运费后,收回正本提单和到货通知书,在提货单上加盖专用章,连同五联单中的其他三联,即费用账单①和②及交货记录换发给收货人。

(5) 收货人持费用账单①②和交货记录,以及加盖了船公司在卸货港的代理人专用章的提货单共四联,随同进口报关单和其他进口报关所需单证,至海关办理货物进口报关手续,海关核准放行,即在提货单上加盖海关放行章,然后将提货单、费用账单①和②以及提货单共四联退还给收货人。

办理进口报关时,有时海关要求收货人出具进口许可证,合同,信用证,来料加工、进口加工、补偿贸易登记手册,支票,包装证明,产地证书,内地转关证明,装箱单,提单副本等。

(6) 收货人即可持这四联单证(主要是海关放行的提货单)至集装箱堆场或集装箱货运站办理提货手续。

(7) 堆场或货运站经营人核单后,留下用作放货依据的提货单联和据以结算费用的费用账单①和②,在交货记录联上加盖港站印章,将交货记录退还给收货人。

(8) 收货人实际提取集装箱货物时,堆场或货运站的发货人员即凭收货人所持有的交货记录发放集装箱货物。提货完毕后,收货人在交货记录上签收,交货记录由集装箱堆场或货运站留存。

"到货通知书联单"在实际业务中也已不再使用,取而代之的是其电子化的核心单据,本书保留联单内容以便于读者学习与了解其基本原理。

22) 以 B/L 换 D/O

作为收货人或其货运代理人,付款赎单取得全套单证后,要查清该进口货物属于哪家船公司承运、哪家作为船舶代理、在哪儿可以换到供通关用的提货单。应提前与船公司或船舶代理部门联系,确定船到港时间、地点,如需转船,应确认二程船名;提前与船公司或船舶代理部门确认换单费、押箱费、换单的时间;提前联系好场站确认好提箱费、掏箱费、装车费、回空费等。

在收到船公司卸货港代理发出的到货通知书后,收货人即可凭正本提单和到货通知书办理提货手续,换取提货单(delivery order),办理进口清关手续后,凭以提取货物。提货单的格式如表 4-5 所示。

提货单的操作是以正本提单相交换的方式进行的,所以,提货单是收货人提取货物的凭证,也是承运人同意交货的证明。

23) 进口报关(报检)

对于进口货物,一般情况下,收货人或其代理人先以电子报关单形式向海关申

表4-5 提货单格式

中国上海外轮代理公司
CHINA OCEAN SHIPPING AGENCY SHANGHAI
进 口 集 装 箱 货 物 提 货 单

№ 00030102

港区场站   船档号

收货人名称			收货人开户 银行与账号		
船名		航次	起运港	目的港	到达日期
提单号		交付条款	卸货地点	进库场日期	第一程运输

标记与集装箱号	货　名	集装箱数或件数	重量(kg)	体积(m³)

船代公司重要提示:

(1) 本提货单中有关船、货内容按照提单的相关显示填制;

(2) 请当场核查本提货单内容错误之处,否则本公司不承担由此产生的责任和损失(Error And Omission Excepted);

(3) 本提货单仅为向承运人或承运人委托的雇佣人或替承运人保管货物订立合同的人提货的凭证,不得买卖转让(Non-negotiable);

(4) 在本提货单下,承运人代理人及其雇佣人员的任何行为,均应被视为代表承运人的行为,均应享受承运人享有的免责、责任限制和其他任何抗辩理由(Himalaya Clause);

(5) 货主不按时换单造成的损失,责任自负;

(6) 本提货单中的中文译文仅供参考。

中国上海外轮代理公司

(盖章有效)

年　月　日

注意事项:

(1) 本提货单需盖有船代放货章和海关放行章后方始有效。凡属法定检验、检疫的进口商品,必须向检验检疫机构申报。

(2) 提货人到码头公司办理提货手续时,应出示单位证明或经办人身份证明。提货人若非本提货单记名收货人时,还应当出示提货单记名收货人开具的证明,以表明其为有权提货的人。

(3) 货物超过港存期,码头公司可以按《上海港口货物疏运管理条例》的有关规定处理。在规定期间无人提取的货物,按《海关法》和国家有关规定处理。

报,后续提交纸质报关单;特殊情况下,经海关同意,收货人或其代理人也可单独以纸质报关单或电子报关单形式向海关申报。

海关在接受申报、审核单证、实施查验、卫生检疫、征收税费等环节完成以后,会对进口货物做出结束海关监管的决定。确认放行后,海关将在提货单上签盖"电子放行章",并在进口货物报关单上加盖与海关电子通关系统联网的条形码。收货人或其代理人凭盖有"电子放行章"的提货单,提取集装箱装载到运输工具上,随后在关区卡口处扫码离境即可。

对于一般进口货物,放行即为结关。对于保税、减免税和暂准进口货物,海关虽予放行,但并未办结海关手续,也就是放行未结关仍需接受海关的后续管理。

收货人或其代理人在提取进口货物之后,根据实际情况,如果需要海关签发有关的货物进出口证明联的,均可向海关提出申请。

24) 委托重箱拖运

此项工作一般是由买卖合同中负责运输的一方来完成的。货主可指定某家内陆运输承运人完成重箱拖运事宜,同时还要看货主向船公司托运时与船代的协议上对内陆拖箱有无指定内陆承运人,如有规定,就必须按协议上的规定,找指定的内陆承运人。

值得注意的是,如果货物须在进境地以外的其他地点办理进口清关手续,属转关运输的话,应注意海关的相应监管要求。

25) 重箱出 CY 交接

所有提货手续办妥后,可通知事先联系好的堆场提货。应注意的事项如下。

(1) 首先应与港地调度室取得联系安排计划。

(2) 根据提箱的多少与堆场联系足够的车辆,尽可能按港方要求的时间内提清,以免产生转栈堆存费。

(3) 提箱过程中应与堆场有关人员共同检查箱体是否有重大残破,如有,要求港方在设备交接单上签残。

交货记录(delivery record)是一式五联到货通知书中的一联,它是集装箱堆场货运站在向收货人交付货物时,用以证明双方间已进行货物交接和载明货物交接状态的单证。

该联单在实际业务中也已不再使用,取而代之的是其电子化的核心单据,本书保留相关内容以便于读者学习与了解其基本原理。

26) FCL 拆箱

整箱货运输下,拆箱工作是由收货人或其货运代理人完成的,承运人与收货人的责任划分是以集装箱货物出堆场大门为界,双方在集装箱外表状况良好、铅封完整下交接,作为承运人已经按照提单记载交付货物的表面证据。若收货人拆箱发现货损,应及时会同有关部门做好拆箱记录,以利于保险合同、买卖合同或运输合同下的索赔。而在拼箱货运输下,拆箱工作是由货运站完成的,双方按照货物的实际数量和外表状况进行交接。

27) 委托空箱回运

收货人或其货运代理人自堆场提取重箱后,应在集装箱免费使用期内及时掏箱,以免产生滞箱费。

货物提清后,应从场站取回设备交接单证明箱体无残损,去船公司或船舶代理部门取回押箱费。

28) 空箱回运交接

集装箱运输中,因为货物是连同集装箱一起办理交接的,所以,集装箱堆场经营人须事先缮制集装箱设备交接单(出场);在整箱货的情况下,与收货人办理集装箱出借手续;而在拼箱货的情况下,则与集装箱货运站办理集装箱的交接。

由于集装箱的具体交接地点发生变化,用箱人与箱主对集装箱的交接责任并非一定以堆场大门为界,应视情况而定。

4.1.2 集装箱班轮拼箱货业务组织

集装箱货运站是集装箱运输的产物,集装箱运输的主要特点之一就是船舶在港时间短,这就要求有足够的货源,一旦在卸船完毕后,即可装满船开航。集装箱货运站的主要业务就是集、散货物。

在货物不足一箱时,一般都运至集装箱货运站,由集装箱货运站根据所托运货物的种类、性质、目的港,将其与其他货物一起拼装在集装箱内,并负责将已装货的集装箱运至码头堆场。

集装箱货运站在根据订舱单接收前来托运的货物时,应查明这些货物是否已订舱,如货物已订舱,货运站则要求货物托运人提供码头收据、出口许可证,然后检查货物的件数是否与码头收据记载相符,货物的包装是否正常,能否适合集装箱运输。如无异常情况,货运站即在场站收据上签字,反之,则应在码头收据的备注栏内注明不正常的情况,然后再签字。如不正常的情况较严重,可能会影响以后的运输安全,则应同有关方联系决定是否接收这些货物。

集装箱货运站在进行货物装箱时,应从里到外地按货物装箱的顺序,制作集装箱装箱单,制作时必须准确、清楚。

货物装箱完毕后,集装箱货运站在海关监督之下加海关封志,并签发场站收据。同时,应尽快与码头堆场取得联系,将已装货的集装箱运至码头堆场。

承办拼箱业务,即接受客户尺码或重量达不到整箱要求的小批量货物,把不同收货人、同一卸货港的货物集中起来,拼凑成一个 20 ft 或 40 ft 整箱,这种做法称为集拼,国际上叫作 consolidation,简称 Consol,承办者称为集拼箱经营人consolidator。在国内,集拼箱经营人大多由货运代理人、无船人承运人或多式联运经营人充当。

承办集拼业务的企业必须具备如下条件：

(1) 具有集装箱货运站(CFS)装箱设施和装箱能力。

(2) 与国外卸货港有拆箱分运能力的航运或货运企业建有代理关系。

(3) 经政府部门批准有权从事集拼业务,并有权签发自己的提单(House B/L)。

从事集拼业务的国际货运代理企业由于其签发了自己的提单,故通常被货方视为承运人(集装箱运输下承运人的概念是指凡有权签发提单,并对运输负有责任的人),如果只经营海运区段的拼箱业务,则是无船承运人。因此其特征主要如下：不是国际贸易合同的当事人;在法律上有权订立运输合同;本人不拥有、不经营海上运输工具;因与货主订立运输合同而对货物运输负有责任;有权签发提单,并受该提单条款约束;具有双重身份,对货主而言,他是承运人,但对真正运输货物的集装箱班轮公司而言,他又是货物托运人。

此外,货代公司须将船公司或其代理人签发给他的海洋提单正本连同自签的各提单副本快速邮寄其卸货港代理人,代理人在船到时向船方提供海运提单正本,提取该集装箱到自己的货运站(CFS)拆箱,通知提单中各个收货人持正本提单前来提货。

集拼业务票数越多,处理难度越大,有时其中一票货的数量发生变更往往牵涉整箱货的出运,所以在处理中要倍加谨慎。

4.2　空运段货物运输业务组织

4.2.1　班机货运出口业务组织

班机货运出口业务组织主要包含以下 20 个环节：市场销售→委托运输→审核单证→预配舱→预订舱→接受单证(接单)→填制航空货运单(制单)→接收货物→标记和标签→配舱→订舱→出口报关→出仓单→提板箱→装板箱→签单→交接发运→航班跟踪→信息服务→费用结算。

1) 市场销售

作为货运代理人或经营该业务的多式联运经营人,其销售的产品是航空公司的舱位,只有飞机舱位配载了货物,航空货运才真正具有实质性的内容,因此承揽货物处于整个航空货物出口运输代理业务组织的核心地位,这项工作的成效直接影响代理公司的发展,是航空货运代理的一项至关重要的工作。

在具体操作时,需及时向出口单位介绍本公司的业务范围、服务项目、各项收费标准,特别是向出口单位介绍优惠运价,介绍本公司的服务优势等。

航空货运代理公司与出口单位(发货人)就出口货物运输事宜达成意向后,可以向发货人提供所代理的有关航空公司的"国际货物托运书"。对于长期出口或出口货量大的单位,航空货运代理公司一般都与之签订长期的代理协议。

2) 委托运输

发货人发货时,首先需填写托运书,并加盖公章,作为货主委托代理承办航空货运出口货物的依据。航空货运代理公司根据委托书要求办理出口手续,并据以结算费用。因此,"国际货物托运书"是份重要的法律文件。关于"国际货物托运书"的缮制,参见第5章。

在接受托运人委托后,单证操作前,货运代理公司的指定人员对托运书进行审核或称之为合同评审。审核的主要内容包括价格、航班日期。目前,各航空公司均采取自由销售方式,每家航空公司、每条航线、每个航班甚至每个目的港均有优惠运价,这种运价会因货源、淡旺季经常调整,而且各航空公司之间的优惠价也不尽相同。所以,有时候更换航班,运价也随之更换。

需要指出的是,货运单上显示的运价虽然与托运书上的运价有联系,但互相之间有很大区别。货运单上显示的是TACT上公布的适用运价和费率,托运书上显示的是航空公司优惠价加上杂费和服务费或使用协议价格。托运书的价格审核就是判断其价格是否能被接受,预订航班是否可行。审核人员必须在托运书上签名和日期以示确认。

3) 审核单证

所需要审核的单证根据贸易方式、信用证要求等有所不同,主要包括以下单证。

(1) 发票、装箱单:发票上一定要加盖公司公章(业务科室、部门章无效),标名价格术语和货价(包括无价样品的发票)。

(2) 托运书:一定要注明目的港名称或目的港所在城市名称,明确运费预付或运费到付、货物毛重、收发货人、电话/电传/传真号码。托运人签字处一定要有托运人签名。

(3) 报关单:注明经营单位注册号、贸易性质、收汇方式,并要求在申报单位处加盖公章。

(4) 外汇核销单:在出口单位备注栏内,一定要加盖公司章。

(5) 许可证:合同号、出口口岸、贸易国别、有效期一定要符合要求,与其他单证相符。

(6) 商检证:商检证、商检放行单、盖有商检放行章的报关单均可。商检证上应有海关放行联字样。

(7) 进料/来料加工核销本:注意本上的合同号是否与发票相符。

(8) 索赔/返修协议:要求提供正本,要求合同双方盖章,外方没章时,可以签字。

（9）到付保函：凡到付运费的货物，发货人都应提供。

（10）关封。

4）预配舱

代理人汇总所接受的委托和客户的预报，并输入电脑，计算出各航线的件数、重量、体积，按照客户的要求和货物重、泡情况，根据各航空公司不同机型对不同板箱的重量和高度要求，制定预配舱方案，并对每票货配上运单号。

5）预订舱

代理人根据所制定的预配舱方案，按航班、日期打印出总运单号、件数、重量、体积，向航空公司预订舱。这一环节称为预订舱，是因为此时货物可能还没有入仓库，预报和实际的件数、重量、体积等都会有差别，这些留待配舱时再做调整。

6）接受单证

接受托运人或其代理人送交的已经审核确认的托运书及报关单证和收货凭证。将电脑中的收货记录与收货凭证核对。制作操作交接单，填上所收到的各种报关单证份数，给每份交接单配一份总运单或分运单。将制作好的交接单、配好的总运单或分运单、报关单证移交制单。如此时货未到或未全到，可以按照托运书上的数据填入交接单并注明，货物到齐后再进行修改。

7）填制货运单

填制航空货运单，是指依据发货人提供的国际货物托运书，逐项填制航空货运单的相应栏目。填制航空货运单是空运出口业务中最重要的环节，货运单填写的准确与否直接关系到货物能否及时、准确地运达目的地。航空货运单是发货人收结汇的主要有效凭证。因此，运单的填写必须详细、准确、严格符合单货一致、单单一致的要求。关于"航空货运单"的缮制，参见第5章。

货运单包括主运单和分运单两种。所托运货物如果是直接发给国外收货人的单票托运货物，填开航空公司运单即可。如果货物属于以国外代理人为收货人的集中托运货物，必须先为每票货物填开航空货运代理公司的分运单，然后再填开航空公司的主运单，以便国外代理对总运单下的各票货物进行分拨。

最后制作《空运出口业务日报表》供制作标签用。

8）接收货物

接收货物，是指航空货运代理公司把即将发运的货物从发货人手中接过来并运送到自己的仓库。

接收货物一般与接单同时进行。对于通过空运或铁路从内地运往出境地的出口货物，货运代理按照发货人提供的运单号、航班号及接货地点接货日期，代其提取货物。如货物已在始发地办理了出口海关手续，发货人应同时提供始发地海关的关封。

接货时，应对货物进行过磅和丈量，并根据发票、装箱单或送货单清点货物，核对货物的数量、品名、合同号或唛头等是否与货运单上所列一致。同时,检查货物的外包装是否符合运输的要求。

9)标记和标签

(1)标记。在货物外包装上由托运人书写的有关事项和记号,其内容主要是托运人、收货人的姓名、地址、联系电话、传真,合同号等,操作注意事项[如不要暴晒(Don't Expose to Excessive Sunlight)、防潮(Keep Dry)、小心轻放(Handle With Care)等],单件超过150 kg的货物。

(2)标签。按照标签的作用,其分为识别标签、特种货物标签和操作标签三种。

识别标签说明货物的货运单号码、件数、重量、始发站、目的站、中转站的一种运输标志,分为挂签、贴签两种。特种货物标签是说明特种货物性质的各类识别标志,主要有活动物标签、危险品标签和鲜货易腐物品标签三种。操作标签是说明货物储运注意事项的各类标志,如"易碎物品""不得倒置"等。

按照标签的类别,其分为航空公司标签和分标签两种。

航空公司标签是航空公司对其所承运货物的标识,各航空公司的标签虽然在格式、颜色上有所不同,但内容基本相同。标签上前三位阿拉伯数字代表所承运航空公司的代号,后八位数字是总运单号码。分标签是货运代理公司对出具分标签货物的标识。凡出具分运单的货物都要制作分标签,填制分运单号码和货物到达城市或机场的三字代码。

一件货物贴一张航空公司标签,有分运单的货物,每件再贴一张分标签。

10)配舱

配舱时,需运出的货物都已入库。这时需要核对货物的实际件数、重量、体积与托运书上预报数量的差别。对预订舱位、板箱的有效领用、合理搭配,按照各航班机型、板箱型号、高度、数量进行配载。同时,对于货物晚到、未到情况以及未能顺利通关放行的货物做出调整处理,为制作出仓单做准备。实际上,这一过程一直延续到单、货交接给航空公司后才完毕。

11)订舱

订舱就是将所接收空运货物向航空公司申请并预订舱位。

货物订舱需根据发货人的要求和货物标识的特点而定。一般来说,大宗货物、紧急物资、鲜货易腐物品、危险品、贵重物品等,必须预订舱位。非紧急的零散货物,可以不预订舱位。

订舱的具体做法和基本步骤:接到发货人的发货预报后,向航空公司吨控部门领取并填写订舱单(cargo booking advance,CBA),同时,提供货物的名称、体积(必要时提供单件尺寸)、重量、件数、目的地、要求出运的时间、其他运输要求(温度、装卸要求、货物到达目的地时限等)等相应的信息。订舱后,航空公司签发舱位确认书,同时给予装货集装器领取凭证,以表示舱位订妥。

航空公司根据实际情况安排航班和舱位,一般来说,航空公司舱位销售的原则是保证有固定舱位配额的货物,保证邮件、快件舱位,优先预定运价较高的货物舱位,保留一定的零散货物舱位,未订舱的货物按交运时间的先后顺序安排舱位。

预订的舱位有时会由于货物原因、单证原因、海关原因使得最终舱位不够或者空舱,此类情况需要综合考虑和有预见性等经验,尽量减少此类事情发生,并且在事情发生后做及时必要的调整和补救措施。

12) 出口报关

出口报关是指发货人或其代理人在货物发运前,向出境地海关办理货物出口手续的过程。

出口报关的基本流程:首先将发货人提供的出口货物报关单的各项内容输入电脑,即电脑预录入;在通过电脑填制的报关单上加盖报关单位的报关专用章;然后将报关单与有关的发票、装箱单和货运单综合在一起,并根据需要随附有关的证明文件;以上报关单证齐全后,由持有报关证的报关员正式向海关申报;海关审核无误后,海关官员即在用于发运的运单正本上加盖放行章,同时,在出口收汇核销单和出口报关单上加盖放行章,在发货人用于产品退税的单证上加盖验讫章,粘上防伪标志;完成出口报关手续。

13) 出仓单

配舱方案制定后就可着手编制出仓单,主要内容有出仓单的日期、承运航班的日期、装载板箱形式及数量、货物进仓顺序编号、总运单号、件数、重量、体积、目的地三字代码和备注等。

出仓单交给出口仓库,用于出库计划,出库时点数并向装板箱交接。出仓单交给装板箱环节用于向出口仓库提货的依据。出仓单交给货物的交接环节用于从装板箱环节收货凭证和制作《国际货物交接清单》的依据,该清单用于向航空公司交接货物。出仓单还可用于外拼箱。出仓单交给报关环节,当报关有问题时,可有针对性反馈,以采取相应措施。

14) 提板箱

订妥舱位后,航空公司吨控部门将根据货量出具发放"航空集装箱、板"凭证,货运代理公司凭此向航空公司箱板管理部门领取与订舱货量相应的集装板、集装箱,并办理相应的手续。

提板、箱时,应领取相应的塑料薄膜和网。对所使用的板、箱要登记、销号。

15) 装板箱

除特殊情况外,航空货运均是以"集装箱""集装板"形式装运。

通常,航空货运代理公司将体积为 $2\ m^3$ 以下货物作为小货交与航空公司拼装,大于 $2\ m^3$ 的大宗货或集中托运拼装货,一般均由货运代理自己装板装箱。

大宗货物、集中托运货物可以在货运代理公司自己的仓库、场地、货棚装板、装箱,亦可在航空公司指定的场地装板、装箱。装板、装箱时要注意以下几点:

(1) 不要用错集装箱、集装板,不要用错板型、箱型。每个航空公司为了加强本航空公司的板、箱管理,都不许可本公司的板、箱为其他航空公司的航班所用;不同公司的航空集装箱、航空集装板因消号、尺寸有异,如果用错会出现装不上飞机的现象。

(2) 不要超装箱板尺寸。一定型号的箱、板用于一定型号的飞机,板、箱外有具体尺寸规定,一旦超装箱、板尺寸,就无法装上飞机。因此,装箱、板时,要注意货物的尺寸,既不超装,又在要规定的范围内用足箱、板的可用体积。

(3) 货物要垫衬,封盖好塑料纸,防潮、防雨淋。

(4) 集装箱、板内货物尽可能配装整齐,结构稳定,并接紧网索,防止运输途中倒塌。

(5) 对于大宗货物、集中托运货物,尽可能将整票货物装一个或几个板、箱内运输。已装妥整个板、箱后剩余的货物尽可能拼装在同一箱、板上,防止散乱、遗失。

16) 签单

货运单在盖好海关放行章后还需到航空公司签单,主要是审核运价使用是否正确,以及货物的性质是否适合空运,例如危险品等是否已办了相应的证明和手续。航空公司的地面代理规定,只有签单确认后才允许将单、货交给航空公司。

17) 交接发运

交接是向航空公司交单交货,由航空公司安排航空运输。

交单就是将随机单证和应有承运人留存的单证交给航空公司。随机单证包括第二联航空运单正本、发票、装箱单、产地证明、品质鉴定书,等等。

交货即把与单证相符的货物交给航空公司。交货之前必须粘贴或拴挂货物标签,清点和核对货物,填制货物交接清单。大宗货、集中托运货,以整板、整箱称重交接。零散小货按票称重、计件交接。航空公司审单验货后,在交接签单上验收,将货物存入出口仓库,单证交吨控部门,以备配舱。

18) 航班跟踪

单、货交接给航空公司后,航空公司会因种种原因,例如,航班取消、延误、溢载、故障、改机型、错运、倒垛或装板不符规定等,使得货物未能按预定时间运出。所以货主或其代理从单、货交给航空公司后就需对航班、货物进行跟踪。对于需要联程中转的货物,在货物出运后,要求航空公司提供二、三程航班中转信息。有些货物事先已预订了二、三程,也还需要确认中转情况。有时需直接发传真或电话与航空公司的海外办事处联系货物中转情况。

19) 信息服务

物流和信息流是密不可分的,两者是同步进行的。在出口货运操作的整个过程中,航空货运代理公司应将订舱信息、审单及报关信息、仓库收货信息、交运称重信息、一程及二程航班信息、集中托运信息以及单证信息等及时地传递给货主,做好沟通和协调工作。

20) 费用结算

在出口货运操作中,货运代理公司要同发货人、承运人和国外代理人等三方面进行费用结算。货代与发货人结算费用主要是与付运费、地面运输费和各种服务费、手续费;与承运人结算费用主要是航空运费、代理费及代理佣金;与国外代理人结算主要涉及付运费和利润分成。

到付运费实际上是发货方的航空货运代理为收货人垫付的,因此收货方的航空货运代理公司在将货物移交收货人时,应收回到付运费并将有关款项退还发货方的货运代理。同时,发货方的货运代理应将代理佣金的一部分分给其收货地的货运代理。

由于各航空货运代理公司之间存在长期的互为代理协议,因此与国外代理的费用结算一般不采取一票一结的办法,而采取应收应付相互抵消、在一定期限内以清单冲账的办法。

4.2.2　班机货运进口业务组织

班机货运进口业务组织是指对于货物从入境到提取或转运整个流程的各个环节所需办理的手续及准备相关单证的全过程。

1) 代理预报

在出口国发货之前,由始发地代理公司将运单、航班、件数、重量、品名、实际收货人及其地址、联系电话等内容通过传真或 E-mail 发给目的地代理公司,这一过程称为预报。

进口国代理收到预报后,应及时做好接货前的所有准备工作,同时特别注意:

(1) 中转航班,中转点航班的延误会使实际到达时间和预报时间出现差异。

(2) 分批货物,从国外一次性运来的货物在国内中转时,由于国内载量的限制,往往采用分批的方式运输。

2) 交接单、货

航空货物入境时,与货物相关的单证(运单、发票、装箱单等)也随机到达,运输工具及货物处于海关监管之下。

货物卸下后,将货物存入航空公司或机场的监管仓库,进行进口货物舱单录入,将舱单上总运单号、收货人、始发站、目的站、件数、重量、货物品名、航班号等信息通过电脑传输给海关留存,供报关用。

同时,根据运单上的收货人及地址寄发取单、提货通知。若运单上收货人或通知人为某航空货运代理公司,则把运输单证及与之相关的货物交给该航空货运代理公司。

　　航空公司的地面代理向货运代理公司交接的主要有国际货物交接清单,总运单、随机文件,货物。双方交接时,要做到单、单核对,即交接清单与总运单核对;单、货核对,即交接清单与货物核对。核对发现问题应及时予以处理(见表4-6)。

表4-6　交接单货异常情况的处理方式

总运单	清　单	货　物	处 理 方 式
有	无	有	清单上加总运单号
有	无	无	总运单退回
无	有	有	总运单后补
无	有	无	清单上划去
有	有	无	总运单退回
无	无	有	货物退回

　　另外还需注意分批货物,做好空运进口分批货物登记表。

　　航空货运代理公司在与航空公司办理交接手续时,应根据运单及交接清单核对实际货物,若存在有单无货或有货无单的情况,均应在交接清单上注明,以便航空公司组织查询,并通知入境地海关。

　　发现货物短缺、破损或其他异常情况,应向民航索要商务事故记录,作为实际收货人交涉索赔事宜的依据。货运代理公司请航空公司开具商务事故证明的通常有如下情形:

　　(1)包装货物受损。纸箱开裂、破损、内中货物散落(含大包装损坏,散落为小包装,数量不详);木箱开裂、破损,有明显受撞击迹象;纸箱、木箱未见开裂、破损,但其中液体漏出。

　　(2)裸装货物受损。无包装货物明显受损,如金属管、塑料管压扁、断裂、折弯;机器部件失落、仪表表面破裂等。

　　(3)木箱或精密仪器上防震、防倒置标志泛红。

　　(4)货物件数短缺。

　　对货损责任难以确定的货物,可暂将货物留存机场,商请货主单位一并到场处理。

　　3)理货与仓储

　　货运代理公司自航空公司接货后,即短途驳运进自己的监管仓库,组织理货及仓储。

　　(1)理货的主要内容。逐一核对每票件数,再次检查货物破损情况,遇有异常,确属接货时未发现的问题,可向航空公司提出交涉。

　　区分大货/小货、重货/轻货、单票货/混载货、危险品/贵重品/冷冻、冷藏品等不同情况分别进仓、堆存。堆存时,要注意货物箭头朝向,总运单、分运单标志朝向,注意大不压小,重不压轻。

登记每票货储存区号,并输入计算机系统。

(2) 仓储注意事项。鉴于航空进口货物的贵重性、特殊性,其仓储要求较高,须注意以下几点:

① 防雨淋、防受潮——货物不能置于露天,不能无垫托置于地上。

② 防重压——纸箱、木箱均有叠高限制;纸箱受压变形,会危及箱中货物安全。

③ 防温升变质——生物制剂、化学试剂、针剂药品等特殊物品有储存温度要求,要防止阳光暴晒。一般情况下:冷冻品置于-20~-15℃冷冻库(俗称低温库),冷藏品置放于2~8℃冷藏库。

④ 防危险品危及人员及其他货品安全——空运进口仓库应设独立的危险品库。易燃品、易爆品、毒品、腐蚀品、放射品均应分库安全置放。以上货品一旦出现异常,均须及时通知消防安全部门或卫生检疫部门进行检测和处理,以保证人员及其他物品安全。

⑤ 防盗——为防贵重品被盗,贵重品应设专库,由双人制约保管,防止出现被盗事故。

4) 理单与到货通知

(1) 理单。集中托运业务,需办理总运单项下拆单——将集中托运进口的每票总运单项下的分运单分理出来,审核与到货情况是否一致,并制成清单输入计算机系统;将集中托运总运单项下的发运清单输入海关计算机系统,以供按分运单分别报关、报验、提货之用。

运单分类的方法有多种,各货运代理公司可根据需要结合多种方法使用。

① 分航班号理单:便于区分进口方向。

② 分进口代理理单:便于掌握、反馈信息,做好对代理的对口服务。

③ 分货主理单:重要的经常有大批货物的货主,将其运单分类出来,便于联系客户,制单报关和送货、转运。

④ 分口岸、内地或区域理单:便于联系内地货运代理,便于集中转运。

⑤ 分运费到付、预付理单:便于安全收费。

⑥ 分寄发运单、自取运单客户理单:便于安排邮寄和接待。

分类理单的同时,须将各票总运单、分运单编上各航空货运代理公司自己设定的编号,以便内部操作及客户查询。

理单人员应将总运单、分运单与随机单证、国外代理先期寄达的单证(发票装箱单、合同副本、装卸、运送指示等)、国内货主或经营到货单位预先交达的各类单证进行逐单审核、编配。经审核、编配,凡单证齐全、符合报关条件的即转入制单、报关流程。否则,应与货主联系,催齐单证,使之符合报关条件。

（2）到货通知。从航空运输的时效出发,同时也为了减少货主仓储费,避免海关滞报金,货物到达目的港后,应尽早、尽快、尽妥地通知货主到货情况,提请货主配齐有关单证,尽快报关。

① 早:到货后,第一个工作日内就要设法通知货主。

② 快:尽可能用传真、电话预通知客户,单证需要传递的,尽可能使用特快专递,以缩短传递时间。

③ 妥:一星期内须保证以电函、信函形式第三次通知货主,并应将货主尚未提货情况告知发货人代理。

到货通知应向货主提供到达货物的以下内容:

① 运单号、分运单号、货运代理公司编号。

② 件数、重量、体积、品名、发货公司、发货地。

③ 运单、发票上已编注的合同号、随机已有单证数量及尚缺的报关单证。

④ 运费到付数额,货运代理公司地面服务收费标准。

⑤ 货运代理公司及仓库的地址(地理位置图)、电话、传真、联系人。

⑥ 提示货主海关关于超过 14 天报关收取滞报金及超过 3 个月未报关货物上交海关处理的规定。

5）制单、报关

除部分进口货存放民航监管仓库外,大部分进口货物存放于各货代公司自有的监管仓库。由于货主的需求不一,货物进口后的制单、报关、运输一般有以下几种形式:

（1）货运代理公司代办制单、报关、运输。

（2）货主自行办理制单、报关、运输。

（3）货运代理公司代办制单、报关后,货主自办运输。

（4）货主自行办理制单、报关后,委托货运代理公司运输。

（5）货主自办制单、委托货运代理公司报关和办理运输。

制单是指按海关要求,依据运单、发票、装箱单及证明货物合法进口的有关批准文件,制作"进口货物报关单",以向海关办理申报、查验、征税、放行等手续。

按我国海关法的有关规定,进口货物报关期限如下:自运输工具进境之日起的 14 日内,超过这一期限报关的,由海关征收滞报金;滞报金的日征收额为货物到岸价格的 0.5‰;滞报金的起征点为 50 元人民币;滞报金以元计收,不足 1 元人民币的部分免收。

6）收费、发货

货运代理公司仓库在发放货物前,一般先将费用收妥。收费内容有到付运费及垫付佣金,单证、报关费,仓储费(含冷藏、冷冻、危险品、贵重品特殊仓储费),装卸、铲车费,航空公司到港仓储费,海关预录入、动植检、卫检报验等代收代付费用、关税及垫付佣金。

除了每次结清提货的货主外,经常性的货主可与货运代理公司签订财务付费协议,实施先提货,后付款,按月结账的付费方法。

办完报关、报验等进口手续后,货主须凭盖有海关放行章、动植物报验章、卫生检疫报验章(进口药品须有药品检验合格章)的进口提货单到所属监管仓库付费提货。

仓库发货时,须检验提货单证上各类报关、报验章是否齐全,并登记提货人的单位、姓名、身份证号以确保发货安全。

保管员发货时,须再次检查货物外包装情况,遇有破损、短缺,应向货主做出交代。

发货时,应协助货主装车,尤其遇有货物超大超重,件数较多的情况,应指导货主(或提货人)合理安全装车,以提高运输效率,保障运输安全。

7) 送货与转运

出于多种因素(或考虑便利,或考虑节省费用,或考虑运力所限),许多货主或国外发货人要求将进口到达货由货运代理报关、垫税,提货后运输到直接收货人手中,提供代理客户制单、报关、垫税、提货、运输的一揽子服务。

(1) 送货上门业务。送货上门业务主要指进口清关后货物,直接运送至货主单位,运输工具一般为汽车。

(2) 转运业务。转运业务主要指将进口清关后货物转运至内地的货运代理公司,运输方式主要为飞机、汽车、火车、水运、邮政。

办理转运业务需由内地货运代理公司协助收回相关费用,同时,口岸货代公司亦应支付一定比例的代理佣金给内地代理公司。

(3) 进口货物转关及监管运输。进口货物转关是指货物入境后不在进境地海关办理进口报关手续,而运往另一设关地点办理进口海关手续,在办理进口报关手续前,货物一直处于海关监管之下,转关运输亦称监管运输,意谓此运输过程置于海关监管之中。

进口货物办理转关运输必须具备下列条件:

① 指运地设有海关机构,或虽未设海关机构,但分管海关同意办理转关运输,即收货人所在地必须设有海关机构,或邻近地区设有分管该地区的海关机构。

② 向海关交验的进境运输单证上列明到达目的地为非首达口岸,需转关运输。

③ 运输工具和货物符合海关监管要求,并具有加封条件和装置。海关规定,转关货物采用汽车运输时,必须使用封闭式的货柜车,由进境地海关加封,指运地海关启封。

④ 转关运输的单位必须是经海关核准、认可的航空货运代理公司。一般运输企业,尤其是个体运输者,即使拥有货柜车,也不能办理转关运输。

办理转关运输还应遵守海关的其他有关规定,如转关货物必须存放在海关同意的仓库、场所,并按海关规定办理收存、交付手续;转关货物未经海关许可,不得开拆、改装、调换、提取、交付;对海关加封的运输工具和货物,应当保持海关封志完整,不能擅自开启,必须负责将进境地海关签发的关封完整及时地交给指运地海关,并在海关规定的期限内办理进口手续。

4.2.3　航空集中托运业务组织

1) 航空集中托运的概念

由于航空运价随着货物计费重量的增加而逐级递减,货物重量越重,航空货运代理人或集运商就可以从航空公司获取更加优惠的运价。因此,集中发运大批量货物的运营模式成为众多代理人追求的目标,因为这样就能从航空公司获取比其他竞争对手较低的运价。

航空货运市场是一个价格敏感度较强的市场,较低的价格意味着拥有较强的竞争优势,市场销售将会非常得力,会吸引更多的托运人发货,这样一来运送货物的总量会进一步增大,就能与航空公司谈到更加优惠的运价。这样良性循环,有利于航空货运代理人本身的生存和发展。

如图 4-2 所示,航空集中托运就是指集中托运商(consolidator)将多个托运人的货物集中起来作为一票货物交付承运人,用较低的运价运输货物。货物到达目的站,由分拨代理商(break bulk agent)统一办理海关手续后,再分别将货物交付给不同的收货人。

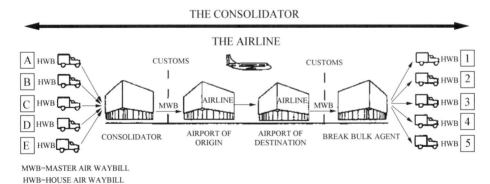

图 4-2　集中托运业务示意图

2) 航空集中托运的文件

(1) 航空货运单。在集中托运业务中,涉及两种航空货运单,一种是托运人和集运商之间使用的,称为分运单(house air waybill,HAWB);另一种是集运商和航空公司之间使用的,称为主运单(master air waybill,MAWB)。

一票集中托运货物的所有分运单都要装在结实的信封内附在主运单后,并在货运单"Nature and Quantity of Goods"栏内注明:"Consolidation As Per Attached Manifest"。

(2) 集中托运货物舱单。由于在主运单中,货物的品名是通过品名栏中注明的"集中托运货物的相关信息附在随带的舱单中",并没有列出具体的货物品名,因此需要查询如图4-3所示的集中托运货物舱单(consolidation manifest),才能了解在这种主运单中有哪些分运单和货物。集中托运货物舱单主要有各个分运单号以及各个分运单中货物的运送目的地、件数、重量、体积等项目。

ATU CONSOLIDATOR

Langer kornweg　D - 6092 Kelsterbach Germany

CONSOLIDATION MANIFEST
MWB：131 - 12345675

AIRLINE	: JAPAN AIRLINES		FLIGHT：JL678/23	
POINT OF LOADING	: FRANKFURT			
POINT OF UNLOADING	: TOKYO		DATE：20 JAN	
	NMUBER OF PACKAGES	GROSS		
HWB NR DEST			TOTAL CC	
ACCORDING	NATURE OF GOODS	WEIGHT		
77846117	7　CLOTH	160. 5 KG	DEM	1 460. 74
77846118	4　AIRCRAFT PART	10. 0 KG	DEM	122. 95
77847005	4　MUSICAL INSTRU	235. 0 KG	DEM	1 838. 60
77847123	1　SPARE PART	8. 8 KG	DEM	173. 40
	FOR CUTTING MACH			
77847124	30　PLASTIC SHEETS	360. 0 KG	DEM	5 953. 30
77847125	1　ADVE MAT	45. 0 KG	PREPAID	
77847126	4　HELICO PART	11. 7 KG	DEM	252. 30
77847127	6　SHOES	139. 0 KG	DEM	1 173. 69
77847128	49　PARTS FOR SHOES	692. 0 KG	DEM	5 746. 66
	106	1 662. 0 KG	DEM	1 621. 74

图 4-3　集中托运货物舱单

3) 航空集中托运货物的标签

如图4-4所示,对于集中托运货物,应在每一件货物上贴上识别标签,在识别标签上要特别注明主单号和分单号。

AIR WAYBILL No.	**131 – 1234 5675**	
DESTINATION	**TYO**	
TOTAL No. OF PIECES	**106**	WEIGHT THIS PIECE **11.7 K**
TOTAL WEIGHT THIS CONSIGNMENT	**1662 K**	
TRANSFER STATION(S)		
OTHER HANDLING INFORMATION		
HWB No.	**77847126**	
Japan Airlines		

←MASTER AIR WAYBILL NUMBER（MWB）

←HOUSE AIR WAYBILL NUMBER（HWB）

图 4-4　识别标签

4）直接运输与集中托运

实质上,集中托运业务是根据其涉及的当事人法律身份的不同来区别于传统的直接运输(direct cargo)的,它类似于海上货物运输业务中的集拼箱运输业务。直接运输与集中托运货物的区别如下:

（1）直接运输。货物由货主或航空公司的代理人交付给承运人(航空公司);货运单由代理人填开,并列明真正的货主(托运人和收货人)。

（2）集中托运。集中托运由货主交付给集中托运商,然后再由集运商交付给承运人(航空公司);同时使用主运单和分运单;货运单由集中托运商填开,航空公司货运单(主运单)上记载的货物发货人、收货人分别为集中托运商和分拨代理商,集运商的货运单(分运单)上记载的货物发货人、收货人分别为真正的货主(托运人和收货人)。

此外,并不是所有的货物都可以采取集中托运的方式。因为在集中托运时,代理人把来自不同托运人的货物并在一个主单上运输,对于航空公司来说,对待主单上所有的货物的方式一定是一样的,不可能对一张主单上的两种货物采取两种不同的操作方法,因此,对于集中托运的货物的性质有一定的要求,贵重物品、活体动物、尸体、骨灰、外交信袋、危险物品等货物不得以集中托运形式运输。

4.3　铁路段货物运输业务组织

4.3.1　国际铁路货物联运的条件

4.3.1.1　国际铁路货物联运的范围

1) 参加《国际铁路货物联运协定》铁路间或适用此规定的铁路间的货物运送

参加或适用《国际铁路货物联运协定》(以下简称《国际货协》)各铁路间的货物运送,是从发站以一份运送票据,铁路负责直接或通过第三国铁路运往最终到站交付收货人。

由于《国际货协》参加国铁路轨距不同或铁路互不连接,因此联运货物的运送方式也不同。

(1) 在相同轨距各国铁路之间,可用发送国车辆直接过轨,货物在国境站不必换装而直达运送。

(2) 在不同轨距各国铁路之间,由接收路准备适当车辆,货物在国境站换装或更换货车车辆轮对后继续运送。

(3) 在铁路不连接的《国际货协》参加国或适用国铁路之间,其货物运送可以通过参加国或适用国铁路某一车站予以转运。如阿尔巴尼亚与其他协约国铁路不连接,参加或适用《国际货协》各铁路向该国发运的货物,可以通过匈牙利的布达佩斯站或东欧某国家铁路车站,由发货人或收货人委托的代理人领取后,用其他运输工具继续运往阿尔巴尼亚。

2) 参加与未参加且不适用《国际货协》国家铁路间的货物运送

从参加《国际货协》国家向未参加《国际货协》国家铁路运送货物时,发货人在发送路用《国际货协》票据办理发运,货物运送至参加《国际货协》的最后一个过境铁路的出口国境站,在该国境站由其国境站站长或与发、收货人预先签有收转合同的委托代理人办理转发送。该国境站站长或相应的收转代理人根据运送票据上的有关记载,以发货人的代理人资格负责用可接续施行的国际公约或有关运输法规的运输票据,将货物转发至最终到站。

由未参加《国际货协》国家铁路向参加《国际货协》的国家铁路发运货物时,其办理流程与上述相反。

(1) 我国出口过境其他国家铁路的货物运送。

① 通过罗马尼亚、保加利亚向土耳其或希腊运送货物时,用《国际货协》的运

送票据办理至保加利亚出口国境站斯维伦格勒或库拉塔,继续运送时,由国境站站长或代理人办理转发送。可分别通过土耳其的国境站季克亚车站运至土耳其或通过希腊的国境站普罗马洪车站进入希腊。

②　通过乌兹别克斯坦和土库曼斯坦向阿富汗运送货物时,用《国际货协》运送票据办理至乌兹别克斯坦的捷尔梅兹的加拉巴国境站,通过阿富汗的海拉顿国境站进入阿富汗铁路;或通过土库曼斯坦的库什卡国境站,经阿富汗图尔贡季车站,继续运送。可由乌兹别克斯坦加拉巴国境站站长或土库曼斯坦库什卡国境站站长,或发、收货人委托代理人办理转发送。

③　通过俄罗斯向芬兰等北欧国家运送货物时,用《国际货协》运送票据办理至俄罗斯的出口国境站鲁瑞卡或维亚尔威利亚。继续运送时,由国境站站长或发、收货人委托代理人办理发送,通过芬兰的瓦依尼卡拉车站或尼依腊拉车站进入芬兰。芬兰、瑞典和挪威都是参加《国际铁路货物运输公约》(简称《国际货约》)的国家,也可以用《国际货约》的运送票据,通过芬兰铁路将货物运送至芬兰或瑞典、挪威各国。

④　通过匈牙利向南斯拉夫、奥地利、瑞士、意大利、法国,以及西班牙、葡萄牙等南欧、西南欧诸国运送货物时,用《国际货协》运送票据办理至匈牙利的出口国境站杰肯尼什或姆拉开列斯吐尔车站。继续运送,由国境站站长或代理人办理转发送,通过南斯拉夫的科普利夫尼查或科托利巴国境站进入南斯拉夫。货物用《国际货协》运送票据办理至匈牙利国境站肖普朗或赫杰什霍洛姆车站。继续运送,可由奥地利国境站尼克尔斯多夫车站进入奥地利,进而可能运至瑞士、意大利等国。通过这些参加《国际货协》国家的铁路,转运至法国、西班牙和葡萄牙等南欧、西南欧诸国。

⑤　通过波兰、斯洛伐克向德国、荷兰或比利时、法国运送货物时,用《国际货协》运送票据办理至波兰出口国境站库诺维策;或者办理至斯洛伐克国境站赫布或多马日利策。若继续运送时,由国境站站长或代理人办转发送。通过德国国境站法兰克福、希恩了或富尔特和瓦尔德进入法国。若继续运送,则可通过德国参加《国际货协》的运送票据运送至荷兰、比利时、法国等诸国。

我国目前发货人委托有资质的国际货运代理公司及其边境口岸公司等办理过境俄罗斯、蒙古、哈萨克斯坦等铁路和其他国家铁路的货物运输。过境上述国家铁路的货物运输,必须委托中方国际货运代理公司办理。凡过境上述国家铁路的货物运输,发货人在发站办理托运手续时,必须在运单(见第5章)第3栏"发货人的特别声明"栏内注明所委托的能办理国际铁路货物运输的中方货运代理公司的名称,并在该栏内加盖该代理公司专用戳记。发站在办理国际铁路货物联运时,应核对该栏所记载的事项,如发现不符合上述规定,应一律拒绝承运。

我国发运过境蒙古到达俄罗斯的货物,发货人或其代理人应在运单第20栏内记载"蒙铁过境运费由蒙铁路运输公司清算"或"蒙铁过境费由蒙古图申公司清算"或"乌兰巴托铁路局运输代理中心"字样,并填写蒙铁俄文简称。我国发运过境俄罗斯铁路及其以远的货物时,发货人或其代理人应在运单第20栏内记载"俄铁"代理公司名称和代号以及"俄铁"俄文简称。过境哈萨克斯坦铁路及其以远的货物,发货人或其代理人应在运单第20栏内记载"哈铁"委托的代理公司名称和代号以及"俄铁"俄文简称。

(2)其他国家铁路过境中国铁路的货物运送。其他国家铁路过境我国铁路的货物运送,必须委托可办理国际铁路货物联运的国际货运代理公司办理。我国进口国境站应认真检查运单第20栏内是否记载中方的国际货运代理公司。如未记载,则不予办理接运。

3)通过港口的货物运送

我国铁路可通过爱沙尼亚铁路及其港口塔林或拉脱维亚铁路及其港口里加,或通过波兰铁路及其港口格但斯克、格丁尼亚、什切青往芬兰、瑞典、挪威和丹麦等国发运货物;参加或适用《国际货协》的国家通过我国的铁路及大连、新港、青岛等港口往日本、韩国等国及相反方向运送货物时,发站(或到站)与港口间用《国际货协》运单办理,并在运单到站栏中注明货物的最终到达国家和到站,在运单"收货人和通信地址"栏中注明港口转发运代理人及通信地址,由发货人或收货人委托的代理人在港口站办理转发送。在运单"发货人特别声明"栏内注明货物最终收货人及通信地址。

4)我国过境朝鲜铁路的货物运输

(1)自我国经由集安国境站过境朝鲜铁路向云峰发电厂及相反方向运送的货物。云峰发电厂是中朝合办,在中方国境线一侧。自我国经由集安国境站过境朝鲜铁路向云峰发电厂及相反方向运送的货物,视为国际铁路联运货物,根据《中朝议定书》附件7,按《国际铁路货物联运协定》规定办理。发货人应按每一货物运单填制"中华人民共和国经朝鲜社会主义人民共和国过境转运清单"一式4份,没有随附清单的货物,发站拒绝承运。

运单的到站和返程的发站,填写为朝鲜铁路的"云峰",收货人和返程的发货人栏内须注明"云峰发电厂专用线自卸或自装"字样。

中国铁路运送费用,按国内货物运价规则计算;朝鲜铁路满浦国境线至云峰国境线间的过境里程为51.5 km,其过境运送费用(包括验关费)按统一过境运价规程计算。上述国内和过境运送费用,往云峰发电厂发货时,在发站向发货人核收,相反方向运送时,在到站向收货人核收。

(2)自中国通过图们国境站过境朝鲜铁路经山清津东港站运送的中国进出口货物。自中国通过图们过境朝鲜铁路运送中国的进出口货物根据《中朝议定书》附件13,按《国际铁路货物联运协定》规定办理。朝鲜铁路的发站或到站为清津东港站,发货人或收货人为清津贸易支社。

朝鲜铁路南阳国境线至清津东港站的过境里程为 177 km。各发站和出口国境对装运上述货物的车辆,应尽量连挂在一起。过境朝鲜铁路运送费用的计算、核收办法按上述(1)中的规定办理。

4.3.1.2　国际铁路货物联运的办理种别

根据《国际铁路货物联运协定》第 8 条的规定,国际铁路货物联运的办理种别分为整车货物、零担货物和大吨位集装箱货物。

1) 整车货物

凡按一份运单托运的按其体积或种类需要单独车辆运送的货物,即为整车货物。

《国际货协》第 8 条第 2 项规定,按一份运单可以作为整车货物承运的如下:

(1) 重量或体积不超过车辆最大载重量或车辆容积的货物。

(2) 需要两辆或两辆以上连挂车辆运送的货物。

根据发货人的书面申请,如参加运送的各铁路均表示同意,则准许按一份运单办理同一到站、同一收货人,装有同类货物(矿石、煤炭等)的直达车组的运送。在这种情况下,发货人必须将必要事项记入附件 13.1"按一份运单直达运送的车辆清单"中,并根据附件 13.2 连同运单一起提出必要份数的清单。清单应严格根据"按一份运单直达运送的车辆清单填写说明"(附件 13.2)填写。一份清单应随附运单副本(运单第三联)退还发货人。在运单"车辆""标记载重(t)""轴数"和"自重"各栏内,发货人应注明"见所附清单"。

中俄铁路间经由满洲里或绥芬河国境站运送的整车货物重量不应超过 63 t,用机械冷藏车(车组)运送的货物,每车重量不应超过 44 t;中哈铁路间经由阿拉山口国境站运送的整车货物重量换装时不应超过 63 t,换车辆转向架时不应超过 66 t;中越铁路间运送的整车货物,按"一车一票"办理,对跨装、爬装及使用游车的货物,准许按每一车组(不超过 5 辆)为一票运送。

我国《铁路货物运输规程》(简称《货规》)第 4 条规定,一批货物的重量、体积或形状需要以一辆以上货车运输的,应按整车托运。下列货物不得按零担办理托运:需要冷藏、保温或加温运输的货物;规定限按整车办理的危险货物;易于污染其他货物的污染品;蜜蜂;不易计算件数的货物;未装容器的活动物;一件重量超过 2 t,体积超过 3 m³ 或长度超过 9 m 的货物。

2) 零担货物

凡按一份运单托运的不应超过 5 000 kg 的,并按其体积或种类不需单独车辆运送的货物,即为零担货物。根据参加运送各铁路间的商定,总重量超过 5 000 kg 的货物,如按其体积不需要单独车辆运送,则准许按零担货物条件运送。

但在具体办理国际铁路联运的零担货物运送时,还应满足有关国家铁路办理条件的具体要求。

(1) 中朝铁路间零担货物的运送。中朝铁路间根据《中朝议定书》规定,运送一批重量超过 5 000 kg 或一件重量不足 10 kg,体积不小于 0.01 m³ 的货物,也可以按零担货物运送。但每批零担货物重量不得超过 29 t,体积不得超过 62 m³,件数不超过 300 件。每件货物重量超过 2 t 时,应使用敞车、平车、沙石车装运;2 t 以下的货物,不受车种限制。

(2) 中越铁路间零担货物的运送。中越铁路间根据《中越议定书》的规定。运送一批重量超过 5 000 kg,但体积不超过 32 m³,或一件重量不足 10 kg,但其体积不小于 0.01 m³ 的货物,如不需要单独车辆运送时,也可按零担货物承运。

(3) 中国与蒙古、俄罗斯铁路间的零担货物的运送。中国与蒙古、俄罗斯铁路间经由满洲里或绥芬河国境站零担货物的运送,一批货物重量不超过 20 t,体积不超过 60 m³ 时,允许按一张运单的零担货物运送。当一件货物重量不足 10 kg 时,其体积需超过 0.1 m³。

(4) 中国经蒙古、俄罗斯至东欧各国铁路间的零担货物运送。由中国经由蒙古、俄罗斯发至东欧各国铁路间的零担货物,若一批货物重量超过 5 000 kg 的,如不需要单独车辆运送时,应分成不超过 5 000 kg 的数批,按零担办理。一件货物重量不足 10 kg 时,其体积需超过 0.1 m³。

(5) 中哈两国铁路间的货物运送。中哈两国铁路间暂不办理经阿拉山口国境站的中哈铁路零担货物运送。

3) 大吨位集装箱货物

按一份运单用大吨位集装箱托运的货物,不是整车货物,而是大吨位集装箱货物;按一份运单用大吨位集装箱托运的总重量在 5 000 kg 以内的货物,不是零担货物,而是大吨位集装箱货物。所以,凡按一份运单托运的,用大吨位集装箱运送的货物或空的大吨位集装箱,即为大吨位集装箱货物。

铁路集装箱分为小吨位、中吨位和大吨位箱。小吨位箱容积为 1~3 m³,允许总重量小于 2.5 t。中吨位箱容积为 3~15 m³,允许总重量为 2.5~5 t。符合 ISO 第 1 系列集装箱,20 ft、30 ft、40 ft 国际标准集装箱称为大吨位集装箱。目前,我国铁路只办理货主自备大吨位集装箱的国际铁路联运的运送。

我国铁路国际集装箱的联运,目前办理整车运送的 5 t 箱和零担运送的 1 t 箱装运的进口货物、出口货物可利用返还的集装箱运到集装箱所属路。1993 年,中蒙铁路间开始办理中铁 10 t 箱的运输业务。我国对其他国家暂不办理中铁集装箱出口业务。

根据我国《铁路货物运输规程》第 5 条的规定,零担货物或使用集装箱运输的货物,以每张货物运单为一批。使用集装箱运输的货物,每批必须是同一箱型,至少一箱,最多不得超过铁路一辆货车所能装运的箱数。

下列货物不得按一批托运：易腐货物与非易腐货物，危险货物与非危险货物，根据货物的性质不能混装运输的货物，按保价运输的货物与不按保价运输的货物，投保运输险货物与未投保运输险货物，运输条件不同的货物。

另外，货物的办理种别按运送速度又可分为慢运、快运和整车随旅客列车挂运3种。

4.3.1.3 国际铁路货物联运的运输限制

1）不准运送的货物

根据《国际铁路货物联运协定》（简称《国际货协》）第4条的规定，下列货物在国际铁路直通货物联运中不准运送。

（1）应当参加运送的铁路的任一国家禁止运送的物品。

（2）属于应当参加运送的铁路的任一国家邮政专运物品。

（3）炸弹、弹药和军火，但用作狩猎和体育的除外。

（4）爆炸品、压缩气体、液化气体或在压力下溶解的气体、自燃品和放射性物质（指《国际货协》附件2"危险货物运送规则"各表中未列载的）。

（5）一件重量不足10 kg，并且体积不超过0.1 m³的零担货物（中朝、中越的具体运送规定除外）。

（6）在换装联运中使用不能揭盖的棚车运送的1件重量超过1.5 t的货物。

（7）在换装联运中使用敞车类货车运送的1件重量不足100 kg的零担货物，但不适用于《国际货协》附件2"危险货物运送规则"规定的1件重量不足100 kg的货物。

（8）用棚车运往伊朗的货物，每件超过500 kg（成卷纸张每卷超过1 000 kg）。

在履行运输合同期间，如发现承运了不准运送的物品，尽管名称正确，也应将这项货物截留，并按截留国家的国内法令和规章处理。

2）不准在一辆车内托运和承运的货物

（1）数批整车货物。

（2）整车货物与一批或数批零担货物。

（3）整车货物与大吨位集装箱货物。

（4）大吨位集装箱货物与一批或数批零担货物。

3）不准按一份或数份运单在一辆车内混装运送的货物

（1）一种易腐货物与照管方法不同的另一种易腐货物。

（2）按照《国际货协》附件4"易腐货物运送规则"规定需要遵守保温制度或特殊照管的易腐货物与非易腐货物。

（3）危险货物与按照《国际货协》附件2"危险货物运送规则"规定禁止在一辆车内混装的其他货物。

（4）发货人装车的货物与铁路装车的货物。

（5）根据发送路国内规章不准许在一辆车内混装运送的货物。

（6）堆装运送的货物与其他货物。

4.3.2　国际铁路货物联运出口业务组织

4.3.2.1　国际铁路联运出口货物的托运

1）对货物托运的有关要求

（1）对货物的要求。货物的品质、规格、数量必须严格按照合同的约定。凡需要商品检验和检疫的商品，应及时做好报验工作。货物托运时应认真过磅，细致查点件数，并将重量和件数正确记载在运单上。

使用敞车类货车运送不盖篷布或苫盖篷布而不加封印的整车货物，若总件数不超过 100 件时，发货人必须在运单上记载货物的件数和重量；若货物总件数超过 100 件时，只记载货物的重量，在运单"件数"栏内记载"堆装"字样。

（2）对货物包装的要求。货物的包装应能充分保证防止货物在运送中灭失和腐坏，防止毁损其他货物和运输工具、包装以及可能伤害人员。危险货物应按《国际货协》附件 2"危险货物运送规则"的条件包装。如用纸箱包装的货物，应在箱面和箱底沿中缝加贴牛皮纸或胶条；用麻布（或白布）包装的出口货物，发货人应做到包装完整清洁，包件捆紧，发运时应根据车辆情况妥善衬垫；装载两层以上的桶装货物，发货人应在各层货物之间用垫木或其他适当的衬垫物妥善衬垫，以防包装磨损擦破，货物撒漏。

货物的内外包装材料及衬垫，一般不准使用蒿秆、叶子、稻草、谷草、草绳、草袋、麦秸等农作物及其组成部分。如必须使用时，应附有植物检验证书。

在运单的"件数"栏内，发货人应用分数注明货捆总数（分子）和这些货捆中的货件总数（分母）；在运单"包装种类"栏内注明货捆（分子）和货捆中货物包装的种类（分母），如货物没有包装，则注明"无包装"。

（3）对货物标记和表示牌的要求。货物标记和表示牌是为运送货物提供方便，便于识别货物，以利于装卸和收货人提货。所以发货人应在货件上做字迹清晰、不易擦掉的标记，或拴挂货签。对整车货物（堆装货物除外），应在靠近车门的货件上做标记，每车不少于 10 件。对零担货物，应在每件货物上做标记。托运家庭用品时，还应将记有标记内容的卡片放入每一货件内。拴挂货签时，货签应用坚韧材料（木板、金属板、胶合板或坚固的纸）制成，以保证在长途运输中不致脱落。

标记应有下列内容：每件的记号和号码，发送路和发站，到达路和到站，发货人和收货人，零担货物件数，运输号码（运单号）。这些内容应与运单记载一致。

如运送某些要求采取特别防护的货物，发货人应在每个货件上做关于"小心对待"的标记或粘贴《国际货协》附件 6"货件、车辆、集装箱和运单上的表示牌以及货件上的标记"规定格式的表示牌。

标记应用发送国文字书写，并译成俄文，表示牌上的记载用发送国文字和俄文印刷。发货人根据需要，也可加附贸易合同用的文字。由中国发往朝鲜、越南的货物，可不附俄文译文。货件上不应有旧的标记或表示牌以及与运输无关的字、画，发站检查发现时应要求发货人除掉。

（4）货物的声明价格。发货人在托运货物时声明价格，其目的在于保证货物发生货损货差时，能够得到铁路按照货物声明价格的全部赔偿。按《国际货协》规定，发货人在托运下列货物时，应声明货物的价格：金、银、白金及其制品，宝石，贵重毛皮及其制品，摄制的电影片，画，雕像，艺术制品，古董，家庭用品。

家庭用品也可不声明价格，但发货人必须在运单"发货人的特别声明"栏内注明"不声明价格"，并签字证明。

托运其他货物，根据发货人的要求，也可声明价格。当有声明价格的所运货物灭失、短少时，承运人应按声明价格，或相当于货物灭失部分的声明价格的款额向发货人或收货人赔偿。

2）货物托运和承运的一般流程

货物的托运与承运的过程即为托运人（发货人或其代理人）与承运人（铁路）缔结运输合同的过程。托运是发货人或其代理人向铁路承运人提出委托运输的行为，承运则是铁路承运人接受托运人所提出的货物运输委托的行为。

（1）整车货物运输的托运和承运。托运人在托运货物时，首先准备好托运的货物，对需要办理检验检疫的货物办理好出口检验检疫手续，应向发货车站提交《国际货协》采用的货物联运运单和运单副本，以此作为货物托运的书面申请。车站接到运单后，应进行认真审核，检查是否有批准的月度、旬度货物运输计划和日要车计划，检查货物运单上填写的各项内容是否正确和完善。如确认可以承运，车站在运单上登记货物应搬运进入车站的日期和装车日期，即表示车站已受理托运。托运人按签证指定的日期将货物搬入车站或指定的货位，并经发货车站根据货物运单的记载查对核实货物，认为符合《国际货协》和有关规章的规定后，车站接收货物并予以承认，开始负保管责任。货物装车后，托运人向发货车站交付运杂费用，发货车站在运单上加盖承运日期戳时起即为承运。

需要在货物发运地办理海关报关手续的货物，托运人在装车前办理海关报关手续，装车时请海关验货监装、施封。在国境站需核装而又要采用特种平车装运的货物或专用罐车装运的化学货物，需在取得有关国家铁路同意后才能受理和承运。

（2）零担货物运输的托运和承运。零担货物的托运与整车货物不同，发货人在托运时，不需要编制月度、旬度要车计划，凭运单直接向车站申请托运。车站受理托运后，托运人应按登记指定的日期将货物搬运进货场，送到指定的货位上，经查验、过磅后，即交由铁路车站保管。车站将托运人托运的货物，连同货物运单一同接收完毕，发货人按运单记载向车站交付运输费用，车站在货物运单上加盖承运日期戳记并退回运单副本时,即表示货物业已承运。

托运、承运完毕,以运单为具体表现的国际铁路货物运输合同已成立并生效,即表示铁路负责运送货物开始,承运人从此对托运人托运的货物承担保管、装卸、发运,并将货物运送到指定目的地的一切责任。

4.3.2.2 国际铁路联运货物装车和车辆施封

1) 货物装车

(1) 对使用车辆的要求。对国际铁路联运货物,铁路必须拨配技术状态良好、车体完整、清扫干净的货车。装车单位应对此进行检查,不合格的货车严禁使用。

出口和过境运往朝鲜、越南的货物使用的货车应带有"MC"标记,并应符合中朝、中越铁路联运准轨货车补充技术条件。

装车前,装车单位应复查车体是否完整、良好,定修、定检是否过期,如发现有下列不良情况时不准使用:

① 车体不良——车体侧端板、顶板、地板不良,或车窗、车门及其配件不良,能自动开启或可能在途中脱落,致使货物可能遭受毁损或灭失时。

② 车体涨出——棚车每侧超过 50 mm,敞车每侧超过 75 mm 时。

③ 发往朝鲜、越南的货车,定修、定检过期或预计到达出口国境站过期时。

装车前,装车单位还应对货车的清洁状态进行检查。如检查发现车辆不净或车厢内外粘贴、涂写和残存有与运货无关的字、画和报纸时,车站应负责彻底清除后再装车。装过肉、鱼的车辆应进行洗刷,装过动物和恶臭货物或能引起传染病货物以及毒品的车厢,应彻底洗刷消毒。

如由发货人装车,则发货人必须确认车辆是否适用于运送该种货物。

(2) 货车的配载与使用。

① 棚车的使用和配载。棚车有顶盖和四壁,有门、窗能启闭,对货物运送比较安全。装棚车的货物每件包装不宜过长、过大、过重,一般每件以重量不超过 250 kg 为宜,以利装卸。我国现有 60 t 棚车和 50 t 棚车为多,因此应根据运输货物的数量,尽可能选用 60 t 或 50 t 的棚车。

在配载货物时,应先利用车容和载重量。在安排车容时,应根据每件货物的大小和车棚长、宽、高尺寸,进行正确合理的计算,保证货物如数装载而不浪费运力。必要时,应制定货物装载方案,并绘制装载示意图,作为装车时参考的依据。

各发站和进口国境站装运出口和过境的怕湿货物,必须使用棚车,严禁以其他车种代用。中朝间运送粮谷、水泥、化肥、食品类、棉花及棉制品、药材、烟叶、盐、重烧镁和其他怕湿货物,必须使用棚车装运。

② 敞车的使用和配载。敞车主要装运不怕受潮的货物,对于不能装棚车的货物,加盖篷布,采取防潮、防盗等措施能保证货物安全的,也可使用敞车装载。我国现在 60 t 和 50 t 的敞车较多。

对煤、焦炭和未加包装的矿石等散堆装的粗杂货物,必须使用敞车装运。装敞车的散件货物,对于需要很长时间才能承运、装车和换装的成件货物,如钢材、钢管等,应尽可能捆扎或包装成较大货件,但每车不超过 100 件。敞车货物的配载也应充分利用货车的载重量和容积,在保证货物安全运送的前提下尽量满载,但装载不得超过车辆限界。

从中国运往俄罗斯的大豆和玉米,在下列期限内可使用清扫干净的敞车苫盖良好篷布装运:经满洲里站从 10 月 1 日至翌年 6 月 1 日,经绥芬河站从 10 月 1 日至翌年 5 月 1 日。上述期限均从货物承运之日算起。

③ 平车的使用与装载。我国现有平车以 60 t 为多,30 t 次之。平车用于敞车装卸有困难的长大、笨重超限的货物的装运,对于汽车、拖拉机、工程机械、桥梁等金属结构物件以及其他裸体机械,一般以装平车为宜。

对于需要跨装、爬装及使用游车运输的货物则必须使用平车。运送大吨位集装箱和超重大件则必须使用专用平车或大吨位的平车。用平车运输的货物,其重量不得超过车辆的载重量,其高度、宽度均不得超过车辆限界。

(3) 请车和拨车。由铁路负责装车的货物,有关请车和拨车均由铁路自行办理。

由发货人负责装车时,不论是在车站的货场内装车,还是在专用线装车,发货人都应按铁路批准的发车计划,根据货物的性质和交货数量,向车站请拨车辆。发货人要正确合理选择需要车种和车辆吨位,尽量做到车种适合货种,车吨配合货吨。并在保证货物和车辆安全的前提下,充分利用车辆的载重吨和载货容积,以提高车辆的利用率。铁路在货车调送到装货地点或车辆交接地之前,应将送车时间通知发货人。在专用线装车时,发货人应在货车调送前一日将货物搬至货位,并做好装车前的一切准备。发货人应根据铁路送车通知按时接车,在铁路规定的时间内完成装货工作,并将装车完毕时间通知车站,按时交车。

(4) 车辆的装载量。车辆只能装到最大载重量,超过最大载重量时即为超载。中、朝、越铁路货车,以标记载重量加 5% 为最大载重量;俄、蒙、哈铁路货车,以两轴车标记载重量加 1 t,四轴车加 2 t 为最大载重量;如车辆上有两个载重量时,则较大的数字为最大载重量。

发站装货不应超过标记载重量。由于货物包装、防护物的重量影响净重的成件货物,装车后减吨困难时,才允许装到最大载重量。

标有"禁增"字样的车辆,只能装到标记载重量。

(5) 我国铁路发站装车的有关规定。我国铁路为发站时,货物的装车按下列规定办理:

① 用棚车类货车运送时,按我国现行的国内规章办理。

② 用敞车类货车运送时,装载加固按我国国内规章办理,暂不执行《国际货

协》附件14"敞车类货车货物装载和加固规则"的规定。

③ 我国运往朝鲜货物的装载高度,由轨面起中心高度不得超过 4 700 mm(该处宽度一侧不得超过 540 mm),原木不超过 4 300 mm,而不受《国际货协》规定的限制。

④ 中朝铁路各发站和中国进口换装站,对敞车类货车装载不超过 100 件的货物,在装车和换装时,应装载整齐,便于查点件数。

⑤ 对机械类和带轮的笨重货物,应使用木底车装运(使用木材包装时可使用铁底车装运),并用铁丝麻绳类捆绑牢固。对一件货物跨装于两辆车时,应将货车上的连接器提钩杆用铁丝捆绑。

2) 车辆施封

货车车辆施封是保证货物运输安全的一项重要措施,其目的是为了分清铁路与发、收货人之间以及铁路内部站与站、局与局之间的相互责任。

为此,《国际货协》第 1 号附件第 3 章第 10 条规定:仅对带有施封装置的车辆、多式运输单元和汽车运输工具的构造孔口施封。

车辆施封时,应使用只在毁坏后方能启下的封印,并应以不毁坏封印就不能触及货物的方法施封。

如由发货人对车辆施封时,则封印上应有下列清楚的印记:车站名称(必要时,可用简称),施封的年月日或封印记号,发货人简称。

此外,发货人的封印上可载有发送路简称。发货人也可委托铁路施封,此时发货人应在运单"铅封"栏内注明"委托铁路施封"字样,由铁路以发货人责任施封。

由铁路对车辆施封时,封印上亦应有上述印记;但为了代替发货人简称,封印上应有发送路简称以及封车钳子号码(如封印上无封印记号)。

车辆应由谁(铁路或发货人)施封,按发送路现行的国内规章的规定办理。

对出口货物和换装接运的过境货物,各发站和进口国境站必须用 10 号铁丝将车门上部门扣和门鼻拧紧,在车门下门扣处施封。

4.3.2.3　国际铁路联运出口货物国境站的交接

1) 国境站的有关机构及职能

凡在相邻国铁路的连接点办理由一国铁路向另一国铁路移交或接收货物和机车车辆作业的车站,称为国境站。国境站是国家对外开放的口岸,是铁路办理对外运输的场所,所以也称为国境交接站、国境口岸。

国境站除办理一般车站的货运、装卸、机车整备及运转外,主要办理与邻国铁路货物与机车车辆的交接,国际联运票据的处理,货物运送费用的计算和复核等作业。在与邻国不同轨距铁路相连的国境站,还有货物的换装或换装转向架的作业。两邻国国境站间的运输作业,主要根据《国际铁路货物联运协定》及相关文件以及双方铁路所签订的《国际铁路协定》《国际会议议定书》和其他国际联运的有关规章进行。为了保证两国国境站间运输工作的正常进行,双方国境站站长按月或季度定期举行会议,交换国境站工作情况和协商处理存在的问题,并共同议定改进措施,也可根据需要举行临时性会议或通话。我国为加强和规范对国境站的管理,铁道部在1995年专门制定了《国际铁路货物联运口岸管理办法》。

国境站的主要作业是办理两相邻国家铁路间车(机车车辆)、货(国际联运货物)、票(国际联运运送票据)、证(随附单证)的交接。除设置一般车站应设的机构外,还设有国际联运交接所、海关、检验检疫、边防检查站以及国际货运代理公司的分支机构等单位。因此,国境站是一个由当地政府领导下的口岸管理委员会或办公室来组织、协调的联合办公的组织机构。

(1)国际联运交接所。国际联运交接所简称交接所,它是国境站的内部管理机构中具体负责与邻国铁路进行交接作业的部门,在国境站站长直接领导下代表本国铁路与邻国铁路具体办理车、货、票、证的交接作业。交接所内有所长、国际联运值班员、交接员和翻译等人员,同时还需有派驻对方国境站的驻外人员。交接所根据《国际货协》及各项规章的规定执行下列任务:

① 办理货物、车辆、运送用具的交接工作。

② 办理各种交接单证、运送票据、商务记录的编制、翻译和交接工作。

③ 计算国际联运货物运到期限、过境铁路运费和在国境站发生的杂费。

④ 与国境站各单位分工协作,对货物和票据进行检查,处理货物交接中发生的问题。

⑤ 组织邻接国家间铁路货车衔接,缩短货物和车辆的停留时间和交接时间。

⑥ 与发到站联系,解决车、货、票、证方面存在的问题。

(2)海关。海关是代表国家贯彻执行有关进出口政策、法律、法令,在口岸行使监督管理职权的机关。

《中华人民共和国海关法》规定,为了维护国家的主权和利益,加强海关监督管理,促进对外经济贸易和科学文化交往,保障社会主义现代化建设,海关负责对进出国境货物、货币、金银、邮递物品、旅客行李、运输工具及其服务人员所带物品征收关税和其他税、费,查缉走私,进行监督管理。

国境站海关对进出口货物,除具有经批准免检的证明以外,都必须逐批查验,货物所有人或其代理人应向海关如实申报,按规定交验有关单证和文件,海关审核后凭以验放。在海关查验期间,未经海关许可,列车不准移动、解体或调离,车上人员不得离开,以保证海关监管任务的执行。

(3)进出口商品检验检疫所。国家进出口商品检验机构在1999年国务院机构改革以前,在边境口岸设有进出口商品检验所、动植物检疫所、食品卫生检验所,分属国家进出口商品检验局、农林部和卫生部领导。1999年国务院机构改革后,三者合并成立了国家出入境检验检疫局,各省市的检验、检疫机构也相继进行了合并。

原进出口商品检验所是负责进出口商品检验的国家行政管理机关,主要任务是贯彻执行国家的有关方针、政策和法令;并对进出口商品实行品质管理,负责进出口商品检验;办理有关公证鉴定业务。因此,凡属国家实施法定检验的进出口商品,以及根据国际贸易合同约定应由商检局(所)鉴定的进出口货物,必须向商检部门办理报验手续,经检验合格后颁发检验合格证书,方准出口或进口。其同时还接受收、发货人或其代理人委托,进行各项公证鉴定业务。

原动植物检疫所是实施动植物检疫的国家行政管理机关,根据国家有关规定,统一办理我国进出口的动植物、动植物产品及其运输工具等的检疫和监督检疫处理。凡列入应施检疫范围的进出口的动植物、动植物产品及其运输工具等,必须经过检疫,方准进出国境。

原食品卫生检验所是国家的卫生行政管理机关,负责卫生检验和对车船、货场、仓库的食品卫生及环境的卫生监督,并向收发货人或其代理人签发《卫生检验报告》,对外出具《卫生检验证书》。

(4) 边防检查站。边防检查站是公安部下属的国家公安机关,其职责是执行安全保卫工作,负责查验出入国境的列车、机车、列车服务人员以及随乘人员的进出境证件、行李物品。

我国在各个国境站地区设有对口岸行使综合管理和协调职能的口岸管理委员会,受所在省、自治区口岸管理委员会和国务院口岸办公室领导。其主要职能是协调各部门的管理,保证口岸畅通。

开展国际铁路货物联运和过境货物运输代理业务的国际货运代理公司,在国境站设有子公司、分公司或办事处,承办各种进出口货物的铁路发运、转运、联运、口岸交接、分拨、报关、报验和集装箱中转、过境运输,以及拆箱、装箱等业务。

2) 国际铁路联运出口货物在国境站的交接流程

国际铁路联运出口货物在国境站交接的一般流程:

(1) 铁路联运出口国境站货运调度根据国内前方车站列车到达的预报,通知交接所和海关做好接车的准备工作。

(2) 出口列车到达口岸站后,铁路会同海关接车,并将随列车带来的运送票据送交接所处理,在发站已报关完毕的货物车辆接受海关的监管。

(3) 铁路货运员检查装载货物车辆的铁路铅封是否完好,货物装载状态是否正常,以及货物有无破损;海关人员对在发站已报关完毕货物车辆检查海关关封是否完好。

(4) 在口岸站办理出口货物报关手续的货物车辆,在办好报关、检验检疫手续后,接受海关的监管。

(5) 交接所由铁路、海关、边检、口岸的货运代理进行联合办公,按照业务分工协同合作。铁路主要负责整理、翻译运送票据,编制货物和车辆交接单,作为向邻国铁路办理车辆和货物交接的原始凭证。海关根据申报,查验单、证、货是否相符,符合国家法律、法规和政策的规定即准予解除监管,通关放行。边检查验出国境列车、机车及列车服务人员和司乘人员的进出境证件。货运代理负责审核货运单证,纠正出口货物单证差错,处理运输事故,向委托人提供货物信息。

（6）我国与相邻国铁路国境站互派交接所工作人员,进行双方业务联系,以加快货物在国境站间交接、运送速度。

（7）办理完货物和车辆出口手续,并经海关验放后,根据两国国境站间列车运行的规定,铁路将车辆编组运送到邻国国境站。

（8）出口货物到达邻国国境站,邻国铁路和海关同意接收货物后,即表示该批出口货物的口岸交接手续办理完毕。如果邻国国境站铁路和海关因某种原因不接车或将货物车辆退回,则我国国境站还需通过货运代理人通知货主,补齐有关手续后,再与邻国国境站办理交接。

3）铁路联运出口货物交接中的有关问题

（1）出口货物票据的处理。铁路联运出口货物运抵国境站后,全部运送票据由交接所审核、翻译,移交口岸货运代理公司审核。单证审核时,依据运单内容,审核出口货物报关单、装箱单、检验检疫证书等随附单证各项记载的项目是否齐全、正确,三单是否一致,经审核无误方可核发货物。如果出口单证的项目有遗漏或记载错误,份数不足,均应按运单记载订正或补制。如运单、出口货物报关单、检验检疫证书三者所列项目不符时,需要订正或更改运单项目,由国境站联系发站并按发站通知办理;如需要订正或更改商检、品质证明书或动物检疫证书时,应由出证单位通知国境站检验检疫部门办理;海关查验实物,发现货物与单证不符时,应根据贸易合同和有关资料进行订正,必要时联系发货人,根据其函电通知订正、补充。

（2）检验检疫与通关。单证经审核无误或改善后即可作为向海关办理出口货物报关手续的依据。按照海关总署的规定,各地海关只要与口岸海关办理了海关内部的业务手续,就可以在货物发送地办理报关、报验手续。一般出口的集装箱货物和棚车装载的整车货物均可在发站办理报关手续,敞车装运的货物和棚车装运的零担货物一般在出口口岸站办理报关手续。

需要在国境站报关的货物,在货物发运前,发货人应填制出口货物报关单。铁路车站在承运货物后,即在出口货物报关单上加盖站戳,并与运单一起随货同行,以便在国境站向海关办理申报。

需办理商检的货物,要向当地商品检验检疫局办理商品检验检疫手续,以确定货物品质、规格、重量和体积,并取得商品检验证书或工厂出具的检验证书。需要办理卫生检疫的货物向检验检疫部门办理检疫手续,取得检疫证书。上述检验检疫证书在发站托运货物时,须与运单、出口货物报关单一并随车同行,并在运单"发货人添附文件"栏内填写随运单同行的单证、文件的名称和份数。国境站由海关凭检验检疫部门签发的证书执行监督,查证放行。需要在国境站报关、报验的货物,审核无误的运送单证,货运代理将出口货物明细单截留三份,易腐货物截留两份,然后送各联检单位审查放行。属退税货物须提供三份报关单,海关盖有"申请出口产品退税联"印章的一份报关单,盖海关验讫章后退给货运代理公司供发货人办理退税。

(3) 货物的交接。货物的交接可分为凭铅封交接和按实物交接两种。按实物交接又分为按货物重量、货物件数和货物现状交接 3 种方式。

凭铅封交接的货物。根据铅封的站名、号码或发货人简称进行交接。交接时,应检查封印是否失效、丢失,印文的内容、字迹是否清晰可辨,与交接单记载是否相符,车辆两侧铅封是否一致等,然后由双方铁路凭铅封完整状态办理货物交接手续。

按实物交接的货物,有按货物重量交接的,如中朝两国铁路间使用敞车、平车和砂石车散装煤、石膏、焦炭、矿石等货物;有按货物件数交接的,如中越两国铁路间用敞车类货车载每批不超过 100 件的整车货物;有按货物现状交接的,一般是对难以查点件数并不需要按重量交接的货物。

货物交接的凭证是由交付路国境站编制的"货物交接单"一式六份,交接双方各执三份。它是计费、查询和统计等的重要凭证,交付路和接收路各将其中一份送交自方海关。

上述对一般货物的交接,以及易腐货物发货人未派押运人员时,货物数量的交接也都是由铁路方负责。在交接过程中发生异常情况由双方铁路工作人员共同签署商务记录。

有时贸易双方办理对出口货物的交接,主要有发货人派押运员押运的易腐货物和贸易合同规定在国境站需贸易双方共同进行品质、数量检验鉴定的货物两种情况。采用这种交接方式时,贸易双方应按照贸易合同和有关协议的约定办理。发货人接到发货通知后,要联系对方派车准备接运,并商定口岸具体交接方法和手续。货到口岸时,双方派人办理现货交接,并编制交接证件一式六份,经交接双方共同签字确认后各执三份,作为交接凭证和清算依据。

(4) 在国境站对出口货运事故的处理。联运出口货物在国境站换装交接时,如发现货物短少、残损、污染、湿损、被盗等事故时,国境站应查明原因,分清责任,分别按不同情况进行处理。属于铁路责任造成的,铁路编制商务记录,并由铁路负责整修,整修所需的包装物料,由发货人或其代理人根据需要和可能协助解决,但费用由铁路承担。若属于发货人责任造成的,在国境站允许的条件下,由发货人或其代理人组织加工整修,但由发货人负担有关费用。由于技术条件限制,无法在国境站加工整修的货物,应由发货人到国境站指导,或将货物返回由发货人处理。对于货物错发错运,多出件数和超载等差错货物,国境站也要分别按有关规定进行处理。

4.3.2.4　国际铁路联运货物的到达交付

到站在货物到达后,应通知运单中所记载的收货人领取货物。在收货人付清运单所载的一切应付运送费用后,铁路必须将货物连同运单第一和第五联交付收货人。到站凭运杂费收据收费,运单不作为收费和报销凭证。收货人必须支付运送费用并领取货物。收货人只在货物由于毁损、腐坏或因其他原因而使质量发生变化,以致部分货物或全部货物不能按原用途使用时,方可拒绝领取货物。收货人领取货物时,应在运单"货物交付收货人"栏内填记货物领取日期,并加盖收货戳记。

如在货物运到期限期满后10天内未将货物交付收货人,发货人或收货人有权向缔约承运人或交付货物的承运人提出货物查寻申请书。申请查寻货物不等于提出货物灭失的赔偿请求。如在货物运到期限期满后30天内未将货物交付收货人,则认为货物已灭失。如货物在运到期限期满30天后到达到站,则承运人应将此事通知收货人。如货物在运到期限期满后6个月内到达,则收货人应予领取,并将承运人已付的货物灭失赔款、运送费用退款和有关货物运送的其他费用退还承运人。

如货物灭失赔偿已付给发货人,则发货人必须将该赔款退还承运人。在这种情况下,对支付货物运到逾期违约金,以及对货物重量不足、毁损(腐坏)或质量降低,保留向承运人提出赔偿请求的权利。

4.3.3　国际铁路货物联运进口业务组织

4.3.3.1　国际铁路联运进口货物的发运前准备

由国际铁路联运进口到我国的货物,首先是由国外发货人根据贸易合同的约定,按照《国际货协》和各国国内铁路规章的有关规定以及国外发送路国际联运主管部门与我国铁道部对其计划商定函的答复,向铁路车站办理托运手续发运的。因此,我国的收货人不需要再办理从进口国境站至到站的运输计划。为便于承运人和有关部门顺利进行运输,各订货部门(收货人)应在货物发运前做好各项准备工作。

1) 运输标志的编制和使用

运输标志又称为收货人唛头(mark)。它的作用不仅是减少签订合同和运输过程中的翻译工作,而且为承运人运送货物提供方便,在装卸、运输过程中,便于识别货物,有利于收货人提取货物,防止错发错运事故。

1993年10月5日我国对外经济贸易部发布了"关于进口货物唛头要严格按规定编制的通知",在其附件"进口订货合同编号及唛头的编制方法"中明确了作为"收货人唛头"组成结构和编制要求,各订货单位须按照这统一规定对外签订合同。

进口货物的唛头必须绘制清楚醒目,色泽鲜艳,大小适中,印刷在货物外包装显著位置。

唛头由 6 部分组成,按下列顺序排列:

(1) 订货年度代号。如 1998 年签订的进口贸易合同,即以"98"为年度代号,以后逐年类推。

(2) 承办进口订货的公司代号。签订合同的经营进口业务的公司,由外经贸部统一编发承办进口订货代号,一般用 3 个英文字母表示。

(3) 订货的进口单位(即进口货物收货人)代号。由前外经贸部统一编发给订货部门的进口货物收货人代号,一般用 3 个英文字母表示。

(4) 商品类别代号。用 2、3 位数的阿拉伯数字代表进口货物的商品种类。

(5) 供货国别代号。参照已同我国建立外交关系及有贸易往来的国家和地区,用 2 个英文字母作为国家或地区代号。

(6) 合同顺序号。由签订进口订货合同的公司确定,以区别不同的合同。

例如,1998 年(代号为 98)某工贸公司(假设承办进口订货的公司代号为 ABC)受某订货部门(假设进口货物收货人代号为 DEF)的委托,以第 018 号合同(合同顺序号为 018 号)向英国(代号为 CE)订购船用设备(代号为 385),目的港为中国大连港(英文名称 DALIAN CHINA)。其合同编号应为 98ABCDEF/385018CE,其唛头应为 98ABCDEF/385018CE DALIAN CHINA。

2) 明确联运进口货物贸易合同的运输条件

联运进口货物的运输条件是货物贸易合同不可缺少的重要内容,因此,必须认真审核,使之符合国际联运和国内的有关规章。

(1) 收货人唛头必须按规定的方法编制,在贸易合同的"收货人"栏内填写收货人唛头作为收货人。

(2) 商品的品名必须具体。商品的品质、规格、数量要详细,必要时,还应定明数量的增减幅度(溢短装条款)。

(3) 审核货物经由国境站、到达路局和车站的名称,货物的数量和品种要符合到站的办理种别。

(4) 货物包装条件应符合国际货协、国境铁路议定书和其他有关规定,并应根据货物性质选择合适的包装材料,确保货物在长途运输和换装作业过程中的安全。

(5) 对于超长、超重、危险等特殊货物,在合同中应规定发货人在发运前向发送铁路、买方提供货物资料,明确在运输、交接过程中须注意的事项,商定有关国家的铁路同意后发运,并在货物发运后立即通知收货人。

(6) 对需要派人押运的货物,应在合同中明确规定由发货人派人押送至我国国境站,并应在发运前将货物品名、数量、押送人姓名、预计到达我国国境站日期等通知收货人,以便派人接运。

（7）对于在国境站贸易双方交接的货物,应在贸易合同中明确规定有关在国境站交接的具体办法,如货物品质、重量、共同检验的抽验数量、抽验方法、交接手续等。

（8）发货人在填制运单时,必须按照国际货协的运单项目填写齐全,尤其是合同号、经由国境站、收货人及通信地址。所以,对发货人在运单中填错经由国境站、到站、收货人等,而使收货人遭受经济损失时,合同中应规定约束性条款。

3）向国境站提供有关贸易合同资料

合同资料是国境站核放货物的重要依据,各进口公司对外签订订货合同后,要及时将贸易合同资料的中文抄本寄给货物进口口岸所委托的货运代理公司的分支机构。

（1）合同资料的种类。合同资料包括贸易合同的中文抄本及其附件,补充协议书,合同变更申请书,更改书和有关确认函电,提前交货清单,成套设备订货发货标记汇总表及其补充、变更资料。

（2）合同资料内容。合同资料应具有以下内容:订货合同号、品名、规格、数量、单价、经由国境站、到达路局、到达车站、完整的收货人唛头、包装和运输条件等。

从国外进口的货物还需用中文注明原货币名、金额、收货人的名称和地址等;从朝鲜、越南进口的煤炭、水泥、肥料、水果、水海产品等,合同中需用中文注明具体收货人名称和地址。

除上述资料外,对临时发生的索赔协议,无偿提供的样品、展品、赠品等,亦应将有关文件、函电等提供给国境站有关单位。

4.3.3.2　国际铁路联运进口货物的发运

国际铁路联运进口货物的发运由国外发货人根据贸易合同的约定,向所在国的铁路办理。单证和货物的流程与我国出口货物基本相同,只是方向相反。

1）从参加或适用《国际货协》国家铁路向我国发运进口货物

凡从参加《国际货协》或适用《国际货协》有关规定铁路的国家向我国发送进口货物时,国外发货人向该国铁路办理发运的一切手续均按《国际货协》和该国国内铁路规章办理。

2）从未参加且不适用《国际货协》国家铁路向我国发运进口货物

凡从未参加《国际货协》并且不适用《国际货协》规定的国家铁路向我国发运进口货物时,通常有两种方法:一是由发货人通过该国铁路将货物办理至参加国际货协国家铁路的第一个过境路进口国境站或适用《国际货协》规定国家铁路的出口国境站,然后由该国境站站长或发货人的运输代理人以发货人全权代理人的资格填制《国际货协》运单,并随附原运单将货物运送至我国终到站;二是由发货人发往参加或适用《国际货协》的国家,委托该国的有关货运代理人代收后,再由代理人按

《国际货协》和该国国内铁路规章办理托运至我国终到站。

3)海运货物通过参加《国际货协》的港口站向我国发运进口货物

海运货物通过参加《国际货协》的过境铁路港口站向我国发运货物时,可委托所在港口站的收转人(代理人)办理转发运,并从该港口站起,用《国际货协》联运运单运交至我国终到站收货人。

4.3.3.3　国际铁路联运进口货物在国境站的交接

1)国际铁路联运进口货物在国境站的交接流程

(1)进口国境站根据邻接国境站货物列车的预报和确报,通知交接所及海关做好到达列车的接运和检查准备。

(2)进口货物列车到站后,铁路会同海关接车。交接所负责单证的交接和货物的核对,海关则对货物列车执行实际监管。

(3)运送单证由交付站交接员整理核对后交接收站交接人员,经核对无误后交翻译,将单证有关部分译为中文,并制作"联运进口货物换装清单",供换装中进行换装作业。

(4)两国国境站交接所工作人员根据"货物交接单"办理货物和车辆的现场交接,货物的交接分为凭铅封交接和实物交接。在交接、换装过程中,若发现货物残损、缺少,应进行详细记载,作为双方铁路签署商务记录的原始依据。

(5)国际货运代理公司或发货人根据货物联运运单和贸易合同资料进行全面审核对照,并分别缮制"进口货物报关单"和"动植物产品报验单"等单证,进行报验,报检报关。

(6)货物经过检验检疫机构检验并提供合格证明;海关根据进口货物报关单查验货物。在单、证、货相符,并符合国家法令政策规定的条件下,验关放行货物。

(7)海关查验放行后,进口国境站将列车解体,若属轨距相同的直通型国境站则将车货按国内去向分别将整车或整零车重新编组;若属不同轨距的换装型国境站则将车货调往换装线进行换装作业,并按国内流向编组运往国内到站。

(8)联运进口的零担货物,在国境站卸车后,使用国内车辆按国内到站,重新组织装车,随各方向列车编组驶离国境站。

2)在国境站办理交接时接收站拒收的条件

(1)在车辆换装或零担货物卸车时,发现货物的状态、包装或装载方法不允许继续运送的货物。

(2)根据《国际货协》或双边议定书规定,属于禁止输入或禁止过境的货物以及不准运送的货物。

(3)发货人或发站未遵守该项货物的特定条件,如未注明超限货物的重心,未遵守危险货物运送条件等。

(4)对贸易合同中没有订购的货物或超出合同约定数量而不需要的货物,经收货人验收,质量不符合合同约定或残次产品。

(5) 运送票据和添附文件短缺,又未按规定补送的货物,货物毁损或短少,交付路拒绝在关于货物现状的商务记录上签字。

(6) 货物的过境路要求发货人向有关代理人办理委托代付过境运送费用而未办理者。

(7) 国外发货人或发站错发、错运的货物车辆,需要由发货人或发站处理的货物。

(8) 其他违反有关规定的货物。

属于上述情况之一者,接收路可拒收。接收路对拒收货物应编制普通记录一式三份,交接双方各执一份,另一份附于联运运单上。拒收的货物,应以新编货物交接单返还;拒收的货车,应由接收路编制"不接收车辆"的记录一式两份,双方各执一份,并以新编车辆交接单返还。拒收重车时,车上的货物也应一并拒收。

3) 铁路联运进口货物国境站交接的主要问题

(1) 联运进口货物、单证与贸易合同。进口贸易合同是国境站核收货物的唯一依据,也是纠正和处理进口货物运输差错的重要资料。因此,对进口合同必须熟练掌握科学管理,正确运用。进口货物抵达国境站时,国境站的货运代理人还没有接到收货人的外贸进口合同和货物报关、申报检验检疫所需要的文件和单证,无法办理货物的报关、报验、报检手续,使铁路无法进行货物的换装。货运代理应根据运单记载,迅速与收货人联系,及时取得相关资料。如果对接到的合同资料,经审核发现资料项目不齐全,字迹不清晰或内容有错误,应迅速联系收货人修改更正。

如果运单记载的收货人与外贸合同记载的收货人不符时,应以运单记载的收货人为准,并要求收货人提出与运单相符的外贸合同;如果国外发货人出具了运单记载收货人的错误更正书,并与外贸合同记载的收货人相符时,则可以放行货物。

当运单和货物明细单的核对项目与贸易合同相符,而与经由的口岸不符时,属国外发货人责任的,按运单核放并通知收货人;属铁路责任的,则由铁路联系改变经由口岸。如果铁路编制商务记录按运单运送,货运代理人要在进口货物明细单内注明,以便收货人向铁路办理多付运费的清算手续。

(2) 联运进口货物的报关、报验。进口货物一般要求在进口国境站办理报关、报验手续。如果经货物到站地海关和国境站海关同意,集装箱货物、棚车装载的整车货物及敞车装载的便于海关监管的货物,可到内地办理报关手续,但必须出具下列文件:

① 由到达地检验检疫机构给国境站检验检疫机构出具的文件。

② 由到达地海关给国境站海关出具的转关函。

如果进口货物委托货运代理人在进口国境站办理报关、报验手续,应将下列文件和单证在货物到达国境站前寄给委托的代理人:

① 外贸货物进口合同或协议书的一份正本和若干份复印件。

② 进口货物发票复印件。

③ 如果收货人是第一次从该口岸进口货物时,收货人应将在当地海关的 10 位编码注册号和当地海关给国境站海关的关封寄来。

④ 需要进口许可证的货物,必须提交进口许可证。

⑤ 将在国境站办理有关业务的费用和海关关税汇给国境站货运代理人。

⑥ 需要减免进口税的货物,提出有关主管机关出具的文件或证明。

(3) 联运进口货物的分拨、分运和变更运输。由国境外集中发运的小额订货,零担合装为整车发运的货物,发货人错将不同到站、不同收货人按一份运单发运的混装货物,在双方国境站办妥货物交接手续后,其货运代理人在国境站应及时向铁路提取货物,进行拆箱,及时办理分拨、分运和中转业务,并按照收、发货人的要求,根据贸易合同代为缮制有关货运单证,向铁路重新办理托运手续。在分运货物时,必须做到货物包装符合运输要求单,与货相符,并结清海关手续。

由于国内机构变动或为调节市场需求,需要变更原定国内到站或收货人,国外的发货人或代理人在运单"到站"栏内填写的我国到站为进口口岸站,则货物到达进口口岸后,也需变更到站或收货人。进口货物变更到站或收货人,根据《国际货协》和我国有关铁路规章的规定,货物运输变更以发货人或收货人办理一次为限,一批货物不能分开办理变更。进口货物的变更,应在货物到达国境站前或到达时,由收货人提出,收货人或其代理人根据需要在国境站办理变更。如果货主要求继续运输到国内的某一车站,则在国境站向铁路办理托运手续。

(4) 联运进口货物事故的处理。通常铁路联运进口货物到达国境站后发现的货运事故大约有以下几类:

① 合同资料与随车单证不符。

② 单证与货物不符,包括有票无货、有货无票。

③ 货物错经国境口岸。

④ 货物混装、短装、溢装或超过合同约定的数量。

⑤ 货物不符合合同约定或国际货协的规定。

对于上述情况,国境站国际货运代理应本着以下原则处理:属铁路责任造成的,做好商务记录,详细记载,联系铁路进行处理;属发货人造成的,根据合同资料和有关规定认真细致检查货物,确有可靠依据,应予以纠正;否则,应联系收货人或发货人,货运代理人协助予以处理。

4.3.3.4　国际铁路联运进口货物的交付

1) 联运进口货物列车长与到达车站的交接

从国境站驶向国内的列车到达车站后,列车长与到达车站办理重车与票据的交接。其交接与检查方法与国境站交接的检查相同,运转室将到达票据登记于票据移交簿后,移交货运室。货车调运前,货运员应将卸货地点通知运转室,联系卸车。

货车调到卸车地点,货运员根据货票并请海关人员一起核对货车,确认货车是否完整,货物装载状态是否完好。如有异状,应报告货运、公安等有关部门到现场检查,会同卸车;如发现票货不符或短少、残损、污染、湿损和被盗等事故,应证明事故情况,编制商务记录。

2)到达车站与收货人的交接

(1)联运进口货物到达车站后,铁路根据运单和随附运单的进口货物通知单所记载的实际收货人,及时发出货物到达通知,通知收货人提取货物。

(2)收货人接到通知后,必须在车站规定的期限内支付有关运输费用后提取货物。在收货人付清一切应付运输费用后,车站必须将货物连同运单及随附单证一起交付收货人。

(3)如到达的货物是在口岸办理转关运输货物,收货人在接到铁路发出的货物到达通知书后,应及时向车站提取海关关封和运单,并按规定缮制进口货物报关单,随附该批进口货物的有关单证,向当地海关办理进口货物报关手续。海关同意验放并在铁路运单上加盖海关放行章,收货人才可向车站办理提货手续。

(4)收货人领取货物时,应在运行报单上填明货物领取日期,并加盖收货戳记。收货人只在货物因毁损或腐坏而使质量发生变化,以致部分或全部货物不能按原用途使用时,才可以拒绝领取货物。在运单中所载货物部分短少时,收货人也应按运单向车站支付全部运送费用款额。在此情况下,收货人按赔偿要求手续对未交付的货物,有权领回按短少比例所付相应的有关款额。

(5)车站在交付货物时,主动或应收货人的要求检查货物状态,如发现货物部分或全部灭失或毁损,铁路必须编制商务记录,并将记录副本交收货人。但在检查货物状态时,即使货物性能不会发生自然损耗,其重量磅差不超过 0.2%,即认为重量正确,不编商务记录。在货物交付后,收货人不得再要求车站编制商务记录。

(6)根据《国际货协》规定,在货物运到期限期满 30 天后,如果车站未将货物交付收货人或未请收货人处理。收货人就可以不提证据,而认为货物已经灭失,并凭运单和到达通知单或运单副本,要求车站赔偿。

除《国际货协》规定外,在其他一切情况下,货物的交付,均按国内规章办理。

4.3.4 国际铁路集装箱货物运输业务组织

4.3.4.1 国际铁路集装箱的办理种类

1)中小吨位集装箱

容积为 1.0~3.0 m³(含 3.0 m³),最大允许总重量为 2.5 t 的集装箱为小吨位集装箱;容积为 3.0~15.0 m³,允许总重量为 2.5~5.0 t(含 5.0 t)的集装箱为中吨位集装箱。小吨位集装箱和中吨位集装箱货物可办理零担或整车货物运送;不属于铁路的小吨位和中吨位空集装箱不适用集装箱运送的规定。

对于小吨位和中吨位集装箱,我国铁路目前只办理整车运送的5 t箱和零担运送的1 t箱装进口货物。出口货物可利用返还的集装箱装运到集装箱所属铁路。我国铁路集装箱暂不出口。

2)大吨位集装箱

长20 ft、30 ft或40 ft(相应为6 058 mm、9 125 mm或12 192 mm),宽8 ft(2 438 mm)和高8 ft 6 in(即2 591 mm),符合ISO系列1的集装箱为大吨位集装箱。

大吨位集装箱货物和大吨位空集装箱仅可办理大吨位集装箱货物运送。我国和蒙古铁路间可办理使用中铁10 t集装箱货物的运送。

不符合上述条件的集装箱,以及《国际货协》附件2"危险货物运送规则"未做规定的危险货物专用集装箱,需经参加运送的各铁路商定后,才准许运送。

4.3.4.2　国际铁路集装箱货物运送的原则规定

(1)集装箱由发送路的集装箱办理站承运,换装国境和到站必须符合《国际货协》的附件8"集装箱运送规则"的有关规定。

(2)集装箱装运要按发送路的国内规章办理。我国的集装箱装运要按我国的《铁路集装箱运输规则》和《铁路集装箱运输管理规则》办理。

(3)不符合集装箱办理类型要求的集装箱以及《国际货协》有关附件未做规定的专用集装箱,必须经参加运送的各国铁路商定同意后才准许运送。

4.3.4.3　国际铁路集装箱货物运送特别要求的规定

1)托运与承运

(1)发货人必须对每一集装箱和每一大吨位空集装箱填写运单,但下列情况可按一份运单办理:按整车货物运送时,在不换装运送中,同其他货物一起发送的数个小吨位或数个中吨位集装箱;在换装运送中发送的数个小吨位集装箱;在换装运送中经发送路与换装铁路商定发送的数个中吨位集装箱;在不换装运送中装在一辆车上的大吨位集装箱不超过3个,其总长度不超过60 ft(18 174 mm)。

(2)发货人应根据运单填写说明,在运单第10栏"包装种类"内,填写"集装箱"字样,并在下面用括号注明装入集装箱内货物的包装种类;在运单第11栏"件数"内,填写集装箱数,并在下面用括号注明装入所有集装箱内货批总件数;在运单第13栏"发货人确定的重量"内填写集装箱的自重和总重,对于大吨位集装箱,应分别记载每箱的货物重量、集装箱自重和总重,运送大吨位空集装箱时,记载集装箱自重;在运单第18栏"种类、类型"内,注明集装箱的种类(小、中、大吨位)和类型(如20 ft或40 ft);在运单第19栏"所属者及号码"内,注明集装箱所属者记号和号码,不属铁路的集装箱,应在号码之后注明大写拉丁字母"P"。

2）装箱与施封

（1）铁路集装箱不得装运能损坏或污染集装箱，使其掏箱后不能进行清洗、消毒的货物，以及能引起传染疾病的有臭味的食品和物质。用集装箱装运危险货物必须遵守《国际货协》附件2"危险货物运送规则"的规定。在运送途中需要加冷、通风、加温的食品或其他物品，必须使用专用集装箱，并与参加运送的铁路商定后，才能运送。

（2）在使用集装箱向阿（塞）铁、白铁、格铁、哈铁、拉铁、立铁、摩铁、俄铁、塔铁、土铁、乌（兹）铁、乌铁和爱铁运送货物时，一件货物的重量，小吨位、中吨位集装箱不得超过120 kg，大吨位集装箱不得超过1 500 kg。用铁路大吨位集装箱向上述国家铁路运进或运出家庭用品时，须预先与其商定。

（3）发货人应确认集装箱是否适于运送该种货物。如果发货人将货物装入不良的集装箱或不适合运送该种货物的集装箱，则铁路对由此而发生的货物全部及部分灭失、毁损、腐坏或因其他原因降低货物质量概不负责。

（4）用集装箱装运无容器或简易容器装的货物时，发货人应采取措施，例如，用纸或其他材料给集装箱壁加衬，使用防护层、橡皮垫、软质绝缘材料包裹货物，保证货物完整，防止发生货物毁损、腐坏或因其他原因降低其质量，并采取措施保护集装箱免受货物的不良影响，如腐蚀等。

（5）发货人向集装箱内装货物时，应使集装箱门能够自由开启和关闭。发货人在集装箱内放置和加固货物时，应使货物不论在装载或以后运送中不致损坏集装箱。在其他方面，集装箱货物的装载加固按发送路的现行国内规章办理。

（6）除装运家庭用品的集装箱外，仅限由发货人封印时，方可承运。装运家庭用品的集装箱，如发送路的现行国内规章无其他规定，则应由发站有发货人在场时施封。集装箱的施封，应按《国际货协》第9条第8项和发送路的现行国内规章办理。中吨位和大吨位集装箱的每一门洞应施加一个封印，加挂在最后关闭的箱门的锁闭装置的把手上。

（7）发货人应在集装箱规定的位置或箱门上（如果未规定该位置）放置根据《国际货协》附件8.4号格式填写的一份表示牌，另一份表示牌应放入集装箱中。此时发货人应除掉旧的表示牌。表示牌的打印和填写应用中、俄两种文字，我国往越南、朝鲜运送时，只用中文。

3）装车与运送

（1）集装箱的装车按发送路国内规章办理。在换装运送中，不准将中吨位集装箱与其他零担货物同车运送。大吨位集装箱应使用敞车、专有平车或有端侧板的平车装运，装载两箱时，箱门应相对，间距不得超过200 mm。

（2）我国往未参加《国际货协》的欧洲国家的铁路发运属于发货人或收货人的大吨位集装箱（20 ft、40 ft）时，不适用《统一货价》第4条第2项的规定，可用《国际货协》运单办理至参加《国际货协》的东欧某一国家铁路的进口国境站,由发货人或收货人委托在该站的代理人办理转发送至最终到站;相反方向运送时,可从该国境站开始办理。过境《国际货协》其他参加路的运送费用,不适用《统一货价》第4条第9项的规定,不在我国铁路发站或到站核收,由发货人或收货人通过与其他国家有关方面签订的协议,与过境路直接进行清算。在运单第20栏"发货人负担下列过境铁路的费用"内记载由何人支付过境铁路运送费用。

(3) 集装箱在运送途中破损,不能继续运送货物时,发现破损的铁路,应用自方的器材和费用,将货物装至另一适用的集装箱中。如无适于换装货物的集装箱时,则将小吨位或中吨位集装箱的货物装入箱、袋或其他适用的容器中,将大吨位集装箱的货物换装入车辆中,发往到站。此时,应将货物过磅,必要时按《国际货协》第18条规定编制商务记录。如货物因特殊的自然性质、危险性或其他原因不能由铁路进行换装,则应根据《国际货协》第21条处理该货物。不属于铁路所有的破损集装箱,换装站应按此规定处理集装箱。

(4) 对于由发货人装车的集装箱货物(集装箱门朝内),如该车辆内的集装箱在运送途中没有重新摆放,并且交付收货人时没有检查封印,也没有可以成为货物短少原因的能触及货物的外部痕迹时,承运人对货物短少不负责。

4) 交付与返箱

(1) 铁路向收货人交付货物时,如集装箱及封印完整,则对集装箱内因货物容器和包装不适当或无容器和包装,以及放置方法不正确而发生的货物灭失、重量不足、毁损、腐坏或其他原因降低质量,铁路概不负责。

(2) 收货人返还属于铁路的集装箱的状态必须清洁,必要时,必须经过消毒处理;不属于铁路的集装箱交付收货人后,到达路无义务采取返还空集装箱或继续使用的措施。

4.4　公路段货物运输业务组织

4.4.1　公路货物运输的类别

4.4.1.1　公路货物运输的分类方法

采用汽车运输的货物品种繁多、性质各异、数量不等,不同货物对运输的要求不一。由于公路货运庞杂,只是基于不同目的和用途的分类方法众多。归纳起来,大致有下列数种分类方法:

(1) 按地域范围分类,可分为国内货运和国际货运,国内货运又可分为城市间货运和城市货运等。

(2) 按货物特征分类,可分为整车货运、零担货运、大宗货运、零星货运、普通货运、特种货运等。

（3）按货物包装情况分类,可分为包装货运、散装货运等。

（4）按货物品名分类,按货类统计现分为煤炭、石油、钢铁、粮食、棉花等21种。

（5）按运距、方向分类,可分为短途和长途货运、去程和回程运输。

（6）按运输组织分类,可分为合理运输、不合理运输、快货运输、班线运输和非班线运输、直达和中转货运、包车货运、拖挂货运、集装化运输、货物联运等。

4.4.1.2　常用的公路货物运输类别

在实践中,上述有些分类还可细化,不过,常用的主要有整车运与零担货运、长途与短途货运、普通与特殊货运、集装化运输与包车货物运输等。

1）整车货物运输

整车货物是指同一托运人一次托运的货物数量较大,一般可以装满一辆汽车,通常是计费重量超过 3 t 的货物,或者其计费重量不足 3 t,但其性质、体积或形状需要用一辆汽车运输的货物,如

（1）鲜活货物,如冻肉、冻鱼,鲜鱼,活的牛、羊、猪、兔,蜜蜂等。

（2）需要整车运输的货物,如石油、烧碱等危险货物,粮食、粉剂的散装等。

（3）不能与其他货物拼装运输的危险货。

（4）易于污染其他货物的不洁货物,如炭黑、皮毛、垃圾等。

（5）不易计数的散装货物,如煤、焦炭、矿石、矿砂等。

这里的"一次托运"通常是指同一托运人、同一运单、同时托运、同一到达站的货物。

有时,一个托运人托运整车货物的重量（毛重）低于车辆额定载重量时,为合理使用车辆的载重能力,也可以拼装另一托运人托运的货物,即一车二票或多票,但货物总重量不得超过车辆额定载重量。

整车货物多点装卸,按全程合计最大载重量计重,最大载重量不足车辆额定载重量时,按车辆额定载重量计算。

托运整车货物由托运人自理装车,未装足车辆标记载重量时,按车辆载重核收运费。

2）零担货物运输

所谓零担货物运输,系指同一货物托运人托运的货物不足 3 t。零担货物运输按其性质和运输要求可分为普通零担货物和特种零担货物。普通零担货物指《公路价规》中列明的并使用于零担汽车运输的一等、二等、三等普通货物。特种零担货物是分长、大、笨重零担货物,危险、贵重零担货物,以及特种鲜活零担货物。

按件托运的零担货物,单件体积一般不得小于 0.01 m³（单件重量超过10 kg）;货物长度、宽度、高度分别不得超过 3.5 m 和 1.3 m。不符合这些要求的,不能按零担货物托运、承运。做出这些规定,主要是为了便于拼装多个托运人交运

的货物,使零担货车有限的容积得到充分利用。

3) 特种货物运输

与普通货物相对应,特种货物运输是指被运输货物本身的性质特殊,在装卸、储存、储送过程中有特殊要求,以保证完整无损及安全的,一般须以大型汽车或挂车(核定吨位为 40 t 级以上的)以及罐车、冷藏车、保温车等车辆运输。

这种货物运输又分为长大笨重货物运输、贵重货物运输、鲜活易腐货物运输和危险货物运输四种,每种又分为若干类,各类运输都有不同的要求和不同的运输方法。

4) 集装化运输

集装化运输也称为成组运输或规格化运输,是指以集装单元为运输单位的货物运输。"集装单位"是指把一定数量的货物,按照一定的标准重量或体积,汇集成便于储运、装卸的单元。组成集装单元货物的形式通常有以下四种:

(1) 按照一定的要求或规格捆扎而成的集装单元,如锌块、氧气瓶、带钢、棉包等。

(2) 集装袋、集装网为单元的集装单元,通常用来盛装件杂货。

(3) 以集装箱为单位的集装单元。

(4) 以托盘为单位的集装单元。

集装化运输已成为一种普遍被使用的货运形式,它能减少货物在整个运输过程中的损失,提高运输质量,有利于组织搬运装卸机械化作业,以及不同运输方式之间的货物联运。集装化运输的主要形式是托盘运输和集装箱运输。托盘运输是将成件货物码放在托盘上,一并装入车辆进行运送。以集装箱为集装单元的货物运输称为集装箱运输。集装箱运输可以和托盘及其系列集装单位相结合,使得货物的管理、运输、仓储、分送等的机械作业和全程货运效率提高,成本降低。

5) 包车货物运输

包车货物运输是指车辆出租人将车辆包租给承租人使用一个行程或几个行程或一定时间,并用以完成在约定地点之间、载运约定货物,而由承租人支付租车费用的一种营运方式。包车货物运输也称行程租车运输。

包车货运通常有两种形式。

(1) 计程包车运输,即运费按货物运输里程结算。

(2) 计时包车运输,是指按包车时间结算运费,通常适用于以下情况:

① 不易计算货物运量、运距。

② 货物性质、道路条件限制车辆不能按正常速度运行。

③ 装卸次数频繁或时间过长。

④ 需托运人自行确定车辆开停时间。

⑤ 40 t 以上及大型汽车及挂车运输。

计时时间是车辆到达托运人指定地点起至完成任务时止的时间。车辆在包运过程中发生的故障、修理和驾驶员用餐时间应予扣除。计费时间以小时为单位,起码计费时间为 2 h,使用时间不足 2 h,按 2 h 计算;超过 2 h,以半小时计算,不足半小时进为半小时。应托运人要求整日包车,每日按 8 h 计算,使用时间超过 8 h,按实际使用的时间计算。

包车费用按吨位小时运价和计算时间计算。吨位小时运价是按 1 520 km 长度计程的不同吨位车型的一等普通货运价。

4.4.2　公路货物运输业务组织

公路汽车货物运输企业应根据相关运输法规从事经营业务活动。公路汽车货物运输的环节一般包括货物的托运与承运、装运前的准备工作、装车、运送、卸车、保管和交付货物等,并可将其分为发送作业、途中作业和到达作业 3 个阶段。

4.4.2.1　发送作业

货物在始发站的各项货运作业统称为发送工作,发送工作主要由受理托运、组织装车和核算制票 3 部分组成。

1) 货物托运

无论是货物交给公路运输企业运输,还是公路运输企业主动承揽货物,都必须由货主办理托运手续。托运手续以托运人填写"运单"开始。公路货物运单是公路货物运输部门及运输代理人开具货票的凭证,是运输经营者接收货物并在运输期间负责保管装卸和货物到达交接的凭据,也是记录车辆运行(运输延滞、空驶、运输事故等)和行业统计的原始凭证。

公路运输部门收到由货物托运人的运单后,应对运单的内容进行审核,即审核货物的详细情况(名称、体积、重量、运输要求),以及根据具体情况确定是否受理;检验有关运输凭证,货物托运人送交运单时,应根据有关规定同时向公路运输部门提交准许出口、外运、调拨、分配等证明文件,或随货同行的有关票证单证。通常会有下列几种单证:根据各级政府法令规定必需提交的证明文件;货物托运人委托承运部门代为提取货物的证明或凭据;有关运输该批(车)货物的质量、数量、规格的单证;其他有关凭证,如动植物检疫证、超限运输许可证、禁通路线的特许通行证、关税单证等。

托运人所托运的货物必须符合安全运输的各种要求。否则,承运人不承担由此而发生的损失的责任。托运人对承运人因此而遭受的损失应负赔偿责任。对托运人的要求如下:

(1) 不能将危险品、易腐、易溢漏的货物夹在普通货中交运,也不能在普通货中夹带贵重物品、货币、有价证券、重要票证。出现这类情况而发生事故,包括货损赔偿、损坏或污染车辆车厢的损失、遗失贵重物品和货币的损失等,后果完全由托运人负责。

（2）托运集装箱时，托运人应按核定载重量积载，不得超载以图少付运费（集装箱是按箱车公里计费而不是按吨公里计费）；装箱时，应做到合理积载（如轻货压重货等）。如因违反此项规定而导致货损，承运人不负赔偿责任。集装箱如装有拼箱货物，必须要求起讫地点、运输条件相同。运输途中不能开箱卸货。

（3）托运有特殊要求的货物，应由托、承运方商定运输条件和特约事项，填注于运单上。例如，对长大笨重货物及高级精密仪器等，托运人应提供货物规格、性质及对运输要求的详细说明书；必要时，托、承双方应先会同查看货物和运输现场，商定运输方案后再办理托运手续。又如托运鲜活货物应提供说明最长运输期限及有关中途管理、照料事宜的文件，承运方不能满足其要求时，不应承运。

托运危险货物应按交通运输部颁布的《道路危险货物运输管理规定》办理手续。

托运货物的包装应符合国家标准或专业标准；未规定统一标准的，应符合交通运输部规定的货物包装要求；没有标准和要求的，应在保证货物运输的原则下进行包装。对不符合要求的货物，托运人必须改善包装使之符合运输要求后始能托运。有些货物在运输过程中可能需要加固包装或更换包装，托运人应提供所需包装材料，随货物免费运输。如果此项包装物重量大，承运人有理由收取运费。随车运载的备用包装物与货物的总重不能超过车辆核定载重量。

托运人应对托运货物按国家规定制作运输标志和包装、储运图示标志。

托运人托运国家规定禁运、限运的货物，必须提交合法准运证明文件。否则，承运人不得违章擅自受理。

托运人应该如实申报托运货物重量，准确填写在运单上。承运人认为必要时，可会同托运人共同称重核实。按整车运输时，散装、无包装和不成捆的货物（有色金属块、钢锭、钢轨、货质钢材除外），只按重量托运，不计件数。货物重量每件10 kg以上，托运人能按件点交的，均按件数和重量托运；对包装、成捆的计件货物，不计包装、捆内的细数。

运输途中需要饲养、照料的动、植物，以及尖端保密产品、稀有珍贵物品和文物、军械弹药、有价证券、重要票证、货币等以及承运人认为需要途中照料的长大笨重、易腐、危险、个人搬家物件等货物，托运人应有人随车押运。非上述货物而托运人要求派人押运的，须经承运人同意。押运人员的姓名及必要的情况应填在运单上，不能随意换人顶替。押运人员每车一个，免费乘车。承运人同意增加的押运人员应照章购买客票乘车，押运人员必须是熟悉所运货物性质、途中照料方法的人员，其责任是对货物的交接与管理，及时处理运输过程中所运货物出现的异常情况，并应向汽车驾驶员声明。有押运人员时，运输途中发生的货损、货差、承运人不负损失赔偿责任。

2）货物核实理货

货物的核实理货工作一般有受理前的核实和起运前的验货。受理前的核实是在货方提出托运计划并填写运单后,运输部门派人会同货方进行的。核实的内容主要如下:

（1）运单所托运的货物是否已进入待运状态。

（2）装运的货物数量、发运日期有无变更。

（3）运输的货源有无保证。

（4）货物包装是否符合运输要求,危险货物的包装是否符合《道路危险货物运输管理规定》的规定。

（5）确定货物体积、重量的换装标准及其交接方式。

（6）装卸场地的机械设备、通行能力。

（7）运输道路的桥涵、沟管、电缆、架空电线等详细情况。

货物起运前核实工作称为理货或验货,它是在运量核定后,运力调配前,或货物装车前进行的。其主要内容如下:

（1）承托双方共同验货。

（2）落实货源、货流。

（3）落实装卸、搬运设备。

（4）查清货物待运条件是否变更。

（5）确定装车时间。

（6）通过发货、收货单位做好过磅、分垛、装卸等准备工作。

3）货物装卸

货物装车、卸车是货物始发或到达所不可缺少的作业。货物承运人应监装监卸,使装卸质量得到保证,并尽量压缩装卸时间。

货物装卸作业要求:

（1）按车辆的核定吨位装货,不得任意超载（整件货物或整批货物的尾数,允许增载,但不得超过车辆载定吨位的10%）;以普通货车装载货物,必须符合有关长、宽、高尺寸限额的规定。装卸危险货物要符合《道路货物运输管理规定》的有关规定。

（2）有些货物装卸载时需要衬垫、加固,必须照章做到,所需费用由托运人承担。货物运到后,衬垫和加固材料交给收货人。

（3）防止货物装卸时的混杂、污染、散落、漏损、砸撞。特别要注意,有毒货物不得与食品类货物混装,性质相抵触的货物不能混装。

（4）装车货物应数量准确,捆扎牢固,做好防丢措施;卸货时,点交清楚、码放、堆放整齐,标志向外,箭头向上。

（5）装车前、卸车后，对车厢进行检查和清扫。因货物性质要求，装车前、后需对车辆进行特殊清洗、消毒的，必须达到规定要求。所需费用由托运人负担。

托运人自理装卸作业的要求：

由托运人自理装卸作业，承运人应在约定的时间将车辆开到装卸货物现场，并由理货人员和汽车驾驶员进行指导和监督。托运人应保证在规定的时间内装卸完毕。对托运人自理装车的货物，发现有下列情况之一者，由托运人改善，在未改善前，不得起运。

（1）货物的装载不符合要求，可能导致货物丢失、损坏的。

（2）应苫盖篷布的货物而未苫盖或苫盖不严及篷布绳索捆绑不牢固的。

（3）不符合装载规定的（由承运单位负责装车时，汽车驾驶员发现上述情况，也应责成装卸人员改善；未改善前，也不应起运）。

4）整车货物的运输变更

整车货物的运输变更通常是货物托运人或收货人对运输中的货物因特殊原因对运输提出的变更要求，主要如下：

（1）取消运输要求，即货物已申请托运，但尚未装车。

（2）停止装运，即已开始装车或正在装车，但尚未起运的。

（3）中途停运，即货物未运抵到站前，并能通知停运的。

（4）运回起运站，即货物已运抵到站，收货人提货之前收回。

（5）变更到达站，即在车辆运输所经过的站别范围内或在原运程内。

（6）变更收货人。运输变更无论是整车或零担，均以一张货票记载的全部货物为限。

整车货物运输变更的手续，应由货物托运人向起运站提出运输变更的申请书，同时提出货票或运单托运回执联，在不能提出货票或回执托运联时，则应提出其他有效的证明文件，填写商务变更申请书，说明货物运输变更原因，加盖与原运单上相同的盖章，向车站提出申请。经车站审查，如提出的货物运输变更内容在不违反有关规定时则予以受理。

上述发送作业中的各个环节，主要是针对整车货物，对于零担货物，有一些不同的地方。公路零担货物运单一式两份，一份由起运站仓库存查，另一份则于开票后随货同行。凡货物到站在零担班车运输路线范围内的，则称为直线零担，可填写"零担货物运单"。如需要通过中转换装的，称为联运零担，可填写"联运货物运单"。填写运单时，应注意填写的内容齐全、完整、准确，并注明提货方式；填写货物名称应用常见的通俗易懂的名称，不可用代号、字母代替；如有特殊事项，除在发货人事栏的记载外，还必须向受理人员做口头说明。

运单审核注意事项：对托运单各栏有涂改不清的要求重新填写；审核到站与收货人地址是否相符，以免误运；对货物、品名、属性应进行鉴别，以免造成货运事故;对货物及包装应认真核对,以免错提错交;对托运人在声明栏内填写的内容应特别予以注意,如要求的内容无法办理则应予说明。

对于零担货物在配送装车时,应整理各种随货同行的单证,其中包括提货联、随货联、运单、零担货票及其他随送单证;对中途装卸零担货物,则应先卸后装,无论卸货进仓或装货上车均应按起点站装卸作业流程办理;起运站与承运车辆,应根据"零担货物装车交接清单"办理交接手续,并按交接清单有关栏目逐批点交。交接完毕后,由随车理货人员或驾驶员在交接清单上签收。交接清单以一站一单为原则。

4.4.2.2　途中作业

货物在运送途中发生的各项货运作业统称为途中作业。途中作业主要包括途中货物交接、货物整理或换装等作业内容。为了方便货主,整车货物还允许途中拼装或分卸作业,这时,应认真办理交接检查手续。

4.4.2.3　到达作业

货物在到达站发生的各项货运作业统称为到达作业。到达作业主要包括货运票据的交接,货物卸车、保管和交付等内容。

车辆装运货物抵达卸车地点后,收货人或车站货运员应组织卸车。卸车时,对卸下货物的品名、件数、包装和货物状态等应做必要的检查。

货物交接是到达作业最重要的内容,对包装货物要"件交件收",点件清楚;散装货物尽可能做到"磅交磅收",计量准确;施封货物如集装箱凭铅封点交。如发现货损货差,则应按有关规定编制记录并申报处理。收货人可在记录或货票上签署意见,但无权拒收货物。交货完毕后,应由收货人在货票收货回单联上签字盖章,公路运送人的责任即告终止。经签收的货票应回交驾驶员并附路单带回车队存查并作为统计依据。卸车时如发现没有运送票据,包装破损,货物变质损坏,则应将货物另行暂存,待货卸完后与收货人、驾驶员按有关规定予以处理。

承运人对运达到站的货物无人接收时,一方面妥善保管货物,另一方面积极查找货主。超过发出领货通知一定时间(现行规定为 30 天)仍无人接收的货物,按国家《关于港口、车站无法交付货物的处理办法》办理。鲜活和不易保管的货物,报经有关主管部门批准,可不受规定时间的限制,提前处理。

对于零担货物的卸车交货有一些要注意的事项:

(1)车站货运员在班车到站时,应向随车理货员或驾驶员索阅货物交接单,以及跟随的有关单证,并与实际装载情况核对,如有不符应在交接清单上注明。

(2)卸车时,根据随货同行的运单和信票等逐批、逐件验收。卸车完毕后,收货员与驾驶员或随车理货员办理交接手续,并在交接清单上签字。

(3)在卸车完毕后,对到达的货物计入"零担货物到货登记表",并迅速以到货公告或到货通知单,催促收货人前来提货。

（4）交货完毕，并收回货票提货联，公路运输的责任即告终止。

4.5 多式联运业务组织

4.5.1 多式联运路径选择方法

多式联运的目的就是为货主提供经济、合理、迅速、安全、简捷的运输服务，国际多式联运的线路选择直接关系到货物运输的费用、时间和运输质量，也是多式联运经营人的服务能否使货主或托运人满意的最关键因素。综合各种运输因素考虑，哪家多式联运经营企业选配的线路最适合货物的运输，哪家企业就能赢得最多的货主信任，从而提高企业的效益，所以，做好线路的选择对整个多式联运来说有重要的意义。

4.5.1.1 多式联运路径选择评价指标体系

从运输组织的角度，路径一般有三种形式：最短路径、特定路径和迂回路径。最短路径指运输线路构成闭合的环状网络时，环上任意一对到发站间存在的多条路径中，运输距离最短，运输期限最短，或运输费用最经济的一条路径。当由于货物的特殊性要求或者运输设备的限制需要特殊指定路径运送时，这条路径相对于最短路径而言称为特定路径。迂回路径则主要是指在日常运输工作中，由于运营条件发生临时性变化而临时指定的一些路径，它属于非正常路径。

影响集装箱运行路径选择的主要因素有以下几个方面：

1）经由线路的运输费用

运费是物流费用的主要部分，无论对货主还是对物流企业都是运输合理化的一个重要的标志。费用的高低决定着物流成本的多少，同时也决定着企业总成本的高低，影响着企业的竞争力，是路径选择的决定性因素。其构成包括各区间段的运输费用、中转费用，以及必要时候相关的仓储费用。

2）经由线路运输所需时间

运输时间在全部物流时间中占绝大部分，因此，运输时间的缩短对整个流通时间的缩短具有决定性的作用。在运输途中，同一运输区段上两条线路的运输时间不仅仅包括各区段的运输时间，还包括中转站的中转时间、必要时候的仓储时间。

3）运输方式

根据货源结构、运输时间、运输批量、运输的出发地和目的地的不同，确定该运输线路的主要运输方式以及与其配套的区段运输方式。在企业发货给配送中心、分销商、批发商和最终消费者的运输实践操作中，一般来说，主要有 4 种运输方式可供选择：铁路运输、公路运输、水路运输和航空运输。

4）运输方便性

运输方便性主要包括过境口岸的设施条件、手续便捷程度、运输信息的畅通和港口、场站的服务质量、线路的可选择性等方面。过境口岸的设施条件影响物流作业的效率,手续办理的便捷程度决定货物在港口、堆场等环节的滞留时间,滞留的时间越长,货物的运输成本就越高。运输信息的畅通可帮助多式联运经营人随时了解货物的运输状况,以便采取合理措施处理突发事件。线路的可选择性决定着是否能够选择费用更低、时间更少的线路。所以,运输方便性也是运输路径选择需要考虑的重要因素。

5）运输质量

运输质量主要是指有没有货损和货物灭失、运输的准时性是否可靠。在运输途中,由于天气等不可抗力,货物会或多或少受到损坏,运输质量高的线路可减少货物损失。准时性影响着运输时间的长短和交货时间的准确性,也影响着承运人的信誉。因此,运输质量是多式联运经营人选择路径时必须考虑的因素。

集装箱多式联运路径选择应遵循以下主要原则:

（1）在线路能力能够满足的条件下,应尽量选择最短路径。

（2）对于线路能力紧张区段,可选用绕道运输的方式,以缓解进路能力紧张的压力。

（3）所选择运输路径上的相关路线运输能力应有较好的适应性,扩能改造建设投资较小。

（4）路径应有良好的经济效益和社会效益。

（5）路径选择应根据路网规划及发展同步调查。

集装箱多式联运系统的建立离不开相关企业的参与,参与企业经营绩效的好坏直接决定着多式联运系统能否持续有效的运转。目前对于企业经营的绩效评价有许多种方法,例如,企业财务状况的综合评价有杜邦财务分析体系和财务比率的综合评价。我国财政部于2005年公布了一套企业经济效益评价指标体系。该体系包括了10个指标:

（1）销售利润额。

（2）总资产报酬率。

（3）资本收益率。

（4）资本保值增值率。

（5）资产负债率。

（6）流动比率（或速动比率）。

（7）应收账款周转率。

（8）存货周转率。

（9）社会贡献率。

（10）社会积累率。

但作为集装箱多式联运的运输企业与一般企业单纯的经营活动不同,不能单纯用财务上的指标体系来衡量,效益的涵盖面更广,不但反映了企业经营者主观愿望——动因的实现程度,又用企业成功的最终实质——未来发展有效性来客观地描述,这样通过主客观两个方面有机的结合界定企业的效益。据此,它由以下7个分指标组成:

(1) 综合成本降低度。企业实施集装箱多式联运的成本动因就是在实现综合成本的降低,此处的综合成本具体包括:因规模经济而促成的产品平均成本降低,还包括交易成本、时间成本、经验成本、代理成本的降低。各式各类成本动因促成的各种成本的变化糅合在一起就构成了综合成本降低度这一指标。

(2) 规模效益度。规模效益度反映企业参与集装箱多式联运之后规模的扩大带来有利于市场竞争,增强抵御市场风险,提高企业信用度,取得强大谈判地位,提高外部要素配置能力的程度。

(3) 协同效应发挥度。其反映企业在参与集装箱多式联运系统后产生的生产协同效应和财务协同效应程度。

(4) 网络效应增加度。其反映企业在战略、结构、管理过程于一体的动态网络程度,用它描述企业为了适应新的、复杂的、变化了的竞争条件而形成的网络形态程度。

(5) 市场份额增加度。国际航运企业通过多式联运扩大市场份额,以取得一定的集中度和垄断力,企业把扩大市场份额作为企业经营行动的目标之一,国际航运企业为了能在全球市场上生存和发展,必须取得与全球市场相适应的企业规模和竞争力,这迫使企业扩张规模,增强实力,抢占市场份额,增加产业集中度。提高市场份额是企业着眼于长远获利,用此指标反映市场份额效应和市场进入效应的程度。

(6) 公司形象提高度。这是一个定性的指标,用来反映公司形象效应改进的程度,它又由企业文化和公司形象两个分指标加以综合衡量。

(7) 核心能力提高度。企业的成功不仅表现在动因的实现上,而更重要的是提高了企业的核心能力。这里的核心能力是指提供企业在特定经营中的竞争能力和竞争优势基础的多方面技能,互补性资产和运行机制的有机融合,是不同技术系统、管理系统及技能的有机结合,是识别和提供竞争优势的知识体系。企业动因的实现是效益的外在表现,而核心能力的提高是注重企业未来发展有效性的实质。核心能力提高由资源筹措供给能力、市场竞争潜力、资本结构指标、战略焦点、管理协作性、市场营销能力等6个分指标加以综合衡量。

通过对参与集装箱多式联运各方的大量调查及咨询,建立如图4-5所示的路径选择评价指标体系。

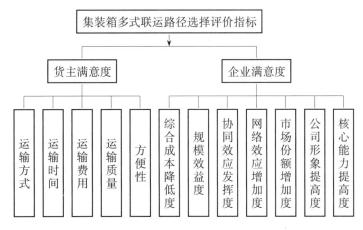

图 4-5　集装箱多式联运路径选择评价指标体系

4.5.1.2　多式联运路径选择方法

运输系统的目标是实现物品迅速、安全和低成本的运输,但是运输的安全性、及时性、经济性、便利性等是相互制约的。若重视运输速度、便利、安全则运输成本会增大;反之,若运输成本低,则其他的运输目标就不可能全面实现。以下列举的方法为多式联运路径选择的常见方法。

如何确定所讨论指标的权重,对各指标赋权的合理与否直接关系到分析结论的可靠性和公平性。而确定指标权重的方法主要有主观赋权法和客观赋权法。

1) 层次分析法

层次分析法(analytic hierarchy process,AHP)是一种定性和定量相结合的系统化、层次化的分析方法。由于它在处理复杂的决策问题上的实用性和有效性,很快在世界范围得到重视。它的应用已遍及经济计划和管理、能源政策和分配、行为科学、军事指挥、运输、农业、教育、人才、医疗和环境等领域。层次分析法是美国运筹学家、匹兹堡(Pittsburgh)大学教授 Saaty 于 1977 年提出的一种实用多准则决策方法。这种方法是把复杂问题中的各因素划分成相关联的有序层次,使之条理化的多目标多准则的决策方法,是一种定量分析与定性分析相结合的有效方法。

用层次分析法做决策首先要把问题层次化。根据问题的性质和要达到的总目标,将问题分解为不同的组成因素,并按照因素间的相互影响及所属关系按不同层次聚集组合,形成一个多层次的分析结构模型。最终把系统分析归结为最低层相对于最高层的相对重要权的确定或相对优劣次序的排列问题,从而为决策方案的选择提供依据。

下面以把 20 ft 的集装箱从中国的成都运送到美国的芝加哥为例,根据各种影响因素来确定多式联运的路径。根据上文对选择多式联运路径时要考虑的因素,可以知道运输费用、运输时间和运输质量是最重要的 3 个因素。在运输低价值的货物时,货主会将运费看成是全程运输中最重要的方面,他们认为运输时间长一点、运输质量稍微低一些对他们的影响不大;但在运输高价值的货物时,他们就会认为运输的时间和运输的质量非常重要,在保证这两个前提下运输费用高一些也可以接受。

因此,在运输不同价值的货物时各因素的影响程度不同,即权重不同。下面的例子采用层次分析法来确定各个影响因素的权重。

(1) 运输因素权重的确定。层次分析法的基本步骤如下:

① 建立层次结构模型。在深入分析实际问题的基础上,将有关的各个因素按照不同属性自上而下地分解成若干层次,同一层的诸因素从属于上一层的因素或对上层因素有影响,同时又支配下一层的因素或受到下层因素的作用。最上层为目标层,通常只有一个因素,最下层通常为方案或对象层,中间可以有一个或几个层次,通常为准则或指标层。当准则过多时(譬如多于 9 个)应进一步分解出子准则层。

② 构造成对比较阵。从层次结构模型的第 2 层开始,对从属于(或影响)上一层每个因素的同一层诸因素,用成对比较法和 1~9 比较尺度构造成对比较阵,直到最下层。

比较第 i 个元素与第 j 个元素相对上一层某个因素的重要性时,使用数量化的相对权重 a_{ij} 来描述。设共有 n 个元素参与比较,则 $\boldsymbol{A} = (a_{ij})_{n \times n}$ 称为成对比较矩阵。成对比较矩阵中 a_{ij} 的取值可参考 Satty 的提议,按表 4-7 标度进行赋值。a_{ij} 在 1~9 及其倒数中间取值。

表 4-7　相对重要程度的定义及解释

相对重要程度 a_{ij}	定义	解释
1	同等重要	因素 i 和因素 j 同样重要
3	略微重要	因素 i 比因素 j 略重要
5	相当重要	因素 i 比因素 j 重要
7	明显重要	因素 i 比因素 j 明显重要
9	绝对重要	因素 i 比因素 j 绝对重要
2、4、6、8	介于两相邻重要程度之间	
倒数	若因素 j 和因素 i 相比,判断值为 $a_{ji} = 1/a_{ij}$	

③ 计算权向量并做一致性检验。对于每一个成对比较阵计算最大特征根及对应特征向量,利用一致性指标、随机一致性指标和一致性比率做一致性检验。若检验通过,特征向量(归一化后)即为权向量;若不通过,需重新构造成对比较阵。

④ 计算组合权向量并做组合一致性检验。计算最下层对目标的组合权向量,并根据公式做组合一致性检验,若检验通过,则可按照组合权向量表示的结果进行

决策,否则需要重新考虑模型或重新构造那些一致性比率较大的成对比较阵。一致性检验可以利用一致性指标 CI 进行检验,

$$CI = \frac{\lambda_{\max} - n}{n - 1}$$

式中,$\lambda_{\max}$ 为最大特征根,n 为比较阵的阶数。一般,只要 $CI \leqslant 0.1$,就可以认为判断矩阵的一致性是可以接受的,否则,就认为一致性太差,必须重新进行两两比较。

(2)多式联运路径选择实例计算。通过对货主的调查,建立递阶层次结构(见图 4-6),并构造出判断矩阵。设 H_S 为目标层,C_1 为运输时间,C_2 为运输费用,C_3 为运输质量。

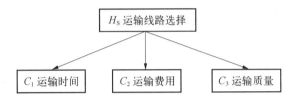

图 4-6 递阶层次结构

① 运输低价货物时的权重。

判断矩阵为 A 低价货物
$$\begin{bmatrix} H_S & C_1 & C_2 & C_3 \\ C_1 & 1 & 1/3 & 3 \\ C_2 & 3 & 1 & 5 \\ C_3 & 1/3 & 1/5 & 1 \end{bmatrix}$$

则可求得矩阵特征向量 $\boldsymbol{W} = (\boldsymbol{W}_1, \boldsymbol{W}_2, \boldsymbol{W}_3)^T$ 如下:

$$\boldsymbol{W}_1 = \sqrt[3]{1 \times 1/3 \times 3} = 1$$

$$\boldsymbol{W}_2 = \sqrt[3]{3 \times 1 \times 5} = 2.47$$

$$\boldsymbol{W}_3 = \sqrt[3]{1/3 \times 1/5 \times 1} = 0.41$$

进行归一化处理:

$$\boldsymbol{W}_A = 1 + 2.47 + 0.41 = 3.88$$

$$W_1^0 = \boldsymbol{W}_1 / \boldsymbol{W}_A = 0.258$$

$$W_2^0 = \boldsymbol{W}_2 / \boldsymbol{W}_A = 0.636$$

$$W_3^0 = \boldsymbol{W}_3 / \boldsymbol{W}_A = 0.106$$

经一致性指标检验,上面计算的权重满足要求,可以被接受。

② 运输高价货物时的权重。

判断矩阵为 **A** 高价货物
$$\begin{bmatrix} H_S & C_1 & C_2 & C_3 \\ C_1 & 1 & 3 & 2 \\ C_2 & 1/3 & 1 & 1/3 \\ C_3 & 1/2 & 3 & 1 \end{bmatrix}$$

同理可求出运输高价货物时,运输时间、运输费用和运输质量的权重分别为 0.612、0.083 和 0.305。

③ 运输路径的评价选择。货物从成都运输至芝加哥可选择的路径如图 4-7 所示。在图 4-7 中,"━━━━"代表公路运输,"————"代表海运运输,"••••••••••"代表航空运输,"━ ━ ━ ━"代表铁路运输。

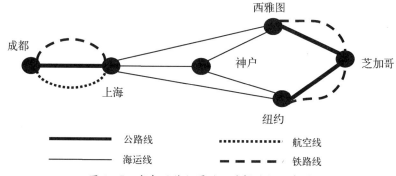

图 4-7 成都至芝加哥的可选择路径示意图

对于运输线路 i,可以用综合指标来评定该线路的优劣。综合指标的计算公式为

$$A_i = \sum_{j=1}^{3} W_j^0 C_{ij} \qquad (4-1)$$

式中,A_i——运输线路 i 的综合指标值;

W_j^0——影响因素 j 的权重;

C_{ij}——运输线路 i 中影响因素 j 的指标值。

由于运输费用、运输时间和运输质量的单位不同,因此需要通过适当变换化为无量纲的标准化指标。在本例中,运输费用和运输时间均为反映运输成本的指标,货主或托运人希望成本越低越好,运输质量则是越高越好。采用以下方法将原始指标标准化。

运输费用、运输时间为 $R_{ij} = X_{ij} - \min X_i / \max X_i - \min X_i$

运输质量为 $R_{ij} = \max X_i - X_{ij} / \max X_i - \min X_i$

式中，R_{ij}——第 i 条线路第 j 个影响因素标准化后的指标值；

　　　X_{ij}——第 i 条线路第 j 个影响因素标准化前的指标值；

　　　$\min X_i$——标准化前各条线路第 i 个影响因素中的最小值；

　　　$\max X_i$——标准化前各条线路第 i 个影响因素中的最大值。

将原始指标标准化后，按式（4-1）计算，综合指标值最高的路径即为优先选择的多式联运路径。运输线路明细表如表4-8和表4-9所见。

表4-8　成都至上海运输线路明细

	原　始　值			标　准　化		
	运费	时间	运输质量	运费	时间	运输质量
成都—（铁路）—上海	255	3	0.75	1	0.33	0.75
成都—（公路）—上海	400	4	0.85	0.8	0	0.85
成都—（航空）—上海	985	1	0.95	0	1	0.95

注：运费单位为美元/箱，时间单位为天。

表4-9　上海至芝加哥不同运输线路明细表

	原　始　值			标　准　化		
	运费	时间	运输质量	运费	时间	运输质量
上海—西雅图—（铁路）—芝加哥	3 100	20	0.75	0.69	0.81	0.75
上海—西雅图—（公路）—芝加哥	3 250	18.5	0.8	0.59	0.89	0.8
上海—西雅图—（航空）—芝加哥	4 000	16.5	1	0.13	1	1
上海—神户—西雅图—（铁路）—芝加哥	2 600	24	0.7	1	0.59	0.7
上海—神户—西雅图—（公路）—芝加哥	2 750	22.5	0.75	0.91	0.68	0.75
上海—神户—西雅图—（航空）—芝加哥	3 500	20.5	0.9	0.44	0.78	0.9
上海—纽约—（铁路）—芝加哥	3 650	30	0.78	0.34	0.27	0.73
上海—纽约—（公路）—芝加哥	3 750	31	0.85	0.28	0.22	0.82
上海—纽约—（航空）—芝加哥	4 200	28.5	1	0	0.35	1
上海—神户—纽约—（铁路）—芝加哥	3 250	34	0.75	0.59	0.05	0.7
上海—神户—西雅图—（公路）—芝加哥	3 350	35	0.8	0.53	0	0.77
上海—神户—西雅图—（航空）—芝加哥	3 800	32.5	0.95	0.25	0.14	0.93

注：运费单位为美元/箱，时间单位为天。

当运输低价货物时，利用式（4-1）可以计算得到成都—（铁路）—上海—神户—西雅图—（铁路）—芝加哥这条线路的综合指标值为1.66，高于其他线路，所以这是运输低价货物时优先选择的线路。

当运输高价货物时，计算得到具有最高综合指标值1.83的线路为成都—（航空）—上海—西雅图—（航空）—芝加哥，这是运输高价货物时的优先选择线路。

2）专家调查法与FHW决策方法

专家调查法或称专家评估法（德尔菲法），是以专家作为索取信息的对象，依靠专家的知识和经验,由专家通过调查研究对问题做出判断、评估和预测的一种方法。

专家调查法应用广泛,多年来信息研究机构采用专家个人调查法和会议调查完成了许多信息研究报告,为政府部门和企业经营单位决策提供了重要依据。

20 世纪 60 年代中期,国外许多政府机构和公司企业热衷于建立电子计算机数据处理系统,但是,实践表明,利用专家头脑的直观判断仍具有强大的生命力,专家的作用和经验是电子计算机无法完全取代的。在许多情况下,只有依靠专家才能做出判断和评估。

在下列 3 种典型情况下,利用专家的知识和经验是有效的,也是唯一可选用的调查方法。

(1) 数据缺乏:数据是各种定量研究的基础。然而,有时数据不足,或数据不能反映真实情况,或采集数据的时间过长,或者付出的代价过高,因而无法采用定量方法。

(2) 新技术评估:对于一些崭新的科学技术,在没有或缺乏数据的条件下,专家的判断往往是唯一的评价根据。

(3) 非技术因素起主要作用:当决策的问题超出了技术和经济范围而涉及生态环境、公众舆论以致政治因素时,这些非技术因素的重要性往往超过技术本身的发展因素,因而过去的数据和技术因素就处于次要地位,在这种情况下,只有依靠专家才能做出判断。

此外,由于原始信息量极大,决策涉及的相关因素(技术、政治、经济、环境、心理、文化传统等)过多,计算机处理这样大的信息量,费用很高。这时,从费用效果考虑,也应采用专家调查法。

(1) 专家调查法的步骤。设评价对象的指标(因素)集为 $A = \{A_1, A_2, \cdots, A_n\}$,现有 m 个专家分别就 A 中因素做出权数判定,其结果如表 4-10 所示,其中 $X_j = \frac{1}{m} \sum_{i=1}^{m} a_{ij}$,$S_j = \frac{1}{m} \sum_{i=1}^{m} (a_{ij} - x_j)^2$,$j = 1, 2, \cdots, n$。这一过程是单独进行的。

表 4-10 专家的权数判定数据

	A_1	A_2	$\cdots$	A_n	$\sum$
专家 1	a_{11}	a_{12}	$\cdots$	a_{1n}	1
专家 2	a_{21}	a_{22}	$\cdots$	a_{2n}	1
$\vdots$	$\vdots$	$\vdots$	$\cdots$	$\vdots$	$\vdots$
专家 m	a_{m1}	a_{m2}	$\cdots$	a_{mn}	1
平均值	$\overline{x_1}$	$\overline{x_2}$	$\cdots$	$\overline{x_n}$	
离差	s_1	s_2	$\cdots$	s_n	

不记名地将全部数据(见表 4 - 10)送交每位专家,同时附上进一步的补充材料。请每位专家在阅读和思考之后,给出新的估计值 b_{i1}, b_{i2}, $\cdots$, $b_{in}(i = 1,$ $2, \cdots, n)$。

重复上述步骤若干次,直至离差值小于或等于预先给定的标准 $\varepsilon > 0$。例如,在第 k 步首先满足 $S(k) \leqslant \varepsilon$,这类 $S(k)$ 是第 k 步的离差。因素集 X 的权集取为 $\overline{x_1}(k)$, $\overline{x_2}(k)$, $\cdots$, $\overline{x_n}(k)$,其中 $x_i(k)$ 是第 k 步的平均值 $(i = 1, 2, \cdots, n)$。

(2)专家的选定。专家的选择是德尔菲法应用成败的关键,作为理想的征询专家,不仅要具备一般专家的条件,即具有一定的专业知识,而且在相关领域也要有较广泛的一般知识,并对预测抱有热情。在选择专家前,要先分析专家的结构和分布,保证专家的代表性,一般应包括技术、管理、情报信息及高层决策人员。对于多式联运路径选择来说,应选择在该行业富有经验的专家,比如有关机构的研究人员、运输企业中熟悉流程的工作人员以及相应的决策成员等。

(3)调查表的设计。调查表应力求简化,应时刻记住调查表是为应答者使用的,所以表格要简明,切勿复杂和混乱。问题的数量要加以限制,问题太多,太广泛,会使应答者失掉回答的兴趣。接下来就可以进行第一轮征询。表 4 - 11 为多式联运路径选择指标体系调查表。经过整理,回答者参照上次结果,来回答第二次征询。重复进行该过程,就可以得出较一致的预测结论。经典的专家调查法包括四轮循环,现阶段经验表明,一般采用三轮较为适宜。对汇总的调查表,每次都有大量的数据要处理,如某项技术实现的时间、实现的可能性,等等,处理的目的是要找出反映事物发展趋势的数据,常用的是取中位数和四分位区间。

表 4 - 11　多式联运路径选择指标体系调查表

一级指标	二 级 指 标
费用	运输费用、中转费用、仓储费用
方便性	运输时间、中转时间、仓储时间、过境口岸的设施条件、手续便捷程度、运输信息的畅通、港口和场站的服务质量、线路的可选择性
影响	货损和货物灭失、运输的准时性、规模效益度、协同效应发挥度、市场份额增加度、公司形象提高度
资源利用程度	网络效应增加度、核心能力提高度、综合成本降低度

(4)FHW 决策方法。由于 FHW 是利用模糊数学、灰色系统和物元分析的有关理论建立起来的一种辅助专家决策的计算机系统,它不仅能较好地预测事物本身的后果,而且能把和此事物有联系的间接效果一起预测出来,是一种基于专家咨询的将主观评价与客观评价相结合、定性与定量方法相结合的先进的科学决策方法。

依据 FHW(模糊、灰色、物元空间)决策系统,对某一评价事物可用模糊、灰色

物元表示为 $(\mu_1, \mu_2, \cdots, \mu_m)((p_1, a_1)\cdots(p_m, a_m))((q_1, b_1)\cdots(q_m, b_m))$，其中，$(\mu_1, \mu_2, \cdots, \mu_m)$ 代表多因素、多目标评价事物的模糊向量；μ_i 为第 i 项主体指标的模糊值，(p_i, a_i) 是一个灰色物元，p_i 表示第 i 项辅助指标当前(即近期)优点，a_i 表示此项辅助指标潜在(即远期)优点。同理，q_i 表示第 i 项辅助指标当前缺点，b_i 表示此项辅助指标潜在缺点。

应用 FHW 决策方法对国际集装箱多式联运通道效益进行综合评价，将反映通道综合效益的指标，按模糊、灰色、物元的方法设计咨询表，请专家对咨询表内的各项内容进行打分，并按专家权重加权平均方法处理，得到归纳结果。表示为 $(M_1, M_2, \cdots, M_i, \cdots)[(P_1, A_1)\cdots(P_j, A_j), \cdots][(Q_1, B_1), \cdots, (Q_j, B_j), \cdots]$，它表示专家意见的多极综合，每项仍为其原有意义。然后从主体指标评价、辅助指标评价等多角度、多侧面地根据一定的运算法则进行运算，最后根据计算结果做决策。

对 FHW 咨询表的数据进行处理，将计算出以下 5 个指标：

① 总评分 $M = \sum\limits_{i=1}^{m} M_i \alpha_i$，$M_i$ 表示对各主体评价指标的总评分。

② 总灰度 N(N 优、N 劣)，它表示此方案的朦胧程度，也是信息的不完全程度，N 值越大的方案风险越大。

③ 白色优劣比 C，表示此方案当前优点与缺点之比，C 小于 1，一般不能采用。

④ 灰色优劣比 D，表示此方案潜在的优点与缺点之比，D 小于 1，不能采用。

⑤ 依赖于政策系数 η 的远近效益比 E_η，有些情况需要着重当前效益，有时需要着重长远效益，设立系数 η，体现政策。

对上述 5 个指标 M、N、C、D、E_η 的综合处理采用非保守型决策方法，即以总评分 M 和总灰度 N 为约束条件，预先给出一个限度 M_0 和 N_0，并要求 $M \geqslant M_0$、$N \leqslant N_0$。

然后求 C、D、E_η 线性组合的极大值。这种评价方法适用于工程方案的评价、方案选优和具有创新思想的决策问题。

(5)实例。通道效益综合评价的前提背景如下：

① 以一个标准集装箱在通道上的运送为考查对象来评价通道的效益。

② 在效益评价中，不考虑通道投资问题，只从多式联运管理的改进入手。

③ 南昌地区集装箱经深圳或上海港出口到欧洲，通道效益评价主体指标和辅助指标分别如表 4-12 和表 4-13 所示。通道线路及运输方式如下。

通道一：南昌→(铁路)→深圳港→欧洲(鹿特丹)；

通道二：南昌→(公路)→深圳港→欧洲(鹿特丹)；

通道三：南昌→(铁路)→上海港→欧洲(鹿特丹)；

通道四：南昌→(公路)→上海港→欧洲(鹿特丹)；

通道五：南昌→(公路)→九江港→(水运)→上海港→欧洲(鹿特丹)；

通道六：南昌→(水运)→上海港→欧洲(鹿特丹)。

表 4-12 通道效益评价主体指标
(1) 货主运输物流成本的高低
(2) 通道成本的高低
(3) 货物运送时间的长短
(4) 货物运输办理的便捷性
(5) 货物运输的安全性
(6) 通道的通畅程度
(7) 集装箱门到港比重的高低
(8) 船货在港平均停留时间的长短
(9) 提前结汇效益的大小
(10) 对环境保护的影响程度
(11) 资源利用程度
(12) 对多式联运网络规划的影响程度

表 4-13 通道效益评价辅助指标
(1) 货主运输物流成本的高低
(2) 货物运送时间的长短
(3) 货物运输办理的便捷性
(4) 通道的通畅程度
(5) 资源利用程度
(6) 对多式联运网络规划的影响程度

计算结果及分析如下：

① 主体指标计算结果。对专家咨询表内各主体指标的结果划分成 7 个等级：7、6、5、4、3、2、1，满分均为 7，经过综合计算，得到的各方案得分，如表 4-14 所示。

表 4-14 方案主体指标评价结果

主体指标	通道一	通道二	通道三	通道四	通道五	通道六
(1) 货主运输物流成本的高低(7)	4.05	1.83	3.64	2.21	3.86	5.43
(2) 通道成本的高低(7)	3.64	1.71	4.64	2.31	4.50	6.38
(3) 货物运送时间的长短(7)	3.24	4.62	3.48	4.24	2.31	2.05
(4) 货物运输办理的便捷性(7)	4.83	5.50	4.83	5.33	3.00	4.83
(5) 货物运输的安全性(7)	4.95	4.71	4.88	3.93	4.74	6.05
(6) 通道的通畅程度(7)	5.00	3.40	4.88	3.88	4.19	4.60
(7) 集装箱门到港比重的高低(7)	3.69	5.69	3.86	4.79	5.17	5.69
(8) 船货在港平均停留时间的长短(7)	5.21	5.55	4.86	5.00	2.71	3.86
(9) 提前结汇效益的大小(7)	3.57	5.29	4.05	5.40	4.60	4.17
(10) 对环境保护影响程度(7)	5.07	2.74	4.98	2.83	3.62	4.21
(11) 资源利用程度(7)	4.95	4.14	4.71	3.95	4.55	5.38
(12) 对多式联运网络规划的影响程度(7)	4.29	3.86	4.74	4.50	5.12	5.57

② 辅助指标计算结果。按优度指标评价是辅助评价的一部分，围绕当前(近期)与潜在(远期)的有利关系等辅助指标进行评价。总体上各辅助指标评价与主体指标评价一致，只是由于社会的发展，指标从当前与潜在上产生了区别。计算结果，如表 4-15 所示。

表 4-15 优度指标计算结果

方案辅助指标	通道一		通道二		通道三		通道四		通道五		通道六	
	当前	潜在	当前	潜在	当前	潜在	当前	潜在	当前	潜在	当前	潜在
指标一	4.76	4.67	2.69	3.00	4.17	4.83	2.02	2.81	4.07	4.31	5.86	5.90
指标二	3.90	4.43	5.83	5.93	3.69	3.90	4.71	4.98	2.83	3.38	2.67	3.36
指标三	4.43	5.43	5.48	5.57	4.57	5.26	5.31	5.55	3.93	4.40	4.98	5.98
指标四	4.38	5.50	3.76	4.45	4.55	5.43	3.43	4.19	3.86	4.76	4.83	5.69
指标五	4.67	5.02	4.07	4.45	4.50	4.95	4.26	4.29	4.55	5.12	5.33	5.88
指标六	3.55	4.33	5.00	4.55	6.00	5.05	4.00	4.90	5.00	5.45	5.36	5.81

③ 劣度指标计算结果。按劣度指标评价是辅助评价的一部分,也是 FHW 评价方法的特色所在,它对方案的潜在负效应做评价。它围绕当前(近期)与潜在(远期)方案的不利方面进行辅助评价,计算结果如表 4-16 所示。

表 4-16 按劣度指标计算结果

方案辅助指标	通道一		通道二		通道三		通道四		通道五		通道六	
	当前	潜在	当前	潜在	当前	潜在	当前	潜在	当前	潜在	当前	潜在
指标一	3.14	3.14	5.24	4.81	3.76	3.17	5.88	5.45	3.95	3.50	2.14	2.00
指标二	4.00	3.38	2.07	1.98	4.31	3.71	3.19	2.93	5.07	4.52	5.24	4.55
指标三	3.76	2.76	2.71	2.52	3.52	2.64	2.69	2.45	3.86	3.29	3.02	2.02
指标四	3.81	2.69	4.24	3.64	3.45	2.48	4.57	3.29	4.24	3.18	3.26	2.31
指标五	3.33	2.98	3.76	3.45	3.50	2.95	3.74	3.71	3.55	2.88	2.76	2.02
指标六	4.55	3.76	4.00	3.64	3.48	2.95	3.55	3.10	3.00	3.02	3.21	2.19

④ 各方案的总评价及辅助评价结果及分析。通过以上各分指标的结果,进一步进行处理,得到综合评价结果(见表 4-17)。

表 4-17 各通道总评价及辅助评价结果

方案序号	总评分	白色优劣比 C	灰色优劣比 D	总灰度
通道一	4.25	1.21	1.52	0.20
通道二	3.77	1.03	1.21	0.20
通道三	4.32	1.12	1.54	0.20
通道四	3.75	0.81	1.03	0.20
通道五	3.96	0.96	1.20	0.20
通道六	4.87	1.53	2.05	0.19

从总评分上看,通道六接近"较好",其次是通道三和通道一,两者相差不大。

从辅助指标来看,通道六、通道一和通道三的当前优缺点之比(白色优劣比 C)与潜在优缺点之比(灰优劣比 D)值都大于1,其中通道六的 C、D 两项值都最大。

从总灰度来看,六个通道基本相同,其中通道六小一些,说明通道六不确定性因素影响小。

⑤ 远近效益比分析。对于远近效益比(E_η),在 $\eta > 1$ 的前提下,通过取一系列 η 的值,得出的六个通道 E_η,如表4-18所示。

表4-18　各通道不同 η 值时的 E_η

E_η	$\eta = 1.2$	$\eta = 1.5$	$\eta = 2.0$	$\eta = 2.5$	$\eta = 3.0$	$\eta = 4.0$
通道一	0.95	1.19	1.58	1.98	2.38	3.16
通道二	1.02	1.28	1.71	2.13	2.56	3.40
通道三	0.87	1.09	1.46	1.82	2.18	2.92
通道四	0.95	1.19	1.58	1.98	2.37	3.16
通道五	0.95	1.19	1.59	1.99	2.39	3.20
通道六	0.89	1.12	1.49	1.86	2.23	2.95

在 $\eta \geqslant 1.5$ 时,六个通道的 E_η 值均大于1,说明六个通道指标综合近远期的优点均分别大于其缺点,且 E_η 值随 η 的增加而增加,在相同 η 值下,通道二的 E_η 最大,通道一、四、五接近相同。η 的取值不影响对通道的选择。

综合以上各项指标,六条通道中,通道六最好,其次是通道三及通道一,其他通道相对较差。

3) 主成分分析法

主成分分析也称主分量分析,旨在利用降维的思想,把多指标转化为少数几个综合指标。在统计学中,主成分分析(principal components analysis,PCA)是一种简化数据集的技术。它是一个线性变换。这个变换把数据变换到一个新的坐标系统中,使得任何数据投影的第一大方差在第一个坐标(称为第一主成分)上,第二大方差在第二个坐标(第二主成分)上,依次类推。主成分分析经常用减少数据集的维数,同时,保持数据集对方差贡献最大的特征。这是通过保留低阶主成分,忽略高阶主成分做到的。这样低阶成分往往能够保留住数据的最重要方面。但是,这也不是一定的,要视具体应用而定。

在实证问题研究中,为了全面、系统地分析问题,必须考虑众多影响因素。这些涉及的因素一般称为指标,在多元统计分析中也称为变量。因为每个变量都在不同程度上反映了所研究问题的某些信息,并且指标之间彼此有一定的相关性,因而所得的统计数据反映的信息在一定程度上有重叠。在用统计方法研究多变量问题时,变量太多会增加计算量和增加分析问题的复杂性,人们希望在进行定量分析的过程中,涉及的变量较少,得到的信息量较多。主成分分析正是适应这一要求产生的,是解决这类题的理想工具。

主成分分析法是一种降维的统计方法,它借助于一个正交变换,将其分量相关的原随机向量转化成其分量不相关的新随机向量,这在代数上表现为将原随机向量的协方差阵变换成对角形阵,在几何上表现为将原坐标系变换成新的正交坐标系,使之指向样本点散布最开的 p 个正交方向,然后对多维变量系统进行降维处理,使之能以一个较高的精度转换成低维变量系统,再通过构造适当的价值函数,进一步把低维系统转化成一维系统。

(1)主成分分析方法的原理。主成分分析是把原来多个变量转化为少数几个综合指标的一种统计分析方法,从数学角度来看,这是一种降维处理技术。假定有 n 个样本,每个样本共有 p 个变量描述,这样就构成了一个 $n \times p$ 阶的数据矩阵:

$$\boldsymbol{X} = \begin{bmatrix} x_{11} & x_{12} & \cdots & x_{1p} \\ x_{21} & x_{22} & \cdots & x_{2p} \\ \vdots & \vdots & \vdots & \vdots \\ x_{n1} & x_{n2} & \cdots & x_{np} \end{bmatrix} \tag{4-2}$$

如何从这么多变量的数据中抓住事物的内在规律性呢? 要解决这一问题,自然要在 p 维空间中加以考察,这是比较麻烦的。为了克服这一困难,就需要进行降维处理,即用较少的几个综合指标来代替原来较多的变量指标,而且使这些较少的综合指标既能尽量多地反映原来较多指标所反映的信息,同时它们之间又是彼此独立的。那么,这些综合指标(即新变量)应如何选取呢? 显然,其最简单的形式就是取原来变量指标的线性组合,适当调整组合系数,使新的变量指标之间相互独立且代表性最好。

如果记原来的变量指标为 $x_1, x_2, \cdots, x_p$,它们的综合指标——新变量指标为 $z_1, z_2, \cdots, z_m (m \leqslant p)$,则

$$\begin{cases} z_1 = l_{11}x_1 + l_{12}x_2 + \cdots + l_{1p}x_p \\ z_2 = l_{21}x_1 + l_{22}x_2 + \cdots + l_{2p}x_p \\ \vdots \\ z_m = l_{m1}x_1 + l_{m2}x_2 + \cdots + l_{mp}x_p \end{cases} \tag{4-3}$$

在式(4-3)中,系数 l_{ij} 由下列原则来决定:

① z_i 与 $z_j (i \neq j; i, j = 1, 2, \cdots, m)$ 相互无关。

② z_1 是 $x_1, x_2, \cdots, x_p$ 的一切线性组合中方差最大者;z_2 是与 z_1 不相关的 $x_1, x_2, \cdots, x_p$ 的所有线性组合中方差最大者;$\cdots\cdots$;z_m 是与 $z_1, z_2, \cdots, z_{m-1}$ 都不相关的 $x_1, x_2, \cdots, x_p$ 的所有线性组合中方差最大者。

这样决定的新变量指标 $z_1, z_2, \cdots, z_m$ 分别称为原变量指标 $x_1, x_2, \cdots, x_p$

的第一,第二,…,第 m 主成分。其中,z_1 在总方差中占的比例最大,z_2,z_3,…,z_m 的方差依次递减。在实际问题的分析中,常挑选前几个最大的主成分,这样既减少了变量的数目,又抓住了主要矛盾,简化了变量之间的关系。

从以上分析可以看出,找主成分就是确定原来变量 $x_j(j=1,2,…,p)$ 在诸主成分 $z_i(i=1,2,…,m)$ 上的载荷 $l_{ij}(i=1,2,…,m;j=1,2,…,p)$,从数学上容易知道,它们分别是 x_1,x_2,…,x_p 的相关矩阵的 m 个较大的特征值所对应的特征向量。

(2) 主成分分析的解法。通过上述主成分分析的基本原理的介绍,可以把主成分分析计算步骤归纳如下:

① 计算相关系数矩阵

$$\boldsymbol{R} = \begin{bmatrix} r_{11} & r_{12} & \cdots & r_{1p} \\ r_{21} & r_{22} & \cdots & r_{2p} \\ \vdots & \vdots & \vdots & \vdots \\ r_{p1} & r_{p2} & \cdots & r_{pp} \end{bmatrix} \tag{4-4}$$

在式(4-4)中,$r_{ij}(i,j=1,2,…,p)$ 为原来变量 x_i 与 x_j 的相关系数,其计算公式为

$$r_{ij} = \sum_{k=1}^{n}(x_{ki}-\overline{x_i})(x_{kj}-\overline{x_j}) \Big/ \sqrt{\sum_{k=1}^{n}(x_{ki}-\overline{x_i})^2 \sum_{k=1}^{n}(x_{kj}-\overline{x_j})^2} \tag{4-5}$$

因为 $\boldsymbol{R}$ 是实对称矩阵(即 $r_{ij}=r_{ji}$),所以只需计算其上三角元素或下三角元素即可。

② 计算特征值与特征向量。首先解特征方程 $|\lambda I-R|=0$,求出特征值 $\lambda_i(i=1,2,…,p)$,并使其按大小顺序排列,即 $\lambda_1 \geqslant \lambda_2 \geqslant \cdots \geqslant \lambda_p \geqslant 0$;然后分别求出对应于特征值 λ_i 的特征向量 $e_i(i=1,2,…,p)$。

(3) 计算主成分贡献率及累计贡献率。主成分 z_i 贡献率:

$$r_i \Big/ \sum_{k=1}^{p} \gamma_k \quad (i=1,2,…,p)$$

累计贡献率:

$$\sum_{k=1}^{m} \gamma_k \Big/ \sum_{k=1}^{p} \gamma_k$$

一般取累计贡献率为 $85\% \sim 95\%$ 的特征值 λ_1,λ_2,…,λ_m 所对应的第一,第二,…,第 m($m \leqslant p$)个主成分。

（4）计算主成分载荷：

$$P(z_k, x_i) = \sqrt{\gamma_k} \boldsymbol{e}_{ki} (i, k = 1, 2, \cdots, p) \tag{4-6}$$

由此可以进一步计算主成分得分：

$$\boldsymbol{Z} = \begin{bmatrix} z_{11} & z_{12} & \cdots & z_{1m} \\ z_{21} & z_{22} & \cdots & r_{2m} \\ \vdots & \vdots & \vdots & \vdots \\ z_{n1} & z_{n2} & \cdots & z_{nm} \end{bmatrix} \tag{4-7}$$

（5）利用主成分分析法选择运输路径。多式联运企业在建立联运通路时，由于不同城市经济发展水平、交通软硬件条件、管理部门协作能力等相关因素存在差异，必须对备选城市的具体情况进行分析。根据系统性、层次性、可比性原则，节点城市主要考虑的要素为经济发展水平、交通条件、商贸环境。经济发展水平指标主要从固定资产投资总额和工业总产值、GDP 来衡量，交通条件主要从运输成本、运输安全性、运输便捷性、铁路货运量、公路货运量和水路货运量等方面考虑，商贸环境从企业数量和社会消费的零售总额两方面来考虑。

针对列举的众多评价指标收集数据后，对数据的处理采用主成分分析法，求出每个运输路径方案的主成分值，综合指标值越大的运输路径方案越优。

4）层次分析法和模糊综合评判相结合

（1）模糊综合评判的基本原理。模糊综合评判是在考虑多种因素的影响下，运用模糊数学工具对事物做出综合评价。设 $U = \{u_1, u_2, \cdots, u_m\}$ 为刻画被评价对象的 m 种因素，$V = \{v_1, v_2, \cdots, v_n\}$ 为刻画每一因素所处状态的 n 种决断。这里存在着两类模糊集，以主观赋值为例，一类是指标因素集 U 中诸元素在人们心目中的重要程度的量，表现为因素集 U 上模糊权重向量 $\boldsymbol{A} = (a_1, a_2, \cdots, a_n)$；另一类是 $U \times V$ 上的模糊关系，表现为 $m \times n$ 模糊矩阵 $\boldsymbol{R}$，这两类模糊集都是人们价值观念或偏好结构的反映。再对这两类集施加模糊运算，得到 V 上的一个模糊子集 $\boldsymbol{B} = (b_1, b_2, \cdots, b_n)$。因此，模糊综合评判是寻找向量 $\boldsymbol{A} = (a_1, a_2, \cdots, a_m) \in F(U)$ 以及从 U 到 V 的模糊变换 f，即对每一因素 u_i 单独做出一个评判 $f(u_i) \in F(V)$，$i = 1, 2, \cdots, m$，据此构造模糊矩阵 $\boldsymbol{R} = [r_{ij}] m \times n \in F(U \times V)$，其中 r_{ij} 表示因素 u_i 具有评语 v_j 的程度。进而求出模糊综合评价 $B = (b_1, b_2, \cdots, b_n) \in F(V)$，其中 b_j 表示被评价对象具有评语 v_j 的程度，即 v_j 对模糊集 B 的隶属度。对于因素集 U 上的权重模糊向量 $\boldsymbol{A} = (a_1, a_2, \cdots, a_m)$，通过 R 变换为决断集 V 上的模糊集 $B = A * R$，于是 (U, V, R) 构成一个综合评价模型。

（2）模糊综合评判的基本步骤。

步骤 1：确定评价对象集、评价指标集。这是综合评价的基础。

步骤2：构造模糊评价矩阵。首先将定性评价指标数量化，得到不同方案各个指标的评价值。设有 m 个评价指标组成对全体6个方案的评价指标样本集数据 $\{x(i,j) \mid i=1,2,\cdots,m;j=\mid i=1,2,\cdots,l\}$，各指标值均为非负数。确定单指标的模糊评价矩阵时，为消除各评价指标的量纲效应，使建模具有通用性，需要对样本数据集 $\{x(i,j) \mid i=1,2,\cdots,m;j=\mid i=1,2,\cdots,l\}$ 进行标准化处理。

对越大越优型指标的标准化处理式为

$$z(i,j)=x(i,j)/[X_{\max}(i)+X_{\min}(i)] \tag{4-8}$$

对越小越优型指标的标准化处理式为

$$z(i,j)=[X_{\max}(i)+X_{\min}(i)-x(i,j)]/[X_{\max}(i)+X_{\min}(i)] \tag{4-9}$$

式中，$X_{\max}(i)$、$X_{\min}(i)$ 分别为方案集中第 i 个指标的最大值、最小值；$z(i,j)$ 为标准化后的评价指标值。以这些 $z(i,j)$ 值为元素可组成模糊评价矩阵 $\boldsymbol{R}$。

对越中越优型指标，可以根据指标值和中间最适值的关系转化为越大越优型或越小越优型指标，由于集装箱多式联运线路优选问题不涉及这种情况，所以在此不单独列出。

步骤3：建立各评价指标的权重分配向量 $\boldsymbol{A}$。

步骤4：进行模糊合成和做出决策。

利用

$$B=\boldsymbol{A}\cdot\boldsymbol{R} \tag{4-10}$$

进行复合运算可得到综合评价结果。综合评价的目的是要从对象集中选出优胜对象，所以还需要对所有对象的综合评价结果进行排序。最终评价值越高，方案越合理。

采用层次分析法和模糊综合评判法相结合的方法，主要体现在将评价指标体系分成递阶层次结构，运用层次分析法确定各指标的权重，然后分层次进行模糊综合评判，最后综合出总的评价结果。

（3）实例分析：本算例以郑州至鹿特丹多式联运路径选择为例，分析以下候选路径。

路径一：郑州 $\xrightarrow[公路]{}$ 连云港 $\xrightarrow[海运]{}$ 鹿特丹

路径二：郑州 $\xrightarrow[铁路]{}$ 连云港 $\xrightarrow[海运]{}$ 鹿特丹

路径三：郑州 $\xrightarrow[公路]{}$ 青岛 $\xrightarrow[海运]{}$ 鹿特丹

路径四：郑州 $\xrightarrow[铁路]{}$ 青岛 $\xrightarrow[海运]{}$ 鹿特丹

路径五：郑州$\xrightarrow{\text{公路}}$天津$\xrightarrow{\text{海运}}$鹿特丹

路径六：郑州$\xrightarrow{\text{铁路}}$天津$\xrightarrow{\text{海运}}$鹿特丹

路径七：郑州$\xrightarrow{\text{公路}}$上海$\xrightarrow{\text{海运}}$鹿特丹

路径八：郑州$\xrightarrow{\text{铁路}}$上海$\xrightarrow{\text{海运}}$鹿特丹

路径九：郑州$\xrightarrow{\text{公路}}$深圳$\xrightarrow{\text{海运}}$鹿特丹

路径十：郑州$\xrightarrow{\text{铁路}}$深圳$\xrightarrow{\text{海运}}$鹿特丹

此处考虑一个 20 ft 集装箱从郑州至鹿特丹,多式联运路径分析所需的基础资料如下。

① 内陆运输阶段。目前在郑州到青岛、天津、上海、深圳都开行了铁路集装箱五定(定点、定线、定车次、定时间、定运价)班列,而郑州到连云港仍然采用一般的铁路集装箱货运方式。据调查,各路径内陆运输的费用、时间如表 4-19 所示。

表4-19　各路径内陆运输的费用及时间

	内陆运输费用/元	内陆运输时间
路径一	2 920	8 h
路径二	970.2	3 d
路径三	4 485	12 h
路径四	1 950.05	3 d
路径五	3 910	10 h
路径六	1 825.35	3 d
路径七	5 250	14 h
路径八	2 225.25	4 d
路径九	9 600	25 h
路径十	3 805.5	6 d

② 在港阶段的时间及费用。目前,深圳在盐田港和平湖之间设有专用疏港铁路线,长 22.7 km;连云港、青岛、天津、上海港虽已设立了港站,但并未实现"无缝衔接",因而均产生集装箱的装卸、搬移及取送费用。在实践中,这部分费用以及货物在码头的装卸费等通常由船公司代收。因而,在下面将要介绍的海运费中包含了这部分费用。公路运输在装港的装卸费、堆场服务费等也包含在海运费中。本算例中,在港站作业的时间,公路运输按 3 d、铁路运输按 4 d 计算。

③ 海上运输阶段。实践中,各家船公司的各航线运价不尽相同,即使是同一家船公司,给不同货代的报价也有差别,为了研究方便,在此选择一家货代的报价,报价中包括了货物在装港的报关费、装卸费、堆场服务费等。从各港口至鹿特丹的海运时间及船公司收取的费用如表 4-20 所示。

表 4-20 船公司收取的费用及海运时间

装 货 港	费用/美元	海运时间/d
连云港	2 550	32
青　岛	2 150	31
天　津	2 250	30
上　海	2 100	28
深　圳	2 055	26

取人民币兑美元汇率为 6.68,得各路径的总运费、总时间,如表 4-21 所示。

表 4-21 各路径总运费、总时间

	总费用/元	总时间/d
路径一	19 538	35.3
路径二	17 790	39
路径三	18 287	34.5
路径四	16 014	38
路径五	18 435	33.4
路径六	16 566	37
路径七	18 641	31.6
路径八	15 929	36
路径九	22 243	30
路径十	17 047	36

计算过程及结果如下。

① 定性指标定量化。通过问卷调查,对各路径的便捷性、安全性、资源合理利用程度、环保程度打分,得分情况如表 4-22 所示。

表 4-22 定性指标得分

	便捷性	安全性	货主选择偏好	资源合理利用	环保程度	就业机会	对综合交通运输系统的影响
路径一	9	7	8	8	8	8	9
路径二	7	9	7	7	9	9	8
路径三	8	6	7	7	7	8	8
路径四	7	8	9	9	9	8	9
路径五	8	6	5	7	7	7	6
路径六	6	8	6	8	9	6	7
路径七	7	5	5	6	7	6	5
路径八	5	7	5	7	9	5	7
路径九	7	4	4	6	6	6	5
路径十	5	7	5	7	9	5	7

② 计算模糊综合评判矩阵。将表 4-21 和表 4-22 中的数据,按照式(4-8)、式(4-9)进行归一化处理,分别得到运输费用、运输时间、便捷性、安全性对顾客满意度的模糊评价矩阵 R_1 以及资源的合理利用程度、环保程度、就业机会对社会满意度的模糊评价矩阵 R_2。计算结果如下:

$$R_1 = \begin{vmatrix} 0.488 & 0.534 & 0.521 & 0.580 & 0.517 & 0.566 & 0.512 & 0.583 & 0.417 & 0.553 \\ 0.488 & 0.435 & 0.500 & 0.450 & 0.516 & 0.464 & 0.543 & 0.479 & 0.565 & 0.479 \\ 0.643 & 0.500 & 0.571 & 0.500 & 0.571 & 0.429 & 0.500 & 0.357 & 0.500 & 0.357 \\ 0.538 & 0.692 & 0.462 & 0.615 & 0.462 & 0.615 & 0.385 & 0.538 & 0.308 & 0.538 \\ 0.615 & 0.538 & 0.538 & 0.692 & 0.385 & 0.462 & 0.385 & 0.385 & 0.308 & 0.385 \end{vmatrix}$$

$$R_2 = \begin{vmatrix} 0.533 & 0.467 & 0.467 & 0.600 & 0.467 & 0.533 & 0.400 & 0.467 & 0.400 & 0.467 \\ 0.533 & 0.600 & 0.467 & 0.600 & 0.467 & 0.600 & 0.467 & 0.600 & 0.400 & 0.600 \\ 0.571 & 0.643 & 0.571 & 0.571 & 0.500 & 0.429 & 0.429 & 0.357 & 0.429 & 0.357 \\ 0.643 & 0.571 & 0.571 & 0.643 & 0.429 & 0.500 & 0.357 & 0.500 & 0.357 & 0.500 \end{vmatrix}$$

③ 各指标权重的计算。利用层次分析法,计算运输费用、运输时间、便捷性、安全性、货主选择偏好对货主满意度的权重,并进行一致性检验。

根据 4.5.1.2 节 1)小节得比较矩阵(见表 4-23)、判断矩阵(见表 4-24)。

表 4-23　比 较 矩 阵

	运输费用	运输时间	便 捷 性	安 全 性	货主选择偏好
运输费用	1	2	2	2	2
运输时间	0	1	2	2	2
便捷性	0	0	1	1	2
安全性	0	0	1	1	2
货主选择偏好	0	0	0	0	1

表 4-24　判 断 矩 阵

	运输费用	运输时间	便 捷 性	安 全 性	货主选择偏好
运输费用	1	3	6	6	9
运输时间	1/3	1	4	4	7
便捷性	1/6	1/4	1	1	4
安全性	1/6	1/4	1	1	4
货主选择偏好	1/9	1/7	1/4	1/4	1

以(0.248,0.228,0.189,0.189,0.146)为特征向量的近似值,这也是运输费用、运输时间、便捷性、安全性对顾客满意度的相对权重。记为 $A_1 = (0.248,$

0.228，0.189，0.189，0.146)。$\lambda_{max}=5.059$，$C_1=0.053<0.1$，满足一致性检验。

用同样的方法，计算资源合理利用、环保程度、就业机会、对综合交通运输系统的影响对社会满意度的权重。

可得比较矩阵(见表4-25)、判断矩阵(见表4-26)。

表4-25 比 较 矩 阵

	资源合理利用	环保程度	就业机会	对综合交通系统的影响
资源合理利用	1	1	2	2
环保程度	1	1	2	2
就业机会	0	0	1	2
对综合交通系统的影响	0	0	0	1

表4-26 判 断 矩 阵

	资源合理利用	环保程度	就业机会	对综合交通系统的影响
资源合理利用	1	1	4	6
环保程度	1	1	4	6
就业机会	1/4	1/4	1	3
对综合交通系统的影响	1/6	1/6	1/3	1

计算得(0.30，0.30，0.23，0.17)为特征向量的近似值，这也是资源合理利用、环保程度、就业机会、对综合交通运输系统的影响对社会满意度的权重。记为 $A_2=(0.30，0.30，0.23，0.17)$。$\lambda_{max}=4.026$，$R_1=0.027<0.1$，满足一致性检验。

假设货主满意度、社会满意度对总目标的权重各为(0.7，0.3)，记为 $A=(0.7，0.3)$。

④ 模糊合成。利用式(4-10)分层进行模糊合成。计算结果如下：

$B_1=A_1 \cdot R_1=$ | 0.545 0.534 0.517 0.558 0.497 0.511 0.474 0.479 0.430 0.472 |

$B_2=A_2 \cdot R_2=$ | 0.560 0.565 0.509 0.601 0.468 0.524 0.419 0.457 0.399 0.487 |

$B=A \cdot R=$ | 0.550 0.543 0.515 0.571 0.488 0.516 0.458 0.481 0.421 0.477 |

从结果可以看出，10条路线的综合评判结果排序为路径四、路径一、路径二、路径六、路径三、路径五、路径八、路径十、路径七、路径九，即最优路径为路径四：

郑州——铁路——青岛——海运——鹿特丹

5) 组合赋权法

权重的确定应该是评价指标客观信息与评价者主观判断两者综合的反映，应该把各评价指标的主、客观权重进行综合，才能正确地反映各指标的实际权重。在已知各种赋权法的结果基础上,采用组合法赋权,首先必须解决的是合成方法的选择问题。所谓合成是指通过定算式将多种赋权法的结果综合在一起,以得到一个组合赋权法的权数值。合成方法不同,组合赋权值也不同。可用的合成方法较多,问题在于如何根据已知的各种赋权法的结果来选择较合适的合成方法。

主观赋权法主要是根据决策者的知识、经验决定权重,指标的相对重要程度一般不会违反人们的常识,但带有主观随意性,因此会影响决策的准确性和可靠性,但其解释性强。

客观赋权法主要根据各指标之间的相关关系,按一定的数学模型,通过计算得出指标的权重,优点是充分挖掘了原始数据本身蕴含的信息,评价结果具有较强的数学理论依据,比较符合客观实际,但却忽视了决策者的知识、经验,有时得到的权重可能与实际重要程度不相符。而且解释性比较差,对所得结果难以给出明确的解释。

基于上述原因,人们提出了综合主、客观赋权法的第三类方法,即组合赋权法。在实际应用中,可将主、客观赋权法结合使用,两种方法互补能克服各自的不足。

(1) 加法合成法其实质是算术平均数的方法合成。算式为

$$W_j = \frac{1}{m} \sum_{i=1}^{m} x_{ij} \quad (\text{等权加法合成})$$

$$W_j = \sum_{i=1}^{m} \lambda_i x_{ij} \quad (\text{不等权加法合成})$$

式中,x_{ij}——第 i 种赋权法给第 j 个指标所赋的归一化权数;

λ_i——第 i 种赋权法的权数;

W_j——组合赋权法对第 j 个指标所赋的权数;

m——赋权法的个数,$j = 1, 2, \cdots, n$,n 为指标数。

加法合成法具有以下特性:

① 它适用于各种赋权法相互独立的场合。

② 采用加法合成各种赋权法间结果可以线性地补偿。

③ 采用不等权加法合成强调不同赋权法在综合中所起的作用是不同的。

④ 采用不等权加法合成对各种赋权法的结果一致性要求较低。

⑤ 加法合成对各种赋权法的结果变动反映不太灵敏。

⑥ 加法合成简单、易推广。

⑦ 权数 λ_i 的确定要有理论依据,否则组合权精确度难以保证。

(2) 乘法合成法其实质是几何平均数的方法合成。算式为

$$W_j = \prod_{i=1}^{m} x_{ij} \Big/ \sum_{j=1}^{n} \prod_{i=1}^{m} x_{ij} \quad (\text{连乘归一法})$$

$$W_j = \Big(\prod_{i=1}^{m} x_{ij}\Big)^{1/m} \quad (\text{乘方法})$$

由于乘法合成法要求各种赋权方法间具有较强的关联性和结果的一致性,较为苛刻,因此,一般都采用加法合成法。另外,又因为两种合成法内在的本质联系都是平均数方法,所以在特定条件下两者互相转化达到统一。当各种赋权法结果都相等时,乘法合成等价于加法合成,即几何平均数等于算术平均数,故有

$$W_j = \left(\prod_{i=1}^{m} x_{ij} \right)^{1/m} = \frac{1}{m} \sum_{i=1}^{m} x_{ij}$$

由此可见,乘法合成是加法合成的特例,从这个意义上讲,加法合成比乘法合成更具一般性,因此,加法合成法在组合赋权法中经常被采用。

6) 车辆路径问题(VRP)模型法

(1) 路径选择模型的特点简述。国内外对车辆路径选择问题已做了大量研究,也取得了不少的成果,特别是计算机的应用使得大规模路网路径问题的求解成为可能。

对车辆路径问题(VRP)的研究重点不同,分类方式不同。

① 按任务特征分类:装货问题,卸货问题,装卸混合问题。

② 按任务性质分类:对弧服务问题,对点服务问题,混合服务问题。

③ 按车辆载货状况分类:满载问题,非满载问题。

④ 按车场数目分类:单车场问题,多车场问题。

⑤ 按车辆类型分类:单车型问题,多车型问题。

⑥ 按车辆对车场的所属关系分类:车辆开放问题,车辆封闭问题。

⑦ 按已知信息的特征分类:有确定性 VRP 和不确定性 VRP。

⑧ 按约束条件分类:带能力约束的 VRP,带时间距离约束的 VRP 和带时间窗口的 VRP。

⑨ 按需求是否可切分分类:可切分的 VRP,不可切分的 VRP。

⑩ 按优化目标数分类:单目标问题,多目标问题。

(2) 带硬时间窗的多式联运路径选择。硬时间窗(hard time windows)是指配送车辆必须在规定时间段内将配送货物送达到客户手中,客户拒绝接受在此时间段之外提供的服务。如图 4-8 所示,为一惩罚函数(penalty function),当配送货物送达时间超过了规定的时间段(e, l),其惩罚值 $P(t)$ 等于一个非常大的正值,以表示硬时间窗的限制。

在硬时间窗的车辆路径问题(VRPHTW)中,车辆可以在最早服务时间之前到达客户所在地,但必须等待直

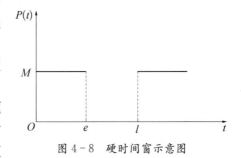

图 4-8　硬时间窗示意图

至到了最早服务时间才能对客户提供服务;另外,车辆不能在最晚服务时间之后到达客户所在地。如在 JIT 生产系统中,送货车辆到达时间若迟于指定的最晚到达时间,会导致整个生产线的延误和闲置,造成时间成本的增加和效率的降低,因此,在这种情况下往往不允许违背时间窗的约束。

对于 VRPHTW 问题来说,服务所有客户所需的车辆数目也是决策变量,一般来说,所用车辆越少,对应的成本也越小,如何用最少的车辆在不违背车辆容量及客户时间窗约束的前提下,为所有客户提供服务,也是决策者关心的一个问题。

带时间窗的多式联运问题与带时间窗的车辆调度问题相比,因涉及运输方式和运输工具的转换,其可行路径及运输工具调度方面有明显区别。在有时间窗的车辆运输问题中,车辆数一般是固定的,并沿一定的运输路线配送货物,最后回到起点,而在多式联运问题中运输工具随运输方式的变化而变化,必然涉及货物换装带来运输时间的延迟问题。

硬时间窗的多式联运是指指定的货物必须在规定的时间范围内完成,多式联运的硬时间窗约束又可分为两种情形,一是指运输过程中的准时要求,列车和飞机一般按照规定的时刻表运行,一旦超出规定的时间窗,货物只能再等下一班飞机或火车;二是客户的准时要求,例如生产企业的准时制生产。

在有时间窗的多式联运问题中,距离和时间的对应关系是非常重要的约束条件,问题可以转化为在上述约束要求下运输成本最小的优化方案。有时间窗的多式联运问题可以具体描述为由公路、铁路和航空形成的运输网络图 $G(N, A, K)$,N 为网络中节点的集合,A 为网络中各运输方式路段的集合,K 为网络中运输方式的集合。在公、铁、空组成的多式联运运输网络中,在运输方式发生转换的节点要考虑运输方式转换的时间和成本,每次转换将对应一条新的路径。

由上述分析可知,距离和时间之间的服务承诺成为有时间窗的多式联运问题的重要考虑因素,如将其权衡在同一模型中求解难度大,为此建立有时间窗的多式联运问题的双层优化模型,上层模型根据货物的起讫地求解出其时间窗约束,下层模型根据时间窗约束求解出成本最小的运输路线。

① 时间窗约束模型。模型中使用的变量与参数定义如下:

对一多式联运网络 $G = (N, A, K)$,N 为网络中节点的集合;A 为网络有向边的集合;K 为运输方式的集合,k 代表一种运输方式,$k \subseteq K$。R:产生运输量的起始点集合,$R \subseteq N$,r 代表一个起始节点,$r \subseteq R$;S:吸收运输量的终点集合,$S \subseteq N$,s 代表一个终止节点,$s \subseteq S$;d_{ij}^k:节点 i、j 之间第 k 种运输方式的距离;d^{rs}:起讫点 r、s 之间路线的长度;x_{ij}^k 表示最短路/边关联关系,如果第 k 种运输方式的 ij 有向边在经过起讫点 r、s 的路线上,则 $x_{ij}^k = 1$,否则 $x_{ij}^k = 0$。

时间窗约束模型为

$$\mathrm{min}\, d_{rs} = \sum_{k} \sum_{i,\, j} d_{ij}^{k}\, x_{ij}^{k} \qquad\qquad ①$$

$$\mathrm{s.\, t.} \quad \sum_{i,\, j} x_{ij}^{k} - \sum_{i,\, j} x_{ji}^{k} = \begin{cases} 1 & (i=s) \\ -1 & (i=r) \\ 0 & (其他) \end{cases} \qquad ②$$

$$r=1,\, 2,\, \cdots,\, R;\, s=1,\, 2,\, \cdots,\, S$$

其中,约束②保证了每次迭代中起点和终点节点之间只存在一条路线。假如货物运输的服务级别共为 L 级,每一级对应的时间承诺为 t_l,$l \subseteq L$,利用时间窗模型换算不同起讫点间货物的时间窗。货物运达时间与距离的关系如下式所示:

$$t_{rs} = \begin{cases} t_1 & (0 < d_{rs} \leqslant d_1) \\ t_2 & (d_1 < d_{rs} \leqslant d_2) \\ \cdots & \cdots \\ t_l & (d_{l-1} < d_{rs} \leqslant d_l) \\ \cdots & \cdots \\ t_l & (d_{rs} > d_l) \end{cases} \qquad ③$$

式中,d_l 为不同服务时间对应的距离限制;$l=1,\, 2,\, \cdots,\, L$。

利用上述两步分析可以获取所有 OD 需求的时间窗约束,接下来可以建立路径优化模型,得到不同时间窗约束下成本最小的货物最佳运输路线。

② 路径优化模型。模型中使用的变量与参数定义如下:

q_{rs}:起讫点 r,s 间的运输量;t_{ij}^{k}:节点 i,j 之间第 k 种运输方式的运输时间;t_i^{k}:在节点 i 转换到第 k 种运输方式的中转时间,节点 i 前后运输方式相同时 $t_i^{k} = 0$;c_{ij}^{k}:节点 i,j 之间第 k 种运输方式单位产品的单位距离成本;c_i^{k}:在节点 i 转换到第 k 种运输方式的中转成本,节点前后运输方式相同时 $c_i^{k} = 0$;Q_{ij}^{k}:节点 i,j 之间第 k 种运输方式的容量约束;x_{ij}^{k} 表示运输路径/边关联关系,如果货物 q_{rs} 经过节点 i,j 之间第 k 种运输方式的有向边上,则 $x_{ij}^{k} = 1$,否则 $x_{ij}^{k} = 0$;t_{rs}:货物 q_{rs} 的时间窗约束。

路径优化模型为

$$\mathrm{min}\, c = \sum_{rs} \sum_{k,\, i,\, j} q_{rs}\, c_{ij}^{k}\, d_{ij}^{k}\, x_{ij}^{k} + \sum_{rs} \sum_{i,\, k} q_{rs}\, c_i^{k} \qquad ④$$

$$\mathrm{s.\, t.} \quad \left[\sum_{k,\, i,\, j} t_{ij}^{k}\, x_{ij}^{k} + \sum_{k,\, i} t_i^{k} \right]_{rs} \leqslant t_{rs} \qquad \forall q_{rs} \qquad ⑤$$

$$\sum_{rs} q_{rs} x_{ij}^{k} \leqslant Q_{ij}^{k} \qquad \forall i,\, j \qquad ⑥$$

$$\sum_{(r,\,i)\in A} q_{ri} - \sum_{(r,\,i)\in A} q_{ir} = \sum_r q_{rs} \qquad \forall\,r \qquad\qquad ⑦$$

$$\sum_{(s,\,i)\in A} q_{si} - \sum_{(s,\,i)\in A} q_{is} = -\sum_s q_{rs} \qquad \forall\,s \qquad\qquad ⑧$$

$$\sum_{(i,\,i)\in A} q_{ij} - \sum_{(i,\,i)\in A} q_{ji} = 0 \qquad i,\,j \neq r,\,s \qquad\qquad ⑨$$

$$r = 1,\,2,\,\cdots,\,R;\, s = 1,\,2,\,\cdots,\,S;\, i,\,j = 1,\,2,\,\cdots,\,N$$

其中,目标函数④中的第一项为货物流动总成本,第二项为货物的中转总成本;约束⑤表示时间窗约束,即货物必须在相应的服务承诺内到达;约束⑥表示某条线路上运力的供给约束,在实际应用中,此约束具有很重要的意义,特别是对航空和铁路运输而言,客运被放在了非常重要的地位,因而可为运输企业提供的货物运输的运力有限;约束⑦表示任一起点 r 的流出量减流入量等于 r 点始发的流量;约束⑧表示任一终点 s 的流出量减流入量等于 s 点接受的流量的相反数;约束⑨表示其他任一点的流出量等于流入量。

对于带硬时间窗的约束条件也可以结合软时间窗的特点,对其不能在时间窗内完成运输时给予惩罚,该惩罚值设为 M,为一个充分大的惩罚因子。目标函数以整个运输过程中的运输成本最少为目标,而总费用由三部分组成,即运输费用、中转费用、惩罚费用。硬时间窗问题指每项任务的时间约束必须满足,否则为不可行解。这里可以把硬时间窗看作是软时间窗的一种情况,这样只需对软时间窗模型的惩罚函数表达式进行修正就可得到硬时间窗模型,即若超过时间窗范围则成本巨大,得到的解为不可行解。

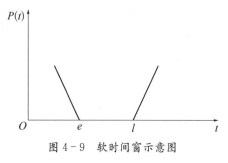

图 4-9　软时间窗示意图

(3) 带软时间窗的多式联运路径选择。软时间窗(soft time windows)是指配送车辆如果无法将货物在特定的时段[见图 4-9 所示的 $(e,\,l)$]内送到客户手中,则必须按照违反时间的长短施以一定的罚金或其他惩罚法则。图 4-9 就是一种可能的惩罚函数。

软时间窗的多式联运则是指货物不能在要求的时间内运达,则给予一定的惩罚,若货物到达时间过早,则需要等待,增加了时间成本;若货物超过了最迟时间,则服务被延迟。

带软时间窗的车辆路径问题(VRPSTW)相对 VRPHTW 来说放松了对时间窗的约束,这是因为在实际情况中,由于道路交通流量、车辆的行驶速度以及客户的需求时间等不确定因素导致货物无法在规定的时间窗内送到,如果采用硬时间窗的约束进行优化,将导致成本非常高,甚至可能无解。而 VRPSTW 只要求车辆应尽可能在客户指定的时间窗内以最小的总成本为所有客户提供服务,允许一定程度的延误现象。显然,VRPSTW 较 VRPHTW 具有更好的通用性。

在实际运输规划中,决策者往往需要在客户满意和成本两者之间权衡,偏好不同决定了可以允许延误的程度不同。在 VRPSTW 中,车辆如果在最早服务时间之前到达客户所在地,需等待直至到了最早服务时间后才能提供服务;如果在最晚服务时间之后到达客户所在地,则可能导致客户满意度降低,隐性成本增加。因此,应尽量避免延误现象的发生,如果发生,应加以惩罚,惩罚的具体程度可由决策者设定。

① 问题引述。假设某物流公司把货物从起始点运送到目的地,中途经过若干个节点,任意相邻的两个节点之间有若干种运输方式。在复杂的多式联运运输网络中,每个节点处都可能发生运输方式的转换,每次转换将对应一条新的路径(见图 4 - 10),在节点处还要考虑运输方式的转换时间。

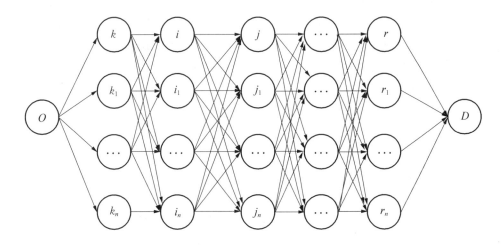

图 4 - 10　复杂多式联运网络示意图

符号定义如下:

V——多式联运运输网络的节点集合;

O——多式联运运输网络的起始节点;

D——多式联运运输网络的终止节点;

E——多式联运运输网络的弧集合;

M——多式联运运输方式集合;

R——多式联运所选择路径的弧集合,$R \subseteq E$;

W——物流作业量(运输量);

d_{ij}^{x}——以 x 运输方式,从节点 i 到节点 j [即弧 $(i, j) \in E$]的距离,$i, j \in V$,$x \in M$;

C_{ij}^x——由节点 i 到节点 j[即弧 $(i,j) \in E$]使用运输方式 x 的单位平均成本;

V_{ij}^x——由节点 i 到节点 j[即弧 $(i,j) \in E$]使用运输方式 x 的平均速度;

ω_i^{xy}——代理商在第 i 节点由运输方式 x 转换到运输方式 y 的指示变量;

s_{xy}——由运输方式 x 转换到运输方式 y 的单位平均成本;

t_{ij}^x——由运输方式 x 从节点 i 到节点 j[即弧 $(i,j) \in E$]所花费的时间;

tt_i^{xy}——在第 i 节点处由运输方式 x 转换到运输方式 y 所花费的时间;

T_{OD}——代理商承运作业由起点 O 到终点 D 的总时间;

$[ET, LT]$——代理商要求完成作业的时间下限与时间上限;

BT——作业起始时间(一般指代理商确认承担作业时的时间);

$f(T_{OD}, W)$——时间偏离惩罚函数。

② 带时间窗口的路径和费用模型。物流公司采用多式联运的目的是在满意的时间内把货物从起始节点运送到目的地,并使总成本尽可能小。在目标函数中加入时间偏离惩罚成本(货物提早到达有看管和库存成本,延迟到达可能需要支付缺货成本、违约金或部分违约金等,统称为惩罚成本),以体现软时间窗的约束作用。总的运输成本主要由 3 部分构成:节点之间的运输费用,在节点处发生运输方式转换时的费用,时间偏离的惩罚费用。

因此,多式联运下的满意时间路径的总费用可以表示为

$$Z = \sum_{(i,j) \in R} W \cdot d_{i,j}^x \cdot C_{i,j}^x + \sum_{\exists j, (i,j) \in R} W \cdot \omega_i^{xy} \cdot S_{xy} + f(T_{OD}, W)$$

式中,$\displaystyle\sum_{(i,j) \in R} W \cdot d_{i,j}^x \cdot C_{i,j}^x$——节点之间的运输费用;

$\displaystyle\sum_{\exists j, (i,j) \in R} W \cdot \omega_i^{xy} \cdot S_{xy}$——运输途中运输方式转换时产生的费用。其中,$\omega_i^{xy} = 1$ 表示在节点 i 由运输方式 x 转换到运输方式 y;$\omega_i^{xy} = 0$ 表示在节点不发生运输方式的转换。

$f(T_{OD}, W)$ 是与偏离时间及作业量 w 有关的时间偏离惩罚函数,用于计算时间偏离惩罚费用,$f(T_{OD}, W) = a \cdot W(ET - T_{OD}) + b$ 表示货物提早到达时的惩罚成本;$f(T_{OD}, W) = 0$ 表示货物按时间要求到达因而无惩罚成本;$f(T_{OD}, W) = e^{\frac{2(T_{OD} - LT)}{ET + LT}} W$ 表示货物延迟到达时的惩罚成本;a、b 均是非负常数且 $a \neq 0$,e 为大于 1 的常数。提早到达的惩罚成本为一线性值的,经济学解释是因为提早到达主要是看管费用和库存费用,而延迟到达时间越多则缺货成本增长得越快,故用一指数值表示延迟到达的惩罚成本。

综上所述,满意时间费用多式联运路径模型可用带时间窗口约束条件的总成本最小化模型来解决。其目标函数为

$$\min Z = \sum_{(i,\,j)\in R} W \cdot d_{ij}^{x} \cdot C_{ij}^{x} + \sum_{\exists j,\,(i,\,j)\in R} W \cdot \omega_i^{xy} \cdot S_{xy} + f(T_{OD}, W)$$

$$\text{s. t.} \quad \omega^{xy} = \begin{cases} 1,\ x \neq y \\ 0,\ x = y \end{cases} \tag{①}$$

$$T_{OD} = \sum_{(i,\,j)\in R} t_{ij}^{x} + \sum_{\exists j,\,(i,\,j)\in R} tt_i^{xy} \cdot \omega_i^{xy} \tag{②}$$

$$t_{ij}^{x} = \frac{d_{ij}^{x}}{V_{ij}^{x}} \tag{③}$$

$$f(T_{OD}, W) = \begin{cases} a \cdot W \cdot (\mathrm{ET} - T_{OD}) + b,\ T_{OD} < \mathrm{ET}; \\ 0,\ \mathrm{ET} \leqslant T_{OD} \leqslant \mathrm{LT}; \\ e^{\frac{2(T_{OD} - \mathrm{LT})}{\mathrm{ET} + \mathrm{LT}}} \cdot W,\ T_{OD} > \mathrm{LT} \end{cases} \tag{④}$$

$$a > 0,\ b \geqslant 0,\ e > 1 \tag{⑤}$$

为了便于模型的求解,做如下假设:

● 物流公司只有一个物流任务,物流任务在运输过程中不能分割运输。

● 可以使用 M 种运输方式中的任意一种方式在多式联运网络中的任意两节点之间进行运输,即网络中任意两节点之间都有 M 种运输方式,若某两点之间缺少某一种运输方式,则这种运输方式在这两节点之间的运输速度为无穷小。

● 运输方式转换只发生在运输途中的节点处,而不会在两节点中途发生转运。

● 转运时只有转运时间,而没有货物延迟时间,若有货物延迟时间,计入转运时间中。

● 运输网络中不存在孤立节点,即模型不考虑运输网络之外的节点,即使存在也可以预先抛弃孤立节点而建立新的运输网络。

● 任意两个节点间要么没有弧,要么只有一条弧。

● 任意一个节点处没有自身到自身的弧,即任一节点处都不存在环。

● 为简单起见,多式联运网络中任意两节点间的距离是固定的,不因运输方式的改变而改变。

● 运输方式的平均速度与弧无关,即假定运输方式在任意两段弧之间的平均速度一样。

(4) 带容量约束的多式联运路径选择。在多式联运路径选择的模型中,多数情况下描述的问题还存在着其他的一些更切合实际情况的约束,比如车辆的数目和容量限制等,即每辆车所访问的客户的需求总和不能超过车辆的能力。

① 模型假设:

● 运量在某一对城市之间不能分割,即在某一对特定的城市之间,若存在路径,则在这对城市之间只能选择一种运输方式。

● 运输成本是距离的线性函数。

● 运输网络中,同一阶段和非相邻阶段城市之间可存在路径。

② 符号说明:

$$x_{i,j,i+1,k}^{v} = \begin{cases} 1, & i \text{ 阶段的 } j \text{ 城市到 } i+1 \text{ 阶段的 } k \text{ 城市选择第 } v \text{ 种运输方式} \\ 0, & \text{选择其他运输方式} \end{cases}$$

$$r_{i,j}^{v,w} = \begin{cases} 1, & \text{在 } i \text{ 阶段的 } j \text{ 城市由第 } v \text{ 种运输方式转换到第 } w \text{ 种运输方式} \\ 0, & \text{否则} \end{cases}$$

$$\eta_{i,j}^{v,w} = \begin{cases} 1, & \text{在 } i \text{ 阶段的 } j \text{ 城市由第 } v \text{ 种运输方式转换到第 } w \text{ 种运输方式} \\ & \text{场地设施等均满足转换要求} \\ 0, & \text{不满足转换要求} \end{cases}$$

$c_{i,j,i+1,k}^{v}$:i 阶段的 j 城市到 $i+1$ 阶段的 k 城市选择第 v 种运输方式的运输成本;

$u_{i,j,i+1,k}^{v}$:i 阶段的 j 城市到 $i+1$ 阶段的 k 城市选择第 v 种运输方式的运输能力;

$t_{i,j,i+1,k}^{v}$:i 阶段的 j 城市到 $i+1$ 阶段的 k 城市选择第 v 种运输方式的运输时间;

$c_{i,j}^{v,w}$:在 i 阶段的 j 城市由第 v 种运输方式转换到第 w 种运输方式的中转费用;

$d_{i,j}^{v,w}$:在 i 阶段的 j 城市由第 v 种运输方式转换到第 w 种运输方式的中转时间;

A_i:第 i 阶段所有城市的集合;

N:运输网络总的阶段数;

T:从始发点到目的地允许的时间期限;

I:所有要经过的城市的集合;

J:可供选择的交通工具集合;

Q:货物的运量;

Z:总费用。

③ 模型的建立

$$Z = \min\Big[\sum_{i=1}^{N-1} \sum_{j \in A} \sum_{k \in A_{i+1}} \sum_{v \in j} c_{i,j,i+1,k}^{v} x_{i,j,i+1,k}^{v} + \sum_{i=1}^{N-1} \sum_{j \in A} \sum_{v \in J} \sum_{w \in J} c_{i,j}^{v,w} r_{i,j}^{v,w} \qquad ①$$

$$\sum_{j \in A} \sum_{k \in A_{I+1}} \sum_{v \in J} x_{i,j,i+1,k}^{v} = 1, i = 1, 2, \cdots, N-1 \qquad ②$$

$$\sum_{j \in A} \sum_{v \in J} \sum_{w \in J} r_{i,j}^{v,w} = 1, \ i = 1, 2, \cdots, N-1 \tag{③}$$

$$x_{i-1,j,i,k}^{v} + x_{i,k,i+1,p}^{w} \geqslant 2 r_{i,j}^{v,w}, \ i = 1, 2, \cdots, N-1;$$
$$j \in A_{i-1}; k \in A_i; p \in A_{i+1}; v, w \in J \tag{④}$$

$$\sum_{i=1}^{N-1} \sum_{j \in A} \sum_{k \in A_{i+1}} \sum_{v \in j} t_{i,j,i+1,k}^{v} x_{i,j,i+1,k}^{v} + \sum_{i=1}^{N-1} \sum_{j \in A} \sum_{v \in J} \sum_{w \in J} d_{i,j}^{v,w} r_{i,j}^{v,w} \leqslant T \tag{⑤}$$

$$q \leqslant u_{i,j,i+1,k}^{v}, \ i = 1, 2, \cdots, N-1; j \in A_i; k \in A_{i+1}; v \in J \tag{⑥}$$

$$x_{i,j,i+1,k}^{v}, \ r_{i,j}^{v,w} \in \{0, 1\}, \ i = 1, 2, \cdots,$$
$$N-1; j \in A_i; k \in A_{i+1}; v, w \in J \tag{⑦}$$

目标函数以整个运输过程中的运输成本最少为目标,而总费用由两部分组成,即运输费用、中转费用。约束条件②表示在相邻阶段的某一城市对之间,如果存在路径,只能选择一种运输方式,即运量不能分割;约束条件③表明,在 i 阶段的 j 城市,最多有一次运输方式的改变;式④确保运输的连续性;式⑤表明货物必须在规定的期限内运到;式⑥表明货物的运量不能超过某种运输工具的能力;式⑦表明决策变量取整数 0 或 1。

(5) 多约束条件的多式联运路径选择。

① 问题的提出:假设一个物流企业将一批货物从货物的中心地点 O 运送到目的地 D,中途经过 n 个城市,任意相邻的两个城市之间都有 g 种运输方式可供选择,相邻的两个城市之间各种运输方式的运输时间、运费、运输能力不同。当从一种运输方式转换到另一种运输方式时,需要一定的中转时间和中转费用,而且在整个运输过程中的总时间不能超过运输期限 T。对于特殊的货物(如危险品、易腐货品、牲畜、鲜活货物等),还要考虑其换装的可能性,在综合上述各种因素之后,确定最佳的多式联运运输组合方式,使得总运费最低。

② 模型的假设及符号说明:该模型假设运量在某一城市对之间不能分割,即在某一特定的城市对之间,只能选择一种运输方式。相关符号说明如下:

$$x_{i,i+1}^{k} = \begin{cases} 1, & \text{在城市 } i \text{ 与城市 } i+1 \text{ 间选择第 } k \text{ 种运输方式} \\ 0, & \text{选择其他运输方式} \end{cases}$$

$$rx_i^{kl} = \begin{cases} 1, & \text{在城市 } i \text{ 由第 } k \text{ 种运输方式转换到第 } l \text{ 种运输方式} \\ 0, & \text{不发生转换} \end{cases}$$

$$u_i^{kl} = \begin{cases} 1, & \text{在城市 } i \text{ 由第 } k \text{ 种运输方式转换到第 } l \text{ 种运输方式,场地、} \\ & \text{设施、特殊工具均满足变更要求} \\ 0, & \text{不满足变更要求} \end{cases}$$

$C_{i,i+1}^{k}$ ——从城市 i 到城市 $i+1$ 选择第 k 种运输方式的运输成本；

$f_{i,i+1}^{k}$ ——从城市 i 到城市 $i+1$ 选择第 k 种运输方式的运输能力；

d_{i}^{kl} ——在城市 i，由第 k 种运输方式转换到第 l 种运输方式的中转费用；

a_{i}^{kl} ——在城市 i，由第 k 种运输方式转换到第 l 种运输方式的中转时间；

$t_{i,i+1}^{k}$ ——从城市 i 到城市 $i+1$ 选择第 k 种运输方式的运输时间；

T ——从中心点到目的地允许的时间期限；

J ——可供选择的交通工具集合；

I ——所有要经过城市的集合；

q ——货物的运量；

M ——一个充分大的惩罚因子。

目标函数为

$$\min Z = \sum_{i \in I} \sum_{k \in J} x_{i,i+1}^{k} C_{i,i+1}^{k} + \sum_{i \in I} \sum_{k \in J} \sum_{l \in J} \gamma_{i}^{kl} d_{i}^{kl} + \sum_{i \in I} \sum_{k \in J} \sum_{l \in J} (\mu_{i}^{kl} - 1) M$$

$$\text{s. t.} \begin{cases} \sum_{k \in J} x_{i,i+1}^{k} = 1 & \forall i \in I & ① \\ \sum_{k \in J} \sum_{l \in J} \gamma_{i}^{kl} = 1 & \forall i \in I & ② \\ x_{i-1,i}^{k} + x_{i,i+1}^{k} \geqslant 2\gamma_{i}^{kl} & \forall i \in I, k \in J, l \in J & ③ \\ \sum_{i \in I} \sum_{k \in J} t_{i,i+1}^{k} x_{i,i+1}^{k} + \sum_{i \in I} \sum_{k \in J} \sum_{l \in J} a_{i}^{kl} \gamma_{i}^{kl} \leqslant T & ④ \\ q \leqslant f_{i,i+1}^{k} & \forall i \in I, k \in J & ⑤ \\ x_{i,i+1}^{k}, \gamma_{i}^{kl} \in \{0,1\} & \forall i \in I, k \in J, l \in J & ⑥ \end{cases}$$

其中，目标函数以整个运输过程中的运输成本最少为目标，而运输成本由运费、中转费用和惩罚费用三部分组成。约束条件 1 对应假设，在某一特定的城市对之间只能选择一种运输方式，即运量不能分割；约束条件 2 表明，在城市 i，只有一次运输换装；约束条件 3 确保运输的连续性；约束条件 4 表明货物必须在规定期限内运到；约束条件 5 表明货物的运量不能超过某种运输工具的能力；约束条件 6 表明决策变量是取整数 0 或 1。

多式联运运输方式组合优化模型在总成本最小的原则下，定量地分析了多式联运系统中各种运输方式的最优组织模式，通过各种费用的合理标定以及现代计算机技术的应用，可以方便地为经营决策者提供精确的数据结果，为我国多式联运系统的合理组织提供科学依据。

③ 模型求解思路：通过虚拟一个运输网络，将原问题转化为一个带时间约束、能力约束的最短路径问题，但由于研究对象的特点，时间和能力约束都可以不考虑，因此可以直接利用求最短路的计算机程序求解。

● 构造运输网络图。按照模型要求,可以按照如下方法构造运输网络图。

除始发点(O)外,将其他的 g 个城市分别扩展成各城市(每个城市代表一种运输方式),且这个 g 城市还处于原来的网络阶段,然后,虚拟一个最终的目的地(D')。

假设城市 A 与城市 B 有弧连接,则由 A 扩展的 g 个城市与由 B 扩展的 g 个城市两两有弧连接,假设 A 与 B 没有弧连接,则由 A 扩展的任意个城市与 B 扩展的任意个城市都没有弧连接,同一个城市扩展而来的点与点之间不存在连接弧。

各条弧上的权重分为 3 类:费用权重、时间权重、能力权重。

费用权重＝两城市间的运费＋中转费用。

时间权重＝两城市的运输时间＋中转时间。

能力权重＝两城市间的某种运输工具的运输能力。

为计算方便,将没有弧连接的城市之间的运费、时间设为一个充分大的权数,运输能力设为零:由目的地(D)到虚拟的城市(D')之间的时间和费用均设为零。运输能力为一个充分大的整数,则原问题的求解可以转化为在不超过运输期限和能力约束的前提下求从 $O \to D'$ 的最短路径。在实际应用过程中,由于是大宗件杂货的集装箱运输,在提前计划的情况下时间限制可以忽略,完全可以提前计划来实现,另外,各路段的运输能力基本可以满足实际需求,因此原问题转化为求从 $O \to D'$ 的最短路径。

● 模型扩展。对于非相邻阶段之间存在城市有路径可走的模型构造方法。对于更一般的情况,假如非相邻阶段之间存在城市有路径可走,例如,第 m 阶段的第 i 个城市和第 n 阶段的第 j 个城市有路径可走,且 $n - m > 1$,则可以在第 m 阶段和第 n 阶段之间的各阶段内虚拟一个城市,并且设第 m 阶段的第 i 个城市到第 $m+1$ 阶段的虚拟城市之间的任意交通工具的运输费用、时间都为零,运输能力设为一个充分大的数。以此类推,相邻阶段的虚拟城市也有路径可走,且运输费用、时间都为零,运输能力设为一个充分大的数,第 $n-1$ 阶段的虚拟城市到第 n 阶段的第 j 个城市之间的运输费用、运输时间、运输能力都为 m 阶段的第 i 个城市和第 n 阶段的第 j 个城市的费用、时间和能力,等等。这样,就可以化为前面所构建的模型。

● 算法实现。原问题的求解可以转化为在无运输期限和能力的约束条件下求从 $O \to D'$ 的最短路径,即无约束条件下的最短路问题。采用计算机程序对其进行求解,会取得较好的效果。

● 模型求解。以沈阳到济南为例,将所研究的问题用图示表示出来,设 0 代表沈阳,1 代表营口,2 代表锦州,3 代表丹东,4 代表大连,5 代表烟台,6 代表威海,7 代表济南(见图 4-11)。这是一个将货物从 0 城市送至 7 城市,中间经过一个运输网络,且在有路径相连的城市之间有 3 种运输方式可供选择:铁路、公路、水运。

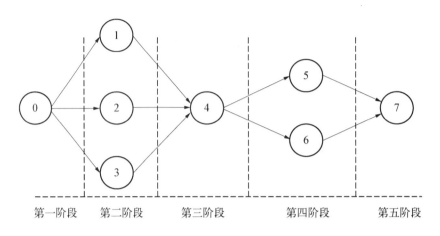

图 4-11　运输网络图

　　第一步：根据图 4-11 描述,在实际中,存在沈阳到大连的直达线路,因此在第二阶段加入新的点 $4'$,其与 0 点之间的运输费用、时间都为零,运输能力设为一个充分大的数；$4'$ 与 4 之间的运输费用、运输时间、运输能力都为第 0 个城市和第三阶段的第 4 个城市的费用、时间和能力等,这样根据原模型构建出如图 4-12 所示的运输网络图。

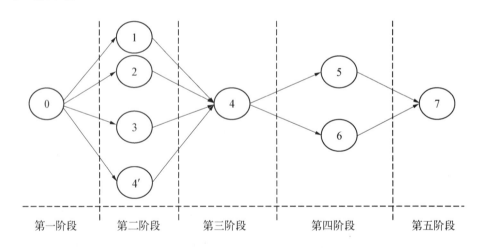

图 4-12　改进的运输网络图

　　第二步：根据上述算法构造虚拟运输网络图(见图 4-13)。其中第 0 个点为始发点,1、2、3 为第一个城市虚拟的 3 个点,其中 1 代表铁路、2 代表公路、3 代表水运,以此类推,一直到 22、23、24 为目的地所虚拟的 3 个点,其中 22 代表铁路、23 代表公路、24 代表水运,且其中每个虚拟城市根据运输方式虚拟点的顺序不变。为了计算方便,虚拟一个目的地 25。

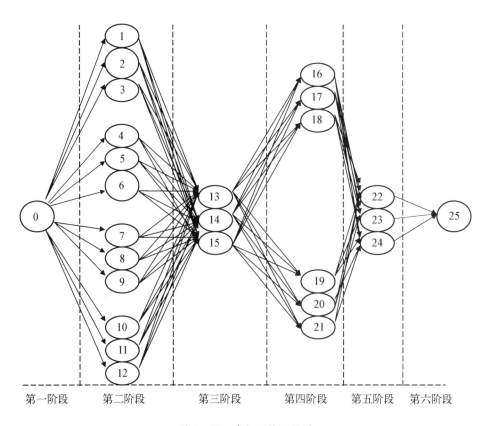

图 4-13　虚拟运输网络图

第三步：根据算法求解。本模型是基于对运输网络可阶段化所构建的模型，且同一阶段的城市间不存在连接弧，非相邻阶段之间不存在弧连接。在随机选取几个个别的路径和运输方式后所得的运输费用与本程序计算结果相比较，本例确实是在满足约束条件的情况下，结果更接近最优。

4.5.2　多式联运项目各区段分运承运人评价体系及综合评价方法

在多式联运实际业务中，多式联运经营人履行多式联运合同所规定的运输责任的同时，可将全部或部分运输委托他人（分运承运人）完成，并与他们订立分运合同，此时需要选择合适的区段分运承运人。由于同一个运输区段中会有许多备选运输承运商，这些承运商可能各有特点，能力迥异，所以，多式联运经营人为了有效地实现货物运输的目的，需要对选择哪个运输承运商做出决策。目前，我国的多式联运经营人对各区段分运承运人的选择采取的是凭经验判断的做法，并没有采用科学的评价体系与选择方法。多式联运各区段分运承运人的选择涉及全程运输的可靠性和安全性，并且对实现多式联运综合效率与效益具有重大意义,本节就对多式联运各区段分运承运人评价体系和综合评价方法做相关的阐述。

4.5.2.1　多式联运各区段分运承运人评价指标体系的构建原则

各区段分运承运人的选择和动态评价问题涉及因素众多,既有定性因素又有定量因素,而且各因素的重要性也有所不同,因此,要建立一套通用的、可扩充的评价指标体系,应遵循以下原则。

(1) 系统全面原则。评价指标体系必须全面反映承运人目前的综合水平,并包括企业发展前景的各方面指标。此外,还要考虑外部的经济环境。指标体系不仅要包括反映承运人实力的"硬"指标,还要包括反映承运人其他竞争优势的"软"指标。

(2) 灵活可操作性原则。指标体系的设立应该有足够的灵活性,使运输企业能够根据自身特点和实际情况进行运用。设立的指标要便于衡量,最好是能够量化。不便收集和难以衡量的指标,其评价结果往往具有很大主观随意性。

(3) 科学实用性原则。设计多式联运各区段分运承运人评价体系时,首先要有科学的理论做指导,使评价指标体系能够在基本概念和逻辑结构上严谨、合理,抓住评价对象的实质。同时,必须是客观的抽象描述,对客观实际抽象描述得越清楚、越简练、越符合实际,科学性就越强。

(4) 时效性原则。评价指标体系的实际应考虑到能以最少的投入创造最大的产出,经济效益在评价体系中应处于重要的位置,这要求指标体系的设计要尽量简化,突出重点,从而使指标体系在实践中易于操作,切实可行。

(5) 定量与定性相结合的原则。分承运人的竞争力是一个抽象的概念,在综合评价分承运人的竞争力时应综合考虑影响分承运人竞争力的定量指标和定性指标,对定性指标要有明确的含义,并按照某种标准赋值,使其恰如其分地反映指标的性质,定性和定量指标都必须有清晰的概念和计算方法。

(6) 层次性原则。评价指标的设置应能准确地反映各层次之间的支配关系并要有明确的内涵,不仅要按照层次递进关系组成层次分明、结构合理、相互关联的整体,而且指标体系层次适当、分类恰当。如果指标体系层次过多、指标过细,势必将评价者的注意力吸引到细小的问题上;而指标体系过小,指标层次过少、指标过粗,又不能反映分承运人的实际情况。

4.5.2.2　多式联运各区段分运承运人评价指标体系的建立

对于多式联运经营人来说,选择合适的多式联运各区段分运承运人的目的主要如下:获得符合企业总体质量和数量要求的运输服务,确保分承运人能够提供最优质的运输服务,力争以最低的成本获得最优的运输服务,淘汰不合格的分运承运人,维护和发展良好的、长期稳定的分运承运人合作伙伴关系,等等。

因此,在建立多式联运各区段分运承运人评价指标体系时,应充分考虑这些因素。下面根据多式联运企业对分承运人的要求,并结合上面所述的评价指标体系的构建原则,确定多式联运各区段分运承运人评价指标体系,如图 4 - 14 所示。

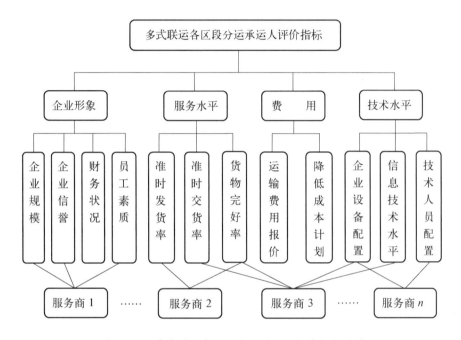

图 4 - 14   多式联运各区段分运承运人评价指标体系

下面对图 4 - 14 所示的各指标以及各指标的量化计算过程做以下说明。

(1)企业形象。企业形象是企业内外对企业的整体感觉、印象和认知,是企业状况的综合反映。对于多式联运各区段承运人来说,企业形象主要表现为企业规模、企业信誉、财务状况以及该企业的人员素质。

① 企业规模。分承运人的企业规模可以在一定意义上体现为其生存和发展的现有资源基础,它可以通过其资产和收入的合计额占同行企业资产和收入的平均合计的比率来表示。设分承运人的企业规模为 SC,其所在行业企业的平均规模为 ES,若以 R_S 表示企业规模大小,则有 $R_S = \dfrac{SC}{ES} \times 100\%$。

② 企业信誉。在选择区段分承运人时,企业信誉是衡量企业是否值得合作的重要指标。该指标是定性分析的指标,可以运用专家打分法,表 4 - 27 就是简单实用的考核方法。

表 4 - 27　企业信誉评价表

等级	得分	定　性　描　述
很好	0.9	银行和客户给予企业的信用评价等级高,品牌的影响力与顾客满意度高,企业合作的诚意和积极性高
好	0.7	银行和客户给予企业的信用评价等级较高,品牌具有较高影响力,企业合作的诚意和积极性高
一般	0.5	银行和客户给予企业的信用评价等级一般,品牌具有一定的影响力,企业合作的诚意和积极性较高
不好	0.3	银行和客户给予企业的信用评价等级较差,企业合作的诚意和积极性不高

③ 财务状况。区段分承运人的财务状况主要考察承运人的偿债能力、获利能力和资产经营能力,可以由净资产收益率、资产负债率、总资产周转率等指标来反映,如表 4 - 28 所示。

表 4 - 28　财务状况评价表

等级	得分	定　性　描　述
很好	0.9	净资产收益率高,资产负债率适宜,资金周转速度快
好	0.7	净资产收益率较高,资产负债率适宜,资金周转速度一般
一般	0.5	净资产收益率不高,资产负债率较高或较低,资金周转速度慢
不好	0.3	净资产收益率低,资产负债率较高或较低,资金周转速度慢

④ 员工素质。人是经济活动的主体,因此拥有高素质的员工是企业形成强大竞争力的基础。员工素质不仅与其受教育程度有关,还与其个人品质、专业技能、学习能力、适应能力及创新能力有关。员工素质评价如表 4 - 29 所示。

表 4 - 29　员工素质评价表

等级	得分	定　性　描　述
很好	0.9	员工有较高的知识水平、个人品质、学习能力以及适应能力,有熟练的专业技能和较好的创新能力
好	0.7	员工有较高的知识水平和适应能力,有熟练的专业技能
一般	0.5	员工知识结构合理,有一定的适应能力和熟练的专业技能
不好	0.3	员工知识结构不合理,学习能力和适应能力差,专业技能不熟练

(2) 服务水平。这一准则是对区段分运承运人所提供服务的优劣进行评定,包含的指标有准时发货率、准时交货率以及货物完好率。

① 准时发货率。准时发货率表示分运承运人接收货物后,按时将货物运出的能力,它从时间的角度考察承运人的送货能力。假设某服务商在时间 T 内的货物

运输总次数为 N_S,其中,按时发送货物的次数为 N_1,则准时发货率为

$$R_{N_1} = \frac{N_1}{N_\mathrm{S}} \times 100\%$$

② 准时交货率。准时交货率表示分运承运人完成货物运输后,按时交付货物的能力。假设某承运人在时间 T 内的货物运输总次数为 N_H,其中,按时交付货物的次数为 N_2,则准时交货率为

$$R_{N_2} = \frac{N_2}{N_\mathrm{H}} \times 100\%$$

③ 货物完好率。货物完好率是指货物安全完好的到达比率。假设某承运人在时间 T 内的货物运输总次数为 N_C,其中,按时货物安全完好到达的次数为 N_3,则货物完好率为

$$R_{N_3} = \frac{N_3}{N_\mathrm{C}} \times 100\%$$

(3) 费用。费用是多式联运经营人选择分段分运承运人的一个要素,包含的指标有运输费用报价和降低成本计划。

① 运输费用报价。运输费用报价包括各区段的运输费用,中转费用以及必要时在码头、车站、机场等货运站的仓储费用。分段承运人的相对运输费用报价水平可以通过其运输费用报价在同行业该种运输产品的平均报价中所占的比率来表示。假设某承运人的报价为 P_1,同行业该种运输产品的平均价格为 P,则相对运输费用报价水平为

$$R_{P_1} = \frac{P_1}{P} \times 100\%$$

② 降低成本计划。备选承运人是否拟定降低其成本计划,直接关乎交易成本,对双方的合作前景有着至关影响的作用,降低成本计划的评价如表 4-30 所示。

表 4-30　降低成本计划评价表

等级	得分	定　性　描　述
很好	0.9	有 3 年以上的降低成本措施和详细的改进方案,并已取得初步成效
好	0.7	有 1 年以上的降低成本措施和详细的改进方案
一般	0.5	有可行的降低成本措施,但无详细的改进方案
不好	0.3	没有可行的降低成本措施

(4) 技术水平。技术能力水平代表着备选服务商内在系统技术能力的高低，直接影响着企业的运输服务和外在表现。因此，要选择最佳的区段分运承运人就需要对候选服务商的内在系统进行评价。该指标主要表现在企业设备设置、信息技术水平和技术人员配置 3 个方面。

① 企业设备设置。设备设置反映企业在设备方面的重视程度，如果企业采用的设备，尤其是运输设备，明显落后时代的发展，那说明该服务商有可能不能满足企业今后发展的要求，作为合作伙伴风险较大。企业设备设置评价如表 4-31 所示。

表 4-31　企业设备设置评价表

等级	得分	定　性　描　述
很好	0.9	有较好的设备，采用先进工艺，基本上实现了装备现代化
好	0.7	有较好的设备，但是先进设备的数量还是比较少
一般	0.5	装备和采用的工艺与行业水平持平
不好	0.3	装备和采用的工艺都比较落后

② 信息技术水平。多式联运作为组合运输方式，整个运输流程需要联运服务商统一安排、调度。信息不仅是联运服务商与客户、合作者沟通协调的基本手段，遇到特殊情况时能根据需要做出快速调整；还可以让货主及时掌握货物的准确位置，实现运输过程的透明化。因此，信息技术水平是选择合适承运人的重要指标。企业信息技术水平评价如表 4-32 所示。

表 4-32　信息技术水平评价表

等级	得分	定　性　描　述
很好	0.9	采用了先进的信息管理系统，对企业人、财、物等实现集成化信息管理，能够实现企业内外的信息共享
好	0.7	对企业运作的关键环节实现了管理信息化，基本满足信息共享
一般	0.5	利用计算机软件进行管理，但未实现信息的集成与共享
不好	0.3	数据处理、信息传递主要依靠人工方式，计算机使用率不高

③ 技术人员配置。技术人员配置以技术人员比率表示。假设某备选承运人拥有总员工人数为 N_K，其中技术员工人数为 N_4，技术人员比率为

$$R_{N_4} = \frac{N_4}{N_K} \times 100\%$$

4.5.2.3　多式联运各区段分运承运人的综合评价方法

在构建了多式联运各区段分运承运人评价指标体系之后，就需要运用一定的评价方法和模型，依据评价体系中各指标的实际数值，对多式联运各区段分运承运

人进行综合评价。

1）指标权重的确立

在进行综合评价时,首先需要根据多式联运各区段分运承运人评价指标体系中各指标对最终评价结果的影响大小,对其赋予不同的权数。由于指标的权重直接关系到最终的评价结果,因此,权重的合理与否至关重要。目前确定权重的方法有很多,这里主要介绍主观赋权法。主观赋权法主要有德尔菲法和层次分析法2种。

（1）德尔菲法。德尔菲法,即组织若干个对评价系统熟悉的专家,采用匿名的方式,对指标权重独立地发表意见,并用统计方法做适当处理,其基本步骤如下。

① 组织 r 个专家,对每个指标 $X_j(j=1, 2, 3, \cdots, n)$ 的权重进行估计,得到指标权重的估计值 $w_{k1}, w_{k2}, \cdots, w_{kn}(k=1, 2, \cdots, r)$。

② 计算 r 个专家给出的估计值的平均值: $\overline{w_j} = \dfrac{1}{r} \sum\limits_{k=1}^{r} w_{kj}(j=1, 2, \cdots, n)$。

③ 计算估计值和平均估计值的偏差 $\Delta_{kj} = |w_{kj} - \overline{w_j}|$ $(k=1, 2, \cdots, r, j=1, 2, \cdots, n)$。

④ 对于偏差 Δ_{kj} 较大的第 j 指标权重估计值,再请 k 个专家重新估计 w_{kj},经过几轮反复,直到偏差满足一定的要求为止,最后得到的一组指标权重的平均估计修正值 $\overline{w_j}(j=1, 2, \cdots, n)$。

（2）层次分析法（AHP）。层次分析法的特点是在对复杂决策问题的本质、影响因素及其内在关系等进行深入分析的基础上,利用较少的定量信息使决策的思维过程数学化,从而为多目标、多准则或无结构特性的复杂决策问题提供简便的决策方法。其实施程序如图 4-15 所示。

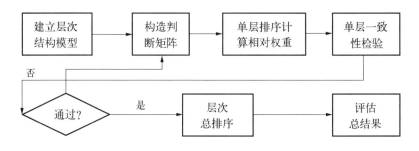

图 4-15　层次分析法的实施程序

① 建立层次结构模型。建立层次结构模型就是运用系统分析方法对复杂问题进行系统分解,把复杂问题分解成不同的层面,同一层面又分解为不同的方面,形成一个多层次诸因素方面的树状层次结构。同一层次的元素作为准则对下一层次的某些因素起支配作用,同时它又受到上一层次元素的支配。这些层次大体可

分为 3 类。

● 目标层：这一层只有一个元素，一般是分析问题的预定目标，在多指标综合评价中，则是评价对象，如本书中的多式联运各区段分运承运人的选择。

● 中间层：这一层次包括为实现目标所涉及的全部中间环节，它可以由若干个层次构成，包括所需要考虑的准则、子准则，因此也称为准则层。

● 最底层：这一层包括为实现目标可供选择的各种方案，在多指标综合评价中则是各个指标，也称为方案层。

同一层次的因素作为准则对下一层的某些因素起支配作用，同时又受上一层次因素的支配。一个典型的层次结构模型如图 4-16 所示。

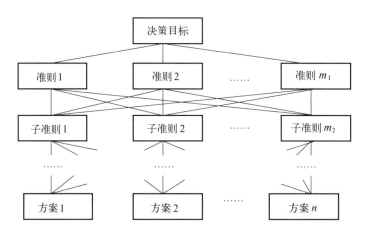

图 4-16　层次结构模型

② 构造判断矩阵。判断矩阵表示针对上一层次某个因素而言，本层次与之有关的各因素之间的相对重要性。假定 A_k 表示上一层的第 k 个因素，B_1，B_2，…，B_n 表示与 A_k 因素有关的下一层因素，b_{ij} 表示与 A_k 因素有关的下一层因素 B_i 和 B_j 的两两对比值，如表 4-33 所示。

表 4-33　两两对比值说明

b_{ij}	说　　　　明
1	B_i 与 B_j 同样重要
3	B_i 比 B_j 稍微重要
5	B_i 比 B_j 明显重要
7	B_i 比 B_j 强烈重要
9	B_i 比 B_j 极端重要
2，4，6，8	介于以上两相邻判断的中值
倒数	若 B_j 与 B_i 比较，得到的判断值为 $b_{ji}=1/b_{ij}$，$b_{ii}=1$

得到的构造判断矩阵如表 4-34 所示。

表 4-34　判　断　矩　阵

A_k	B_1	B_2	...	...	B_n
B_1	b_{11}	b_{12}	...	...	b_{1n}
B_2	b_{21}	b_{22}	...	...	b_{2n}
...	...	...	...	...	...
...	...	...	...	...	...
B_n	b_{n1}	b_{n2}	...	...	b_{nn}

③ 单层次排序及一次性检验。层次单排序是指根据判断矩阵计算对于上一层次某因素而言,本层次与之有联系的因素的重要性次序的权值。层次单排序可以归结为计算判断矩阵的特征根和特征向量的问题,即对判断矩阵 $\boldsymbol{B}$,计算满足 $\boldsymbol{B}w = \lambda_{\max} w$ 的特征根与特征向量。其中,$\lambda_{\max}$ 为 $\boldsymbol{B}$ 的最大特征根;w 为对应于 $\lambda_{\max}$ 的正规化特征向量;w 的分量 w_i 即为相应因素单排序的权值。

计算判断矩阵最大特征根及对应的特征向量的方法有和积法与方根法。这里主要介绍和积法,和积法计算步骤如下。

● 将判断矩阵每一列元素进行归一化处理。

$$\overline{b_{ij}} = \frac{b_{ij}}{\sum_{i=1}^{n} b_{ij}} \ (i,\ j = 1,\ 2,\ \cdots,\ n) \qquad (4-11)$$

● 将归一化的判断矩阵按行相加。

$$\overline{w_i} = \sum_{j=1}^{n} \overline{b_{ij}} (i = 1,\ 2,\ \cdots,\ n) \qquad (4-12)$$

● 对向量 $w = (\overline{w}_1,\ \overline{w}_2,\ \cdots,\ \overline{w}_n)^{\mathrm{T}}$ 进行归一化处理。

$$w_i = \frac{\overline{w_i}}{n} (i = 1,\ 2,\ \cdots,\ n) \qquad (4-13)$$

$w = (w_1,\ w_2,\ \cdots,\ w_n)^{\mathrm{T}}$ 就是判断矩阵的特征向量。

● 计算判断矩阵的最大特征根 $\lambda_{\max}$:

$$\lambda_{\max} = \sum_{i=1}^{n} \frac{(Bw)_i}{n w_i} \qquad (4-14)$$

式中,$(Bw)_i$ 表示向量 $\boldsymbol{B}w$ 的第 i 个元素。

● 一致性检验。为了检验矩阵的一致性,需要计算它的一致性指标 CI,定义

$$CI = \frac{\lambda_{\max} - n}{n - 1} \qquad (4-15)$$

再计算出随机一次性比率 $CR = CI/RI$。RI 的值如表 4-35 所示。

表 4-35　矩阵的平均随机一致性指标

阶数(n)	1	2	3	4	5	6	7
RI	0.000 0	0.000 0	0.514 9	0.893 1	1.118 5	1.249 4	1.345 0
阶数(n)	8	9	10	11	12	13	14
RI	1.420 0	1.461 6	1.487 4	1.515 6	1.540 5	1.558 3	1.577 9

当 $CR < 0.1$ 时,判断矩阵具有满意的一致性,否则就需要对判断矩阵进行调整。

④ 层次总排序。用上述方法可以得到各层元素相对于上层元素的权重,但最重要得到的是最底层各元素相对于总目标的相对权重,这一过程就是层次总排序,总排序系数是自上而下,将单层重要性系数进行合成的。

假定 $b_1, b_2, \cdots, b_n$ 是层次 B 相对于上层指标 A 层的权重,$w_1, w_2, \cdots, w_n$ 是层次 B 的下层 C 相对于 B 层的权重,则 C 层相对于 A 层的指标权重是 $\sum_{j=1}^{k} b_j w_{ij} (i=1, 2, \cdots, m)$。也就是说,$C$ 层指标对 A 层指标的权重等于 C 层全部指标对 B 层全部指标的权重与 B 层指标对 A 层指标权重的乘积之和。

在求出最底层指标相对于目标层的权重之后,就可以进行综合评价了。

⑤ 实例研究。某多式联运企业 F 要将一批货物通过集装箱多式联运从南京托运到美国芝加哥,要求在 30 d 内完成,其中铁路段运输有 3 家候选承运商满足基本要求。F 公司出于业务需求,准备利用 AHP 法计算列出的各指标的权重。

结合 F 公司的实际情况,承运人的评价指标体系可以用下述层次结构来描述,如表 4-36 所示。

建立评价矩阵并计算各指标权重。

① B 层指标相对于 A 层的判断矩阵的建立(见表 4-37)。

表 4-36　承运人的评价指标体系

目标层 A	准则层 B	子准则层 C
铁路段分运承运人 A	企业形象 B_1	企业规模 C_{11}
		企业信誉 C_{12}
		财务状况 C_{13}
		员工素质 C_{14}

（续表）

目标层 A	准则层 B	子准则层 C
	服务水平 B_2	准时发货率 C_{21}
		准时交货率 C_{22}
		货物完好率 C_{23}
	费　用 B_3	运输费用报价 C_{31}
		降低成本计划 C_{32}
	技术水平 B_4	企业设备设置 C_{41}
		信息技术水平 C_{42}
		技术人员配置 C_{43}

表 4－37　B 层指标相对于 A 层的判断矩阵

A	B_1	B_2	B_3	B_4
企业形象 B_1	1	1/3	1/2	1
服务水平 B_2	3	1	2	3
费　用 B_3	2	1/2	1	3
技术水平 B_4	1	1/3	1/3	1

计算得到的特征向量为 $(B_1, B_2, B_3, B_4) = (0.138\ 0, 0.446\ 7, 0.288\ 1, 0.127\ 2)$。其中，最大特征值 $\lambda_{max} = 4.045\ 9$，一致性指标 CI＝0.015 3，相对一致性指标 CR＝0.017 1＜0.1，通过一致性检验。

② 企业形象 B_1 下，企业规模 C_{11}、企业信誉 C_{12}、财务状况 C_{13}、员工素质 C_{14} 构成的判断矩阵(见表 4－38)。

表 4－38　企业形象下的判断矩阵

B_1	C_{11}	C_{12}	C_{13}	C_{14}
企业规模 C_{11}	1	1/3	1/4	1/2
企业信誉 C_{12}	3	1	1/2	2
财务状况 C_{13}	4	2	1	3
员工素质 C_{14}	2	1/2	1/3	1

计算得到的特征向量为 $(C_{11}, C_{12}, C_{13}, C_{14}) = (0.096\ 0, 0.277\ 1, 0.465\ 8, 0.161\ 1)$。其中最大特征值 $\lambda_{max} = 4.031\ 0$，一致性指标 CI＝0.010 3，相对一致性指标 CR＝0.011 6＜0.1，通过一致性检验。

③ 服务水平 B_2 下,准时发货率 C_{21}、准时交货率 C_{22}、货物完好率 C_{23} 构成的判断矩阵(见表 4-39)。

表 4-39　服务水平下的判断矩阵

B_2	C_{21}	C_{22}	C_{23}
准时发货率 C_{21}	1	1/2	1/4
准时交货率 C_{22}	2	1	1/2
货物完好率 C_{23}	4	2	1

计算得到的特征向量为 $(C_{21}, C_{22}, C_{23}) = (0.142\,9, 0.285\,7, 0.571\,4)$。 其中,最大特征值 $\lambda_{max} = 3.000\,0$,一致性指标 $CI = 0$,相对一致性指标 $CR = 0 < 0.1$,通过一致性检验。

④ 费用 B_3 下,运输费用报价 C_{31}、降低成本计划 C_{32} 构成的判断矩阵(见表 4-40)。

表 4-40　费用下的判断矩阵

B_3	C_{31}	C_{32}
运输费用报价 C_{31}	1	4
降低成本计划 C_{32}	1/4	1

计算得到的特征向量为 $(C_{31}, C_{32}) = (0.800\,0, 0.200\,0)$。 其中,最大特征值 $\lambda_{max} = 2.000\,0$,一致性指标 $CI = 0$,相对一致性指标 $CR = 0 < 0.1$,通过一致性检验。

⑤ 技术水平 B_4 下,企业设备设置 C_{41}、信息技术水平 C_{42}、技术人员配置 C_{43} 构成的判断矩阵(见表 4-41)。

表 4-41　技术水平下的判断矩阵

B_4	C_{41}	C_{42}	C_{43}
企业设备设置 C_{41}	1	2	3
信息技术水平 C_{42}	1/2	1	2
技术人员配置 C_{43}	1/3	1/2	1

计算得到的特征向量为 $(C_{41}, C_{42}, C_{43}) = (0.539\,0, 0.297\,3, 0.163\,8)$。 其中,最大特征值 $\lambda_{max} = 3.009\,2$,一致性指标 $CI = 0.004\,6$,相对一致性指标 $CR = 0.008\,9 < 0.1$,通过一致性检验。

计算 C 层指标对 A 层的权重:

直接将特征向量作为对应的各个评价指标的权重,根据层次总排序的计算方法，C 层相对于 A 层的指标权重是 $\sum_{j=1}^{k} b_j w_{ij}(i=1, 2, \cdots, m)$，如表 4 - 42 所示。

表 4 - 42　各个评价指标权重

决　策　指　标		C 层相对 B 层的权重	C 层相对 A 层的权重
企业形象 B_1 (0.138 0)	企业规模 C_{11}	0.096 0	0.013 2
	企业信誉 C_{12}	0.277 1	0.038 2
	财务状况 C_{13}	0.465 8	0.064 3
	员工素质 C_{14}	0.161 1	0.022 2
服务水平 B_2 (0.446 7)	准时发货率 C_{21}	0.142 9	0.063 8
	准时交货率 C_{22}	0.285 7	0.127 6
	货物完好率 C_{23}	0.571 4	0.255 2
费用 B_3 (0.288 1)	运输费用报价 C_{31}	0.800 0	0.230 5
	降低成本计划 C_{32}	0.200 0	0.057 6
技术水平 B_4 (0.127 2)	企业设备设置 C_{41}	0.539 0	0.068 6
	信息技术水平 C_{42}	0.297 3	0.037 8
	技术人员配置 C_{43}	0.163 8	0.020 8

2) 评价方法的选择

在确定了多式联运各区段分运承运人评价指标体系中各指标的权重之后，需要通过一定的评价方法，把该体系多个指标的评价值合成一个整体性的综合评价值，以便对多式联运各区段备选分运承运人做出综合评判。对各指标价值进行综合评判的方法很多，这里仅介绍常见的几种综合方法。

(1) 综合指数评价法。综合指标评价法是利用一种规则将数据无量纲化，然后区别各个指标的相对重要性，并采用某种方法赋予一定的权数，然后加权计算得到综合指数。其主要有 3 种形式。

① 加法评价模型。加法评价模型就是计算出每个方案各项评价指标得分之和，其计算式为

$$y_i = \sum_{j=1}^{m} w_j x_{ij} \quad (i=1, 2, \cdots, n) \qquad (4-16)$$

式中，y_i——第 i 个备选评价方案的综合评价值；

w_j——各评价指标的权重，满足 $0 < w_j < 1$，$\sum_{j=1}^{m} w_j = 1$；

x_{ij}——i 方案第 j 个指标标准化处理后的评价值；

m——评价指标的数量。

综合评价值 y_i 越大越好,可以通过各评价对象 y_i 的大小进行评判。

加权线性评分法适用于各评价指标之间相互独立的场合,各指标对综合水平的贡献彼此没有影响。

② 乘法评价模型。乘法评价模型是指对个指标值进行加权几何平均,求综合评价值,即

$$y_i = \sum w_j \sqrt[m]{\prod_{j=1}^{m} x_{ij}^{w_j}} = \prod_{j=1}^{m} x_{ij}^{w_j} \quad (i=1, 2, \cdots, n) \tag{4-17}$$

式中,$\sum\limits_{j=1}^{m} w_j = 1$。 若指标评价值 x_{ij} 都正指标化了,则综合评价值 y_i 越大越好。

乘法模型的适用场合与加法模型正好相反,它适用于各评价指标之间具有强烈关联的场合,突出了指标评价值中较小数的作用,强调被评价对象各指标评价值的一致性。

③ 加乘混合评价模型。加乘混合评价模型可以用下式表示:

$$y_i = \sum_{j=1}^{m} z_j^{u_j} + \prod_{i=1}^{n} x_i^{w_i}, z_i, x_i > 0 \quad (i=1, 2, \cdots, n; j=1, 2, \cdots, m)$$

$$\tag{4-18}$$

式中,z_i, x_i——指标观测值;

　　　w_i——指标 x_i 的权数;

　　　u_j——指标 z_j 的权数;

　　　n——指标 x_i 的个数;

　　　m——指标 z_j 的个数。

加乘混合模型兼有加法评价模型和乘法评价模型的特点,在评价体系中,当有些指标联系密切,而另一些指标联系不密切时,可以采用这个方法。一般来讲,在指标体系中,同一类的指标间联系比较密切,例如,在前面提到的多式联运各区段分运承运人评价指标体系中,服务水平该类下的各指标关系比较密切,它们与企业形象下的各指标关系不是很密切。所以,可以对类内指标采用乘法模型,对类之间指标采用加法模型。

(2) 理想点综合评价法。理想点法即 TOPSIS 方法(the technique for order preference by similarity to ideal solution),其基本思想:首先针对被评价对象的评价指标设定一个理想(样本)点$(x_1^*, x_2^*, \cdots, x_m^*)$,然后对于每一个被评价对象的评价指标值与理想点进行比较。如果某一个被评价对象(方案)的指标值$(x_{i1}, x_{i2}, \cdots, x_{im})$在某种意义下与理想点$(x_1^*, x_2^*, \cdots, x_m^*)$最接近,则可认为该被评价对象就是最好的,按照这种方法考查各被评价对象的指标值与理想点接近的程

度,依次排序。

假设理想点为(x_1^*, x_2^*, …, x_m^*),对于一个被评价对象指标值(x_{i1}, x_{i2}, …, x_{im}),定义两者之间的加权距离为

$$y_i = \sum_{j=1}^m w_j d(x_{ij} \, x_j^*) \quad (i=1, 2, …, n) \tag{4-19}$$

式中,w_j——各评价指标的权重;

$d(x_{ij} \, x_j^*)$——x_{ij} 与 x_j^* 之间的某种意义下距离。

通常情况下可取简单的欧式距离,即取 $d(x_{ij} \, x_j^*) = (x_{ij} - x_j^*)^2$,则综合评价函数为

$$y_i = \sum_{j=1}^m w_j (x_{ij} - x_j^*)^2 \quad (i=1, 2, …, n) \tag{4-20}$$

即反映出第 i 个被评价对象的指标值与理想点的差异程度,经过计算,按照 $y_i(i=1, 2, …, n)$ 值的大小对评价对象进行排序优先。显然,其值越小,则相应的对象就越好。特别地,当某个 $y_i = 0$ 时,即达到了理想点,则对应的被评价对象就是最好的。

(3) 灰色系统评价法。灰色系统是介于信息完全明确的白色系统和信息完全不明确的黑色系统之间的中介系统。灰色系统理论主要是利用已知信息来确定系统的未知信息。灰色系统的评价方法主要是利用灰色系统理论中的关联度分析。灰色关联分析是系统态势的量化比较分析。其原理是比较若干个统计数列所构成的曲线列与理想数列所构成的曲线几何形状的接近程度,几何形状越接近,其关联度就越大。关联度则反映各评价对象对理想对象的接近次序,即评价对象的优劣次序,其中,关联度最大的评价对象为最佳。因此,可利用关联序对评价对象进行排序,从而对评价对象进行比较。其具体步骤如下。

① 确定比较数列(评价对象)和参考数列。设评价对象有 n 个,评价指标有 m 个,比较数列为

$$X_i = \{X_i(k) \mid k=1, 2, …, m\} \quad (i=1, 2, …, n) \tag{4-21}$$

参考数列为

$$X_0 = \{X_0(k) \mid k=1, 2, …, m\} \tag{4-22}$$

② 确定各指标数量对应的权重。可利用上一节所描述的方法确定各指标对应的权重 w_k,w_k 为第 k 个评价指标所对应的权重。

③ 计算灰色关联度系数:

$$\xi_i(k) = \frac{\min\limits_{i}\min\limits_{k} \mid X_0(k) - X_i(k) \mid + \xi \max\limits_{i}\max\limits_{k} \mid X_0(k) - X_i(k) \mid}{\mid X_0(k) - X_i(k) \mid + \xi \max\limits_{i}\max\limits_{k} \mid X_0(k) - X_i(k) \mid} \tag{4-23}$$

式中,$\xi_i(k)$——是比较数列 x_k 与参考数列 x_0 在第 k 个评价指标上的相对差值;

$\left| X_0(k) - X_i(k) \right|$——数列 x_i 与数列 x_0 在第 k 个评价指标上的绝对差;

$\min_k \left| X_0(k) - X_i(k) \right|$——数列 x_i 与数列 x_0 在第 k 个评价指标上的最小绝对差;

$\min_i \min_k \left| X_0(k) - X_i(k) \right|$——因素 $i=1,2,\cdots,n$ 在点 $k=1,2,\cdots,m$ 的最小绝对差;

$\max_i \max_k \left| X_0(k) - X_i(k) \right|$——因素 $i=1,2,\cdots,n$ 在点 $k=1,2,\cdots,m$ 的最大绝对差;

ξ——分辨系数,取值在 $0\sim1$ 之间,一般取 0.5。

④ 计算灰色加权关联度,建立灰色关联度。

灰色加权关联度的计算公式为 $r_i = \dfrac{1}{n}\sum\limits_{k=1}^{n} w_k \xi_i(k)$,其中,$r_i$ 为第 i 个评价对象对理想对象的灰色加权关联度。

⑤ 评价分析。根据加权灰色关联度的大小,对各评价对象进行排序,即建立评价对象的关联序,关联度越大,评价结果就越好。

(4) 模糊综合评价法。模糊综合评价法是借助模糊数学的一些概念,对实际的综合评价问题提供一些评价的方法。具体地说,模糊综合评价就是以模糊数学为基础,应用模糊关系合成的原理,将一些边界不清、不易量化的因素量化,从多个因素对被评价事物隶属等级状况进行综合型评价的一种方法。综合评判是对被评判对象的整体,根据所给的条件,给每一个对象赋予一个非负实数——评判指标,在根据此排序择优。

模糊综合评判作为模糊数学的一种具体应用方法,主要分两步:第一步,先按每个因素单独评判;第二步,按所有因素综合评判。模糊综合评判的优点:数学模型简单,容易掌握,对多因素、多层次的复杂问题评判效果比较好,是别的数学分支和模型难以替代的方法。模糊综合评价方法的特点:评判逐对进行,对评判对象有唯一的评价值,不受被评价对象所处对象集合的影响。模糊综合评价方法的具体步骤如下。

① 确定评价对象的因素论域:$X = \{X_1, X_2, \cdots, X_n\}$,即 n 个评价指标。

② 确定评价等级论域:$V = \{V_1, V_2, \cdots, V_p\}$,即等级集合,每一个等级可对应一个模糊子集。一般地,评价等级数 p 取 $[3,7]$ 中的整数,p 经常取奇数,这样可以有一个中间等级,便于评判被评价事物的等级归属。具体等级可以依据评价内容用适当的语言描述,比如评价多式联运企业的竞争力可以取 $V = \{强,中,弱\}$;评价多式联运服务水平取 $V = \{高,较高,一般,较低,低\}$,等等。

③ 进行单因素评价,建立模糊关系矩阵 $\boldsymbol{R}$。构造了等级模糊子集后,就要逐个对被评价事物从每一个因素 X_i 上进行量化,即确定从单因素来看被评价事物

对各等级子集的隶属度$(R\,|\,X_i)$,进而得到模糊关系矩阵:

$$\boldsymbol{R}=\begin{bmatrix} R\mid X_1 \\ R\mid X_2 \\ \cdots \\ R\mid X_n \end{bmatrix}=\begin{bmatrix} r_{11} & r_{12} & \cdots & r_{1p} \\ r_{21} & r_{22} & \cdots & r_{2p} \\ \vdots & \vdots & & \vdots \\ r_{n1} & r_{n2} & \cdots & r_{np} \end{bmatrix} \qquad (4-24)$$

矩阵$\boldsymbol{R}$中第i行第j列元素r_{ij}表示被评价事物,从因素X_i来看对V_j等级模糊子集的隶属度。一个被评价事物在某个因素X_i方面的表现是通过模糊向量$(R\,|\,X_i)(r_{i1},r_{i2},\cdots,r_{ip})$来刻画的,而其他评价方法中多是由一个指标实际值来刻画的。因此,模糊综合评价要求的信息更多。

④ 确定评价因素的模糊向量权重$W=(w_1,w_2,\cdots,w_n)$。其赋权方法,可以用主观赋权法或客观赋权法。

⑤ 利用合适的合成算子将W与被评价的事物的R合成得到各评价事物的模糊综合评价结果向量$\boldsymbol{B}$。

$\boldsymbol{R}$中不同的行反映了某个被评价事物,从不同的单因素来看对各等级模糊子集的隶属程度。用模糊权重向量$\boldsymbol{W}$将不同的行进行综合,就可得到该被评价事物从总体上来看对各等级模糊子集的隶属程度,即模糊综合评价结果向量$\boldsymbol{R}$模糊综合评价的模型为

$$\boldsymbol{B}=W\times R=(w_1,w_2,\cdots,w_n)\times\begin{bmatrix} r_{11} & r_{12} & \cdots & r_{1p} \\ r_{21} & r_{22} & \cdots & r_{2p} \\ \vdots & \vdots & & \vdots \\ r_{n1} & r_{n2} & \cdots & r_{np} \end{bmatrix}=(b_1,b_2,\cdots,b_p)$$

$$(4-25)$$

式中,b_j表示被评价事物从整体上看对V_j等级模糊子集的隶属程度。

⑥ 对模糊综合评价结果向量进行分析。每一个被评价事物的模糊综合评价结果都表现为一个模糊向量,这与其他方法中每一个被评价事物都得到一个综合评价值是不同的,它包含了更多的信息。对不同的一维综合评价值可以方便地进行比较并排序,而对不同的多维模糊向量进行比较排序就不那么方便了。

在模糊综合评价的6个基本步骤中,第三步和第五步为比较核心的两步。第三步为模糊单因素评价,本质上是求隶属度,在实际应用中往往凭经验来选取合适的方法,并且工作量相当大。第五步的合成本质上是对模糊单因素评价结果的综合,真正体现了综合评价。

当然,除了上面所述的4种评价方法之外,还有数据包络分析法(DEA)、神经网络法、功效评分法、最优权法等。多式联运经营人可以根据多式联运项目自身的

特点选择合适的评价方法来寻求理想的区段承运人。

4.5.3　集装箱海铁联运业务组织

4.5.3.1　集装箱海铁联运概述

集装箱海铁联运是指进出口货物以集装箱的形式,由铁路从内陆腹地运到沿海港口再经船舶运至境外,或是由船舶从境外运抵沿海港口,再经铁路运至内陆腹地。集装箱运输在物流和国际贸易中发挥着越来越重要的作用,以集装箱港口为枢纽的多式联运已经成为港口开展物流服务的重要内容。集装箱海铁联运流程如图 4-17 所示。

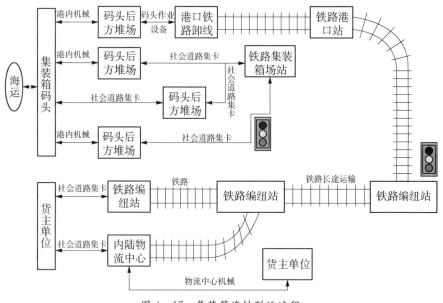

图 4-17　集装箱海铁联运流程

集装箱海铁联运现已成为港口运输的重要组成部分,其优势也被大多数港口和物流企业所认可。集装箱海铁联运的模式,联通了海路运输和铁路运输,实现了两种运输方式上的优势互补,以较低的成本实现内陆和沿海的全覆盖。海铁联运在 600 公里以上运距比公水联运成本优势明显,一般可节约 30% 的成本,还可以有效改善运输带来的环境污染问题。

4.5.3.2　集装箱海铁联运业务——以进口为例

上海 A 公司为一家专业从事以铁路为主导的跨境多式联运全程物流解决方案供应商。A 公司作为多式联运经营人,与实际承运人 B 公司和 C 公司协作完成海铁联运进口业务的流程,各方关系及业务流程如图 4-18 所示。

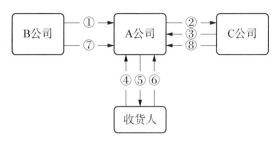

图 4-18   A 公司海铁联运进口流程

1) A 公司集装箱海铁联运进口业务流程

图 4-18 中的 A 公司集装箱海铁联运进口业务流程如下：

（1）货物海运出运后，B 公司向 A 公司签发提单与舱单。

（2）A 公司委托 C 公司转关申报，并于货物到港后，安排拖箱进站，准备火车出运。

（3）货物铁路出运后，C 公司将提货凭证签发给 A 公司。

（4）收货人向 A 公司付清货物转运发生的换单费与其他费用。

（5）A 公司将清关文件、提货凭证整理后转寄给收货人；货物到达目的地后，收货人办理进口报关与提货。

（6）收货人与 A 公司根据合同定期结算货物运费。

（7）B 公司与 A 公司根据合同定期结算代理费用与运费。

（8）C 公司与 A 公司根据合同定期结算代理费用与运费。

2) A 公司集装箱海铁联运进口业务分析

海铁联运进口业务为 A 公司较常操作的业务之一。在该流程中，A 公司作为多式联运经营人，为契约承运人；B 公司作为海运段承运人，C 公司作为铁路段承运人，为实际承运人。从实际业务的角度而言，收货人只需要与契约承运人 A 公司联系，并且 A 公司对全程段运输负责，出具一份多式联运提单，对货方而言运输十分便捷。

上述流程顺序在实务中往往比较灵活，例如信誉较好或关系较好的承运人之间会定期结算代理费用与运费，许多公司也会一票一结，数票一结，等等。又如，流程（1）中出于贸易原因，货方有时会出具电放保函，要求 A 公司将提单改为电放，在保证货权安全的情况下，A 公司一般都会同意该要求。

此外，海铁联运过程一般均涉及国内转关运输和国际铁路段运输，因此每票运输中 A 公司均需要向各运输相关方联系，获取相关的海铁联运中转清关文件与跨境铁路随车文件。海铁联运中转清关文件一般包括海运舱单、国内段铁路运单、海运提单（或海运单）、转关申报单（见图 4-19）等；跨境铁路随车文件一般包括发票、装箱单、合同、《国际货协》运单、原产地证、铁路运输关封（见图 4-20）等。

中华人民共和国海关进口转关运输货物申报单

| 预录入号： | | | | | | 编　　号： | |

进境运输工具名称：　　　　　　　　航次（航班）号：　　　　　转关方式：　　　　　　境内运输方式：

提（运）单总数：　　　货物总件数：　　　货物总重量：　　　集装箱总数：　　　境内运输工具：

境内运输工具名	提（运）单号	集装箱号	货　名	件　数	重　量	关锁号	个数

| 以上申报属实，并承担法律责任，
保证在　　　日内将上述货物完整
运抵　　　　　海关。
　　　　申报人：
　　　　　　　年　　月　　日 | 进境地海关批注：

　　经办关员：

　　　　　（签章）
　　年　　月　　日 | 指运地海关批注：

　　经办关员：

　　　　　（签章）
　　年　　月　　日 |

图 4-19　中华人民共和国海关进口转关运输货物申报单

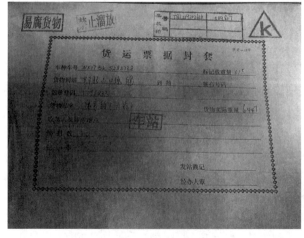

图 4-20　铁路运输关封

4.5.3.3　集装箱海铁联运业务——以竞赛试题为例

近年来,世界技能大赛等物流与运输相关的竞赛侧重于考查参赛选手对于运输全流程的组织、报价以及客户沟通等内容。本文以集装箱海铁联运相关的竞赛试题为例,阐述答题思路以及推荐的答题方法。

1) 题干

(1) Contact matrix：

Role	Name	Email address
Customer and related customer functions	According to the task	Freight. forwarding. 51@outlook. com
Direct manager	John Smith	Freight. forwarding. 51@outlook. com
Legal	Alex Karp	Freight. forwarding. 51@outlook. com
Finance	Juliette Lee	Freight. forwarding. 51@outlook. com
Airfreight department	Den Rene	Freight. forwarding. 51@outlook. com
Ocean freight department	Michael McLaren	Freight. forwarding. 51@outlook. com
International Road freight contractor	Mary Larsen	Freight. forwarding. 51@outlook. com
Domestic road freight contractor	Anna Anderson	Freight. forwarding. 51@outlook. com
Procurement	Sam Watson	Freight. forwarding. 51@outlook. com
Railway department	Sergey Renkov	Freight. forwarding. 51@outlook. com
Customs department	Maxim Radeev	Freight. forwarding. 51@outlook. com
CN station	Mr. Lee	Freight. forwarding. 51@outlook. com
NL station	Martin Veld	Freight. forwarding. 51@outlook. com
TW station	Sue Chi	Freight. forwarding. 51@outlook. com
US station	Sam Ford	Freight. forwarding. 51@outlook. com
PL station	Serj Kowalski	Freight. forwarding. 51@outlook. com
AU station	Lara Stanley	Freight. forwarding. 51@outlook. com
DE station	Klaus Müller	Freight. forwarding. 51@outlook. com

(2) Rules of your company：

- You don't have a profit policy for new business. Any budget must be approved with the line manager
- Any freight forwarder specialist is not allowed to conclude any deals with unknown subcontractors. All subcontractors go via procurement control
- It is obligatory to use and \ or ask destination and \ or origin offices to support biz transactions.

（3）Initial request：

Email subject：3. 2 Customer consultancy
Dear，
I have a very complex project and I need my goods to be at PL，Warsaw by exact time.
I don't know how this should be delivered better，but I hope you can give me your professional view and direct to the right course.
Thank you
Carlos Flint
Jupiter Ltd.

2）答案及分析

（1）Correct request。

steps	Action performed	Reply / following action
1	Competitor asked for additional information from the customer： • Place of dispatch • Cargo type • Q-ty of packages，weight • ETD • necessary arrival date • Who is performing customs clearance in origin and destination	Only provide what is asked • TW，Taipei • Decorations for our new shops（statues，metal constructions，furniture，décor flowers etc）. • It is loose and flightcases some times. Must fit into 20 * 40DC. It's fragile，must be handled with care • There will be several dates for loading −12，13 and 14th of September. Will have to be at night due to location within the city and the entrance is limited within day hours • It must be in Warsaw not later than Nov.，10th as we need to start installing and launch our shops not later than Nov.，20th • Our Shipper broker will be handling this on TW
2	Competitor requested： • International Road • AFR • TW station • CN station For rates and delivery terms，rates validity	Reply： ALWAYS ANSWER WHAT IS ASKED ONLY 1. TW station We can quote you delivery within Taipei and ocean freight up to Shanghai port，shall we? Transportation：1 * 40DC = 1 450 USD This will include container usage only up to Shanghai port. Door−LO service. Terms pick up and port handling-4 − 5 days，delivery Taipei-Shanghai-5 − 7 days

（续表）

steps	Action performed	Reply / following action
		Container rental is 750 USD per cntr throughout transportation Rates validity：Sept. ，30th 2. CN station What can we quote to you? Ocean or other? For ocean please give us the port to be used. After the answer We have rail connection from Suzhou to Lodz. Ocean can be organized up to the ports in EU－Riga, Klaipeda, Hamburg, Rotterdam. Which one do you prefer? Do you need FIFO terms? 1. OFR： 　　Price：1 * 40DC ＝ 1 300 USD－SHA, CN－Klaipeda, LT（LILO）\ if Competitor agrees to FIFO-minus 250 USD 　　Terms：Port handling, transit operations-4－5 days，ocean freight ～ 35 days（no guarantee due to feeder volatility） 2. Rail up to Lodz 　　Price：1 * 40DC ＝ 5 700 USD（Shanghai－Suzhou－Lodz, including terminal operations at Rail station of PL） 　　Cancellation fee-1 500 USD 　　Terms：Port handling, transit operations-4－5 days，reloading-1－2 cntrs per day at our w\h, consider weekend days off, railfreight ～ 15 days（including cut offs） 3. Trucks：we are not performing as no license for international deliveries When accepting the container from TW we will need to unload the containers，return them and load to the rail \ocean ones. Reloading will cost 950 USD per 1 * 40DC If direct delivery is requested-such agreements are to be made within TW for container rentals up to the destination point

steps	Action performed	Reply / following action

		Please also be noted that we have public holidays October, $1 - 10^{th}$
		
		Rates validity: Sept. , 30th
		
		3. PL station
		Which services do you want us to perform?
		After the answer
		1. OFR:
		    Price:
		    THC-600 USD per TEU
		    T1-35 USD per entry
		    Delivery Klaipeda - Warsaw-950 USD per flatbed
		    Customs clearance in PL-150 USD per entry
		
		    Terms: port operations $1 - 2$ days, transit $2 - 3$ days, clearance $1 - 2$ days
		
		2. Rail:
		    Price:
		    THC and terminal operations-600 USD per TEU
		    T1-35 USD per entry
		    Delivery Lodz - Warsaw-450 USD per flatbed
		    Customs clearance in PL-150 USD per entry
		
		    Terms: terminal and transit operations $1 - 2$ days, clearance $1 - 2$ days, delivery-1 day
		
		Demurrage and detention charges as per your transport company and booking.
		Rates validity: Sept. , 30th
		4. International road
		(if the whole routing is requested) We cannot perform this transportation

（续表）

steps	Action performed	Reply / following action
		5. AFR Loose cannot be loaded into the aircraft-must be packed somehow. If customer agrees to pack how required by IATA-we can try flights. Regular flights will not do-all is overbooked in this routing. Charter rates (this will have to be fit into 2 * B747)-570kUSD per flight, incl. THC at origin and destination Rates validity: Aug., 30th
2.1	Ask manager for the profit	15% on top of the services for ocean, 10% for rail, Airfreight goes 5% maximum demurrage and detention at cost

（2）分析。

以下答题思路为本书编者总结,仅供读者参考:

① 明确题干与角色。在答题的过程中,参赛选手全程以货运代理或多式联运企业客服部门员工的身份进行作答。根据题干信息,参赛选手没有报价权限,因此"是否需要加利润""加多少利润"等问题都可以通过咨询部门主管来解决。其次,作为客服部门的员工,参赛选手的主要任务是联系各个运输相关方,并不需要全权解决所有遇到的问题。

② 明确作答目标。参赛选手收到客户发来的运输咨询邮件,客户想要"得到运输公司的专业意见",通过分析后明确目标,提供运输方案和运输报价即可。

③ 明确答题思路。首先,由于收到的邮件内容过于模糊,且手头上并没有其他必要的信息,参赛选手应主动向客户询问更多运输细节。其次,根据货物及运输的相关要求,参赛选手向海外业务部、本公司业务部咨询运输方式、运输时间、运输价格等相关问题,汇总出两种多式联运方式及各需的时间和费用:台北—(海运)—上海—苏州—(铁路)—洛兹—(公路)—华沙;台北—(海运)—上海—(海运)—克莱佩达—(公路)—华沙。最后,根据时间限制,筛选运输方案,向部门主管询问利润后,将运输方案和价格推荐给客户即可。

④ 明确考核目的。在实务中,许多物流公司虽以"货运代理公司"命名,然而也身兼无船承运人的身份,提供多式联运相关的运输业务,这是由物流公司的资质所决定的,而不是名称。从微观层面来看,参赛选手作为货运代理公司客服部门的员工,其主要工作是成为客户、同事、各个部门之间的纽带;从宏观层面来看,物流公司的目标是服务客户完成运输,两者之间的关系读者可以参考该题来体会。

5

多式联运单证

5.1 海运段货物运输单证

5.1.1 提单

5.1.1.1 提单的定义与作用

提单(bill of lading,B/L)在国际班轮运输中既是一份非常重要的业务单证，又是一份非常重要的法律文件。提单是海上货物运输中最具有特色的运输单证，也是国际贸易中的重要贸易单证。提单样式如表5-1所示。

1992年11月7日通过、1993年7月1日起施行的《海商法》第71条给提单下了定义："提单，是指用以证明海上货物运输合同和货物已经由承运人接收或者装船，以及承运人保证据以交付货物的单证。提单中载明的向记名人交付货物，或者按照指示人的指示交付货物，或者向提单持有人交付货物的条款，构成承运人据以交付货物的保证。"

《海商法》第72条同时规定："货物由承运人接收或者装船后，应托运人的要求，承运人应当签发提单。"所以，承运人不能因为其他原因而扣发提单。

提单一经承运人签发，即表明承运人已将货物装上船舶或已确认接管货物，并保证按照提单条款规定的权利、义务、赔偿责任和免责运输货物，并保证在目的港以本提单相交换，将货物交付给合法的提单持有人。托运人接受提单后，除了受提单条款的约束外，不但可以用提单在目的港提取货物，而且可以用提单办理押汇，从银行那里取得货款或贷款，或将提单转让。

一般认为，提单具有以下3个方面的作用：

1) 提单是海上货物运输合同的证明

提单是运输合同成立的证明。提单的印刷条款规定了承运人与货物关系人之间的权利义务，提单也是法律承认的处理有关货物运输争议的依据，因此，有人会认为提单本身就是运输合同。但是，提单并不具有作为合同应具备的基本条件。

表 5-1 提 单 样 式

| Carrier: Hapag-Lloyd Aktiengesellschaft, Hamburg | **Bill of Lading** | Multimodal Transport or Port to Port Shipment |

Shipper:

Hapag-Lloyd

| Carrier's Reference: | B/L-No.: | Page: |

Export References:

Forwarding Agent:

Consignee (not negotiable unless consigned to order):

Consignee's Reference:

Place of Receipt:

Notify Address (Carrier not responsible for failure to notify; see clause 20 (1) hereof):

Vessel(s):   **Voyage-No.:**

Place of Delivery:

Port of Loading:

Port of Discharge:

| Container Nos., Seal Nos.; Marks and Nos. | Number and Kind of Packages, Description of Goods | Gross Weight: | Measurement: |

SAMPLE NOT VALID

Shipper's declared Value [see clause 7(2) and 7 (3)]

Above Particulars as declared by Shipper. Without responsibility or warranty as to correctness by Carrier [see clause 11]

| Total No. of Containers received by the Carrier: | Packages received by the Carrier: |

RECEIVED by the Carrier from the Shipper in apparent good order and condition (unless otherwise noted herein) the total number or quantity of Containers or other packages or units indicated in the box opposite entitled "Total No. of Containers/Packages received by the Carrier" for Carriage subject to all the terms and conditions hereof (INCLUDING THE TERMS AND CONDITIONS ON THE REVERSE HEREOF AND THE TERMS AND CONDITIONS OF THE CARRIER'S APPLICABLE TARIFF) from the Place of Receipt or the Port of Loading, whichever is applicable, to the Port of Discharge or the Place of Delivery, whichever is applicable. One original Bill of Lading, duly endorsed, must be surrendered by the Merchant to the Carrier in exchange for the Goods or a delivery order. In accepting this Bill of Lading the Merchant expressly accepts and agrees to all its terms and conditions whether printed, stamped or written, or otherwise incorporated, notwithstanding the non-signing of this Bill of Lading by the Merchant.

IN WITNESS WHEREOF the number of original Bills of Lading stated below all of this tenor and date has been signed, one of which being accomplished the others to stand void.

| Movement: | Currency: |

Place and date of issue:

| Charge | Rate | Basis | Wt/Vol/Val | P/C | Amount |

| Freight payable at: | Number of original Bs/L: |

| Total Freight Prepaid | Total Freight Collect | Total Freight |

90147345 LV 03/13

首先,按照严格的法律概念,它不是双方意思一致的产物。约束承托双方的提单条款是承运人单方拟定的,构成运输合同的主要项目诸如船名、开航日期、航线、靠港及其他有关货运条件都是事先公布,而且是众所周知的,至于运价和运输条件也是承运人预先规定的,在提单上只有承运人单方的签字,按照班轮运输的特点,提单也无须托运人签字;其次,承运人和托运人双方履行运输合同在先,发提单在后。提单只是在履行运输合同的过程中出现的一种证据,签发提单只是承运人履行运输合同的一个环节,而合同实际上是在托运人向承运人或其代理人订舱、办理托运手续时就已成立。确切地说,承运人或其代理人在托运人填制的托运单上盖章时,即承运人承诺运输,承托之间的运输合同成立。对托运人来说,在提单签发前,他也履行了诸如备货、准备相关文件等运输合同中规定的义务。所以,提单是海上货物运输合同已成立的证明。

2) 提单是证明货物已装船或由承运人接管的货物收据

提单是证明货物已由承运人接管或已装船的货物收据(receipt for the goods)。按照航运惯例,货物的原始收据不是提单,而是大副收据或者场站收据。

承运人签发提单,就表明他已按提单上所列内容收到货物,并有义务在目的港将货物如提单所记载的那样向收货人交付,如果承运人或者代其签发提单的人签发提单时,对未对提单所记载的货物品名、标志、包装或者件数、重量或者体积、货物的表面状况做出保留,即批注(remarks),就是承运人已经按照提单所记载的状况收到货物或者货物已经装船的初步证据(prima facie evidence)。

但是,提单作为货物收据的法律效力在不同的当事人之间也是不同的。班轮运输中,提单作为货物收据的效力,视其在托运人或收货人手中而有所不同。对托运人来说,提单只是承运人依据托运人所列提单内容收到货物的初步证据。换言之,如果承运人有确实证据证明他在事实上未收到货物,或者实际收到的货物与提单记载有不符之处,承运人可以向托运人提出反证,证明提单记载的有关货物的情况与实际收到的不符,否则,承运人不能减轻或者免除自己的赔偿责任。

但是,对善意的收货人或提单持有人来说,提单是承运人已按托运人所列内容收到货物的最终证据(conclusive evidence)。承运人不能提出相反的证据否定提单内所记载的内容。我国《海商法》第77条对提单有关货物记载事项的证据效力的规定,承运人向善意受让提单的包括收货人在内的第三人提出与提单所载状况不同的证据,不予承认。所谓善意的(in good faith)是指不知情,即收货人拿到提单或提单持有人持有提单时不知道提单记载的货物状况与货物的实际情况不符。

3) 提单是承运人据以交付货物的保证

承运人或其代理人在目的港交付货物时,必须是收货人或提单持有人呈递提单后才能交货。在这种情况下,即使是真正的收货人,如果不能递交正本提单,承运人也可以拒绝对其放行货物。也就是说,收货人是根据提单物权凭证(document of title)的特性,在目的港以提单相交换来提取货物。因为提单代表着货物,并且在英美的海商法著作和法院的判例中,都认为提单是物权凭证,并认为提单的这一作用是承运人凭提单交付货物或者收货凭提单提取货物的基础。当然,法律和贸易习惯赋予提单这一作用,更多的是考虑了提单在传统单证贸易中的流通性,以保障提单的结汇、质押等作用。此外,提单的转让是受时间上的制约的。在办理提货手续前,提单是可以转让的;一旦办理了手续后,该提单就不能再转让了。

5.1.1.2 提单的种类

根据提单分类的标准不同,提单的基本种类有以下多种情况:

1) 按货物是否已装船为标准

按货物是否已装船为标准,分为已装船提单和收货待运提单。

已装船提单(on board B/L or shipped B/L)是指整票货物全部装船后,由承运人或其代理人向托运人签发的货物已经装船的提单。该提单上除了载明其他通常事项外,还须注明装运船舶名称和货物实际装船完毕的日期。

收货待运提单(received for shipment B/L)简称待装提单或待运提单,是指承运人虽已收到货物但尚未装船,应托运人要求而向其签发的提单。由于待运提单上没有明确的装船日期,而且又不注明装运船的船名,因此,在跟单信用证的支付方式下,银行一般都不接受这种提单。

当货物装船后,承运人在待运提单上加注装运船舶的船名和装船日期,就可以使待运提单成为已装船提单。

2) 按提单收货人一栏的记载为标准

按提单收货人一栏的记载为标准,分为记名提单、不记名提单和指示提单。

记名提单(straight B/L)是指在提单"收货人"一栏内具体填上特定的收货人名称的提单。记名提单只能由提单上所指定的收货人提取货物。记名提单不得转让。记名提单可以避免因转让而带来的风险,但也失去了其代表货物可转让流通的便利。银行一般不愿意接受记名提单作为议付的单证。

不记名提单(open B/L or blank B/L or bearer B/L)是指在提单"收货人"一栏内记明应向提单持有人交付货物(to the bearer 或 to the holder)或在提单"收货人"一栏内不填写任何内容(空白)的提单。不记名提单,无须背书,即可转让。也就是说,不记名提单由出让人将提单交付给受让人即可转让,谁持有提单,谁就有权提货。

指示提单(order B/L)是指在提单"收货人"一栏内只填写"凭指示"(to order)或"凭某人指示"(to the order of XXX)字样的提单。指示提单,经过记名背书或空白背书转让。指示提单除由出让人将提单交付给受让人外,还应背书,这样提单才得到了转让。如果提单的收货人一栏只填写"to order",则称为托运人指示提单。记载"to the order of the shipper"与记载"to order"是一样的托运人指示提单。在托运人未指定收货人或受让人以前,货物仍属于托运人。如果提单的收货人一栏填写了"to the order of XXX",则称为记名指示提单。在这种情况下,由记名的指示人指定收货人或受让人。记名的指示人("XXX")可以是银行,也可以是贸易商等。

3) 按对货物外表状况有无不良批注、是否有碍正常结汇为标准

按对货物外表状况有无不良批注、是否有碍正常结汇为标准,分为清洁提单和不清洁提单。

清洁提单(clean B/L)是指没有任何有关货物残损、包装不良或其他有碍于结汇批注的提单。事实上,提单正面已印有"外表状况明显良好"(in apparent good order and condition)的措辞,若承运人或其代理人在签发提单时未加任何相反的批注,则表明承运人确认货物装船时外表状况良好的这一事实,承运人必须在目的港将接受装船时外表状况良好的同样货物交付给收货人。在正常情况下,向银行办理结汇时,都应提交清洁提单。

不清洁提单(foul B/L or unclean B/L)是指承运人在提单上加注有货物及包装状况不良或存在缺陷,如水湿、油渍、污损、锈蚀等批注并妨碍正常结汇的提单。承运人通过批注,声明货物是在外表状况不良的情况下装船的,在目的港交付货物时,若发现货物损坏可归因于这些批注的范围,从而减轻或免除自己的赔偿责任。在正常情况下,银行将拒绝以不清洁提单办理结汇。

实践中,当货物及包装状况不良或存在缺陷时,托运人会出具保函,并要求承运人签发清洁提单,以便能顺利结汇。由于这种做法掩盖了提单签发时的真实情况,因此承运人将会承担由此而产生的风险责任。

承运人凭保函签发清洁提单的风险如下:

(1) 承运人不能以保函对抗善意的第三方,因此,承运人要赔偿收货人的损失;然后承运人根据保函向托运人追偿赔款。

(2) 如果保函具有欺骗性质,则保函在承运人与托运人之间也属无效,承运人将独自承担责任,不能向托运人追偿赔款。

(3) 承运人接受了具有欺骗性质的保函后,不但要承担赔偿责任,而且还会丧失责任限制的权利。

(4) 虽然承运人通常会向"保赔协会"(Protection and Indemnity Club,P & I Club)投保货物运输责任险,但如果货损在承运人接收货物以前就已经发生,则"保赔协会"是不负责任的,责任只能由承运人自负。

(5) 如果承运人是在善意的情况下接受了保函,该保函也仅对托运人有效,但是,托运人经常会抗辩认为,货物的损坏并不是包装表面缺陷所致,而是承运人在运输过程中没有履行其应当适当、谨慎地保管和照料货物的义务所致。因此,承运人要向托运人追偿也是很困难的。

4）按不同的运输组织模式为标准

按不同的运输组织模式为标准,分为直达提单、转船提单和多式联运提单。

直达提单(direct B/L)是指由承运人签发的,货物从装货港装船后,中途不经过转船而直接运抵卸货港的提单。

转船提单(transshipment B/L or through B/L)是指在装货港装货的船舶不直接驶达货物的目的港,而要在中途港换装其他船舶运抵目的港,由承运人为这种货物运输所签发的提单。

多式联运提单(combined transport B/L or intermodal transport B/L or multimodal transport B/L)是指货物由海路、内河、铁路、公路和航空等两种以上不同运输工具共同完成全程运输时所签发的提单,这种提单主要用于集装箱运输。多式联运提单一般由承担海运区段运输的船公司或者充当多式联运经营人身份的国际货运代理人签发。

除了上述基本种类外,特殊种类的提单是指在特殊情况下,可能是不符合法律规定或者对货运业务有一定影响时所使用的提单。这类提单也有多种情况。

1）预借提单、倒签提单和顺签提单

预借提单(advanced B/L)是指由于信用证规定的装运期或交单结汇期已到,而货物尚未装船或货物尚未装船完毕时,应托运人要求而由承运人或其代理人提前签发的已装船提单,即托运人为能及时结汇而从承运人处借用的已装船提单。当托运人未能及时备妥货物,或者船期延误使船舶不能如期到港,托运人估计货物装船完毕的时间可能要超过信用证规定的装运期甚至结汇期时,就可能采取从承运人那里借出提单用以结汇的办法。但是,承运人签发预借提单要冒极大风险,因为这种做法掩盖了提单签发时的真实情况。许多国家法律的规定和判例表明,一旦货物引起损坏,承运人不但要负责赔偿,而且还要丧失享受责任限制和援用免责条款的权利。

倒签提单(anti-date B/L)是指在货物装船完毕后,应托运人的要求,由承运人或其代理人签发的提单,但是该提单上记载的签发日期早于货物实际装船完毕的日期。即托运人从承运人处得到的以早于货物实际装船完毕的日期作为提单签发日期的提单。由于倒填日期签发提单,所以称为"倒签提单"。由于货物实际装船完毕日期迟于信用证规定的装运日期,若仍按实际装船日期签发提单,肯定影响结汇,为了使签发提单日期与信用证规定的装运日期相吻合,以便结汇,托运人就可能要求承运人仍按信用证规定的装运日期"倒填日期"签发提单。承运人倒签提单的做法同样掩盖了真实的情况,因此也要承担由此而产生的风险责任。

顺签提单(post-date B/L)是指在货物装船完毕后,承运人或其代理人应托运人的要求而签发的提单,但是该提单上记载的签发日期晚于货物实际装船完毕的日期。即托运人从承运人处得到的以晚于该票货物实际装船完毕的日期作为提单签发日期的提单。由于顺填日期签发提单,因此称为"顺签提单"。由于货物实际装船完毕的日期早于有关合同中装运期限的规定,如果按货物实际装船日期签发提单将影响合同的履行,所以托运人就可能要求承运人按有关合同装运期限的规定"顺填日期"签发提单。承运人顺签提单的做法也掩盖了真实的情况,因此也要承担由此而产生的风险责任。

2) 舱面货提单

舱面货提单(on deck B/L)是指将货物积载于船舶露天甲板,并在提单上记载"on deck"字样的提单,也称甲板货提单。积载在船舱内的货物比积载于舱面的货物所可能遇到的风险要小,所以承运人不得随意将货物积载于舱面运输。但是,按商业习惯允许装于舱面的货物、法律规定应装于舱面的货物、承运人与托运人协商同意装于舱面的货物可以装于舱面运输。另外,由于集装箱运输的特殊性,通常有三分之一以上的货物要装于甲板,所以不论集装箱是否装于舱面,提单上一般都不记载"on deck"或"under deck",商业上的这种做法已为有关各方当事人所接受。

3) 并提单

并提单(omnibus B/L)是指应托运人要求,承运人将同一船舶装运的相同港口、相同货主的两票或两票以上货物合并而签发的一套提单。托运人为节省运费,会要求承运人将属于最低运费提单的货物与其他提单的货物合在一起只签发一套提单,即将不同装货单号下的货物合起来签发相同提单号的一套提单。

4) 分提单

分提单(separate B/L)是指应托运人要求,承运人将属于同一装货单号下的货物分开,并分别签发的提单(多套提单)。托运人为满足商业上的需要,会要求承运人为同一票多件货物分别签发提单,如有三件货物时,分别为每一件货物签发提单,这样就会签发三套提单。

5) 交换提单

转换提单(switch B/L)是指承运人应货方的要求为了满足贸易上的需要(经常是由于中间商出于隐藏真实买卖双方的目的)或其他原因将原提单收回后改变原提单上的收、发货人和通知方等栏目重新出单,或将原提单的整票货分为几票货,改变数量、原卸货港或收货人等栏目重新出单。转换提单涉及提单正面主要关系人或主要内容的变更,转换后的提单构成对不知情的原提单持有人的伤害,对承运人也存在潜在的风险。如由于单证申报不实,造成有关当局的追究,严重时可能引起扣船及没收货物等纠纷。同样,由于提单转换后的内容与原来买卖双方的约定不符,可能会引起买卖双方对货款、数量、交付地等争议。此外更为严重的是,有可能被欺诈方利用以达到非法牟利的目的。因此,在操作时要谨慎。

6) 交接提单

交接提单(memo B/L)是指由于货物转船或联运或其他原因,在不同承运人之间签发的不可转让、不是"物权凭证"的单证。交接提单只是具有货物收据和备忘录的作用。有时由于一票货物运输会由不同的承运人来运输或承运,为了便于管理,更是为了明确不同承运人之间的责任,就需要制作交接提单。交接提单的基本格式除了右上角印有"MEMO"标志以及"NON-NEGOTIABLE MEMO BILL FOR COMBINED TRANSPORT OR PORT TO PORT "的说明外,其他内容与一般提单基本相同。

7) 过期提单

过期提单(stale B/L)是指由于出口商在取得提单后未能及时到银行议付的提单。因不及时而过期,形成过期提单,也称滞期提单。在信用证支付方式下,根据UCP600 的规定,如信用证没有规定交单的特定期限,则要求出口商在货物装船日起 21 天内到银行交单议付,也不得晚于信用证的有效期限。超过这一期限,银行将不予接受。过期提单是商业习惯的一种提单,但它在运输合同下并不是无效提单,提单持有人仍可凭其要求承运人交付货物。

5.1.1.3　提单正面栏目的缮制

提单所记载的内容是否正确无误,不但关系到承运人的经济利益,而且还影响到承运人的信誉。为了使所签发的提单字迹清晰、整洁、内容完整、不错不漏,就要求提单的签发人在签发提单前,必须对提单所记载的事项,包括各当事人名称、货物名称、包装、标志、数量和外表状况等项内容的必要记载事项进行认真仔细的核对、审查,使不正确的内容能得到及时纠正。

由于集装箱货物运输的原始收据是场站收据,所以提单的签发应以场站收据为依据。

国际公约和各国国内立法均对提单需要记载的内容做了规定,以保证提单的效力。以集装箱运输提单为例,提单正面各栏目的缮制要求如下:

1) 提单编号

提单编号位于提单右上角,此编号的结构由承运人自定。

2) 托运人

此栏用于填写托运人(shipper)的名称、地址、电话、传真等。

3) 收货人

此栏用于填写收货人(consignee)的名称、地址、电话、传真等。收货人可以是"TO ORDER"或"TO ORDER OF ×××"。如果是"TO ORDER",通常作为"凭托运人指示"理解。

4) 通知方

此栏用于填写通知方(notify party)的名称、地址、电话、传真等。当提单上收货人已有详细地址和名称,通知方一栏可以是在任何一国的名称和地址。

在签发收货人为"TO ORDER"提单时,此栏必须填写通知方的全称和电话号码。如果托运人信用证有要求,此栏可再填写位于任何国家的第二通知方的名称、地址。

托运人对通知方一栏的申报应符合卸货港或交货地点的习惯,否则一切后果概由托运人负责。有些国家、地区要求通知方必须为当地,否则不允许货物进口,如巴基斯坦、沙特、印度,等等。

5) 前程运输方

前程运输方(pre carriage by)栏仅在货物被转运时填写,通常填写第一程船的船名。

6) 接货地

接货地(place of receipt)栏仅在货物被转运时填写,代表承运人开始对货物承担责任的地点,例如,×× CY,BANGKOK,代表曼谷某堆场。

7) 海运船

海运船(ocean vessel)栏用于填写海运船的船名和航次号,但在货物被转运时填写此栏需注意:当二程海运船的船名不能确定,仅凭推算时应填写"To be Named"或"×××(二程船名) or Substitute"。

8) 装港

装港(port of loading)栏用于填写货物实际装船港口,当货物被转运时,应填写货物装上干线海运船的港口;同时此栏的港口名称应与 Ocean Vessel 一栏的船名相对应。

9) 卸港

卸港(port of discharge)栏用于填写货物卸船的港口名称。

10) 交货地

交货地(place of delivery)栏仅在货物被转运时填写,表示承运人最终交货的地点。

11) 货物栏

(1) 标志和序号、箱号和铅封号(marks & Nos. containers/seal No.)。在通常情况下,托运人会提供货物的识别标志和序号以填入此栏,同时此栏需填写装载货物的集装箱号和铅封号;如果托运人未能提供铅封号,建议加注"SEAL NUMBER NOT NOTED BY SHIPPER";如果有海关铅封号,还需要在此栏加注。

(2) 集装箱数量和件数(NO. of containers or packages)。在整箱货运输中此栏通常填写集装箱数量和型号,如果信用证中有要求,可在"Description of Goods"项下加注托运人提供的件数;在拼箱货运输中此栏填写货物件数。

例如,一个内装 6 箱机械的 20 英尺干货箱可被表示为 1×20 ft DC。如果托运人坚持要求表明件数,通常会在"Description of Goods"一栏中加注"STC 6 CASES MACHINERY"或"6 CASES MACHINERY,SLCAS",以保护承运人的利益。

(3) 货物情况(description of goods)。此栏用于填写货物的具体情况,如果内容过多,空间不够,可以添加附件,在这种情况下应注明"QUANTITY AND DESCRIPTION OF GOODS AS PER ATTACHED SCHEDULE"。

(4) 总重(gross weight kgs)。此栏用于填写装入集装箱内货物的毛重(kg)。

(5) 体积(measurement)。此栏用于填写装入集装箱内货物的总体积(m^3)。

(6) 集装箱总数或件数总数(total No. of packages)。在拼箱货的情况下,此栏会填写收到货物的总数,例如"Six Packages Only"。在整箱货运输的情况下,此栏通常填写收到集装箱的箱数总数,例如"Twenty-five Containers Only"。

12) 运费

(1) 运费和其他费用(freight & charges)。此栏注明各种费用的类别,例如,海运费、内陆拖箱费、燃油附加费等。其中申报货价附加费(declared value charges)专指托运人要求在提单此栏中表明货物价值后应支付的附加运费。

(2) 计费吨(revenue tons)。此栏标明运费计收的计算依据,通常有重量单位MT重量吨、体积单位CBM m^3、件数单位PC件和整箱单位TEU/FEU 20 ft/40 ft标箱,其中TEU/FEU也可以用20 ft/40 ft表示,例如,25×20 ft DC代表应收取25个20英尺干货箱的运费。

(3) 费率(rate)。此栏标明各种费用的费率,包括Ocean Freight海运费、BAF燃油费、CAF货币附加费、THC码头操作费、Inland Haulage内陆拖运费,等等。

(4) 每(per)。此栏标明各种费用的计算单位,例如,"箱UNIT、重量吨MT、立方米CBM"。

(5) 预付和到付(prepaid/collect)。此栏标明运费支付的支付方式,分别用"PREPAID"表示预付、"COLLECT"表示到付。

(6) 预付地点(prepaid at)。此栏填入提单缮制和运费支付地点(仅在运费预付情况下填写)。

(7) 付费地点(payable at)。此栏填入到付运费付费地点。

(8) 总计预付(total prepaid)。此栏填入以美元为单位的所有预付运费和所有按当地货币支付的其他预付费用。

13) 签发地点和日期

签发地点和日期(place and date of issue)栏填入提单缮制和签发的地点和日期。

14) 正本提单的份数

正本提单的份数(No. of original B/L)栏填入根据托运人要求签发的正本提

单的数量,通常为三份。

15) 代表承运人签发

代表承运人签发(signed for the carrier)栏按船公司的要求加盖签单章。货代只有在经过申请、同意之后,才能获得船公司的签单权、订舱权,并且签单章、订舱章均由船公司或船代统一制作(编号),然后配备给有关货代。

16) 装船日期

装船日期栏通常填写承运船舶离开提单项下装港的日期并在日期上签章,在特殊情况下也可填写货物实际装船日期。

5.1.2　海运单

海运单(sea waybill,SWB)是证明海上货物运输合同和货物已经由承运人接管或装船,以及承运人保证将货物交给指定收货人的一种不可转让的单证。海运单样式如表 5-2 所示。

由于采用海运单提货比提单更及时、更安全、更简便,使用海运单的国家越来越多。目前,在欧洲采用海运单的国家较为普遍;北美洲的加拿大将海运单主要用于集装箱货物运输,而美国则采用记名提单,也相当于海运单(根据美国法律的规定,采用记名提单交付货物时,不必要求收货人提供提单,只需收货人证明自己是提单上所载明的收货人即可);我国的船公司也在 20 世纪 90 年代中期开始使用海运单。

海运运单与海运提单在作用上有很大的不同。一方面,海运单不具有提单"物权凭证"的作用;另一方面,作为运输合同证明、作为货物收据方面,也有很大的区别。

在使用海运单而不使用提单时,海运单仍是根据双方一致同意的条件(如运费预付或到付、待运或已装船等)来签发的。通常只签发一份正本海运单。但是,如经请求,也可签发两份或两份以上的正本海运单。如托运人要求更改收货人,承运人应要求托运人交回原来已经签发的海运单,然后再按托运人的要求签发更改了收货人的海运单。

海运单流转流程也比较简便:

(1) 承运人签发海运单给托运人。

(2) 承运人在船舶抵达卸货港前向海运单上记名的收货人发出到货通知书。到货通知书表明这些货物的运输是根据海运单进行的。

(3) 收货人在目的地出示有效身份证件证明他确系海运单上记载的收货人,并将其签署完的到货通知书交给承运人的办事机构或当地代理人,同时出示海运单副本。

(4) 承运人或其代理人签发提货单给收货人。

表 5-2 海运单样式

Sea waybill for combined transport or port to port shipment

Shipper	B/L No.
	Reference

W.E.C. LINES

Albert Plesmanweg 59
3088 GB Rotterdam
Tel.: +31 (0)10 - 491 33 50
Fax: +31 (0)10 - 491 33 97

P.O. Box 59230
3008 PE Rotterdam
E-mail: office@nl.weclines.com
www.weclines.com

Consignee	

Notify Party	AGENTS AT PORT OF DISCHARGE:

Pre-Carriage by	Place of Receipt*	
Ocean Vessel	Port of Loading	
Port of Discharge	Place of Delivery*	Freight Payable at / Number of original Bs/L

Marks and Numbers Containers nos. & seals nos.	Description of Packages and Goods (Continued on attached Bill of Lading Rider page(s), if applicable)	Gross weight in kilos	Measurement in cbm

PARTICULARS FURNISHED BY THE SHIPPER – NOT CHECKED BY CARRIER – CARRIER NOT RESPONSIBLE (see cl. 15)

FREIGHT AND CHARGES	Mode of transport:

RECEIVED by the Carrier from the Shipper in apparent good order and condition unless otherwise stated herein the total number or quantity of containers or other packages or units indicated in the box entitled "Carrier's Receipt" for carriage subject to all the terms hereof from the Place of Receipt or the Port of Loading, to the Port of Discharge or Place of Delivery, whichever is applicable. IN ACCEPTING THIS SEA WAYBILL THE SHIPPER EXPRESSLY ACCEPTS AND AGREES TO, ON HIS OWN BEHALF AND ON BEHALF OF THE CONSIGNEE, THE OWNER OF THE GOODS AND THE MERCHANT, AND WARRANTS HE HAS AUTHORITY TO DO SO, ALL THE TERMS AND CONDITIONS WHETHER PRINTED, STAMPED OR OTHERWISE INCORPORATED ON THIS AND ON THE REVERSE SIDE AND THE TERMS AND THE CONDITIONS OF THE CARRIER'S APPLICABLE TARIFF AS IF THEY WERE ALL SIGNED BY THE SHIPPER.
Unless instructed otherwise in writing by the Shipper delivery of the Goods will be made only to the Consignee or his authorised representatives. This Sea Waybill is not a document of title to the Goods and delivery will be made, after payment of any outstanding Freight and charges, only on provision of proper proof of identity and of authorisation at the Port of Discharge or Place of Delivery, as appropriate, without the need to produce or surrender a copy of this Sea Waybill.
IN WITNESS WHEREOF the Carrier, Master or their Agent has signed this Sea Waybill.

Place and date of issue:

Signed on behalf of the Carrier:

Total no. of Packages	DEMURRAGE
Declared value (cl. 8.3)	Upon expiration of free utilisation period of container(s) demurrage is to be paid by the merchant prior to release of cargo. Free utilisation period and demurrage rate according to carriers tariff is available upon request.

By: (as agents only)

（5）一旦这批货物的运费和其他费用结清，同时，办好海关等所有按规定应办理的手续，收货人就可以提货。

5.2　空运段货物运输单证

5.2.1　托运书

根据《蒙特利尔公约》第七条的规定，托运人应当填写航空货运单正本一式三份；承运人根据托运人的请求填写航空货运单的，在没有相反证明的情况下，应当视为代托运人填写。实际业务中，货运单均由承运人或其代理人代为填制。为此，作为填开货运单的依据——托运书，应由托运人自己填写，而且托运人必须在上面签字或盖章。

托运书(shipper's letter of instruction，SLI)是托运人用于委托承运人或其代理人填开航空货运单的一种表单，表单上列有填制货运单所需各项内容，并应印有授权于承运人或其代理人代其在货运单上签字的文字说明。托运书样式如表5-3和表5-4所示。

托运书的内容和货运单基本相似，它的缮制要求却不如货运单严格。因此，了解托运书缮制的相关内容有助于掌握货运单的缮制。如表5-4所示，托运书的主要内容如下：

1）托运人

填列托运人(shipper's name and address)的全称、街名、城市名称、国家名称及便于联系的电话、电传或传真号码。

2）收货人

填列收货人(consignee's name and address)的全称、街名、城市名称、国家名称（特别是在不同国家内有相同城市名称时，更应注意填上国名）以及电话号、电传号或传真号，本栏内不得填写"to order"或"to order of the shipper"等字样，因为航空货运单不能转让。

3）始发站机场

填始发站机场(airport of departure)的全称。

4）目的地机场

填目的地机场(airport of destination，机场名称不明确时，可填城市名称)，如果某一城市名称用于一个以上国家时，应加上国名。例如 LONDON UK，LONDON KY US，LONDON CA。

5）要求的路线/申请订舱

要求的路线/申请订舱(requested routing/requested booking)栏用于航空公司安排运输路线时使用，但如果托运人有特别要求时，也可填入本栏。为保证制单

表 5-3　托运书样式（1）

In this documents electronic form, use 'F1' on any field for a HELP message

U.S. SHIPPER'S LETTER OF INSTRUCTIONS

DHL Global Forwarding
Air (800) 234-2778 or Ocean (800) 255-6232
www.dhl-usa.com

DHL GLOBAL FORWARDING

Date	Shippers Reference Number

1a. U.S. PRINCIPAL PARTY IN INTEREST (USPPI) *(Complete name, address & zip code)*

Shipper MUST Check Service Requested:
Check one: ☐ Air　　☐ Ocean　　☐ Ground
Check one: ☐ Consolidated　　☐ Direct
When no box is checked, shipment will move Air, Consolidated

1b. USPPI EIN (IRS) NO. or ID NO.	1c. PARTIES TO TRANSACTION ☐ Related ☐ Non-Related

2a. ULTIMATE CONSIGNEE *(Complete name, address & zip code)*

AFFIX OR INSERT **DHL Global Forwarding**

WAY BILL NO HERE

MUST Identify Consignee Type (see box 26 below)

3a. NOTIFY PARTY *(Complete name, address & zip code)*

2b. Consignee Tel #

3b. Notify Party Tel#

9. Charge	Collect	PPD	PPD & Add	Third Party
Inland	☐	☐	☐	☐
Air/Ocean	☐	☐	☐	☐
Handling	☐	☐	☐	☐
Insurance	☐	☐	☐	☐

10. Shipper must check INCOTERM and insert Named Port/Place:

☐ EXW　☐ FOB*　☐ CPT　☐ DAT
☐ FAS*　☐ CFR*　☐ CIP　☐ DAP
☐ FCA　☐ CIF*　☐ DDP　☐ Other　*Ocean only Incoterms
Named PORT/PLACE:

4. Dangerous Goods (DG certificate must be attached) ☐ No ☐ Yes
5. Perishable / Temperature Controlled ☐ No ☐ Yes
6. Maintain Temperature Between　° and　° ☐ C° or ☐ F°
7. Routed Export Transaction ☐ No ☐ Yes
8. Shipper Requests Insurance ☐ No ☐ Yes $

11. Shipper's CONTACT in case of inability to deliver consignment as assigned:
Name:
Phone:　　Email:

(12) Marks, Nos., Kinds Of Pkgs, & SLAC	(13) Description Of Commodities	(14) D/F Or M	(15) Schedule B Number	(16) Quantity Schedule B Unit(s)	(17) Shipping Weight (Kilograms)	(18) Value (US Dollars, Omit Cents) (Selling Price / Cost If Unsold)
	As Directed by the TSA, all cargo tendered for air transport is subject to inspection.					

19. US Export Control CHECK ONE: ☐ NLR ☐ Exception ☐ License Lic.# & Exp Date	20. Point (State) Of Origin Or FTZ No. / 21. Country Of Ultimate Destination	22. ECCN (When required)	23. Payment Terms: ☐ Open Account ☐ Time Draft* ☐ Sight Draft* ☐ Letter of Credit　Bank: * Shipper must provide this document to DHL Global Forwarding

24. SHIPMENT TO ARRIVE BY: ☐ OTHER Carrier …… ☐ DHL Global Forwarding Truck　　TRUCK LINE NAME　　RECEIPT (PRO) NUMBER

25. DIMENSIONS	PIECES	L	W	H	26. SPECIAL INSTRUCTIONS:
					27. Document distribution: Send Originals: Send Copies: Consignee Type: ☐ Direct Consumer ☐ Government Entity ☐ Reseller ☐ Other - Unknown

28. Duly authorized officer or employee:

The USPPI authorizes the forwarder named above and its affiliates to act as forwarding agent for export control and customs purposes.

29. I certify that all statements and all information contained herein are true and correct. I also understand that DHL Global Forwarding will file the Electronic Export Information (EEI) electronically with the proper authorities on our behalf. I understand that civil and criminal penalties, including forfeiture and sale, may be imposed for making false or fraudulent statements herein, failing to provide the requested information or for violation of U.S. Laws upon exportation (13 U.S.C. Sec. 305; 22 U.S.C. Sec. 401; 18 U.S.C. Sec. 1001; 50 U.S.C. App. 2410). DHL Global Forwarding will provide the exporter with a hard copy of the SED upon request and payment of a mutually agreed upon processing fee.

Signature:
Title:
Date:

Confidential – For use solely for official purposes authorized by the Secretary of Commerce (13 U.S.C. 301(g)).

Export shipments are subject to inspection by U.S. Customs & Border Protection and/or Office of Export Enforcement.

DHL Global Forwarding:
GOODS RECEIVED IN APPARENT GOOD ORDER
Date:　　Time:
Signed in by:

NOTE: The Shipper or his Authorized Agent hereby authorizes the above named Company, in his name and on his behalf, to prepare any export documents, to sign and accept any documents relating to said shipment and forward this shipment in accordance with the conditions of carriage and the tariffs of the carriers employed. The shipper guarantees payment of all collect charges in the event the consignee refuses payment. Hereunder the sole responsibility of the Company is to use reasonable care in the selection of carriers, forwarders, agents and others to whom it may entrust the shipment.
These commodities, technology or software were exported from the United States in accordance with the export administration regulations. Diversion contrary to U.S. law prohibited.

To See Terms and Conditions, See "Conditions of Contract" Document

表 5 – 4　托运书样式(2)
SHIPPER'S LETTER OF INSTRUCTION

SHIPPER NAME AND ADDRESS		SHIPPERS ACCOUNT NUMBER	REQUESTED ROUTING / REQUESTED BOOKING (FOR CARRIER'S USE ONLY)	
			FLIGHT/DAY	FLIGHT/DAY
			FLIGHT/DAY	FLIGHT/DAY
CONSIGNEE NAME AND ADDRESS		CONSIGNEE ACCOUNT NUMBER	BOOKED	
			CHARGES	
ISSUING CARRIERS AGENT NAME AND CITY				
AIRPORT OF DEPARTURE			ALSO NOTIFY	
AIRPORT OF DESTINATION				
SHIPPER DECLARED VALUE		AMOUNT OF INSURANCE	DOCUMENT TO ACCOMPANY AIR WAYBILL	
FOR CARRIAGE	FOR CUSTOMS			

HANDLING INFORMATION (INCL. METHOD OF PACKING IDENTIFYING AND NUMBERS)

NO. OF PACKAGES	ACTUAL GROSS WEIGHT (KG.)	RATE CLASS	CHARGEABLE WEIGHT	RATE/CHARGE	NATURE AND QUANTITY OF GOODS (INCL. DIMENSIONS OR VOLUME)

THE SHIPPER CERTIFIES THAT THE PARTICULARS ON THE FACE HEREOF ARE CORRECT AND AGREES TO THE CONDITIONS OF CARRIAGE OF THE CARRIER

SIGNATURE OF SHIPPER　　　　　　DATE　　　　　　　　　　AGENT　　　　　　　　DATE

承运人收运的货物可以被所有续运承运人接受,可查阅 TACT-RULES 8.1 的双边联运协议。

6) 供运输用的声明价值

填列供运输用的声明价值金额(declared value for carriage),该价值即为承运人赔偿责任的限额。承运人按有关规定向托运人收取声明价值费。但如果所交运的货物毛重每千克不超过 20 美元(或等值货币),无须填写声明价值金额,可在本栏内填入"NVD"(no. value declared,未声明价值),如本栏空着未填写时,承运人或其代理人可视为货物未声明价值。

7) 供海关用的声明价值

供海关用的声明价值(declared value for customs)。国际货物通常要受到目的站海关的检查,海关根据此栏所填数额征税。

8) 保险金额

保险金额(insurance amount requested)。中国民航各空运企业暂未开展国际航空运输代保险业务,本栏可空着不填。

9) 处理事项

处理事项(handling information)。填列附加的处理要求。例如,另请通知(also notify),除填收货人之外,如托运人还希望在货物到达的同时通知他人,应另填写通知人的全名和地址;外包装上的标记;操作要求,如易碎、向上等。

10) 货运单所附文件

货运单所附文件(documentation to accompany air waybill)。填列随附在货运单上运往目的地的文件,应填上所附文件的名称。例如,托运人所托运的动物证明书(shipper's certification for live animals)。

11) 件数和包装方式

件数和包装方式(number and kind of packages)。填列该批货物的总件数,并注明其包装方法。例如,包裹(package)、纸板盒(carton)、盒(cASE)、板条箱(crate)、袋(bag)、卷(roll)等。如货物没有包装时,就注明为散装(loose)。

12) 实际毛重

实际毛重(actual gross weight)。本栏内的重量应由承运人或其代理人在称重后填入。如托运人已填上重量,承运人或其代理人必须进行复核。

13) 运价类别

运价类别(rate class)。填列所适用的运价、协议价、杂费、服务费。

14) 计费重量

本栏内的计费重量(chargeable weight)应由承运人或其代理人在量过货物的尺寸(以厘米为单位)后,由承运人或其代理人算出计费重量后填入,如托运人已经填上,承运人或其代理人必须进行复核。

15) 费率

费率(rate/charge)。本栏可空着不填。

16) 货物的品名及数量(包括尺寸或体积)

填列货物的品名和数量(包括尺寸或体积)[nature and quantity of goods (incl. dimensions or volume)]。若一票货物包括多种物品时,托运人应分别申报货物的品名,填写品名时不能使用"样品""部件"等这类比较笼统的名称。本栏所填写内容应与出口报关发票、进出口许可证上列明的货物相符。

运输下列货物,按国际航协有关规定办理(参阅 TACT-Rules 2.3.3/7.3/8.3):活体动物,个人物品,枪械、弹药、战争物资,贵重物品,危险物品,汽车,尸体,具有强烈气味的货物,裸露的机器、铸件、钢材,湿货,鲜货易腐物品。

危险品应填写适用的准确名称及标贴的级别。

17) 托运人签字

托运人(signature of shipper)必须在本栏内签字。

18) 日期

日期是指填托运人或其代理人交货的日期(date)。

在接受托运人委托后、单证操作前,货运代理公司的指定人员会对托运书进行审核,或称之为合同评审。审核的主要内容有价格和航班日期等。目前,航空公司大部分采取自由销售方式。每家航空公司、每条航线、每个航班,甚至每个目的港均有优惠运价,这种运价会因货源、淡旺季经常调整,而且各航空公司之间的优惠运价也不尽相同,有时候更换航班,运价也随之更换。

需要指出的是,货运单上显示的运价虽然与托运书上的运价有联系,但相互之间有很大区别。货运单上显示的是 TACT 上公布的适用运价和费率,托运书上显示的是航空公司优惠运价加上杂费和服务费或使用协议价格。托运书的价格审核就是判断其价格是否能被接受、预定航班是否可行。审核人员必须在托运书上签名和写上日期以示确认。

5.2.2　航空货运单

5.2.2.1　航空货运单概述

《蒙特利尔公约》和我国《民航法》均没有设定航空货运单的定义。《蒙特利尔公约》第 11 条第 1 款规定:"航空货运单或者货物收据是订立合同、接受货物和所列运输条件的初步证据。"我国《民航法》第 118 条规定:"航空货运单是航空货物运输合同订立和运输条件以及承运人接受货物的初步证据。"

一般来说,航空货运单是由托运人或者以托运人的名义填制的,托运人和承运人之间在承运人的航线上运输货物所订立的运输合同的证明。航空货运单由承运人制定,托运人在托运货物时要按照承运人的要求进行填制,经承运人确认后,航空货物运输合同即告成立。

航空货运单既可用于单一种类的货物运输,也可用于不同种类货物的集合运输;既可用于单程货物运输,也可用于联程货物运输。

目前,国际上使用的航空货运单少的有9联,多的有14联。我国国际航空货运单一般由一式12联组成,包括3联正本、6联副本和3联额外副本。

正本单证具有同等的法律效力,副本单证仅是为了运输使用方便。航空货运单的3份正本,第一份注明"交承运人",由托运人签字、盖章;第二份注明"交货人",由托运人和承运人签字、盖章;第三份由承运人在接收货物后签字、盖章,交给托运人,作为托运货物及货物预付运费时运费的收据,同时也是托运人与承运人之间签订的具有法律效力的运输文件。

航空货运单各联的分发如表5-5所示。

表5-5 航空货运单的构成

序 号	名称及分发对象	颜 色
A	Original 3 （正本3,给托运人）	浅蓝色
B	Copy 9 （副本9,给代理人）	白 色
C	Original 1 （正本1,交出票航空公司）	浅绿色
D	Original 2 （正本2,给收货人）	粉红色
E	Copy 4 （副本4,提取货物收据）	浅黄色
F	Copy 5 （副本5,给目的地机场）	白 色
G	Copy 6 （副本6,给第三承运人）	白 色
H	Copy 7 （副本7,给第二承运人）	白 色
I	Copy 8 （副本8,给第一承运人）	白 色
J	Extra copy （额外副本,供承运人使用）	白 色
K	Extra copy （额外副本,供承运人使用）	白 色
L	Extra copy （额外副本,供承运人使用）	白 色

根据是否印有承运人标志,货运单分为航空公司货运单和中性货运单(neutral air waybill)两种。前者是指印有出票航空公司(issuing carrier)标志(航徽、代码等)的航空货运单,后者是指无承运人任何标志、供代理人使用的航空货运单。

根据航空货运单的签发人不同,货运单分为主运单和分运单两种。

代理人在进行集中托运货物时,首先从各个托运人处收取货物,在收取货物时,需要给托运人一个凭证,这个凭证就是分运单(house air waybill)(见表5-6),它表明托运人把货物交给了代理人,代理人收到了托运人的货物,所以分运单就是代理人与发货人交接货物的凭证,代理人可自己颁布分运单,不受到航空公司的限制,但通常的格式还按照航空公司主运单来制作。在分运单中,托运人栏和收货人栏都是真正的托运人和收货人。

表5-6　分　运　单

		Master Air Waybill Number

Shipper's Name and Address	Shipper's Account Number	Not Negotiable Air Waybill (Air Consignment Note) Issued by **中远空运** **COSCO INTERNATIONAL AIR FREIGHT**
Consignee's Name and Address	Consignee's Account Number	Copies 1,2, and 3 of this Air waybill are originals and have the same validity
		It is agreed that the goods described herein are accepted in apparent good order and condition (except as noted) for carriage SUBJECT TO THE CONDITIONS OF CONTRACT ON THE REVERSE HEREOF. THE SHIPPER'S ATTENTION IS DRAWN TO THE NOTICE CONCERNING CARRIERS' LIMITATION OF LIABILITY. Shipper may increase such limitation of liability by declaring a higher value for carriage and paying a supplimental charge if required.
		Notify

Airport of Departure				IATA Code			

to	By first carrier	Routing and Destination	to	by	to	by	Currency	CHGS Code	WT/VAL PPD COLL	Other PPD COLL	Declared Value for Carriage	Declared Value for Customs

Airport of Destination	Flight/Date	For Carrier Use Only	Flight/Date	Amount of Insurance	INSURANCE: If Carrier offers insurance, and such insurance is requested in accordance with the conditions thereof, indicate amount to be insured in figures in box marked Amount of insurance.

Handling information

No.of Pieces RCP	Gross Weight	kg lb	Rate Class / Commodity Item No.	Chargeable Weight	Rate/Charge	Total	Nature and Quantity of Goods (incl. Dimensions or Volume)

Prepaid	Weight Charge	Collect	Other Charges
	Valuation Charge		
	Tax		Accounting Information
Total Other Charges Due Agent			Shipper certifies that the particulars on the face hereof are correct and that insofar as any part of the consignment contains restricted articles, such part is properly described by name and is in proper condition for carriage by air according to the International Air Transport Association's Restricted Articles Regulations.
Total Other Charges Due Carrier			
			Signature of Shipper or his Agent
Total Prepaid	Total Collect		
Currency Conversion Rates	CC Charges in Dest. Currency		Executed on　(Date)　at　　(Place)　Signature of Issuing Branch

代理人在收取货物之后,进行集中托运,需要把来自不同托运人的货物集中到一起,交给航空公司,代理人和航空公司之间就需要一个凭证,这个凭证就是主运单(master air waybill)(见表5-7)。航空主运单对于代理人和航空公司都非常重要,因为它承载了货物的最主要信息,货物运输的过程就是信息流的过程,信息流保证了货物运送的安全性和准确性,主运单表明代理人是航空公司的销售代理人,表示取得授权的代理人在市场上可以销售航空公司的舱位。通常,航空公司根据代理人的实际情况和结算周期,分时间间隔发放给代理人一定数量的货运单;通常,代理人销售完一定数量的运单后,与航空公司进行结算。因此,主运单是代理人与承运人交接货物的凭证,同时又是承运人运输货物的正式文件。在主运单中,托运人栏和收货人栏都是代理人。在我国,只有航空公司才能颁布主运单,任何代理人不得自己印制、颁布主运单。

根据《蒙特利尔公约》和承运人运输条件的条款规定,承运人的承运条件为托运人准备航空货运单。

托运人有责任填制航空货运单。法律明确指出,托运人应自行填制航空货运单,也可以要求承运人或承运人授权的代理人代为填制。托运人对货运单所填各项内容的正确性、完备性负责。由于货运单所填内容不准确、不完全,致使承运人或其他人遭受损失,托运人负有责任。托运人在航空货运单上的签字,证明其接受航空货运单正本背面的运输条件和契约。

一张货运单只能用于一个托运人在同一时间、同一地点托运的由承运人承运的,运往同一目的站同一收货人的一件或多件货物。

航空货运单在性质上是航空货物运输合同订立和运输条件以及承运人接受货物的初步证据。航空货运单上关于货物的重量、尺寸、包装和包装件数的说明具有初步证据的效力。除经过承运人和托运人当面查对并在航空货运单上注明经过查对或者书写关于货物的外表情况的说明外,航空货运单上关于货物的数量、体积和情况的说明不能构成不利于承运人的证据。

虽然《海牙议定书》明确规定不限制填发可以流通的航空货运单,但目前使用的航空货运单在右上端都普遍印有"Not Negotiable"(不可转让)字样,其目的是仅将航空货运单作为货物航空运输的凭证,并限制签发可以转让的航空货运单。在这一点上,航空货运单与可以转让的指示提单和不记名提单恰恰相反。

目前,任何国际航空运输协会(Inter national Air Transport Association, IATA)成员都不允许印制可以转让的航空货运单,货运单上的"Not Negotiable"(不可转让)字样不可被删去或篡改。

货运单是航空货物运输合同当事人所使用的最重要的货运文件,其作用归纳如下。

(1)运输合同的证明:是承运人与托运人之间缔结的运输合同的证明。航空

表 5-7　主　运　单

Shipper's Name and Address	Shipper's Account Number	Not Negotiable Air Waybill ISSUED BY	中國東方航空公司 CHINA EASTERN AIRLINES —A MEMBER OF IATA

Copies 1, 2 and 3 of this Air Waybill are originals and have the same validity.

Consignee's Name and Address	Consignee's Account Number	It is agreed that the goods described herein are accepted for carriage in apparent good order and condition (except as noted) and SUBJECT TO THE CONDITIONS OF CONTRACT ON THE REVERSE HEREOF. ALL GOODS MAY BE CARRIED BY ANY OTHER MEANS INCLUDING ROAD OR ANY OTHER CARRIER UNLESS SPECIFIC CONTRARY INSTRUCTIONS ARE GIVEN HEREON BY THE SHIPPER. THE SHIPPER'S ATTENTION IS DRAWN TO THE NOTICE CONCERNING CARRIER'S LIMITATION OF LIABILITY. Shipper may increase such limitation of liability by declaring a higher value for carriage and paying a supplemental charge if required.

Issuing Carrier's Agent Name and City	Accounting Information

Agent's IATA Code	Account No.	

Airport of Departure (Addr.of First Carrier) and Requested Routing

To	By First Carrier	Routing and Destination	to	by	to	by	Currency	CHGS Code	WT/VAL PPD COLL	Other PPD COLL	Declared Value for Carriage	Declared Value for Customs

Airport of Destination	Flight/Date	For Carrier Use Only	Flight/Date	Amount of Insurance	INSURANCE — if carrier offers insurance, and such insurance is requested in accordance with the conditions thereof, indicate amount to be insured in figures in box marked "Amount of Insurance".

Handling Information

(For USA only) These commodities licensed by U.S. for ultimate destination .... Diversion contrary to U.S. law is prohibited

No. of Pieces RCP	Gross Weight	kg lb	Rate Class Commodity Item No.	Chargeable weight	Rate / Charge	Total	Nature and Quantity of Goods (incl. Dimensions or Volume)

Prepaid	Weight Charge	Collect	Other charges
	Valuation Charge		
	Tax		
Total Other Charges Due Agent			Shipper certifies that the particulars on the face hereof are correct and that insofar as any part of the consignment contains dangerous goods, such part is properly described by name and is in proper condition for carriage by air according to the applicable Dangerous Goods Regulations.
Total Other Charges Due Carrier			

Signature of Shipper or his Agent

Total Prepaid	Total Collect	
Currency Conversion Rates	CC Charges in Dest. Currency	Executed on (date)　　　　at (place)　　　　Signature of Issuing Carrier or its Agent
For Carrier's Use only at Destination	Charges at Destination	Total Collect Charges

货运单一经签发,便成为签署承托双方运输合同的书面证据,货运单上的记载事项及背面条款构成了双方航空货物运输合同的重要组成部分。

(2) 货物收据:是承运人收运货物的证明文件。当发货人将其货物发运后,承运人或其代理将一航空货运单正本交给发货人,作为已接受其货物的证明,也就是一份货物收据。

(3) 运费账单:是运费结算凭证及运费收据。航空货运单上分别记载着属于收货人应负担的费用和属于代理的费用,因此可以作为运费账单和发票,承运人可将一份货运单正本作为记账凭证。

(4) 报关单证:是国际进出口货物办理清关的证明文件。当航空货物运达目的地后,应向当地海关报关,在报关所需各种单证中,航空货运单通常是海关放行查验时的基本单证。

(5) 保险证书:若承运人承办保险或者发货人要求承运人代办保险,则航空货运单即可作为保险证书。载有保险条款的航空货运单又称为红色航空货运单。

(6) 承运人内部业务的依据:是承运人在货物运输组织的全过程中运输货物的依据。航空货运单是承运人在办理该运单项下货物的发货、转运、交付的依据,承运人根据货运单上所记载的有关内容办理有关事项。

就有效期而言,航空货运单自填制完毕、托运人或其代理人和承运人或者其代理双方签字后开始生效;货物运到目的地,收货人提取货物并在货运单交付联(或提货通知书)上签收认可后,货运单作为运输凭证,其有效期即告终止。但作为运输合同的法律依据,航空货运单的有效期应至自民用航空器到达目的地点、应当到达目的地点或者运输终止之日起 2 年内有效。

5.2.2.2 航空货运单的正面内容和背面条款

我国民航法第 115 条规定:"航空货运单应当包括的内容由国务院民用航空主管部门规定,至少应当包括以下内容:出发地点和目的地点;出发地点和目的地点均在中华人民共和国境内,而在境外有一个或者数个约定的经停地点的,至少注明一个经停地点;货物运输的最终目的地点、出发地点或者约定的经停地点之一不在中华人民共和国境内,依照所适用的国际航空运输公约的规定,应当在货运单上声明此项运输适用该公约的,货运单上应当载有该项声明。"

在航空货运单的正面,还印有承运人的说明事项。

1) 说明货运单效力的文字

本航空货运单 1、2、3 为正本,具有同等效力。通常的英文措辞为"Copies 1, 2 and 3 of this Air Waybill are originals and have the same validity"。

2) 说明特别注意事项的文字

除非另有注明,本货运单所记载的货物是在表面状况良好的状况下收运的,其运输受到本货运单背面契约条件的约束。除非托运人在本货运单上给出明确相反的指示,所有货物可由包括公路在内的任何其他方式或任何其他承运人运送。特请托运人注意关于承运人责任限额的通知。托运人可通过声明一个供运输用的较高价值并按要求支付额外费用来增加该责任限额。通常的英文措辞为"It is agreed that the goods described herein are accepted for carriage in apparent good order and condition (except as noted) and SUBJECT TO THE CONDITIONS OF CONTRACT ON THE REVERSE HEREOF. ALL GOODS MAY BE CARRIED BY ANY OTHER MEANS INCLUDING ROAD OR ANY OTHER CARRIER UNLESS SPECIFIC CONTRARY INSTRUCTIONS ARE GIVEN HEREON BY THE SHIPPER. THE SHIPPER'S ATTENTION IS DRAWN TO THE NOTICE CONCERNING CARRIER'S LIMITATION OF LIABILITY. Shipper may increase such limitation of liability by declaring a higher value for carriage and paying a supplemental charge if required."

印制在三份正本航空货运单背面的内容包括"关于承运人责任限额的通知"(NOTICE CONCERNING CARRIER'S LIMITATION OF LIABILITY)和"契约条件"(CONDITIONS OF CONTRACT)两部分。前者的主要内容如下:

If the carriage involves an ultimate destination or stop in a country other than the country of departure, the Warsaw Convention may be applicable and the Convention governs and in most cases limits the liability of the carrier in respect of loss, damage, or delay to cargo to 250 French gold francs per kilogram, unless a higher value is declared in advance by the shipper and a supplementary charge paid if required.

The liability limit of 250 French gold francs per kilogram is approximately US \$20.00 per kilogram on the basis of US \$42.22 per ounce of gold.

"契约条件"的内容较多,读者可以参考各大航空公司的空运单,本书不再赘述。

5.2.2.3　航空货运单的缮制

填制航空货运单,要求使用英文打字机或计算机,用英文大写字母打印,各栏内容必须准确、清楚、齐全,不得随意涂改。货运单已填内容在运输过程中需要修改时,必须在修改项目的近处盖章注明修改货运单的空运企业名称、地址和日期;修改货运单时,应将所有剩余的各联一同修改。货运单的各栏目中,有些栏目印有阴影,有标题的阴影栏目仅供承运人填写,没有标题的阴影栏目一般无须填写,除非承运人特殊需要。

如表5-8所示,航空货运单各栏目的填写说明如下:

1) 货运单号码

货运单号码(the air waybill number)是货运单不可缺少的重要组成部分,每

表 5-8　货运单 Air Waybill

DEPARTURE
001 **(1)** **(2)**　　　　　　　　　001- **(2)**

Shipper's Name and Address **(4)**	Shipper's Account Number **(3)**	Not Negotiable **Air Waybill** American Airlines **Cargo** Member of International Air Transport Association
		Issued by
		American Airlines Cargo P.O. Box 619616 D/FW Airport, Texas 75261-9616 U.S.A.
		Copies 1, 2 and 3 of this Air Waybill are originals and have the same validity.

Consignee's Name and Address **(6)**　　Consignee's Account Number **(5)**

Received in Good Order and Condition

SAMPLE ONLY

at (place) .... on (date/time) ....

Name (Please Print) ....

Signature of Consignee or his Agent

Issuing Carrier's Agent Name and City **(7)**

Accounting Information **(10)**

Agent's IATA Code **(8)**　　Account No. **(9)**

Airport of Departure (Addr. of First Carrier) and Requested Routing **(11)**

Reference Number **(20)**　　Optional Shipping Information

To **(12)**	By First Carrier **(13)**	Routing and Destination	to **(14)**	by **(15)**	to **(16)**	by **(17)**	Currency **(21)**	CHGS Code	WT/VAL PPD COLL	Other PPD COLL	Declared Value for Carriage **(27)**	Declared Value for Customs **(28)**

Airport of Destination **(18)**　　Requested Flight/Date **(19)**

Amount of Insurance **(29)**

INSURANCE - If carrier offers insurance, and such insurance is requested in accordance with the conditions thereof, indicate amount to be insured in figures in box marked "Amount of Insurance".

(22) (23) (24) (25) (26)

Handling Information **(30)**

SCI

No. of Pieces RCP **(31)**	Gross Weight **(32)** kg lb **(33)**	Rate Class **(34)** Commodity Item No.	Chargeable Weight **(35)**	Rate / Charge **(36)**	Total **(37)**	Nature and Quantity of Goods (incl. Dimensions or Volume) **(38)**

SAMPLE ONLY

Prepaid	Weight Charge	Collect	Other Charges
(39)		**(40)**	**(54)**
(41)	Valuation Charge	**(42)**	
(43)	Tax	**(44)**	

Total Other Charges Due Agent **(45)** **(46)**

Shipper certifies that the particulars on the face hereof are correct and that **insofar as any part of the** consignment contains dangerous goods, such part is properly described by name and is in proper condition for carriage by air according to the applicable Dangerous Goods Regulations.

Total Other Charges Due Carrier **(47)** **(48)**

(55)

Signature of Shipper or his Agent

Total Prepaid **(49)**	Total Collect **(50)**
Currency Conversion Rates **(51)**	CC Charges in Dest. Currency **(52)**
For Carrier's Use only at Destination	Charges at Destination **(53)**	Total Collect Charges **(57)**

(56)

Executed on (date) .... at (place) .... Signature of Issuing Carrier or its Agent

001- **(1)**　　**(2)**

本货运单都有一个号码,它直接确定航空货运单的所有人——出票航空公司,它是托运人、发货人或其代理人向承运人询问货物运输情况的重要依据,也是承运人在各个环节组织运输,如订舱、配载、查询货物时必不可少的依据。

货运单的号码由 11 位阿拉伯数字组成。货运单号码应清晰地印在货运单的左右上角以及右下角(中性货运单需自行填制)。其中,第 7 位数字与第 8 位数字之间应留有比其他数字之间较大的空间。1~3 位:Airline Code Number 航空公司的数字代号;4~10 位:Serial Number 货运单序号;11 位:Check Number 货运单检验号。其中,第 11 位数字是检验号,是 4~10 位数值对 7 取模的结果。在表 5-8 所示中,承运人数字代号为 001,后 8 位序号和检验号以②表示。

2) 始发站机场①

填制始发站机场(airport of departure)的 IATA 三字代号(如果始发地机场名称不明确,可填制机场所在城市的 IATA 三字代号)。

3) 货运单所属承运人的名称及地址

Issuing Carrier's Name and Address,货运单所属承运人的名称及地址:此处一般印有航空公司的标志、名称和地址。在表 5-8 中,显示为"American Airlines Cargo"。

4) 正本联说明

Reference To Originals,正本联说明:无须填写。在表 5-8 中,显示为"Copies 1, 2 and 3 of this Air Waybill are originals and have the same validity"。

5) 契约条件

Reference To Conditions of Contract,契约条件:一般情况下无须填写,除非承运人需要。在表 5-8 中,显示为"Received in Good Order and Condition . . ."。

6) 托运人栏

Shipper's Name and Address,托运人姓名和地址④:填制托运人姓名(名称)、地址、国家(或国家两字代号)以及托运人的电话、传真、电传号码。

Shipper's Account Number,托运人账号③:此栏无须填写,除非承运人需要。

7) 收货人栏

Consignee's Name and Address,收货人姓名和地址⑥:填制收货人姓名(名称)、地址、国家(或国家两字代号)以及收货人的电话、传真、电话号码。

Consignee's Account Number,收货人账号⑤:此栏仅供承运人使用,一般无须填写,除非最后的承运人需要。

8) 填开货运单的承运人的代理人栏

Issuing Carrier's Agent Name and City,名称和城市⑦:填制向承运人收取佣金的国际航协代理人的名称和所在机场或城市。

根据货物代理机构管理规则,该佣金必须支付给目的站国家的一个国际航协代理人,则该国际航协代理人的名称和所在机场或城市必须填入本栏。填入"收取佣金代理人"(Commissionable Agent)字样。

Agent's IATA code,国际航协代号⑧:代理人在非货账结算区(Non-CASS Areas),打印国际航协7位数字代号,例14-30288。

代理人在货账结算区(CASS Areas),打印国际航协7位数字代号,后面是3位CASS(Cargo Accounts Settlement System,货物财务结算系统)地址代号和一个冠以10位的7位数字代号检验位,如34-41234/5671。

一些航空公司为便于内部系统管理,要求其代理人在此处填制相应的代码。

Account No.,账号⑨:本栏一般无须填写,除非承运人需要。

9) 运输路线

Airport of Departure(Addr. of First Carrier)and Requested Routing,始发站机场(第一承运人地址)和所要求的运输路线⑪:此栏填制与其他栏中一致的始发站机场名称以及所要求的运输路线。应注意的是,此栏中应填制始发站机场或所在城市的全称。

To(by First Carrier),至(第一承运人)⑫:填制目的站机场或第一个转运点的IATA三字代号(当该城市有多个机场,不知道机场名称时,可用城市代号)。

By First Carrier,由第一承运人⑬:填制第一承运人的名称(全称与IATA两字代号皆可)。

To(by Second Carrier),至(第二承运人)⑭:填制目的站机场或第二个转运点的IATA三字代号(当该城市有多个机场,不知道机场名称时,可用城市代号)。

by(Second Carrier),由(第二承运人)⑮:填制第二承运人的IATA两字代号。

To(by Third Carrier),至(第三承运人)⑯:填制目的站机场或第三转运点的IATA三字代号(当该城市有多个机场,不知道机场名称时,可用城市代号)。

by(Third Carrier),由(第三承运人)⑰:填制第三承运人的IATA两字代号。

Airport of Destination,目的站机场⑱:填制最后承运人的目的地机场全称(如果该城市有多个机场,不知道机场名称时,可用城市全称)。

Flight/Date,航班/日期一仅供承运人用⑲:本栏一般无须填写,除非参加运输各有关承运人需要。

10) Accounting Information,财务说明⑩

此栏填制有关财务说明事项。付款方式为现金支票或其他方式:用MCO付款时,只能用于作为货物运输的行李的运输,此栏应填制MCO号码,换取服务金额,以及旅客客票号码、航班、日期及航程;代理人不得接受托运人使用MCO作为付款方式;货物到达目的站无法交付收货人而需退运的,应将原始货运单号码填入新货运单的本栏内。

11) Currency,货币㉑

填制始发国的 ISO（国际标准组织）的货币代号；除目的站"国家收费栏"（33A）-（33D）内的款项货运单上所列明的金额外，均按上述货币支付。

12）CHGS Code，运费代号（仅供承运人用）㉒

本栏一般无须填写，仅供电子传送货运单信息时使用。

13）Charges，运费

WT/VAL 航空运费（根据货物计费重量乘以适用的运价收取的运费）和声明价值附加费的预付和到付㉓㉔。

货运单上㊴㊶或㊵㊷两项费用必须全部预付或全部到付；在㉓中打"×"表示预付，在㉔中打"×"表示到付。

Other（Charges at Origin），在始发站的其他费用预付和到付㉕㉖。

货运单上㊺㊼或㊻㊽两项费用必须全部预付或全部到付；在㉕中打"×"表示预付，在㉖中打"×"表示到付。

14）Declared Value for carriage，供运输用声明价值㉗

打印托运人向货物运输声明的价值金额。如果托运人没有声明价值，此栏必须打印"NVD"字样，表示 No Value Declared，即没有声明价值。

15）Declared Value for Customs，供海关用声明的价值㉘

打印货物及海关时所需的商业价值金额。如果货物没有商业价值，此栏必须打印"NCV"字样，表示 No Commercial Value，即没有商业价值。

16）Amount of Insurance，保险金额㉙

如果承运人向托运人提供代办货物保险业务时，此栏打印托运人货物投保的金额。如果承运人不提供此项服务或托运人不要求投保时此栏内必须打印"×××"符号。

17）Handling Information，运输处理注意事项㉚

此栏用于填制相应的需要航空公司注意的事项。

18）Consignment Rating Details，货物运价细目㉛至㊳

No. of Pieces Rcp，件数/运价组合点㉛：打印货物的件数；如果使用非公布直达运价计算运费时，在件数的下面还应打印运价组合点城市的 IATA 三字代号。

Gross Weight，毛重㉜：适用于运价的货物实际毛重（以千克为单位时可保留至小数后一位）。

Kg/Lb，重量单位㉝：以千克为单位用代号"K"；以磅为单位用代号"L"。

Rate Class，运价等级：根据需要打印各类代号——M 为最低运费（Minimum Charge）；N 为 45 kg 以下（或 100 kg 以下）运价（Normal Rate）；Q 为 45 kg 以上运价（Quantity Rate）；C 为指定商品运价（Specific commodity Rate）；R 为等级货物附减运价（Class Rate Reduction）；S 为等级货物附加运价（Class Rate Surcharge）。

Commodity Item No. ，商品品名编号㉞：使用指定商品运价时，此栏打印指定商品品名代号(打印位置应与运价代号 C 保持水平);使用等级货物运价时,此栏打印相应普通货物运价的字母代号以及附加或附减运价的比例(百分比);如果是集装货物,打印集装货物运价等级。

Chargeable Weight,计费重量㉟:打印与运价相应的货物计费重量;如果是集装货物,则与运价代号"U"对应打印适合集装货物基本运费的运价点重量,与运价代号"E"对应打印超过使用基本运费的重量,与运价代号"×"对应打印集装器空重。

Rate/Charge,运价/运费㊱:当使用最低运费时,此栏与运价代号"M"对应打印最低运费;打印与运价代号"N""Q""C"等相应的运价;当货物为等级货物时,此栏与运价代号"S"或"R"对应打印附加或附减后的运价。

Total,总计㊲:打印计费重量与适用运价相乘后的运费金额;如果是最低运费或集装货物基本运费时,本栏与㊱内金额相同。

Nature and Quantity of Goods,货物品名和数量㊳:本栏应按要求打印,尽可能地清楚、简明,以便涉及组织该批货物运输的所有工作人员能够一目了然。同时应注意:打印货物的品名(用英文大写字母);当一票货物中含有危险货物时,应分列打印,危险货物应列在第一项;活动物运输,本栏内容应根据 IATA 活动物运输规定打印;对于集合货物,本栏应打印"Consolidation as Per Attached List";打印货物的体积,用长×宽×高表示,例如,DIMS,40 cm×30 cm×20 cm;可打印货物的产地国。

总件数:打印㉛中各组货物的件数之和。

总毛重:打印㉜中各组货物毛重之和。

总计:打印㊲中各组货物运费之和。

无名阴影栏:此栏一般无须填制,除非承运人需要,此栏内可填制各类服务代号。

19) Other Charges,其他费用㊿

打印始发站运输中发生的其他费用,按全部预付或全部到付。

作为到付的其他费用,应视为"代垫付款"。托运人应按代垫付款规定支付手续费,否则,对其他费用应办理到付业务。

打印"其他费用"金额时,应冠以相应代号,详细见本书第 6 章。同时,应注意:承运人收取的其他费用用"C"表示;代理人收取的其他费用用"A"表示。

20) Prepaid,预付

Weight Charge (Prepaid),预付航空运费㊴:打印按货物计费重量与适用运价计得的航空运费,并注意应与㊲中的金额一致。

Valuation Charge (Prepaid),预付声明价值附加费㊶:如果托运人就货物运输声明价值的话,此栏应打印根据公式"(声明价值-实际毛重×最高赔偿额)×

0.5%”计算所得的声明价值附加费的金额。

Tax (Prepaid),预付税款㊸:打印适用的税款。此项费用与㊲中货物运费以及声明的价值附加费一起必须全部预付或全部到付。

Total Other Prepaid Charges,预付的其他费用总额:应根据(54)内的其他费用打印相应的金额。其中,Total Other Charges Due Agent (Prepaid) ㊺打印由代理人收取的预付的其他费用总额;Total Other Charges Due Carrier (Prepaid) ㊼打印由承运人收取的预付的其他费用总额。

无名称阴影栏目:本栏无须打印,除非承运人需要。

Total Prepaid,预付总计:打印㊴㊶㊸㊺㊼等栏有关预付款项之和。

21) Collect,到付

Weight Charge (Collect),到付航空运费㊵:打印按货物计费重量与适用运价计得的航空运费,并注意应与㊲中的金额一致。

Valuation Charge (Collect),到付声明价值附加费㊷:如果托运人就货物运输声明价值的话,此栏应打印根据公式“(声明价值－实际毛重×最高赔偿额)×0.5%”计算所得的声明价值附加费的金额。

Tax (Prepaid),到付税款㊹:打印适用的税款。此项费用与㊲中货物运费以及声明的价值附加费一起必须全部预付或全部到付。

Total Other collect charges,到付的其他费用总额:应根据(54)内的其他费用打印相应的金额。其中,Total Other Charges Due Agent (Collect) ㊻,打印由代理人收取的到付的其他费用总额;Total Other Charges Due Carrier (Collect) ㊽,打印由承运人收取的到付的其他费用总额。

无名称阴影栏目:本栏无须打印,除非承运人需要。

Total Collect,到付总计:打印㊵㊷㊹㊻㊽等栏有关到付款项之和。

22) Shipper's Certification Box,托运人证明栏(55)

打印托运人名称(可参考④中内容)并令其在本栏内签字或盖章。

23) Carrier's Execution Box,承运人填写栏(56)

Executed on (date),填开日期:按日、月、年的顺序打印货运单的填开日期(月份可用缩写),例,18OCT2003,表示 2003 年 10 月 18 日。

At (place),填开地点:打印机场或城市的全称或缩写。

Signature of Issuing Carrier or Its Agent,填开货运单的承运人或其代理人签字:填开货运单的承运人或其代理人在本栏内签字。

24) For Carrier's Use only at Destination,仅供承运人在目的站使用

本栏无须打印。

25) 用目的国家货币付费(仅供承运人使用)

Currency Conversion Rate,货币兑换比价(51):打印目的站国家货币代号,后面

是兑换比率。

CC Charges in Destination Currency,用目的站国家货币付费㉖：将㊿中所列到付总额,使用㉛所列的货币换算比率折算成目的站国家货币的金额,打印在本栏内。

Charges at Destination,在目的站的费用㉝：最后承运人将目的站发生的费用金额(包括利息)等打印在本栏。

Total collect charges,到付费用总额㊼：打印㉖与㉝内的费用金额之和。

26) Optional Shipping Information,选择性货运信息⑳

证明编号,Reference Number：打印托运人、代理人和承运人均认可的某些证明的编号。

无名栏目：打印某些承运人同意的事项。

27) 其他

某些航空货运单中还有其他栏目,用来打印收货人提取货物地点、时间等内容,并由收货人或其代理人签字盖章。

5.3 铁路段货物运输单证

国际铁路货物联运进出口业务组织的主要运输单证为联运运单,具体业务中还有一些添附文件。

5.3.1 联运运单

联运运单是发货人与铁路联运承运人之间的运输合同,对发货人、收货人和承运人都具有法律效力。《国际货协》采用的联运运单有"慢运运单"和"快运运单"两种,这两种运单格式相同,区别在于慢运运单不带红边,而快运运单带红边,两者不得互相代用。国际货协运单样式如表5-9所示。

发货人在托运货物时,应按《国际货协》的规定,对每批货物填写运单和补充运行报单,对慢运货物应填制用白纸印刷的运单和补充运行报单;对快运货物应填制上下带有红边的运单和补充运行报单。

带号码的补充运行报单由发站填制三份,一份留站存查,一份报发送局,一份随同货物至出口国境站截留。带号码的补充运行报单上印的号码为批号(即运单号),应填入运单和不带号码的补充运行报单"25,批号"栏内。

不带号码的补充运行报单按每一过境路填制一份。

发货人为报销运费可自行填写一份印有"运单抄件(报销运费)"的不带号码的

表 5-9 国际货协运单

1 运单正本 — Оригинал накладной
(给收货人) — (Для получателя)

29 批号—Отправка №

国际货协运单 — 中铁 — Накладная СМГС — КЖД

1 发货人—Отправитель	2 发站—Станция отправления
	3 发货人的声明—Заявлении отправителя
签字—Подпись	
4 收货人—Получатель	
5 到站—Станция назначения	

			8 车辆由何方提供—Вагон предоставлен/9 载重量—Грузоподъёмность 10 轴数—Оси/11 白重—Масса тары/12 罐车类型—Тип цистерны

6 国境口岸站—Пограничные станции переходов	7 车辆—Вагон	8	9	10	11	12	换装后—После перегрузки	
							13 货物重量 Масса груза	14 件数 К-во мест

15 货物名称—Наименование груза	16 包装种类 Род упаковки	17 件数 К-во мест	18 重量 (公斤) Масса (в кг)	19 封印—Пломбы	
				数量 К-во	记号—знаки
				20 由何方装车—Погружено	
				21 确定重量的方法 Способ определения массы	

22 承运人—Перевозчики	(区段白/至—участки от/до)	车站代码 (коды станций)

23 运送费用的支付—Уплата провозных платежей

24 发货人添附的文件—Документы, приложенные отправителем

25 与承运人无关的信息, 供货合同号码 Информация, не предназначенная для перевозчика, № договора на поставку

26 缔结运输合同的日期 Дата заключения договора перевозки	27 到达日期—Дата прибытия	28 办理海关和其他行政手续的记载 Отметки для выполнения таможенных и других административных формальностей

补充运行报单。此时,发站应在运单副本(运单第三联)背面"应向发货人核收的总额(大写)"栏中加盖"运费报销无效"字样的戳记。运单副本上无此戳记时不给抄件。

　　货物由我国港口站运入,过境我国铁路运送时,港口站应多编一份不带号码的补充运行报单,以便我国出口国境站截留后对外清算过境运送费用。

　　运单和补充运行报单用中文填写,并在每一行下附俄文译文。我国发往越南、朝鲜的货物可免附俄文,我国经满洲里、绥芬河到俄罗斯的货物,也可只用中文填写,不附俄文。我国出口货物,在运单第5栏"收货人,通信地址"和第8栏"到达路和到站"及第11栏"货物名称"中,除用中文、俄文填写外,发货人根据需要,也可加附贸易合同用的文字。我国发到未参加国际货协铁路,在运单第4栏"发货人的特别声明"中,记载最终到站的实际收货人和其通信地址时,也可加附贸易合同用的文字。

　　运单和补充运行报单中记载的事项,应用钢笔、圆珠笔填写清楚,或用打字机打印、印刷或加盖戳记。加盖戳记的印文必须清晰,填写的文字必须正确,不得自造简称或简化字。除对危险货物特定的以外,不应加盖红色戳记或用红色墨水、圆珠笔填写。

　　发货人在运单记载事项中,不准有划消或贴补以及擦改或涂抹等类的任何修改。在特殊情况下做修改时,不得超过一栏或相互关联的两栏。此时,发货人应在"发货人的特别声明"栏内注明运单已做修改,并签字或加盖戳记证明。

　　如运单篇幅不足,不能将有关货物的记载事项记入第9～第13、第18、第19、第27～第30栏内时,则应在运单第一至第五联和每张补充运行报单上,均可各添附一份篇幅相当于运单的补充清单。在补充清单上,按每栏分别记载其所需的有关事项。在运单第9～第13栏或第18和第19栏内,填写"记载事项见补充清单"。在上述情况下,发货人均应在补充清单上签字,并在运单"发货人添附的文件"栏内注明添附补充清单的份数。

5.3.2　添附文件

　　按《国际货协》的规定,发货人必须将在货物运送全程为履行运输合同和海关以及其他规章所需要的添附文件和单证附在运单上,必要时,还须附有证明书和明细书。这些文件和单证应只限与运单中所记载的货物有关。发货人应将添附文件和单证的名称和份数记入运单"发货人添附文件"栏内。

　　我国外贸出口货物必须添附的文件和单证主要有"出口货物明细单""出口许可证""品质证明书""原产地证书""商品检验证书""动物检疫证书""植物检验证书""卫生检疫证书""兽医说明书",以及装箱单、磅码单、化验单、零部件清单或发运清单等。具体文件和单证需要的份数由发货人和收货人的不同要求确定。自

1991 年起,凡在发站未办妥海关手续而需在出口国境站办理报关的我国外贸出口货物,发货人还必须在运单上添附我国外汇管理部门印发的"出口收汇核销单"和有核销单编号的"出口货物报关单"。

在运单上所添附文件和单证,除应由发货人将其名称和份数记入运单"发货人添附的文件"栏内外,还应牢固贴附在运单上随货同行,以免在运送途中脱落。铁路发送站应核对发货人在运单"发货人添附的文件"栏内关于添附文件所做的记载与实际添附的文件是否相符。运送铁路负责添附在运单上的文件和有关单证的运送传递和交接。但是铁路没有义务检查发货人在运单上所附的文件是否正确和是否齐全。由于没有添附文件或文件不齐全、不正确而产生的后果,发货人应对铁路负责。如由于铁路的过失而使发货人在运单上已做记载的添附文件丢失,则铁路应对其后果负责。

5.4　公路段货物运输单证

无论是货物交给公路运输企业运输,还是公路运输企业主动承揽货物,都必须由货主办理托运手续。托运手续是以托运人填写"运单"开始的。公路货物运单是公路货物运输部门及运输代理人开具货票的凭证,是运输经营者接收货物并在运输期间负责保管装卸和货物到达交接的凭据,也是记录车辆运行(运输延滞、空驶和运输事故等)和行业统计的原始凭证。

1997 年 5 月 22 日,交通部颁布了《道路货物运单使用和管理办法》,该管理办法自 1997 年 10 月 1 日起施行,至 2019 年废止。2019 年 6 月 20 日交通运输部第 5 次修订的《道路货物运输及站场管理规定》第 31 条规定,道路货物运输经营者和货物托运人应当按照《合同法》(现为《民法典》)的要求,订立道路货物运输合同;鼓励道路货物运输经营者采用电子合同、电子运单等信息化技术,提升运输管理水平。下文仍引用之前《道路货物运输及站场管理规定》部分内容,供业务参考。

道路货物运单是道路货物运输及运输代理的合同凭证,是运输经营者接受货物并在运输期间负责保管和据以交付的凭据,也是记录车辆运行和行业统计的原始凭证。道路货物运单分为甲、乙、丙三种,甲种运单适用于普通货物、大件货物、危险货物等货物的运输和运输代理业务。乙种运单适用于集装箱汽车运输。丙种运单适用于零担货物运输。

道路货物运单的使用流转程序主要如下:

(1) 承、托运人要按道路货物运单内容逐项如实填写,不得简化、涂改。

(2) 承运人或运输代理人接收货物后应签发道路货物运单,道路货物运单经承、托双方签章后有效。

(3) 甲、乙种道路货物运单,第一联存根,作为领购新运单和行业统计的凭据;

第二联托运人存查联,交托运人存查并作为运输合同当事人一方保存;第三联承运人存查联,交承运人存查并作为运输合同当事人另一方保存;第四联随货同行联,作为载货通行和核算运杂费的凭证,货物运达,经收货人签收后,作为交付货物的依据。

(4) 丙种道路货物运单,第一联存根,作为领购新运单和行业统计的凭据;第二联托运人存查联,交托运人存查并作为运输合同当事人一方保存;第三联提货联,由托运人邮寄给收货人,凭此联提货,也可由托运人委托运输代理人通知收货人或直接送货上门,收货人在提货联收货人签章处签字盖章,收、提货后由到达站收回;第四联运输代理人存查联,交运输代理人存查并作为运输合同当事人另一方保存;第五联随货同行联,作为载货通行和核算运杂费的凭证,货物运达,经货运站签收后,作为交付货物的依据。丙种道路货物运单与汽车零担货物交接清单配套使用。

(5) 承运人接收零担货物后,按零担货物到达站次序,分别向运输代理人签发道路货物运单(丙种)。

(6) 已签订年、季、月度或批量运输合同的,必须在运单"托运人签章或运输合同编号"栏中注明合同编号,托运人委托发货人签章。批次运输任务完成或运输合同履行后,凭运单核算运杂费,或将随货同行联汇总后转填到合同中,由托运人审核签字后核算运杂费。

(7) 道路货物运输和运输代理经营者凭运单开具运杂费收据。

(8) 运输危险货物必须使用在运单左上角套印"道路危险货物运输专用章"的道路货物运单(甲种),方准运行。

省级政府道路运政管理机关按照道路货物运单的统一式样负责印制、分发和管理;地(市)级道路运政管理机关负责本辖区道路货物运单的发放和管理,并收取运单工本费。甲、乙种运单的第四联和丙种运单的第五联套印"××省道路运输管理专用章"。道路货物运输、运输代理经营者必须到注册所在地指定的道路运政管理机关领用运单。非营业性运输经营者从事一次性营业性运输,由当地道路运政管理机关核发道路货物运单。道路货物运单必须交旧领新,经营者凭《道路货物运单领购证》,按要求交回已汇总统计数的旧运单存根,批量领用新运单,旧运单存根经审核签章后退还经营者。道路货物运单年终全部回缴,每年 1 月 1 日至 20 日为上年度道路货物运单的回缴时间。

填写运单的要求和注意事项如下:

(1) 一张运单托运的货物必须是同属于一个托运人,承运人只对运单上填写的一个托运人负责,并同其接触。一个托运人可以托运拼装一车的货物或分卸几处的货物,但应将拼装、分卸详情在运单上注明。

(2) 易腐、易碎货物、易溢漏的液体货物和危险货物,不得与普通货物填用同一张运单;性质相抵触、运输条件不同的货物,也须填写两张或多张运单,这样要求主要是为了便于承运方安排理货、仓储、装车,保证安全运输。

(3)一张运单托运的货物,凡不具备同品名、同包装、同规格的,以及搬家货物,应提交物品清单。

(4)托运集装箱时应注明箱号和铅封印文号码;接运到港、站的集装箱,还要注明船名、航次或车站货位与箱位,并提交装箱清单。若集装箱运输贵重、易碎、怕湿等货物,每张运单至少涉及一箱。

(5)轻泡货物及按体积折算重量的货物,要准确填写货物的数量、体积、折算标准、折算重量及其有关数据。

(6)托运人要求自理装卸车时,经承运人确认后,应在运单内注明。

(7)托运人委托承运人向收货人代递有关证明文件、化验报告或单证等,应在"托运人记载事项"栏内注明名称和份数。

(8)托运人必须准确填写运单的各项内容,字迹要清楚,对所填写的内容及所提供的有关证明文件的真实性,并须签字盖章;托运人或承运人改动运单所填写内容时,应该签字盖章证明。

公路运输部门收到由货物托运人的运单后,应对运单的内容进行审核,即审核货物的详细情况(名称、体积、重量、运输要求),以及根据具体情况确定是否受理;检验有关运输凭证,货物托运人送交运单时,应根据有关规定同时向公路运输部门提交准许出口、外运、调拨、分配等证明文件,或随货同行的有关票证单证。通常,会有下列几种单证:根据各级政府法令规定必需提交的证明文件;货物托运人委托承运部门代为提取货物的证明或凭据;有关运输该批(车)货物的质量、数量、规格的单证;其他有关凭证,如动植物检疫证,超限运输许可证、禁通路线的特许通行证、关税单证等。

5.5 多式联运单证

5.5.1 多式联运单证的种类

在没有可适用的国际公约的情况下,并不存在国际上认可的作为多式联运单证的法定单证。现在多式联运中使用的单证在商业上是通过合同产生的。目前,国际多式联运单证可分为以下 4 类:

(1)波罗的海国际航运公会(The Baltic and International Maritime Council, BIMCO)制定的 Combidoc。此单证已得到了国际商会(ICC)的认可,通常为拥有船舶的多式联运经营人所使用。

(2)FIATA 联运提单证。它是由 FIATA 制订的、供作为多式联运经营的货运代理所使用。它也得到了国际商会的认可。

(3)UNCTAD 制订的 Multidoc。它是便于《国际货物多式联运公约》得以实施而制定的。它并入该公约中责任方面的规定。由于该公约尚未生效,因而该多式联运单证尚无任何多式联运经营人选用。

(4) 多式联运经营人自行制定的多式联运单证。目前几乎所有的多式联运经营人都制定自己的多式联运单证。但考虑到适用性,与 Combidoc、FBL 一样,绝大多数单证都并入或采用《国际商会多式联运单证规则》,即采用网状责任制,从而使现有的多式联运单证趋于标准化。

5.5.2 转船提单、联运提单与多式联运提单的异同

转船提单、联运提单、多式联运提单都是属于中途需要换装作业的提单。从提单的正面来看,这 3 种提单的栏目设置基本相同,似乎表明各类提单具有一定的可替代性,但从提单背面条款来看,转船提单(transshipment B/L)与联运提单(through B/L)都规定承运人仅对自己完成的区间承担责任;而多式联运提单(combined transport B/L or multimodal transport B/L or intermodal transport B/L)则规定多式联运经营人对全程负责。很明显,它们之间存在本质的不同。

1) 3 种提单的基本概念

转船提单,是指在装货港装载的货物不能直接运往目的港,需要在中途港装其他船舶转运至目的港时承运人签发的提单。目前,此种提单背面均规定承运人仅对自己完成的区段承担责任。

联运提单,是指承运人对经由海/海、海/陆、陆/海运输的货物所出具的全程提单。目前,此种提单背面均规定承运人仅对自己完成的区段承担责任。

多式联运提单,是指多式联运经营人对经由两种以上的不同运输方式运输的货物所出具的全程提单,多式联运经营人对全程运输承担责任。

2) 3 种提单的译法

在信用证规定采用多式联运提单时,很多货主或货运代理常常同意承运人用 transshipment B/L 或 through transport B/L 作为多式联运提单;反之,在信用证规定采用转运或联运业务中,也有很多承运人选择 multimodal transport B/L、intermodal transport B/L 或 combined transport B/L 作为转运提单或联运提单。因而,有必要了解 transshipment B/L、through B/L、combined transport B/L、multimodal transport B/L、intermodal transport B/L 的译法。

combined transport、multimodal transport、intermodal transport 均应译成"多式联运",它们的不同之处如下:

(1) intermodal transport 来源于美国,被普遍认为是指两种或两种以上运输方式之间的联运,而不论这种联运是在一个国家内还是在两个或两个以上国家内进行;

(2) multimodal transport 出自联合国《国际货物多式联运公约》,是指用两种

或两种以上运输方式在两个或两个以上国家之间进行的联运;

(3) combined transport 出自国际商会制定的《联运单证统一规则》,其含义与 multimodal transport 相同,也是指国际多式联运,承运人应对全程运输承担责任。为了与国际商会《1990 年国际贸易术语解释通则》和联合国《国际货物多式联运公约》中所使用的名称相统一,UCP 600 中也将"联合运输单证(combined transport document)"名称改为"多式联运单证(multimodal transport document)"。因而,combined transport B/L 应译为"多式联运提单",而非"联运提单"。

transshipment B/L 通常可译成"转运提单",但由于转运也可理解为不同运输方式之间运输工具的换装行为,因此,为了明确此种转运是指装货港和卸货港之间的海运过程中,从一条船只卸入另一船只的行为,最好译为"转船提单"。

through transport B/L 应译成"联运提单"。

表 5 - 10 显示了转运提单、联运提单、多式联运提单的区别与联系。

表 5 - 10　转运提单、联运提单、多式联运提单的异同

	转 运 提 单	联 运 提 单	多式联运提单
英文名称	transshipment B/L	through B/L	CTB B/L, MTB B/L, IT B/L
运输栏目	前程运输工具、装港、船名、转运港、卸港、交货地	前程运输工具、前程承运人、接货地、装港、船名、转运港、卸港、交货地	前程运输工具、接货地、装港、船名、转运港、卸港、交货地
运输方式	海运、海/海、海/其他方式	海运、海/海、海/其他方式,其他方式/海	海运、海/海、多式联运
责任期间	船/船	船/船	接货/交货
提单类型	已装船提单	已装船提单	收货待运提单
签发人	海上承运人	海上承运人	多式联运经营人
签发时间	装船后	装船后	接货后
签发地点	装港或承运人所在地	装港或承运人所在地	接货地或经营人所在地

5.5.3　多式联运提单的缮制

实践中,各船公司、无船承运人的集装箱运输提单既可以应用于传统的港到港运输,也可以作为多式联运提单应用于多式联运业务。

在提单签发地和换装海运船的口岸为非直通关的情况下,鉴于内陆网点制作的铅封、舱单都未经出口海关确认,货物不能作为离境处理,到口岸后无法直接装船,尚需经过口岸转关,由口岸统一制作舱单后才能装船,且装船前存在被抽检或退关的可能。承运人在内陆网点签发联运/多式联运提单存在较大风险。因此,这种情况一般按"异地签单"的情况来处理,待货物实际装船后签发直达提单,提单签

发时间为货物实际装船时间。

在提单签发地和换装海运船口岸为直通关的情况下，以中远集运9805版本提单的正面栏目（见表5-11）为例，联运/多式联运提单的缮制有以下两类情况

表5-11　中远集运9805版本提单正面栏目

中远集装箱运输有限公司 COSCO CONTAINER LINES	ORIGINAL	TLX: 33057 COSCO CN FAX: +86(021) 65458984

PORT TO PORT OR COMBINED TRANSPORT BILL OF LADING

1. Shipper　Insert Name Address and Phone/Fax	Booking No.	Bill of Lading No.
	Export References	
2. Consignee　Insert Name Address and Phone/Fax	Forwarding Agent and References	
	Point and Country of Origin	
3. Notify Party　Insert Name Address and Phone/Fax　(It is agreed that no responsibility shall attach to the Carrier or his agents for failure to notify)	Also Notify Party-routing & Instructions	

4. Combined Transport*　Pre-Carriage by	5. Combined Transport*　Place of Receipt	
6. Ocean Vessel Voy. No.	7. Port of Loading	Service Contract No.	Commodity Code
8. Port of Discharge	9. Combined Transport*　Place of Delivery	Type of Movement

Marks & Nos. Container / Seal No.	No. of Container or Packages	Description of Goods (If Dangerous Goods, See Clause 20)	Gross Weight	Measurement

Declared Cargo Value US$　　　Description of Contents for Shipper's Use Only (Not part of This B/L Contract)

10. Total Number of Containers and/or Packages (in words)
Subject to Clause 7 Limitation

11.　Freight & Charges	Revenue Tons	Rate	Per	Amount	Prepaid	Collect	Freight & Charges Payable at / by

Received in external apparent good order and condition except as otherwise noted. The total number of the packages or units stuffed in the container, the description of the goods and the weights shown in this Bill of Lading are furnished by the merchants, and which the carrier has no reasonable means of checking and is not a part of this Bills of Lading contract. The carrier has issued ____ original Bills of Lading, all of this tenor and date, one of the original Bills of Lading must be surrendered and endorsed or signed against the delivery of the shipment and whereupon any other original Bills of Lading shall be void. The merchants agree to be bound by the terms and conditions of this Bill of Lading as if each had personally signed this Bill of Lading.
*Applicable Only When Document Used as a Combined Transport Bill of Lading.

Date Laden on Board

Signed by:

许可证号：JTL0008 Standard Form 9805 Place of Issue SHANGHAI　　　　Signed for the Carrier, COSCO CONTAINER LINES

(见表 5 - 12、表 5 - 13)。

表 5 - 12　一程运输为内河驳船情况

栏目	内容	缮制方法
(4)	Pre-carriage by	填写驳船船名
(5)	Place of Receipt	填写接货地名,代表承运人开始对货物承担责任的地点
(6)	Ocean Vessel	填写海运船船名和航次
		或者 TO BE NAMED,或者×××OR SUBSTITUTE
(7)	Port of Loading	填写同(6)对应的装港名称
(8)	Port of Discharge	填写同(6)对应的卸港名称
(9)	Place of Delivery	填写最后交货地名
	提单签发时间	填写货物装上一程驳船时间
	其余栏目	同直达提单的缮制

表 5 - 13　一程运输为铁路或公路拖车情况

栏目	内容	缮制方法
(4)	Pre-carriage by	填写 TRAIN 或 TRUCK,也可不填
(5)	Place of Receipt	填写接货地名,代表承运人开始对货物承担责任的地点
(6)	Ocean Vessel	填写海运船船名和航次
		或者 TO BE NAMED,或者×××OR SUBSTITUTE
(7)	Port of Loading	填写同(6)对应的装港名称
(8)	Port of Discharge	填写同(6)对应的卸港名称
(9)	Place of Delivery	填写最后交货地名
	提单签发时间	填写货物装上一程火车或公路拖车的时间
	其余栏目	同直达提单的缮制

在签发联运/多式联运提单的情况下,承运人在提单项下就全程运输对货方承担责任。承运人与内陆区段承运人之间的责任将根据网状责任制划分。通常情况下,如果是由内陆网点安排内陆区段运输且收取相应的内陆运费,则由内陆网点承担相应区段的责任。

5.5.4　多式联运提单的相关条款

以中远集运 9805 版本提单的背面为例,根据正面第 4～第 9 栏目缮制方式不同,承运人的责任也不同。相关条款引述如下。

CARRIER'S RESPONSIBILITY

(1) Port to Port Shipment If boxes 6,7 and 8 but not boxes 4,5and 9 are filled in on the front of this Bill of Lading, this Bill of Lading is a Port-to-Port

contract. The Carrier shall be responsible for the Goods as Carrier from the time when the Goods are received by the Carrier at the Port of Loading until the time of delivery thereof at the port of discharge to the Merchant or to the Authority as required by local laws or regulations, whichever occurs earlier.

(2) Combined Transport If Box 4, Box 5 and/or Box 9 are filled in on the front of this Bill of Lading and the place(s) or port(s) indicated therein is/are place(s) or port(s) other than that indicated in Box 7 and Box 8 and Freight is paid for combined transport, this Bill of Lading is a combined transport contract. The Carrier undertakes to arrange or procure the pre-carriage and/or on-carriage segments of the combined transport. All claims arising from the combined transport carriage must be filed with the Carrier within 9 months after the delivery of the Goods or the date when the Goods should have been delivered, failing which the Carrier shall be discharged from all liabilities whatsoever in respect of the Goods. If any payment is made by the Carrier to the Merchant in respect of any claim arising from the combined transport carriage, the Carrier shall be automatically subrogated to or given all rights of the Merchant against all others including pre-carrier or on-carrier or Sub-contractor on account of such loss or damage. Nothing herein contained shall be deemed a waiver of any rights that the Carrier may have against a pre-carrier or on-carrier or Sub-contractor for indemnity or otherwise.

LOSS OR DAMAGE

(3) If the stage of the combined transport during which loss or damage occurred can be determined, the liability of the Carrier shall be governed by the national law(s) and/or international convention(s) applicable thereto. If the stage of the combined transport during which loss or damage occurred cannot be determined, the Merchant and the Carrier agree that it shall be deemed that the loss or damage occurred aboard the Carrier's Vessel. In either case, clauses 5(2) and 7 shall apply.

6 多式联运费用计收

6.1 海运段货物运输费用计收

6.1.1 海运班轮运价与运费的概念

运价(freight rate)是承运单位货物所收取的运费。运价就是运输产品价值的货币表现,表现为运输单位产品的价格。海上运输价格,简称为海运运价。运输产品表现为货物的空间位移,所以,运价又是运距的增函数。

运费(freight)是承运人根据运输契约完成货物运输而从托运人处收取的报酬。运费与运价的关系:运费等于运价与运量之积,即 $F = R \times Q$。式中,F 为运费;R 为运价;Q 为运量。

根据集装箱货物流转形态的不同,可以将运价分为整箱货运价(FCL freight rate)与拼箱货运价(LCL freight rate)。在海上集装箱班轮运输实践中,通常由班轮公司承运整箱货,并向托运人报出整箱货运价;而集拼经营人则承运拼箱货,并向托运人报出拼箱货运价。

运价本(tariff),也称费率本或运价表,是承运人承运货物向托运人据以收取运费的费率表的汇总,运价本主要由条款和规定、商品分类以及费率三部分组成。

承运人有时会在提单中列入有关运价本的条款,用以说明承运人的运价本的作用。因为提单的正面和背面条款虽已很多,但却是固定格式,因而不可能经常改变。同时,运输合同下各项费用的收取,结算的依据还会与具体港口的特殊要求相对应,并随市场的变化而变化。所以,承运人会用运价本的形式对此做出规定。

班轮运价的特点主要表现在以下几个方面:
(1)班轮运输的运价水平较高。
(2)货物对运费的负担能力较强。
(3)班轮运价在时间上相对稳定。
(4)班轮运价的制定结合采用运输成本定价和负担能力定价原则。

影响班轮运价制定的主要因素如下：

1）运输成本

影响海上运输成本的因素较多，结构复杂。一般认为航次成本应包括船舶的资本成本、航次营运成本和航次变动成本。在有些国家，又把航次营运成本和航次变动成本分别称为固定成本和变动成本。

资本成本，这是购买船舶的实际成本，是船舶最基本的成本，包括贷款、利息和税金等。在进行航次估算时，基于年度资本成本计算。年度资本成本可以等值为折旧费用，而年度折旧额是船舶的资本成本与船舶的经济寿命之比，进一步地可以算出船舶的每天折旧额。从短期来看，可以将资本成本视为固定成本。

营运成本，这是为保持船舶适航状态所需要的经常性的维持费用。无论船舶航行与否，为其营运必须支出费用，因此也称为营运费用，它不随特定航次变化。包括的因素有：船员工资及其他有关费用，如培训费、劳动保险、福利费等；船舶保险费、保赔费等；船舶维持费用，如油漆费、备件费用、检修费等；润滑油费；物料费；营业管理费，管理费是指公司设立的各种管理部门和代理机构从事营运需要的调度业务、商务、财务、机务、安全监督等管理工作所发生的一切费用。

航次变动成本，这是船舶为从事特定航次的运输所发生的费用，包括燃料费；港口使费，如代理费、航道费、吨税、靠泊费等；引水费和拖轮费；货物装卸费；运河通行费；速遣费和赔偿费；船员航行津贴等。

2）航运市场的结构与竞争

集装箱班轮运输市场在总体规模上是被少数规模较大的船公司垄断的。参与经营活动的运输集团或大型航运公司可以根据其经营规模与在市场上的占有额，自行决定公司在各航线的运价。而且，运价已成为集装箱运输市场中各大航运公司竞争的焦点。

在寡头垄断的情况下，为避免各船公司之间的激烈竞争而引起的运价战，市场内的很多公司往往会组成各种不同形式的航运联盟，形成班轮运输市场的结构模式。

3）货物的种类、数量

货物种类、数量也是影响运价水平的重要因素。不同货类具有不同的性质与特点，影响船舶载重量和舱容的利用，运价标准也就不同，可能发生的额外费用必须反映到运价中。较稳定的货流和大批量货源能使定期船具有较高的舱位利用率和较好的运费收入。货物装卸的特殊要求，货物受损的难易程度，货物遭受偷盗的可能性等都会在运价中得到反映。

4）航线及港口条件

不同的航线有着不同的航行条件，对船舶运输成本影响也就不同。航线距离、气象条件、安全性等也会在运价中得到反映。对运价构成影响的港口条件包括港口的装卸费率、港口使费、港口装卸设备、泊位条件、装卸效率、管理水平、拥挤程度以及安全性等。

5）运输合同条款

运输合同中所定的运输条件，如运费支付方式、费用承担责任、承运人的责任区间等，都会影响到运价的高低。

还有一些其他因素对海运运价产生影响，如航运服务质量，企业自身的经营目标，市场竞争形式的变化等。

拼箱货运价（LCL freight rate）是指集拼经营人通过承办拼箱业务，向托运人收取的运价。海运集拼经营人从事的是经营班轮货物运输的服务活动，运输费用的计算与船舶经营人的班轮费用计算基本一致，最后体现为按照运价本规定的拼箱货运价计算运费。目前，海运集拼经营人在拼箱货运中通常使用"等级运价本"，即将承运的货物分成若干等级，每个等级的货物有一个基本费率，称为"等级费率表"。

海运拼箱货运价的水平主要受两方面的影响，一是向船舶经营人或无船承运人支付的运价水平，二是集拼经营人自身的经营成本。另外，海运集拼经营人作为无船承运人，其运价本的内容与船舶经营人的运价本并不存在本质的区别，运输费用最后集中体现在运价本或服务协议的运价水平上。拼箱货运价的费率分为基本费率和附加费率。

6.1.2　海运班轮运费计收

6.1.2.1　班轮运费的构成

班轮运费包括基本运费和附加运费两部分。基本运费是对任何一种托运货物计收的运费；附加运费则是根据货物种类或不同的服务内容，视不同情况而加收的运费，可以说是由于在特殊情况下或者临时发生某些事件的情况下而加收的运费。附加运费可以按每一计费吨（或计费单位）加收，也可按基本运费（或其他规定）的一定比例计收。

基本运费（basic freight）指对运输每批货物所应收取的最基本的运费，是整个运费的主要构成部分。它根据基本运价（basic freight rate）和计费吨计算得出。基本运价按航线上基本港之间的运价给出，是计算班轮基本运费的基础。

基本运价有多种形式，如普通货物运价、个别商品运价、等级运价、协议运价、集装箱运价等。而根据货物特性等所确定的特别运价有军公物资运价、高价货运价、冷藏运价、危险品运价、甲板货运价、小包裹运价等。

实践中，经常有一些需要特殊处理的货物、需要加靠非基本港或转船接运的货物（transit cargo）等；即使是基本港之间的运输，也因为基本港的自然条件、管理规定、经营方式等情况的不同而导致货物运输成本的差异。这些都会使班轮公司在运营中支付相应的费用。为了使这些增加开支得到一定的补偿，需要在基本运费的基础上，在计算全程运费时计收一定的追加额，这一追加额构成了班轮运费的另一组成部分——附加运费(surcharge or additional)。

实践中,附加运费的种类主要有以下几种:

1) 燃油附加费

燃油附加费(bunker adjustment factor,BAF)。这是由于燃油价格上涨,使船舶的燃油费用支出超过原核定的运输成本中的燃油费用,承运人在不调整原定运价的前提下,为补偿燃油费用的增加而增收的附加费。实践中,英文还称其为 fuel adjustment factor,即 FAF。

当燃油价格回落后,该项附加费亦会调整直至取消。燃料油费用在船公司的经营成本中占有较大比重,燃油价格上涨直接增加了承运人的经营成本。燃油价格的长期上涨所带来的运输成本增加会在一定时期内的基本运价调整中得到反映。所以,燃油附加费一般是用来应对短期的燃油价格变动的。

2) 货币贬值附加费

货币贬值附加费(currency adjustment factor,CAF)。这是由于国际金融市场汇率发生变动,计收运费的货币贬值,使承运人的实际收入减少,为了弥补货币兑换过程中的汇兑损失而加收的附加费。由于国际运输往往涉及多个国家和多种货币,而货币之间的兑换会带来一定的时间上、手续上的损失,所以,承运人会通过增收货币贬值附加费来弥补这一收入损失。

3) 港口附加费

由于港口装卸效率低,或港口使费过高,或存在特殊的使费(如进出港要通过闸门等)都会增加承运人的运输经营成本,承运人为了弥补这方面的损失而加收的附加费称为港口附加费(port additional)。

4) 港口拥挤附加费

由于港口拥挤,船舶抵港后需要长时间等泊而产生额外的费用,为补偿船期延误损失而增收的附加费称为港口拥挤附加费(port congestion surcharge,PCS)。港口拥挤附加费是一种临时性的附加费,其变动性较大,一旦港口拥挤情况得到改善,该项附加费即进行调整或取消。

5) 转船附加费

运输过程中货物需要在某个港口换装另一船舶运输时,承运人增收的附加费称为转船附加费(transshipment additional)。运往一些偏僻或较小的非基本港的货物,必须通过转船才能运达;而有时由于转运干线船,也需要换装船舶。转运一次就会产生相应的费用,如换装费、仓储费以及二程船(接运船舶)的运费等费用,一般这些费用均由负责第一程船运输的承运人承担,并包括在所增收的转船附加费内。

6) 超长附加费

由于单件货物的外部尺寸超过规定的标准,运输时需要特别操作,从而产生额外费用,承运人为补偿这一费用所计收的附加费称为超长附加费(long length additional)。货物的长度超过规定后,会增加装卸和运输的难度,如需特别的捆绑、铺垫、增加亏舱等,影响船期,增加支出,货主需支付超长附加费。在运价本中,一般长度超过 9 m 的件杂货就可能要有这一附加费。

超长附加费是按长度计收的,而且长度越长其附加费率越高。如果超长货物需要转船时,则每转船一次,加收一次。

7) 超重附加费

超重附加费(heavy lift additional)是指每件商品的毛重超过规定重量时所增收的附加运费。这种商品称为超重货。由于单件货物的重量超过规定标准时,在运输中同样需要特别的捆绑、铺垫以及影响装卸工作等,所以承运人对单件货物重量超过一定标准的货物要加收该附加费。通常,承运人规定货物重量超过 5 t 时就要增收超重附加费。

超重附加费是按重量计收的,而且超重重量越大其附加费率越高。如果超重商品需要转船时,则每转船一次,加收一次。如果单件货物既超长又超重,则两者应分别计算附加费,然后按其中收费高的一项收取附加费。

8) 直航附加费

这是托运人要求承运人将其托运的货物从装货港,不经过转船而直接运抵航线上某一非基本港时所增收的附加费。

通常,承运人在运价本中会做出规定,当托运人交运的一批货物在某一数量以上时,就可以同意托运人提出的直航要求,并按规定增收直航附加费(direct additional)。船舶直接加挂某一非基本港口后,会增加港口费用支出,并延长船期。选择直航一般以直航后产生的额外费用小于原来的转运费用为原则。

9) 选港附加费

选港附加费(optional surcharge)又称选卸附加费,即选择卸货港所增加的附加费。由于买卖双方贸易需要,有些货物直到装船时仍不能确定最后卸货港,要求在预先指定的两个或两个以上的卸货港中,待船舶开航后再作选定。这样,就会使整船货物的积载变得困难,甚至会造成舱容的浪费。另外,选择的卸货港所选定的港口必须是该航次挂靠的港口。在集装箱班轮运输中,选择卸货港已很少被船公司接受。

10) 洗舱附加费

船舶装载了污染货物后,或因为有些货物外包装破裂、内容物外泄时,为不再污染以后装载的货物,必须在卸完污染物后对货舱进行清洗,承运人对由此而支出的费用所增收的附加费称为洗舱附加费(cozening fee)。清洗费用一般根据污染程度、清洗难度而定。

11) 变更卸货港附加费

由于收货人变更、交货地变更或清关问题等需要,有些货物在装船后需变更卸货港,而货物不在提单上原定的卸货港卸货而增收的附加费称为变更卸货港附加费(alteration of discharging port additional)。

变更卸货港的运费超过原卸货港的运费时,提出变更要求方应补交运费差额,反之,不予退还。同时,由于因需要翻舱所引起的额外费用和损失,亦由提出变更要求的一方负担。

12)绕航附加费

绕航附加费是指因某一段正常航线受战争影响、运河关闭或航道阻塞等意外情况的发生迫使船舶绕道航行,延长运输距离而增收的附加运费。绕航附加费(deviation surcharge)是一种临时性的附加费,一旦意外情况消除,船舶恢复正常航线航行,该项附加费即行取消。

13)旺季附加费

旺季附加费(peak season surcharge,PSS)也称高峰附加费,这是目前在集装箱班轮运输中出现的一种附加费,在每年运输旺季时,承运人根据运输供求关系状况而加收的附加费。

14)超额责任附加费

这是托运人要求承运人承担超过提单上规定的赔偿责任限额时承运人增收的附加费。超额责任附加费(additional for excess of liability)按商品的 FOB 价格的一定百分比计收,因此托运人托运时应同时提供货物的 FOB 价格。

15)低硫燃油附加费(low sulphur fuel surcharge,LSS)

随着国际海事组织制定的"限硫令"期限临近,各大船公司纷纷决定于 2018 年 11 月向由上海港和宁波港运出的货物征收低硫燃油附加费。自 2019 年 1 月起,全国其他港口相继开始推行低硫燃油附加费,每 TEU 征收 20 美金左右。

另外,还有一些其他的附加费,如冰冻附加费、苏伊士运河附加费、熏蒸费等。在集装箱班轮运输中,还有一些关于运输费用的概念,如"整体费率上调"(general rate increase,GRI)是指通常在每年的五月开始,承运人将所有的费率上调一定幅度;"目的地交货费"(destination delivery charge,DDC)是指在北美地区的港口对到港的货物收取的费用;"空箱调运费"(equipment reposition charge,ERC)也称设备调运费,是收货人没有按约定还空箱时,承运人为调运空箱而收取的费用;还有一些存在争议的费用,如码头作业(操作)费(terminal handling charge,THC)、原产地接货费(original receiving charge,ORC)等。

6.1.2.2　班轮运费的计费标准

班轮运费的计费标准(freight basis)也称计算标准,是指计算运费时使用的计算单位。在班轮运费的计收中,涉及的基本概念有运费吨、起码运费等。

运费吨,是计算运费的一种特定计费单位。通常,取重量和体积中相对值较大的为计费标准,以便对船舶载重量和舱容的利用给予合理的费用支付。如 100 个纸箱包装的纸制品,重 1.2 t,体积为 1.5 m³,它的运费吨则按 1.5 t 计算。而 100

箱的铁钉,重 9 000 kg,体积 2.6 m³,它的运费吨则计为 9 t。在运价表中,运费吨一般表示为 FT(freight ton)。

起码运费(minimum rate/minimum freight)是指以一份提单为单位最少收取的运费。承运人为维护自身的最基本收益,对小批量货物收取起码运费,用以补偿其最基本的装卸、整理、运输等操作过程中的成本支出。不同的承运人使用不同的起码运费标准,件杂货和拼箱货一般以 1 运费吨为起码运费标准,最高不超过 5 运费吨;有的以提单为单位收取起码运费,按提单为标准收取起码运费后不再加收其他附加费。

班轮运输中,主要使用的计费标准是按容积和重量计算运费;但对于贵重商品,则按货物价格的某一百分比计算运费;而对于某些特定的商品,也可能按其某种包装状态的件数计算运费。某些商品则按实体个数或件数计算运费,如活牲畜按"每头(per head)"计收,车辆按"每辆(per unit)"计收,以及按承运人与托运人双方临时议定的费率(open rate)计收运费等。按临时议定的费率计收运费多用于低价商品的运输。

在集装箱运输中有按每一个集装箱计算收取运费的规定。此时,根据集装箱的箱型、尺寸规定不同的费率(box rate)。

承运人制定的运价表中都具体规定了各种不同商品的计算运费标准。航运界通用的符号如下:

(1)"W(weight)"表示该种货物应按其毛重计算运费。

(2)"M(measurement)"表示该种货物应按其尺码或体积计算运费。某些国家对运输木材按"板尺(board foot)"和"霍普斯尺(hoppus foot)"计算运费(12 板尺＝0.785 霍普斯尺＝1 ft³)。

(3)"W/M"表示该货物应分别按其毛重和体积计算运费,并选择其中运费较高者。

(4)"Ad. Val.(Ad valorem)"表示该种货物应按其 FOB 价格的某一百分比计算运费。由于运价是根据货物的价格确定的,所以又称为从价运费。

(5)"Ad. Val. or W/M"表示该种货物应分别按其 FOB 价格的某一百分比和毛重、体积计算运费,并选择其中运费高者。

(6)"W/M plus Ad. Val"表示这种货物除应分别按其毛重和体积计算运费,并选择其中运费较高者外,还要加收按货物 FOB 价格的某一百分比计算的运费。

在运价表中,计算单位为运费吨,即有重量吨也有尺码吨。不同国家或地区采用不同的单位制。但目前各国都趋向采用国际单位制,以 t(即吨)和 m³(即立方米)为计费单位。但英国和某些欧洲国家的航运界仍用长吨(英吨)和立方英尺为计费单位。

根据我国的基本计量制度规定,我国的法定计量单位采用"米制"。在运费计算中,重量单位用"吨(metric ton)";体积单位用"立方米(cubic meter)"。以 1 t 或 1 m³ 为一计费吨。

6.1.2.3 班轮运费的计算方法

1) 件杂货班轮运费计算的一般方法

件杂货班轮运费是由基本运费和各项附加运费组成的,其计算公式为 $F = F_b + \sum S$。式中,F 为运费总额;F_b 为基本运费额;S 为某一项附加费。

基本运费是所运商品的计费吨(重量吨或容积吨)与基本运价(费率)的乘积,即 $F_b = f \cdot Q$。式中,f 为基本运价;Q 为计费吨。

附加运费是各项附加费的总和。各项附加费均按基本运费的一定百分比计算时,附加费的总额应为 $\sum S = (S_1 + S_2 + \cdots + S_n) \cdot F_b = (S_1 + S_2 + \cdots + S_n) \cdot f \cdot Q$。式中,$S_1, S_2, \cdots, S_n$ 分别为某一项附加费费率(百分比)。

因此,运费总额的计算公式为

$$F = F_b + \sum S = f \cdot Q + (S_1 + S_2 + \cdots + S_n) \cdot f \cdot Q$$
$$= (1 + S_1 + S_2 + \cdots + S_n) \cdot f \cdot Q$$

2) 从价运费计算中的货物价格换算

从价运费是按货物的 FOB 价格的某一百分比计算的。但是,某些贸易合同可能是以 CFR 或者 CIF 价格成交的,所以,先要将 CFR 或者 CIF 价格换算为 FOB 价格。之后,再算出从价运费。

按照一般的贸易习惯,按 CFR 价格是 CIF 价格的 99% 的比例,通过以下关系式求得 FOB 价格。

$$P_{CFR} = 0.99 P_{CIF}$$
$$F = (\text{Ad. Val.}) \cdot P_{FOB}$$
$$P_{CFR} = P_{FOB} + F = P_{FOB} + (\text{Ad. Val.}) \cdot P_{FOB} = (1 + \text{Ad. Val.}) \cdot P_{FOB}$$
$$P_{FOB} = \frac{P_{CFR}}{(1 + \text{Ad. Val.})} = \frac{0.99 P_{CIF}}{(1 + \text{Ad. Val.})}$$

式中,P_{FOB} 表示货物的 FOB 价格;P_{CFR} 表示货物的 CFR 价格;P_{CIF} 表示货物的 CIF 价格。

3) 集装箱整箱货运费的计算

集装箱班轮运输中运费的计算原则与杂货班轮运输中运费的计算原则相似,但也有其自身的特点。随着集装箱班轮运输发展的需求,有些租船运输中的装卸费用条款也被引入了集装箱班轮运输中。如航次租船中 FI(free in)或 FO(free out)的装卸条件被引入集装箱班轮运输中。在这里,FI 的含义与航次租船中的 FI 相同,即承运人不负责装船费用;FO 的含义与航次租船中的 FO 相同,即承运人不负责卸船费用。例如，CY to FO 即意味着承运人在装货港集装箱堆场接收货物，并在卸货港船舶舱内交货，这种货物交接形式和费用分担往往用于大批量货物的货主。这些货主在与集装箱码头装卸公司有着合作或契约关系的条件下，可以获得比较低的卸货费率；或者承运人对当地港口的情况无法把握时，就会使用这些不常用的条款。当然，CY to FO 方式只适用于整箱货，通常用于 ISTANBUL、LATTAKIA、BEIRUT 等地中海东部航线的港口。

一般班轮运费的计收方法适用于、同时也被广泛应用于计算集装箱货物的运费和其他费用，即在费率表中规定了基本运费和附加运费，并给出了费率和计费方法。不过，由于在整个运输过程中，货物要装箱、拆箱，而这些作业既可以由承运人负责进行，也可以由托运人自行负责进行。随之，费用的负担责任也就确定。所以，不同情况下的运费计算办法也就有所不同。

集装箱班轮运输中基本运费的计算方法有两种。

（1）采用与计算普通杂货班轮运输基本运费相同的方法，对具体的航线按货物的等级和不同的计费标准来计算基本运费。

（2）对具体航线按货物等级及箱型、尺寸的包箱费率（box rate），或仅按箱型、尺寸的包箱费率而不考虑货物种类和级别计算基本运费。包箱费率指对单位集装箱计收的运费率。包箱费率也称为"均一费率（freight all kinds，FAK）"。采用包箱费率计算集装箱基本运费时，只需要根据具体航线、货物等级以及箱型、尺寸所规定的费率乘以箱数即可。

在使用第一种计算方法时，由于集装箱货物的交接方式较多，因此就有不同的具体计算方法，包括拼箱货运费计算和整箱货运费计算。拼箱货的海运运费计算与普通杂货班轮运输货物的运费计算方法相似。

集装箱班轮运输中的附加费也与杂货班轮运输中的情况相似。但是，实践中有时会将基本运费和附加费合并在一起，以包干费（all in freight）的形式计收运费。此时的运价称为包干费率，又称"全包价"（all in rate，A. I. R）。

4）集装箱拼箱货运费的计算

（1）拼箱货运输中运费的结构。

拼箱货运输可以分为直拼运输与混拼运输。通常，直拼运输方式比混拼运输方式在运输路线、相关手续、收费项目和费用等方面更为简单、更为节省。

① 拼箱货直拼运输的费用结构。

拼箱货直拼运输的主要费用项目如下：

拼箱及起运港的费用，如货物提前进站的仓储费和海关监管费、提运空箱和重箱进场的托运费和码头费用、货物装箱费和理货费用等。海运运费及手续费，如班轮公司运输整箱货所收取的海运运费、到船舶代理人处办理有关订舱等手续的费用；目的港及拆箱费用，如提重箱以及还空箱的托运费和码头费用、拆箱费和理货费、分拨费和相关的代理手续费、拼箱货的仓储费用等;其他发生在装卸两港的相关服务费用。

如果拼箱货情况较为特殊,则还会产生特殊的费用。以上费用通常由集拼经营人按运价本或协议运价向托运人收取。

② 拼箱货混拼运输的费用结构。

拼箱货混拼运输的费用项目除与直拼运输相同的费用外,还包括中转港再拼箱和转运所需的费用,如中转港的拆箱和再装箱及理货的费用,集装箱的托运费用,拼箱货的搬运费和仓储费用,办理进出口手续的费用,中转港代理人的费用,其他相关的服务费用等。

(2) 拼箱货运费与成本的计算步骤。

运费的计算在货运实务中是一项重要的工作。准确无误的计算将会避免不必要的商务纠纷、赔偿,同时也会在满足集拼公司营运需求的情况下,树立良好的企业形象。

① 拼箱货运费的基本计算步骤。

a. 根据托运单查明所运货物的基本港和目的港所属的航线。需要注意的项目:目的港或卸货港是否是航线的基本港,是否需要转船,是否要求直达。

b. 了解各货物的名称、特征、数量、包装状态、重量、体积,是否为超重或超长货件、冷藏货物,是否有特殊转运需求,是否接受拼箱运输等。

c. 根据各商品的名称在"商品分级表(scale of commodity classification)"中查找出该商品所属等级,再从该商品的运输航线或运抵港口的"等级费率表(scale of rates)"中查找该级商品的费率。

d. 查出各项应收附加费的计算方法及费率。

e. 列式进行具体计算,从而得出应向各托运人收取的运费。

② 拼箱货运成本的基本计算步骤。

a. 合理选择并计算集装箱的箱型和数量。需注意的是,应当正确积载和装箱以减少亏箱,并且充分利用载货重量。

b. 查找与班轮公司、相关的船舶代理人、仓储经营人等订有的服务协议,来计算整箱货运费。

c. 查出各项应收附加费的计算方法及费率。

d. 综合考虑其他费用。如由于实现业务流程和单证作业的流程再造所需要的费用、向托运人实报实收的费用、因突发事件产生的额外费用等。

e. 列式进行具体计算,从而得出总成本。

6.2　空运段货物运输费用计收

6.2.1　航空运费及费收的种类

航空货物运输所涉及的费用有多种,但主要可以分为以下四类。

6.2.1.1　航空运费

航空运费(weight charge)是指将一票货物自始发地机场运输到目的地机场所应收取的航空运输费用。一般来说,货物的航空运费主要由两个因素组成,即货物适用的运价与货物的计费重量,航空运费的计算公式如下:

$$航空运费 = 计费重量 \times 适用的运价$$

1) 运价

运价(rate)称费率,是指承运人为运输货物对规定的重量单位(或体积)所收取的费用,它只包括机场与机场之间的航空运输费用。

由于航空运输货物的种类繁多,货物运输的起讫地点所在航空区域不同,每种货物所适用的运价亦不同。换言之,运输的货物种类和运输起讫地点的 IATA 区域使航空货物运费乃至运费计算分门别类。

货物的航空运价一般以运输始发地的本国货币公布,有的国家以美元代替其本国币公布。运输始发地销售的航空货运单的任何运价、运费值均应为运输始发地货币,即当地货币。以美元公布货物运价的国家的当地货币为美元。

货物航空运价、运费的货币进整,因货币的币种不同而不同。运费进整时,需将航空运价或运费计算到进整单位的下一位,然后按半数进位法进位,计算所得的航空运价或运费,达到进位单位一半则入,否则舍去。对于以"0.1""0.01""1""10"等为进位单位的货币,其货币进位就是常说的四舍五入。我国货币人民币(CNY)的进位规定如下:最低航空运费进位单位为"5",除此之外的运价及航空运费等的进位单位均为"0.01"。

销售航空货运单所使用的运价应为填制货运单之日的有效运价,即在航空货物运价有效期内适用的运价。

使用运价时要注意运输路线的方向性,不得反方向使用运价。

2) 计费重量

计费重量(chargeable weight)是指用以计算货物航空运费的重量。货物的计费重量或者是货物的实际毛重,或者是货物的体积重量,或者是较高重量分界点的重量。(Chargeable Weight — The chargeable weight is the actual gross weight or volume weight, whichever is higher, provided that where a lower charge for a higher minimum weight applies, the latter shall be retained as chargeable weight.)

由于飞机业务载运能力受飞机最大起飞全重和货舱本身体积的限制,货物的计费重量需要同时考虑其体积重量和实际毛重两个因素。又因为航空货物运价"递远递减"的原则,产生了一系列重量等级运价,而重量等级运价的起码重量也影响着货物运费的计算。

包括货物包装在内的货物重量,称为货物的实际毛重(actual gross weight)。由于飞机最大起飞全重及货舱可用业载的限制,一般情况下,对于高密度货物(high density cargo,是指每公斤体积不足 6 000 cm³ 或 366 in³,或每磅不足166 in³ 的货物,又称"重货"),应考虑其实际毛重可能会成为计费重量。

按照国际航协规则,将货物的体积按一定的比例折合成的重量,称为体积重量(volume weight)。由于货舱空间体积的限制,一般对于低密度的货物(low density cargo,是指每公斤体积超过 6 000 cm³ 或 366 in³,或每磅超过166 in³ 的货物,又称"轻泡货"),应考虑其体积重量可能会成为计费重量。

不论货物的形状是否为规则的长方体或正方体,计算货物体积时,均应以最长、最宽、最高的三边的厘米长度计算。长、宽、高的小数部分按四舍五入法取整,体积重量的折算,换算标准为每 6 000 cm³ 折合 1 kg[①]。

$$体积重量(kg) = 货物体积(cm^3)/6\ 000(cm^3/kg)$$

如果托运人托运的货物,其重量接近较高重量分界点,那么用较高重量分界点的较低运价计算出来的运费低于按适用的运价计算出来的运费,此时,可以按较低运价收费。例如,计算一箱 40 kg 的普通货物从上海至东京的航空运费:

上海至东京的运价为　　M　　230.00

　　　　　　　　　　　　N　　30.22

　　　　　　　　　　　　45　　22.71

(1) 按 45 kg 以下运价计算:

$$40 \times 30.22 = 1\ 208.80$$

(2) 因 40 kg 接近 45 kg 这个重量分界点,故将计费重量提高到 45 kg,即 $45 \times 22.71 = 1\ 021.95 < 1\ 208.80$,故按较低的运费收取。这时,45 kg 就是该货物的计费重量。

一般地,采用货物的实际毛重与货物的体积重量两者较高者;但当货物按较高重量分界点的较低运价计算的航空运费较低时,则此较高重量分界点的货物起始重量作为货物的计费重量。

综上所述,货物的计费重量可以是实际毛重或体积重量,也可以是等级重量(较高重量分界点起始重量)。

---

① 有些国家体积重量换算是以 1 kg=7 000 cm³ 来计算的,参阅 TACT Rules3.9.4。

国际航协规定，国际货物的计费重量以 0.5 kg 为最小单位，重量尾数不足 0.5 kg 的，按 0.5 kg 计算；0.5 kg 以上不足 1 kg 的，按 1 kg 计算。若计算单位是磅，则小数点均往前进一位。例如

毛重（gross weight）105.2 kg　　=　　计费重量（chargeable weight）105.5 kg

gross weight 105.8 kg　　　　　=　　　　chargeable weight 106.0 kg

6.2.1.2　声明价值附加费（valuation charge）

根据《蒙特利尔公约》的规定，对于因货物毁灭、遗失或者损坏而产生的损失，只要造成损失的事件是在航空运输期间发生的，承运人就应当承担责任。货物在航空运输中因延误引起的损失，承运人应当承担责任，但是，承运人证明本人及其受雇人和代理人为了避免损失的发生，已经采取一切合理的措施或者不可能采取此种措施的，承运人不对因延误引起的损失承担责任。在货物运输中造成毁灭、遗失、损坏或者延误的，承运人的责任以每千克 17 特别提款权（后经三次复审调整为 22 特别提款权）为限，除非托运人在向承运人交运包件时，承运人证明托运人声明的金额高于在目的地点交付时托运人的实际利益外，承运人在声明金额范围内承担责任。

发货人可以在运单上向承运人申报所托运货物的价值——托运申报价（declared value for carriage）。它表明承运人的赔偿责任和义务。托运申报价可以是具体的数额，也可以是未声明价值 NVD（no value declared）。在实际工作中，托运申报价值可以用来计算声明价值附加费，还可用来判断是否为贵重货物。

$$声明价值附加费 = （货物的声明价值 - 实际毛重$$
$$\times 每公斤最高赔偿额）\times 0.5\%$$

6.2.1.3　其他费用

其他费用（other charges）是指运输一票货物时，在航空运费之外由承运人、代理人或其他部门收取的与航空货物运输有关的费用，包括地面运输、仓储、制单、国际货物的清关等环节的费用。其他费用的种类很多，本书仅介绍货运单费、垫付款和垫付费、危险品处理费、运费到付货物手续费。

1）货运单费

货运单费（documentation cearges）又称为航空货运单工本费，此项费用为填制航空货运单之费用。航空公司或其代理人销售或填制货运单时，该费用包括逐项逐笔填制货运单的成本。对于航空货运单工本费，各国的收费水平不尽相同，依 TACT Rules 4.4 及各航空公司的具体规定来操作。货运单费应填制在货运单的"Other Charges"一栏中，用两字代码"AW"表示（AW—air waybill fee）。

按国际航协规定，航空货运单若由航空公司来销售或填制，则表示为 AWC，表示此项费用归出票航空公司（issuing carrier）所有；如果货运单由航空公司的代理人销售或填制，则表示为 AWA，表示此项费用归销售代理人所有。

中国民航各航空公司一般规定,无论货运单是航空公司销售还是由代理人销售,填制 AWB 时,货运单中"Other Charges"一栏中用 AWC 表示,意为此项费用归出票航空公司所有。

2) 垫付款和垫付费

垫付款(disbursements)是指发生在始发站与货物运输有关的服务,需向目的站托收的有关费用,它仅限于飞机起飞前必须完成的相关工作的费用。垫付款由最终承运人收,再交给签发运单的承运人,由其付给代理或另一承运人。

这部分费用仅限于货物地面运输费、清关处理费和货运单工本费等,并按不同其他费用的种类代号、费用归属代号(A 或 C)及费用金额一并填入货运单的"Other Charges"一栏。例如:"AWA"表示代理人填制的货运单;"CHA"表示代理人代替办理始发地清关业务;"SUA"表示代理人将货物运输到始发地机场的地面运输费。

垫付款仅适用于货物费用及其他费用到付"Charges Collect",且按 TACT Rules 7.2 规定,目的地国家可接收的货物。垫付款业务在有些国家不办理,操作时应严格按照 TACT Rules 4.2 规定。垫付款由最后一个承运人(last carrier)向提货人收取。按国际货物运费到付结算规则,通过出票航空公司开账结算,付给支付垫付款的代理人或出票航空公司。

在任何情况下,垫付款数额不能超过货运单上全部航空运费总额。但当货运单的航空运费总额低于 100 美元时,垫付款金额可允许达到 100 美元标准。

垫付费(disbursements fee)是对于垫付款的数额而确定的费用。垫付费的费用代码为"DB",按 TACT Rules 规定,该费用归出票航空公司所有。在货运单的其他费用栏中,此项费用应表示为"DBC"。垫付费＝垫付款×10%,但每一票货物的垫付费不得低于 20 美元或等值货币。

3) 危险品处理费

国际航空货物运输中,对于收运的危险品货物,除按危险品规则收运并收取航空运费外,还应收取危险货物收运手续费,该费用必须填制在货运单"Other Charges"栏内,用"RA"表示费用种类,TACT Rules 规定,危险品处理费(charges for shipments of dangerous goods handling)归出票航空公司所有。在货运单中,危险品处理费表示为"RAC"。

自中国至 IATA 业务一区、二区、三区,每票货物的该费用最低收费标准为400 元人民币。

4) 运费到付货物手续费

运费到付货物手续费(charges collect fee),又称 CC Fee。在国际货物运输中,当货物的航空运费及其他费用到付时,在目的地的收货人,除支付货物的航空运费和其他费用外,还应支付到付货物手续费。此项费用由最后一个承运航空公司收取,并归其所有。一般 CC Fee 的收取,采用目的站开具专门发票,但也可以使用货运单。

对于运至中国的运费到付货物,到付运费手续费的计算公式及标准如下:

到付运费手续费＝(货物的航空运费＋声明价值附加费)×2%。

各个国家CC Fee的收费标准不同[①]。在中国,CC Fee最低收费标准为CNY100。

6.2.1.4 最低运费

最低运费(minimum charge)是指一票货物自始发地机场至目的地机场航空运费的最低限额(minimum charge means the minimum amount applied for the transportation of the consignment.)。它是不论货物的重量和体积多少,在两点之间运输一批货物应收取的最低费用金额。

货物按其适用的航空运价与其计费重量计算所得的航空运费,应与货物最低运费相比,取高者。

6.2.2 航空货物运价体系

按运价制定的途径划分,国际货物运价可以分为协议运价和国际航协运价。国际航协在 TACT 中所公布的运价又具有自己独立的运价体系。国际航空货物运价体系如表6-1所示。

表6-1 国际航空货物运价体系

国际航空货物运价	协议运价	协议定价	包板(舱)	死包板(舱)
				软包板(舱)
			返还	销售量返还
				销售额返还
		自由销售		
	IATA运价	公布直达运价 Published Through Rates	普通货物运价 General Cargo Rate
			指定商品运价 Specific Commodity Rate
			等级货物运价 Commodity Classification Rate
			集装货物运价 Unitized Consignments Rate
		非公布直达运价 Un-published Through Rates	比例运价 Construction Rate
			分段相加运价 Combination of Rate and Charge

---

① 各国手续费的计算百分比及最低收费,查 TACT Rules 7.2.2。

虽然航空公司大多是 IATA 的会员,但各公司出于竞争的考虑,很少有完全遵照国际航协运价的,大多进行了一定的折扣。然而,IATA 把世界上各个城市之间的运价通过 TACT 手册公布出来,使得每个航空公司在制定自身的运价时都能找到一种参照标准。

鉴于此,本书主要介绍 IATA 运价体系,本章所介绍的航空运价和运费的计算方法也主要是 IATA 的相关规范。

协议运价是指航空公司为了揽取更多的货源、鼓励托运大批量货物,通过与托运人或代理人签订运价协议而给予的一种优惠运价。目前航空公司使用的运价大多是协议运价,但在协议运价中又根据不同的协议方式细分为长期协议和短期协议、死包板(舱)和软包板(舱)、销售量返还和销售额返还以及自由销售等多种协议运价。

根据所订协议的时间长短,这种运价协议分为长期协议和短期协议两种。长期协议通常是指航空公司与托运人或代理人签订的一年期限的协议;短期协议通常是指航空公司与托运人或代理人签订的半年或半年以下期限的协议。

根据协议约定的定价方式的不同,运价分为自由销售和协议定价两种。自由销售也称议价货物或是一票一价,是指除了定过协议的货物,都是一票货物一个定价。协议定价分包板(舱)和返还(销售量返还和销售额返还)两种。

包板(舱)是指托运人在一定航线上包用承运人的全部或部分舱位或集装器,从而根据双方协议的运价来运送货物。其中,死包板(舱)是指托运人在承运人的航线上通过包板(舱)的方式运输货物时,托运人无论是否向承运人交付货物,都必须支付双方协议规定的运费;软包板(舱)是指托运人在承运人的航线上通过包板(舱)的方式运输货物时,托运人在航班起飞前 72 h 如果没有确定舱位,承运人则可以自由销售舱位,但承运人对代理人包板(舱)的总量有一个限制。

销售量返还是指如果代理人在规定期限内完成了一定的货运销售量,航空公司则可以按一定的比例返还运费;销售额返还指如果代理人在规定期限内完成了一定的销售额,航空公司则可以按一定的比例返还运费。

国际航协运价是指 IATA 在 TACT 运价资料上公布的运价。国际航空货物运价的查询和计算主要是通过 IATA 的运价手册——TACT RATES BOOK,结合并遵守国际货物运输规则——TACT RULES 来进行的。

按照 IATA 货物运价公布的形式划分,国际货物运价可分为公布直达运价和非公直达运价。

公布直达运价是指承运人直接在运价资料中公布的从运输始发地至运输目的地的航空运价。IATA 公布直达运价主要有普通货物运价、指定商品运价、等级货物运价和集装货物运价等四种。

普通货物运价(general cargo rate)是指运输除等级运价或指定商品运价以外

的货物所使用的运价。它分为45 kg以下货物运价(如无45 kg运价,则为100 kg以下运价)和45 kg以上各个重量分界点的运价。指定商品运价(specific commodity rate)是指自指定的始发地至指定的目的地而公布的低于普通货物运价的某些商品运价。这类运价的每一不同的运价都有一个不同的最低重量的规定,使用时应遵守规定。等级货物运价(class rate)是指在指定的地区内或地区之间实行的高于或低于一般货物运价的少数几种商品运价。这类运价以普通货物运价作为基数,附加或附减一个百分比。集装货物运价(unitized consignments rate)是指适用于货物装入集装器交运而不另加包装的特别运价。

非公布直达运价是指如果货物运输的始发地至目的地没有公布直达运价,则可以采用比例运价和分段相加运价的方法构成全程直达运价,计算全程运费。

非公布直达运价主要有比例运价和分段相加运价两种。

比例运价(construction rate)采用运价手册中公布的一种不能单独使用的运价附加数(add-on amount),当货物运输始发地至目的地无公布直达运价时,采用此附加数与已知的公布运价相加构成非公布直达运价,此运价称为比例运价。对于相同运价种类,当货物运输的始发地至目的地无公布直达运价和比例运价时,只能采用分段相加的方法,组成运输起讫地点间的运价,一般采用最低组合运价,称为分段相加运价(combination of rates and charges 或 sector rate)。

现有航空运价体系中,可以看出航空货物运输定价遵照以下几项原则。

1) 重量分段对应运价

在每一个重量范围内设置一个运价,北京到纽约的运价表,如表6-2所示。

表6-2　北京到纽约的运价表

BEIJING Y. RENMINBI	CN CNY		BJS KGS(kg)
NEW YORK	US	M	630.00
		N	66.86
		45	48.35
		100	45.19
		300	41.80

运价表说明如下。

"N"表示"标准普通货物运价",是指重量在45 kg以下的,运价为66.86元/kg(人民币);也就是说,运价66.86元/kg适用的重量范围是0~45 kg,在这个重量范围内使用的是同一个运价。

"45""100""300"几位重量等级运价,用字母"Q"表示,是指重量大于等于某个重量等级时的运价。例如,"Q45"表示重量大于等于45 kg时的运价为48.35元/

kg(人民币)。

2) 数量折扣原则

从表6-2所示的运价表示中不难发现，从北京到纽约运输货物，45 kg 以下的运价是 66.86 元/kg(人民币)，45 kg 以上的运价是 48.35 元/kg(人民币)，100 kg 以上的运价是 45.19 元/kg(人民币)，300 kg 以上的运价是 41.80 元/kg(人民币)，随着所托运的货物重量的增大，运价是递减的。这就是定价原则中的数量折扣原则。通过这个原则，鼓励托运大批量货物，从而保证飞机舱位得到充分的利用。

3) 递远递减原则

运距是运价制定要考虑的一个基本因素，运距越长，总成本越大，因此运价也越高。这一点，从表6-3所示的北京到新加坡和北京到纽约的运价对比就不难发现。

表6-3 北京到新加坡、纽约的运价

BEIJING Y. RENMINBI	CN CNY		BJS KGS	BEIJING Y. RENMINBI	CN CNY		BJS KGS
SINGAPORE	SG	M	360.00	NEW YORK	US	M	630.00
		N	36.66			N	66.86
		45	27.50			45	48.35
		100	22.05			100	45.19
		300	15.38			300	41.80

但是，就运价与运距的对比数值，也就是单位距离货物的运价来说，随着运距的增长，单位运价越便宜，这就是运价递远递减的原则。

4) 根据货物性质分类的原则

国际航协根据货物的性质制定了一系列在普通货物运价基础上附加或附减一定百分比形式构成的等级货物运价。例如，对活动物、尸体骨灰、贵重货物、急件等货物采取附加的形式，而对书报杂志、作为货物运输的行李等货物采取附减的形式。

6.2.3 普通货物运价

6.2.3.1 基本知识

普通货物运价(general cargo rate，GCR)是指除了等级货物运价和指定商品运价以外的适合于普通货物运输的运价。该运价公布在 TACT Rates Books Section 4 中。

一般地，普通货物运价根据货物重量不同，分为若干个重量等级分界点运价。

例如,"N"表示标准普通货物运价(normal general cargo rate),指的是 45 kg 以下的普通货物运价(如无 45 kg 以下运价时,N 表示 100 kg 以下普通货物运价)。同时,普通货物运价还公布有"Q45""Q100""Q300"等不同重量等级分界点的运价。这里"Q45"表示 45 kg 以上(包括 45 kg)普通货物的运价,依此类推。对于 45 kg 以上的不同重量分界点的普通货物运价均用"Q"表示。

用货物的计费重量和其适用的普通货物运价计算而得的航空运费不得低于运价资料上公布的航空运费的最低收费标准(M)。

这里,代号"N""Q""M"等字母在 AWB 的销售工作中,主要用于货运单运费计算栏中"RATE CLASS"一栏的填制。

6.2.3.2 运费计算

[例 6-1]

运输路径(routing):BEIJING, CHINA(BJS)

to TOKYO, JAPAN(TYO)

商品(commodity):   CLOTHES

毛重(gross weight):28.4 KGS

尺寸(dimensions):   (82×48×32) CM

适用的 TACT 运价如下所示(applicable TACT Rates are as follows)(见表 6-4)。

表 6-4   北京到东京的运价

BEIJING Y. RENMINBI	CN CNY		BJS KGS
TOKYO	JP	M	200.00
		N	38.67
		45	29.04

解:

体积(volume):   (82×48×32)CM=125 952 CM^3

单位体积重量(volume weight):   125 952 CM^3÷6 000 CM^3/KG = 20.99 KGS = 21.0 KGS

毛重(gross weight):   28.4 KGS

计费重量(chargeable weight):   28.5 KGS

适用运价(applicable rate):   GCR N 38.67 CNY/KG

运价(weight charge):   28.5×38.67 = CNY 1 102.10

货运单的填写如下(the AWB shall be filled in as follows)(见表 6-5)。

表6-5 例6-1计算结果

No. of Pieces RCP	Gross Weight	Kg Lb	Rate Class		Chargeable Weight	Rate/ Charge	Total	Nature and Quantity of Goods (Incl. Dimensions or Volume)
			Commodity Item No.					
1	28.4	K	N		28.5	38.67	1 102.10	CLOTHES DIMS: (82×48×32)CM

[例6-2]

Routing：BEIJING，CHINA(BJS)

to SINGAPORE(SGP)

Commodity： PARTS

Gross Weight：42.6KGS

Dimensions： (101×58×32)CM

Applicable TACT Rates are as follows(见表6-6)。

表6-6 北京到新加坡的运价

BEIJING Y. RENMINBI	CN CNY		BJS KGS
SINGAPORE	SN	M	200.00
		N	30.50
		45	22.49

解：(1) 按实际重量计算

Volume： (101×58×32)CM＝187 456 CM^3

Volume Weight： 187 456 CM^3÷6 000 CM^3/KG＝31.24 KGS＝ 31.5 KGS

Gross Weight： 42.6 KGS

Chargeable Weight：43.0 KGS

Applicable Rate： GCR N 30.50 CNY/KG

Weight Charge： 43.0×30.50＝CNY 1 311.50

(2) 采用较高重量分界点较低运价计算

Chargeable Weight：45.0 KGS

Applicable Rate： GCR Q45 22.49 CNY/KG

Weight charge： 45.0×22.49 = CNY 1 012.05

(1)与(2)相比,取运费较低者

即 Weight Charge：CNY 1 012.05

The AWB shall be filled in as follows(见表 6 - 7)。

表 6 - 7　例 6 - 2 计算结果

No. of Pieces RCP	Gross Weight	Kg Lb	Rate Class		Chargeable Weight	Rate/ Charge	Total	Nature and Quantity of Goods (Incl. Dimensions or Volume)
			Commodity Item No.					
1	42.6	K	Q		45.0	22.49	1 012.05	PARTS DIMS：(101×58×32)CM

[例 6 - 3]

Routing：SHANGHAI, CHINA(SHA)

　　　　　to PARIS, FRANCE(PAR)

Commodity： TOY

Gross Weight：EACH 2.6 KGS, 2 PIECES TOTAL

Dimensions： (29×21×28)CM EACH

Applicable TACT Rates are as follows(见表 6 - 8)。

表 6 - 8　上海至巴黎的运价

SHANGHAI Y. RENMINBI	CN CNY		BJS KGS
PARIS	FR	M	320.00
		N	50.37
		45	41.43
		300	37.90

解：

Volume： (29×21×28)CM×2=34 104 CM^3

Volume Weight： 34 104 CM^3÷6 000 CM^3/KG=5.684 KGS=6.0 KGS

Gross Weight： 2.6 KGS×2 = 5.2 KGS

Chargeable Weight：6.0 KGS

Applicable Rate：　GCR N 50.37 CNY/KG

Weight Charge：　6.0×50.37 = CNY 302.22

Minimum Charge：　320.00 CNY

CNY 302.22 < CNY 320.00

Weight Charge：CNY 320.00

The AWB shall be filled in as follows(见表 6-9)。

表 6-9　例 6-3 计算结果

No. of Pieces RCP	Gross Weight	Kg Lb	Rate Class		Chargeable Weight	Rate/ Charge	Total	Nature and Quantity of Goods (Incl. Dimensions or Volume)
			Commodity Item No.					
2	5.2	K	M		6.0	320.00	320.00	TOY DIMS：(29×21×28)CM×2

6.2.4　指定商品运价

6.2.4.1　基本知识

指定商品运价(specific commodity rate,SCR)是指适用于自规定的始发地至规定的目的地运输特定品名货物的运价。通常情况下,指定商品运价低于相应的普通货物运价。就其性质而言,该运价是一种优惠性质的运价。鉴于此,指定商品运价在使用时,对于货物的起讫地点、运价使用期限、货物运价的最低重量起点等均有特定的条件。

在 TACT RATES BOOKS 的 SECTION 2 中,根据货物的性质、属性以及特点等按数字顺序对货物进行分类,共分为 10 个大组,每一组又分为 10 个小组。同时,对其分组形式用四位阿拉伯数字进行编号。该编号即为指定商品货物的品名编号。

为了减少常规的指定商品品名的分组编号,IATA 还推出了实验性的指定商品运价,该运价用 9 700~9 799 内的数字编出,其主要特点是一个代号包括了传统指定商品运价中分别属于不同指定商品代号的众多商品品名。如 9 735 这个指定商品代号就包括了属于 20 多个传统指定商品运价代号的指定商品。此种编号是为了运价公布的方便,适用于某些城市之间有多种指定商品,虽品名不同但运价相同的情况。

6.2.4.2　指定商品运价的使用规则

在使用指定商品运价时,只要所运输的货物满足下述 3 个条件,则运输始发地和运输目的地就可以直接使用指定商品运价:

(1) 运输始发地至目的地之间有公布的指定商品运价。

(2) 托运人所交运的货物,其品名与有关指定商品运价的货物品名相吻合。

(3) 货物的计费重量满足指定商品运价使用时的最低重量要求。

使用指定商品运价计算航空运费的货物,其航空货运单的"Rate Class"一栏用字母"C"表示。

6.2.4.3　运费计算

指定商品运价和运费计算的一般步骤为:

(1) 先查询运价表,如有指定商品代号,则考虑使用指定商品运价。

(2) 查找 TACT RATES BOOKS 的品名表,找出与运输货物相对应的指定商品代号。

(3) 如果货物的计费重量超过指定商品运价的最低重量,则优先使用指定商品运价。

(4) 如果货物的计费重量没有达到指定商品运价的最低重量,则需要比较计算。

[例 6 - 4]

Routing：BEIJING，CHINA(BJS)

　　　　　 to OSAKA，JAPAN(OSA)

Commodity：　FRESH PEACH

Gross Weight：EACH 52. 6 KGS, 6 PIECES TOTAL

Dimensions：　(100×50×20)CM EACH

Applicable TACT Rates are as follows(见表 6 - 10)。

表 6 - 10　北京至大阪的运价

BEIJING Y. RENMINBI	CN CNY		BJS KGS
OSAKA	JP	M	230.00
		N	37.51
		45	28.13
	0008	300	18.80
	0300	500	20.61
	1093	100	18.43
	2195	500	11.32

解：

Volume： $(100\times50\times20)CM\times6 = 600\ 000\ CM^3$

Volume Weight： $600\ 000\ CM^3 \div 6\ 000\ CM^3/KG = 100.0\ KGS$

Gross Weight： $52.6\ KGS\times6 = 315.6\ KGS$

Chargeable Weight：316.0 KGS

查找 TACT RATES BOOKS 的品名表，品名编号"0008"所对应的货物名称为"FRUIT, VEGETABLES — FRESH"。本例托运人所交运的货物 FRESH PEACH 符合指定商品代码"0008"；并且，货物的计费重量 316.0 kg 超过了指定商品运价的最低重量 300 kg 的要求，所以，优先使用指定商品运价。

Applicable Rate： SCR 0008/Q300 18.80 CNY/KG

Weight Charge： $316.0\times18.80 = CNY\ 5\ 940.80$

The AWB shall be filled in as follows(见表 6-11)。

表 6-11　例 6-4 计算结果

No. of Pieces RCP	Gross Weight	Kg Lb	Rate Class	Commodity Item No.	Chargeable Weight	Rate/ Charge	Total	Nature and Quantity of Goods (Incl. Dimensions or Volume)
6	315.6	K	C	0008	316.0	18.80	5 940.80	FRESH PEACH DIMS：(100×50×20) CM×6

[例 6-5]

Routing：BEIJING，CHINA(BJS)

　　　　to OSAKA，JAPAN(OSA)

Commodity： FRESH PEACH

Gross Weight：EACH 52.6 KGS, 5 PIECES TOTAL

Dimensions： $(100\times50\times20)$ CM EACH

Applicable TACT Rates are as follows(见表 6-12)。

表 6-12　北京至大阪的运价

BEIJING	CN		BJS
Y. RENMINBI	CNY		KGS
OSAKA	JP	M	230.00
		N	37.51
		45	28.13

(续表)

BEIJING Y. RENMINBI		CN CNY		BJS KGS
	0008	300	18.80	
	0300	500	20.61	
	1093	100	18.43	
	2195	500	11.32	

解：

Volume： $100 \times 50 \times 20$ CM $\times 5 = 500\ 000$ CM^3

Volume Weight： $500\ 000$ CM$^3 \div 6\ 000$ CM^3/KG $= 83.33$ KGS $= 83.5$ KGS

Gross Weight： 52.6 KGS $\times 5 = 263.0$ KGS

Chargeable Weight：263.0 KGS

查找 TACT RATES BOOKS 的品名表，品名编号"0008"所对应的货物名称为"FRUIT，VEGETABLES — FRESH"。本例托运人所交运的货物 FRESH PEACH 符合指定商品代码"0008"；但是，货物的计费重量 263.0 kg 没有达到指定商品运价最低重量 300 kg 的要求，所以，需要比较计算。

（1）按普通货物运价使用规则计算：

Applicable Rate： GCR/Q45 28.13 CNY/KG

Weight Charge： $263.0 \times 28.13 =$ CNY 7 398.19

（2）按指定商品运价使用规则计算：

Chargeable Weight： 300.0 KGS

Applicable Rate： SCR 0008/Q300 18.80 CNY/KG

Weight Charge： $300.0 \times 18.80 =$ CNY 5 640.00

比较（1）和（2）的计算结果，取运费较低者。

所以，航空运费为：CNY 5640.00

The AWB shall be filled in as follows(见表 6 - 13)。

表 6 - 13　例 6 - 5 计算结果

No. of Pieces RCP	Gross Weight	Kg Lb	Rate Class		Chargeable Weight	Rate/ Charge	Total	Nature and Quantity of Goods (Incl. Dimensions or Volume)
				Commodity Item No.				
5	263.0	K	C	0008	300.0	18.80	5 640.00	FRESH PEACH DIMS：$(100 \times 50 \times 20)$CM $\times 5$

注：在使用指定商品运价计算运费时，如果其指定商品运价直接使用的条件不能完全满足（如货物的计费重量没有达到指定商品运价使用的最低重量要求），使得按指定商品运价计得的运费高于按普通货物运价计得的运费时，则按普通货物运价计算方法收取航空运费。关于这一点，请参看例6-6。

[例6-6]

Routing：BEIJING，CHINA(BJS)

to OSAKA，JAPAN(OSA)

Commodity： FRESH PEACH

Gross Weight：EACH 52.6 KGS，3 PIECES TOTAL

Dimensions： (100×50×20)CM EACH

Applicable TACT Rates are as follows(见表6-14)。

表6-14 北京至大阪的运价

BEIJING Y. RENMINBI	CN CNY		BJS KGS
OSAKA	JP	M	230.00
		N	37.51
		45	28.13
	0008	300	18.80
	0300	500	20.61
	1093	100	18.43
	2195	500	11.32

解：

Volume： (100×50×20)CM×3 = 300 000 CM^3

Volume Weight： 300 000 CM^3÷6 000 CM^3/KG = 50.0 KGS

Gross Weight： 52.6 KGS×3 = 157.8 KGS

Chargeable Weight：158.0 KGS

查找 TACT RATES BOOKS 的品名表，品名编号"0008"所对应的货物名称为"FRUIT，VEGETABLES — FRESH"。本例托运人所交运的货物 FRESH PEACH 符合指定商品代码"0008"；但是，货物的计费重量158.0 kg 没有达到指定商品运价最低重量300 kg 的要求，所以，需要比较计算。

(1) 按普通货物运价使用规则计算：

Applicable Rate： GCR/Q45 28.13 CNY/KG

Weight Charge： 158.0×28.13 = CNY 4 444.54

(2) 按指定商品运价使用规则计算：

Chargeable Weight：　　　　300.0 KGS

Applicable Rate：　　　　　SCR 0008/Q300 18.80 CNY/KG

Weight Charge：　　　　　 300.0×18.80 = CNY 5 640.00

比较(1)和(2)的计算结果,取运费较低者。

所以,航空运费：CNY 4 444.54

The AWB shall be filled in as follows(见表 6 - 15)。

表 6 - 15　例 6 - 6 计算结果

No. of Pieces RCP	Gross Weight	Kg Lb	Rate Class		Chargeable Weight	Rate/ Charge	Total	Nature and Quantity of Goods (Incl. Dimensions or Volume)
			Commodity Item No.					
3	157.8	K	Q		158.0	28.13	4 444.54	FRESH PEACH DIMS：(100×50×20)CM×3

6.2.5　等级货物运价

6.2.5.1　基本概念和使用规则

等级货物运价(class rate)是指在规定的 IATA 业务区内或业务区之间运输特别指定的等级货物的运价。

IATA 规定的等级货物运价主要包括以下几种：活动物运价,贵重货物运价,书报杂志类货物运价,作为货物运输的行李运价,尸体、骨灰运价,汽车运价,等等。限于篇幅,本书仅以贵重货物和书报杂志类货物为例,介绍等级货物运价的计算方法。

等级货物运价是在普通货物运价基础上附加或附减一定百分比的形式构成,此种附加或附减的规则公布在 TACT Rules 当中,运价的使用和运费的计算必须结合 TACT Rates Books 一同使用。通常,附加或不附加也不附减的等级货物运价用代号"S"表示(S — surcharged class rate);附减的等级货物运价用代号"R"表示(R — reduced class rate)。代号"S""R"均用于填制 AWB 运费计算栏中"Rate Class"一栏。

一般情况下,等级货物的最低运费按每一种等级货物规定的计费规则收取。

以下所述的各种等级货物运价均为运输始发地至运输目的地之间有公布的直达运价,并且可以直接使用该情况下的运价计算。

6.2.5.2 贵重货物运价与运费计算

1) 贵重货物运价规则

贵重货物运价一般为相应的 45 kg 以下普通货物运价的 200%（见表 6-16），但也有例外情况。其中,中国与 IATA TC1 之间（经北中太平洋,除朝鲜半岛至美国本土各点外）贵重货物的运输,如果交运的货物重量达到或者超过 1 000 kg 时,运价为相应的 45 kg 以下普通货物运价的 150%（150% of the Normal GCR）。

表 6-16 贵重货物运价

运输范围（area）	运价（rate）
所有 IATA 范围（All IATA area）	普通货物运价的 200%（200% of the Normal GCR）

贵重货物的最低运费按相应的普通货物最低运费的 200%收取,但不得低于 50 美元或其等值货币。

2) 贵重货物运价与运费的计算

[例 6-7]

Routing： BEIJING, CHINA(BJS)

to FRANKFURT, GERMANY(FRA)

Commodity： REAL PEARLS

Gross Weight： 32.0 KGS EACH, 10 PIECES TOTAL

Dimensions： (60×50×50)CM EACH

Applicable TACT Rates are as follows(见表 6-17)。

表 6-17 北京至法兰克福的运价

BEIJING Y. RENMINBI	CN CNY		BJS KGS
FRANKFURT	DE	M	320.00
		N	42.60
		45	35.27
		300	31.71

解：

Volume：	(60×50×50)CM×10 = 1 500 000 CM^3
Volume Weight：	1 500 000 CM^3 ÷ 6 000 CM^3/KG = 250.0 KGS
Gross Weight：	32.0×10 = 320.0 KGS
Chargeable Weight：	320.0 KGS
Applicable Rate：	S 200% of the Normal GCR

$$200\% \times 42.60 \text{ CNY/KGS} = 85.20 \text{ CNY/KG}$$

Weight Charge： $320.0 \times 85.20 = \text{CNY } 27\ 264.00$

The AWB shall be filled in as follows(见表 6 – 18)。

表 6 – 18　例 6 – 7 计算结果

No. of Pieces RCP	Gross Weight	Kg Lb	Rate Class		Chargeable Weight	Rate/ Charge	Total	Nature and Quantity of Goods (Incl. Dimensions or Volume)
				Commodity Item No.				
10	320.0	K	S	N200	320.0	85.20	27 264.00	REAL PEARLS DIMS：(60×50× 50)CM×10

6.2.5.3　书报杂志类货物运价与运费计算

1) 货物的范围

IATA 规定的书报、杂志类货物包括报纸、杂志、期刊、图书、目录、盲人读物及设备。

2) 书报、杂志类货物的运价规则(见表 6 – 19)

表 6 – 19　书报、杂志类货物的运价

Area	Rate
From China to All IATA Areas	50% of the Normal GCR

3) 书报、杂志类货物运输的最低收费标准

书报、杂志类货物的最低运费按公布的相应普通货物最低运费 M 收取。

书报、杂志类货物按等级货物运价的计费结果可以与按普通货物较高重量分界点较低运价计算结果相比较，按较低者收费，但英国始发的有所不同。

4) 书报、杂志类货物运价与运费的计算

[例 6 – 8]

Routing：SHANGHAI, CHINA(SHA)
　　　　　to PARIS, FRANCE(PAR)

Commodity：　A BOX OF MAGAZINES

Gross Weight：42.0 KGS

Applicable TACT Rates are as follows(见表 6 – 20)。

表 6-20 上海至巴黎的运价

SHANGHAI	CN		SHA
Y. RENMINBI	CNY		KGS
PARIS	FR	M	320.00
		N	52.81
		45	45.58
		100	41.06

解：

Gross Weight：   42.0 KGS

Chargeable Weight：   42.0 KGS

Applicable Rate：   R 50% of the Normal GCR

50%×52.81 CNY/KGS = 26.41 CNY/KG

Weight Charge：   42.0×26.41 = CNY 1 109.22

The AWB shall be filled in as follows(见表 6-21)。

表 6-21 例 6-8 计算结果

No. of Pieces RCP	Gross Weight	Kg Lb	Rate Class		Chargeable Weight	Rate/ Charge	Total	Nature and Quantity of Goods (Incl. Dimensions or Volume)
				Commodity Item No.				
1	42.0	K	R	N50	42.0	26.41	1 109.22	A BOX OF MAGAZINES

6.3 铁路段货物运输费用计收

铁路货物运输费用包括车站费用、运行费用、服务费用和额外占用铁路设备等各项费用。铁路货物运输费用由铁路运输企业使用"货票"和"运费杂费收据"核收。

6.3.1 计算货物运输费用的程序

计算铁路货物运输费用的基本依据是《铁路货物运价规则》[现行为 2005 年 4月 1 日起试行的版本(铁运[2005]46 号)]，以下简称《价规》，计算程序如下。

(1) 按《货物运价里程表》(附件四)计算出发站至到站的运价里程。

（2）根据货物运单上填写的货物名称查找《铁路货物运输品名分类与代码表》（附件一）、《铁路货物运输品名检查表》（附件三），确定适用的运价号。

（3）整车、零担货物按货物适用的运价号，集装箱货物根据箱型、冷藏车货物根据车种分别在"铁路货物运价率表"（附件二）中查出适用的运价率（即基价1和基价2）。

（4）货物适用的基价1加上基价2与货物的运价里程相乘之后，再与按本规则确定的计费重量（集装箱为箱数）相乘，计算出运费。

（5）杂费按本规则的规定计算。

为适应运输市场发展，进一步推动铁路货运价格市场化，积极引导社会资本投入，加快推进铁路建设，国家发展改革委于2015年1月29日发布了《关于调整铁路货运价格进一步完善价格形成机制的通知》（发改价格[2015]183号），决定适当调整铁路货运价格，并建立上下浮动机制，其主要内容包括如下几个方面：

① 国家铁路货物统一运价率平均每吨千米提高1分钱，即由现行14.51分钱提高到15.51分钱，并作为基准价，允许上浮不超过10%，下浮仍不限。在上述浮动范围内，铁路运输企业可以根据市场供求状况自主确定具体运价水平。调整后的各类货物铁路运输基准运价率见通知附件1（见表6-22）。

表6-22　各类货物铁路运输基准运价率表

办理类别	运价号	基价1		基价2	
		单位	标准	单位	标准
整车	2	元/吨	9.50	元/吨公里	0.086
	3	元/吨	12.80	元/吨公里	0.091
	4	元/吨	16.30	元/吨公里	0.098
	5	元/吨	18.60	元/吨公里	0.103
	6	元/吨	26.00	元/吨公里	0.138
	7			元/轴公里	0.525
	机械冷藏车	元/吨	20.00	元/吨公里	0.140
零担	21	元/10千克	0.220	元/10千克公里	0.00111
	22	元/10千克	0.280	元/10千克公里	0.00155
集装箱	20英尺箱	元/箱	500.00	元/箱公里	2.025
	40英尺箱	元/箱	680.00	元/箱公里	2.754

注：运费计算办法如下。

整车货物每吨运价＝基价1＋基价2×运价公里；

零担货物每10千克运价＝基价1＋基价2×运价公里；

集装箱货物每箱运价＝基价1＋基价2×运价公里。

② 磷矿石整车运输调整为执行 2 号运价,农用化肥调整为执行 4 号运价。其他货物品类适用运价号,铁路货物运输计费里程、重量确定办法等计费相关事项,仍按原铁道部《铁路货物运价规则》(铁运[2005]46 号)等有关规定执行。

③ 大秦、京秦、京原、丰沙大铁路本线运输煤炭(指发到站均在本线的煤炭)运价率每吨千米同步提高 1 分钱,即由现行 9.01 分钱提高到 10.01 分钱。取消马玉等 3 条铁路本线及跨线货物运输、长荆等 10 条铁路跨线货物运输特殊运价,改为执行调整后的国家铁路货物统一运价。取消特殊运价的铁路详见通知附件 2。

④ 实行特殊运价的国铁线路及国铁控股合资铁路以国家规定的运价为基准价,允许上浮不超过 10%,下浮仍不限。在上述浮动范围内,铁路运输企业可以根据市场供求状况自主确定具体运价水平。

⑤ 取消铁路运输企业收取的"大宗货物综合物流服务费"。铁路运输企业要严格执行国家价格政策,建立健全内部运行机制,自觉规范价格行为。不得强制服务、强行收费,或只收费不服务。要认真落实明码标价规定,及时在各营业场所公示调整后的各类货物铁路运输基准运价率。

⑥ 各级价格主管部门要加强对铁路运输价格政策执行情况的监督检查,依法查处违法违规价格行为,维护市场正常价格秩序。

上述措施自 2015 年 2 月 1 日起实行,其中运价上浮政策自 2015 年 8 月 1 日起实行。

6.3.2 计算货物运输费用的基本条件

货物运费的计费重量,整车货物以吨为单位,吨以下四舍五入;零担货物以 10 kg 为单位,不足 10 kg 进为 10 kg;集装箱货物以箱为单位。

运价里程应根据《货物运价里程表》按照发站至到站间国家铁路正式营业线最短路径(与国家铁路办理直通的合资、地方铁路和铁路局临管线到发的货物也按发、到站间最短径路)计算,但《货物运价里程表》内或铁道部规定有计费经路的,按规定的计费经路计算。运价里程不包括专用线、货物支线的里程。通过轮渡时,应将规定的轮渡里程加入运价里程内计算。水陆联运的货物,应将换装站至码头线的里程加入运价里程内计算。

下列情况发站在货物运单内注明,运价里程按实际经由计算:
(1) 因货物性质(如鲜活货物、超限货物等)必须绕路运输时。
(2) 因自然灾害或其他非铁路责任,托运人要求绕路运输时。
(3) 属于五定班列运输的货物,按班列经路运输时。
承运后的货物发生绕路运输时,仍按货物运单内记载的经路计算运输费用。
实行统一运价的营业铁路与特价营业铁路直通运输,运价里程分别计算。
货物运费按照承运货物当日实行的运价率计算。杂费按照发生当日实行的费率核收。

一批或一项货物,运价率适用两种以上减成率计算运费时,只适用其中较大的一种减成率;适用两种以上加成率时,应将不同的加成率相加之和作为适用的加成率;同时适用加成率和减成率时,应以加成率和减成率相抵后的差额作为适用的加(减)成率。

每项运费、杂费的尾数不足 1 角时按四舍五入处理。

各项杂费凡不满一个计算单位,均按一个计算单位计算(另定者除外)。

零担货物的起码运费每批 2.00 元。

6.3.3　《价规》所附几项运输费用核收方法

6.3.3.1　铁路电气化附加费核收办法

凡货物运输中途经过表 6-23 所列电气化区段时,均按《铁路电气化附加费核收办法》(《价规》附录一)的规定收取电气化附加费。

表 6-23　铁路电气化区段表

序号	线名	电化区段	区段里程/km	里程表页数	备注
1	京山线	狼窝铺—山海关	143	2	
2	丰台西	丰　台—丰台西	5	3	
3	丰双线	丰　台—双　桥	37	9	
4	京秦线	北　京—狼窝铺	167	10	
5	京包线	沙　城—大　同	252	12	
6	大秦线	韩家岭—柳村南	652	17-1	
7	段大线	段甲岭—大石庄	7	17-2	
8	丰沙线	丰　台—沙　城	104	18	
9	京广线	丰　台—棠　溪	2 281	56	
10	武昌南线	武昌南—武昌东	24	78	
11	孟宝线	孟　庙—平顶山东	64	76	
12	石太线	石家庄—太原北	251	85	
13	北同蒲线	大　同—太原北	347	88	
14	玉门沟线	太原北—玉门沟	22	91	
15	太焦线	长治北—焦作北	170	95	
16	汉丹线	襄　樊—老河口东	57	99	
17	襄渝线	老河口东—小南海	850	100	
18	鹰厦线	鹰　潭—厦　门	694	127	
19	湘黔线	株洲北—贵　定	821	134	
20	黔桂线	贵　定—贵阳南	68	149	
21	陇海线	郑州北—兰州西	1 192	154	
22	兰新线	兰州西—武威南	279	166	
23	西固城线	兰州西—西固城	21	174	
24	焦柳线	月　山—关　林	129	179	
25	怀化南线	怀　化—怀化南	4	187	

（续表）

序号	线名	电化区段	区段里程/km	里程表页数	备注
26	宝成线	宝　鸡—成都东	673	188	
27	阳安线	阳平关—安　康	357	192	
28	成渝线	成都东—重　庆	500	196	
29	川黔线	小南海—贵阳南	438	199	
30	贵昆线	贵阳南—昆明西	644	215	
31	漳州线	郭　坑—漳　州	11	133	
32	包兰线	石嘴山—兰州西	581	25	
33	太岚线	太原北—镇城底	55	91	
34	口泉线	平　旺—口　泉	10	89	
35	宝中线	虢　镇—迎水桥	502	317	
36	干武线	干　塘—武威南	172	31	
37	汤鹤线	汤　阴—鹤壁北	19	74	
38	马磁线	马　头—新　坡	12	70	
39	侯月线	侯马北—翼城东	50	300	
40	平汝线	平　罗—大武口	11	30	
41	成昆线	成　都—昆明东	1 108	208	
42	小梨线	小南海—梨树湾	23	205	上册
43	西重线	西　永—重　庆	24	206	
44	湖大线	湖　东—大同东	21	17	
45	渡口线	三堆子—密　地	10	214	
46	广州线	棠　西—广　州	3	80	
47	广九线	广　州—深圳北	147	81	上册
48	成都北线	青白江—成都东	37	194－1	
49	外福线	外　洋—福州东	186	130	
50	福马线	福州东—樟　林	4	131	
51	长大线	长　春—沙河口	698	241	
52	长滨线	长　春—哈尔滨	249	254	
53	大连东线	沙河口—大连北	4	244	
54	盘西线	沾　益—红　果	94	221	
55	内六线	内　江—豆　坝	134	203	
56	六盘水南线	六盘水—六盘水南	13	219	
57	新焦线	新　乡—焦作北	62	74	
58	成都西线	成都南—郫　县	22	194	

电气化附加费计算公式为

电气化附加费 ＝ 费率 × 计费重量(箱数或轴数) × 电化里程

电气化附加费费率如表 6 - 24 所示。国际联运国内段铁路电气化附加费，出口货物由发站核收,进口货物由国境站核收。集装箱货物超过集装箱标记总重量,对其超过部分:1 t箱每 10 kg;10 t 箱、20 ft 箱、40 ft 箱每 100 kg 按该箱型费率的 1.5%补收电气化附加费。

表 6-24　电气化附加费费率表

种　类			项　目	
			计费单位	费　率
整车货物			元/(t·km)	0.012 00
零担货物			元/(10 kg·km)	0.000 12
自轮运转货物			元/(轴·km)	0.036 00
集装箱		1 t箱	元/(箱·km)	0.007 20
		10 t箱	元/(箱·km)	0.100 80
		20 ft箱	元/(箱·km)	0.192 00
		40 ft箱	元/(箱·km)	0.408 00
	空自备箱	1 t箱	元/(箱·km)	0.003 60
		10 t箱	元/(箱·km)	0.050 40
		20 ft箱	元/(箱·km)	0.096 00
		40 ft箱	元/(箱·km)	0.204 00

6.3.3.2　新路新价均摊运费核收办法

铁路建设中新建线路不断增加,为了既体现国家实行新路新价的原则,又方便计算运费,凡经国家铁路运输的货物,按发站至到站国铁正式营业线和实行统一运价的运营临管线(见表 6-25)的运价里程,均按《新路新价均摊运费核收办法》(《价规》附录二)的规定收取新路新价均摊运费。

表 6-25　实行统一运价的运营临管线

序号	线　名	起　讫　站	里程/km
1	福前线	福利屯—前进镇	226
2	侯月线侯翼段	侯马北—翼城东	50
3	宝中线	虢　镇—迎水桥	502
4	安口南线	安口窑—安口南	6
5	青藏线哈格段	哈尔盖—格尔木	653
6	茶卡线	察汗诺—茶　卡	36
7	南山口线	格尔木—南山口	30

铁路新路新价均摊运费计算公式为

新路新价均摊运费 ＝ 均摊运价率 × 计费重量(箱数或轴数) × 运价里程

铁路新路新价均摊运费按"新路新价均摊运费费率表"规定的费率核收(注：因新路新价均摊运费费率为零,该表暂略)。国际联运国内段铁路新路新价均摊运费,出口货物由发站核收,进口货物由国境站核收。集装箱货物超过集装箱标记总重量,对其超过部分：1 t 箱每 10 kg；10 t 箱、20 ft 箱、40 ft 箱每 100 kg 按该箱型费率的 1.5% 补收新路新价均摊运费。

6.3.3.3 铁路建设基金计算核收办法

铁路收取建设基金的目的是专款专用,保证铁路建设的不断发展。

国铁的正式营业线和实行统一运价的运营临管线按"铁路建设基金费率表"(见表 6-26)规定的费率核收铁路建设基金。

铁路建设基金的计算公式为

建设基金 ＝ 费率 × 计费重量(箱数或轴数) × 运价里程

国际联运国内段铁路建设基金,出口货物由发站核收,进口货物由国境站核收。集装箱货物超过集装箱标记总重量,对其超过部分：1 t 箱每 10 kg,10 t 箱、20 ft 箱、40 ft 箱每 100 kg 按该箱型费率的 1.5% 计算。

表 6-26 铁路建设基金费率表

种　　类		项　　目			
		计费单位	农　　药	磷矿石	其他货物
整车货物		元/(t·km)	0.019	0.028	0.033
零担货物		元/(10 kg·km)	0.000 19	0.000 33	
自轮运转货物		元/(轴·km)	0.099		
集装箱	1 t 箱	元/(箱·km)	0.019 8		
	10 t 箱	元/(箱·km)	0.277 2		
	20 ft 箱	元/(箱·km)	0.528 0		
	40 ft 箱	元/(箱·km)	1.122 0		
	空自备箱 1 t 箱	元/(箱·km)	0.009 9		
	空自备箱 10 t 箱	元/(箱·km)	0.138 6		
	空自备箱 20 ft 箱	元/(箱·km)	0.264 0		
	空自备箱 40 ft 箱	元/(箱·km)	0.561 0		

注：整车化肥、黄磷免征铁路建设基金。

6.3.4　货物装卸搬运费

铁路货物装卸搬运作业费收费项目分整车、零担、集装箱、杂项作业 4 种。各地区、各车站按其实际发生的项目和铁道部规定的费率标准核收。

计算装卸搬运费重量:整车货物以吨为单位,吨以下四舍五入;零担货物以 10 kg 为单位,不足 10 kg 进为 10 kg;集装箱货物以箱为单位。

货物堆放地点与车辆的最大距离:整车、零担货物为 30 m,集装箱货物为 50 m。人力装卸堆放于仓库和雨棚以外的货物、整车包装成件货物的装车距离为 20 m,散堆装货物除木材、毛竹、草秸类货物重复装车为 20 m 外,其他货物均为 6 m。

凡超过上述规定的装卸距离,其超过部分按搬运处理。

货物装卸、搬运费用按各铁路局规定收取。

6.3.5　其他运输费用

根据货物运输的需要,按《价规》的规定,核收货物快运费。

铁路国际联运货物、水陆联运货物、军事运输货物,分别按有关规定收取。

6.3.6　运输费用退补

托运人、收货人要求承运人退还多收运输费用时,须提出货票丙联或运费杂费收据。要求承运人支付货物运到逾期违约金时,须提出货物运单和货物全部搬出货场实际时间的证明。

承运人与托运人或收货人相互间要求退补费用的有效期为 180 天,要求承运人支付违约金的有效期为 60 天。每批货物发生退补的款额不足 5 元(零担货物每批不足 1 元)互不退补、互付或核收。个人托运的搬家货物、行李不受以上规定款额的限制。

6.3.7　国际铁路联运进出口货物国内段的运输费用

进口货物国内段运费、国际铁路联运进出口货物在国境站上发生的杂费和国际铁路联运过境货物在国境站的换装费,均在国境站向收货人(托运人)或其在国境站的代理人核收。

国际铁路联运进出口货物国内段的运输费用,除《价规》第五章另有规定外,均适用本《价规》的一般规定。

出口货物按发站承运当日实行的运价率计算;进口货物按进口国境站在运单上加盖日期戳当日实行的运价率计算。杂费按发生当日实行的费率计算。

进、出口货物的运价里程,应将国境站至国境线的里程计算在内。

进口货物在国境站应收货人代理人的要求,受理货物运输变更时,运费按进口国境线至新到站的里程通算。

按快运办理的进、出口货物,按本《价规》第 26 条计费。

进口整车货物,按下列规定计费重量计费:

(1)以一辆车或数辆车接运一批货物以及数辆车套装接运数批货物(包括换装剩余的整车补送货物),按接运车辆标重计费。货物重量超过标重时,按货物重量计费。

(2)以一辆车接运数批货物,每批按 30 t 计费,超过 30 t 按货物重量计费。

(3)原车过轨不换装货物,按车辆标重计费,货物重量超过标重时,按货物重量计费。

(4)汽车按接运车辆标重计费。发送路用双层平车装运的小轿车,换轮直达到站时,每车计费重量为 90 t。

出口整车货物在国境站过秤发现超载(即超过国际联运允许的增载 5%)时,对卸下超载部分货物,从发站至国境站止的里程,按整车运价率核收运费、卸费和暂存费,并按《国际铁路货物联运协定》的规定加收上述运费 5 倍的罚款。

国际铁路联运进出口货物国内段的杂费按以下办法核收。

(1)国际联运运单(每份 5 张)以及供托运人报销运费用的补充运行报单均按《价规》表 3"铁路货运营运杂费费率表"规定的费率核收。

(2)进、出口货物在国境站的验关手续费,整车和集装箱每批 33 元,零担每批 16 元。

(3)进口货物在国境站的换装费,整车普通货物每吨 16 元,其中炭黑、沥青、焦油及按危险货物运送条件运送的货物每吨 32 元。普零货物每 10 kg 0.16 元,危零货物每 10 kg 0.32 元。集装箱按国内标准规定计算。笨重货物的换装费率,整车货物每件重量 501～1 000 kg 每吨 18 元,1 001～3 000 kg 每吨 22 元,3 001～5 000 kg 每吨 28 元,5 001～8 000 kg 每吨 35 元,8 001～15 000 kg 每吨 42 元,15 001～20 000 kg 每吨 52 元,20 001～80 000 kg 每吨 68 元,超过 80 t 每吨 80 元;笨重零担货物按上述标准计算;笨重危险货物按上述标准加 50% 计算。发送路用专用货车装运的小轿车,换装费按每吨 24 元计算。

换装需要加固时,核收加固材料费,按所用材料成本价加 30% 计算。

(4)进、出口货物声明价格费,按运单记载的声明价格的 3‰ 计算。

(5)进、出口货物由于托运人或收货人原因,造成在国境站上发生的整车换装整理费、搬运费、杂作业人工费等按《铁路货物装卸作业计费办法》和铁道部规定的费率核收。

(6)进口货物在国境站或中途站办理运输变更时,按《价规》第 47 条规定的费率,以发送路原使用的车辆数核收变更手续费。由于收货人代号改变而变更收货人时,也应核收变更手续费。从朝鲜进口整车煤炭,在国境站办理变更到站,按上述费率减半核收。

(7) 进、出口货物由于托运人、收货人原因,造成货车在国境站上滞留时,应按货车滞留日数(不包括铁路正常办理手续的时间),从货车到达次日起,不足一日按一日,核收货车滞留费,每车每日 120 元。超过 5 日,从第 6 日起,每车每日核收滞留费 240 元。超过 10 日,从第 11 日起,每车每日核收滞留费 480 元。危险货物货车滞留费在上述标准基础上每车每日另加 10%。进、出口货物落地时,货物装卸费和暂存费按《价规》第 4 章"杂费"的规定计费。

(8) 向朝鲜出口整车散装的煤、石膏、焦炭、矿石、矿粉、熟矾土、黄土、碗土和向越南出口整车散装货物,均在国境站用轨道衡复查重量,核收过秤费。进口货物在国境站如收货人或其代理要求过秤复查重量,应记载并核收过秤费。

6.4　公路段货物运输费用计收

2019 年 10 月 30 日,交通运输部会同国家发展改革委印发《关于深化道路运输价格改革的意见》(简称《意见》),自 2020 年 1 月 1 日起施行,1996 年 3 月 18 日《交通部 国家计划委员会关于发布〈汽车客运站收费规则〉的通知》(交公路发〔1996〕263 号)和 2009 年 6 月 19 日《交通运输部 国家发展和改革委员会关于印发〈汽车运价规则〉和〈道路运输价格管理规定〉的通知》(交运发〔2009〕275 号)同时废止。

在相当长的时间里,《汽车运价规则》是计算汽车运费的依据,凡参与营业性汽车运输活动的经营者、旅客、托运人,均应遵守。该规则规定的汽车运价包括汽车货物运价和汽车旅客运价,本书仅介绍汽车货物运价。

从行业发展实际看,随着综合交通运输体系持续健全和城乡交通运输一体化水平不断提升,以及网约车、道路客运定制服务等新业态、新模式快速发展,道路运输各领域和环节的竞争更加充分。以《汽车客运站收费规则》《汽车运价规则》《道路运输价格管理规定》等文件为主体的现行道路运输价格形成机制,已不能适应新形势下行业高质量发展要求,影响了人民群众出行体验,亟须深化市场化改革,所以有了《意见》的出台。

本书保留部分《汽车运价规则》的内容,仅供读者参考。

各级主管部门在制定和调整汽车运价时,应遵循价值规律,反映运输经营成本和市场供求关系,根据不同运输条件实行差别运价,合理确定汽车运输内部的比价关系,并考虑与其他运输方式的比价关系。

出入境汽车客货运价的制定和调整还应遵循平等互利的原则。

6.4.1　计价标准

1) 计费重量

(1) 计量单位。整批货物运输以吨为单位;零担货物运输以千克为单位;集装箱运输以箱为单位。

（2）重量确定。

① 一般货物：无论整批、零担货物，计费重量均按毛重计算。

整批货物吨以下计至 100 kg，尾数不足 100 kg 的，四舍五入。零担货物起码计费重量为 1 kg。重量在 1 kg 以上，尾数不足 1 kg 的，四舍五入。

② 轻泡货物：指每立方米重量不足 333 kg 的货物。

装运整批轻泡货物的高度、长度、宽度，以不超过有关道路交通安全规定为限度，按车辆标记吨位计算重量。

零担运输轻泡货物以货物包装最长、最宽、最高部位尺寸计算体积，按每立方米折合 333 kg 计算重量。

③ 包车运输按车辆的标记吨位计算。

④ 货物重量一般以起运地过磅为准。起运地不能或不便过磅的货物，由承托运双方协商确定计费重量。

⑤ 散装货物，如砖、瓦、砂、石、土、矿石、木材等，按体积由各省、自治区、直辖市统一规定重量换算标准计算重量。

2）计费里程

（1）里程单位：货物运输计费里程以千米为单位，尾数不足 1 km 的，进整为 1 km。

（2）里程确定。

① 货物运输的营运里程，按交通运输部和各省、自治区、直辖市交通行政主管部门核定、颁发的《营运里程图》执行。《营运里程图》未核定的里程由承、托双方共同测定或经协商按车辆实际运行里程计算。

② 出入境汽车货物运输的境内计费里程以交通主管部门核定的里程为准；境外里程按毗邻国（地区）交通主管部门或有权认定部门核定的里程为准。未核定里程的，由承、托双方协商或按车辆实际运行里程计算。

③ 货物运输的计费里程：按装货地点至卸货地点实际载货的营运里程计算。

④ 因自然灾害造成道路中断，车辆需绕道行驶的，按实际行驶里程计算。

⑤ 城市市区里程按当地交通主管部门确定的市区平均营运里程计算；当地交通主管部门未确定的，由承托双方协商确定。

3）计时包车货运计费时间

计时包车货运计费时间以小时为单位。起码计费时间为 4 h；使用时间超过 4 h，按实际包用时间计算。整日包车，每日按 8 h 计算；使用时间超过 8 h，按实际使用时间计算。时间尾数不足半小时舍去，达到半小时进整为 1 h。

4）运价单位

（1）整批运输：元/(t·km)。

（2）零担运输：元/(kg·km)。

（3）集装箱运输：元/(箱·km)。

（4）包车运输：元/(吨位·h)。

（5）出入境运输，涉及其他货币时，在无法按统一汇率折算的情况下，可使用其他自由货币为运价单位。

6.4.2　计价类别

1) 车辆类别

载货汽车按其用途不同，划分为普通货车、特种货车两种。特种货车包括罐车、冷藏车及其他具有特殊构造和专门用途的专用车。

2) 货物类别

货物按其性质分为普通货物和特种货物两种。普通货物分为三等（详见《汽车运价规则》附表一，本书略）；特种货物分为长大笨重货物、大型物件、危险货物、贵重货物、鲜活货物5类（详见《汽车运价规则》附表二，本书略）。

3) 集装箱类别

集装箱按箱型分为国内标准集装箱、国际标准集装箱和非标准集装箱3类，其中国内标准集装箱又分为1 t箱、6 t箱、10 t箱三种，国际标准集装箱分为20 ft箱、40 ft箱两种。

集装箱按货物种类分普通货物集装箱和特种货物集装箱。

4) 公路类别

公路按公路等级分等级公路和非等级公路。

5) 区域类别

汽车运输区域分为国内和出入境两种。

6) 营运类别

根据道路货物运输的营运形式分为道路货物整批运输、零担运输和集装箱运输。

6.4.3　货物运价价目

1) 基本运价

（1）整批货物基本运价：指一等整批普通货物在等级公路上运输的每吨千米运价。

（2）零担货物基本运价：指零担普通货物在等级公路上运输的每千克千米运价。

（3）集装箱基本运价：指各类标准集装箱重箱在等级公路上运输的每箱千米运价。

2）吨（箱）次费

（1）吨次费。对整批货物运输在计算运费的同时，按货物重量加收吨次费。

（2）箱次费。对汽车集装箱运输在计算运费的同时，加收箱次费。箱次费按不同箱型分别确定。

3）普通货物运价

普通货物实行分等计价，以一等货物为基础，二等货物加成 15%，三等货物加成 30%。

4）特种货物运价

（1）长大笨重货物运价。

① 一级长大笨重货物在整批货物基本运价的基础上加成 40%～60%。

② 二级长大笨重货物在整批货物基本运价的基础上加成 60%～80%。

（2）危险货物运价。

① 一级危险货物在整批（零担）货物基本运价的基础上加成 60%～80%。

② 二级危险货物在整批（零担）货物基本运价的基础上加成 40%～60%。

（3）贵重、鲜活货物运价。

贵重、鲜活货物在整批（零担）货物基本运价的基础上加成 40%～60%。

5）特种车辆运价

按车辆的不同用途，在基本运价的基础上加成计算。

特种车辆运价和特种货物运价两个价目不准同时加成使用。

6）非等级公路货运运价

非等级公路货运运价在整批（零担）货物基本运价的基础上加成 10%～20%。

7）快速货运运价

快速货物运价按计价类别在相应运价的基础上加成计算。

8）集装箱运价

（1）标准集装箱运价。标准集装箱重箱运价按照不同规格箱型的基本运价执行，标准集装箱空箱运价在标准集装箱重箱运价的基础上减成计算。

（2）非标准箱运价。非标准箱重箱运价按照不同规格的箱型，在标准集装箱基本运价的基础上加成计算，非标准集装箱空箱运价在非标准集装箱重箱运价的基础上减成计算。

（3）特种箱运价。特种箱运价在箱型基本运价的基础上按装载不同特种货物的加成幅度加成计算。

9）出入境汽车货物运价

出入境汽车货物运价，按双边或多边出入境汽车运输协定，由两国或多国政府主管机关协商确定。

6.4.4　货物运输其他收费

1) 调车费

应托运人要求,车辆调往外省、自治区、直辖市或调离驻地临时外出驻点参加营运,调车往返空驶者,可按全程往返空驶里程、车辆标记吨位和调出省基本运价的 50% 计收调车费。在调车过程中,由托运人组织货物的运输收入,应在调车费内扣除。

经承托双方共同协商,可以核减或核免调车费。

经铁路、水路调车,按汽车在装卸船、装卸火车前后行驶里程计收调车费;在火车、在船期间包括车辆装卸及待装待卸时,每天按 8 小时、车辆标记吨位和调出省计时包车运价的 40% 计收调车延滞费。

2) 延滞费

(1) 发生下列情况,应按计时运价的 40% 核收延滞费。

① 因托运人或收货人责任引起的超过装卸时间定额、装卸落空、等装待卸、途中停滞、等待检疫的时间;

② 应托运人要求运输特种或专项货物需要对车辆设备改装、拆卸和清理延误的时间;因托运人或收货人造成不能及时装箱、卸箱、掏箱、拆箱、冷藏箱预冷等业务,使车辆在现场或途中停滞的时间。

延误时间从等待或停滞时间开始计算,不足 1 h 者,免收延滞费;超过 1 h 及以上,以半小时为单位递进计收,不足半小时进整为半小时。车辆改装、拆卸和清理延误的时间,从车辆进厂(场)起计算,以半小时为单位递进计算,不足半小时进整为半小时。

(2) 由托运人或收、发货人责任造成的车辆在国外停留延滞时间(夜间住宿时间除外),计收延滞费。延滞时间以小时为单位,不足 1 h 进整为 1 h。延滞费按计时包车运价的 60%～90% 核收。

(3) 执行合同运输时,因承运人责任引起货物运输期限延误,应根据合同规定,按延滞费标准,由承运人向托运人支付违约金。

3) 装货(箱)落空损失费

应托运人要求,车辆开至约定地点装货(箱)落空造成的往返空驶里程,按其运价的 50% 计收装货(箱)落空损失费。

4) 道路阻塞停运费

汽车货物运输过程中,如发生自然灾害等不可抗力造成的道路阻滞,无法完成全程运输,需要就近卸存、接运时,卸存、接运费用由托运人负担。已完运程收取运费;未完运程不收运费;托运人要求回运,回程运费减半;应托运人要求绕道行驶或改变到达地点时,运费按实际行驶里程核收。

5）车辆处置费

应托运人要求,运输特种货物、非标准箱等需要对车辆改装、拆卸和清理所发生的工料费用,均由托运人负担。

6）车辆通行费

车辆通过收费公路、渡口、桥梁、隧道等发生的收费,均由托运人负担。其费用由承运人按当地有关部门规定的标准代收代付。

7）运输变更手续费

托运人要求取消或变更货物托运手续,应核收变更手续费。因变更运输,承运人已发生的有关费用,应由托运人负担。

6.4.5　货物运费计算

1）整批货物运费计算

整批货物运价按货物运价价目计算。

整批货物运费计算公式为:整批货物运费＝吨次费×计费重量＋整批货物运价×计费重量×计费里程＋货物运输其他费用。

2）零担货物运费计算

零担货物运价按货物运价价目计算。

零担货物运费计算公式为:零担货物运费＝计费重量×计费里程×零担货物运价＋货物运输其他费用。

3）集装箱运费计算

集装箱运价按计价类别和货物运价费目计算。

集装箱运费计算公式:重(空)集装箱运费＝重(空)箱运价×计费箱数×计费里程＋箱次费×计费箱数＋货物运输其他费用。

4）计时包车运费计算

包车运价按照包用车辆的不同类别分别制定。

包车运费的计算公式:包车运费＝包车运价×包用车辆吨位×计费时间＋货物运输其他费用。

5）运费单位

运费以元为单位。运费尾数不足一元时,四舍五入。

6.5　多式联运业务费用计收

按惯例,各运输经营人、承运人都要根据自己运输的实际情况制定费率表或运价表并公开发行,以便广大货主了解。费率或运价的高低,对运输经营人和各类承运人企业的效益、信用及在市场竞争中的地位等都有直接影响。

采用单一费率,即单位运量(或基本运输单位)的全程费率,是国际多式联运的主要特点之一,与各种单一方式下运输相比较,国际多式联运的组织环节要多很多。与各单一方式承运人比较,国际多式联运经营人在责任期内要承担更多的义务,要实现各区段与全程的运输,又要完成各区段之间的运输衔接,完成其他有关的服务。因此,多式联运中运输成本的计算要比各单一方式复杂得多。它随着不同的交货条件,货物的运输形态,交接方式,采用的运输方式,选择的实际承运人和运输线路情况有所变化,因此单一费率的制定是一项较为复杂的工作。

多式联运单一费率的构成,按成本定价原则,多式联运单一费率＝运输成本＋经营管理费用＋利润。

1) 运输成本

运输成本主要由下列费用构成:

(1) 从内陆接货地至枢纽港费用。

① 内陆接管货物大多发生的费用。主要包括从发货人"门"接管货物后至内陆集装箱中转站等集散点的运输费用以及在中转站发生的集装箱存放费、站内装卸车费用、站内操作费用等。

② 中转站至码头堆场运费及其他费用。主要包括两点之间运输使用的铁路、公路、内河水运或海上支线的运费,在多级集运中产生的各级中转站费用,铁路、公路、水运、支线运输之间的中转全部费用及可能产生的相关的服务费用、代理费等。

③ 干线港(枢纽港)码头服务费。包括卸车费、场内堆存费、移动费、港务费和其他附加费用等。

(2) 海上干线运费。该费用是指多式联运经营人为实现货物海上干线段运输,根据与海上承运人订立的分运合同需要支付的全部费用。如果多式联运经营人在该干线上具有较稳定的货源时,一般可根据在该线路上营运的不同船公司作为自己的长期合作伙伴,通过订立长期的协议以获得一定数量舱位订舱的优先权与优惠的运价,每次托运的批量越大,这种优惠可能越多。这种优惠可使经营人从运费差价中得到利润。

(3) 从海运目的港至最终交货地费用。这部分费用是指从货物干线运输的卸船港至交货地点之间完成货物运输的全部费用,包括码头费用、码头至内陆中转站费用、中转站费用及交货地费用等。这些费用的主要内容与出口国内陆段费用相似。

(4) 集装箱租用费和保险费用。

① 集装箱租用费。是指由多式联运经营人提供的集装箱(不论是经营人本人的,租用租箱公司的,还是某一实际承运人提供的)的租(使)用费用。此项费用一般按全程预计天数(从提箱至还箱)包干计算。

② 保险费用。主要包括集装箱保险费和货物运输责任保险费。

2）经营管理费

经营管理费主要包括多式联运经营人与货主、各派出机构、代理人、实际承运人之间信息、单证传递费用、通信费用、单证成本和制单手续费，以及各派出机构的管理费用。这部分费用亦可分别加到不同区段的运输成本中一并计算。

对于全程运输中发生的报关手续费、申请监管运输（保税运输）手续费，全程运输中的理货、检查及由发货人或收货人委托的其他服务引起的费用，一般应单独列出，并根据贸易交易条件规定向应承担的一方或委托方收取，而不包含在单一费率内。

3）利润

利润是指多式联运经营人预期从该线路货物联运中获得的毛利润。一般可通过前面一和二两项费用之和乘以一个适当的百分比确定。确定利润的多少要进行充分的调查研究，必须根据运输市场运价水平与自己具备的竞争能力、线路中存在的竞争实际情况等确定。

从以上分析可以看出，多式联运单一费率的制订并不是一件简单的工作，特别是其中运输成本部分更为复杂。它不仅取决于从接收货物地点到交付货物地点之间的运输线路，而且取决于线路中区段的划分，方式的选择与实际承运人的选择；不仅与实际发生成本有关，而且还与竞争的实际情况与需要有关。即使是制定国内段的费率，由于受单一运输方式长期影响，各段、各方都希望自己多收费，少担风险。而且不同的承运人实际执行的费率也有差别（有时公开的费率差别不大，但实际协议的费率差别较大），因此也有相当的难度。至于远在异国的进口国内陆段费率的确定，则更为困难，一般可向位于当地的代理人、合伙人详细咨询获得。在对国外内陆运费率不了解或了解较少的情况下，目前有的多式联运经营人从国内接收货物地点至到达国口岸采用统一费率（即单一费率中运输成本只包括出口国国内段费用和海上运费），向发货人收取（预付运费），而从到达国口岸至内陆目的地的费用按实际成本确定，另向收货人收取（到付运费）。这种做法是一种可取的过渡方法。

采用单一费率是多式联运的基本条件之一，没有单一费率多式联运是很难成交的。一般要求单一费率要有相对的稳定性，并且要有一定的透明度。由于各区段的运费可能发生变化（有时变化还可能较大），因此确定单一费率时使用的上述各数据应是较长一段时间内各数据的平均值。同时，也要求单一费率具有较好的竞争性，因此在使用时有必要及时根据各类费用的变化对其进行合理的调整，否则将会由于各区段费用的升高引起亏损而造成竞争力的下降。这种调整一般以加回扣形式进行，回扣的数量根据实际情况（实际成本变化及竞争需要等）确定，但回扣数一般是不公开的。

　　多式联运单一费率是根据经营人开展联运的运输线路决定的。由于货主的工厂和仓库可能位于运输线路上,也可能位于距离线路较远的地区,在"门到门"运输下,各多式联运经营人公开的某线路的单一费率,一般是该线路上处于起运国和目的国的不同集装箱货物集散点之间的运费率,而不能包括从货主工厂由仓库到达这些集散点之间的运输费用。因此在订立具体运输合同时,应详细向货方说明包括的费用及需另外加付的费用。

7 多式联运项目管理

7.1 多式联运项目管理概述

7.1.1 多式联运项目的定义

从狭义上讲,多式联运项目是指与多式联运有关的投资项目,是在一定时间内完成一个特殊的、有限的任务,以满足特定的多式联运项目目标的一系列相关工作的总称,具有一次性、独特性、生命周期性等特点。狭义的多式联运项目主要强调为多式联运活动提供服务的投资项目。

本书所指的多式联运项目主要指符合广义项目概念的多式联运业务。整个多式联运服务,包括从货物接收到最后的货物交付,可以看作一个项目。此外,在多式联运中,有一类国际多式联运经营人不拥有任何运输工具和场站设施,需要通过与相关的承运人、场站经营人订立分合同来履行他与货主订立的国际多式联运合同,此时可以将这些多式联运业务作为项目来对待,运输企业或场站经营人以项目方式来接受这些业务、进行管理和交付工作成果。

7.1.2 多式联运项目的特点

1) 涉及领域广泛

多式联运涉及众多领域,如运输环节就涉及铁路、公路、水路、航空等。多式联运项目的规划和建设内容也涉及广泛,如在多式联运基础设施建设项目方面,涉及包括国际高速公路、铁路、港口、码头、物流园区、仓库、集装箱货场、配送中心、机场、车站建设等;在多式联运组织主体方面,涉及供应商、客户、多式联运经营人、代理、分段承运人、海关商检等多个主体;在多式联运组织运输方面,涉及公路运输、水路运输、铁路运输、航空运输等多种运输方式之间的组织与衔接;在多式联运项目建设规划上,涉及的政府管理机构有国家发展和改革委员会、交通运输部、商务部以及工信部等;对于多式联运项目投资方,可能涉及许多国家不同领域的项目投资人,由于投资领域的不同、投资项目的不同等因素,使得投资的资金数额和投资方式也有所不同。

2) 总体综合性强

多式联运是一个复杂而巨大的系统工程,中间有接收托运申请,订立多式联运合同、空箱发放、提取及运送,出口报关,货物装箱及接收货物,订舱及安排货物运输,办理保险,签发多式联运提单,组织完成货物的全程运输,海关业务,货物交付,事故处理等多个环节,各个环节之间必须相互衔接,保证其整合性和一致性。多式联运项目的规划和实施应充分考虑到整体性,如运输范围的铁路、公路、水运、航空运输建设项目涉及国际、地区之间和各运输部门之间的协调;公路、铁路、港口码头、仓库、物流园区的建设涉及总体布局和国家城市规划的统筹安排。多式联运项目的开发和建设要基于项目所有相关方的总体性和综合性要求,强调整体效益。

3) 方案论证严密

从多式联运项目的构思到可行性研究以及到做出最后决策,一般都要经过严密的论证,对市场、资金、收益、技术、法律等问题进行充分的调查和缜密的研究,力求使项目达到最优化、效益最大化、风险最小化和成本最低化,能够最大限度地满足多式联运项目投资者所追求的目标。

4) 信息化程度高

多式联运项目需要信息平台的支持,从方案的论证开始就离不开信息平台的支持。而且在每个多式联运项目的运营过程中,信息是其中最关键、最重要的部分。多式联运服务项目涉及的单证很多,使用书面文件和单证来传递信息的传统方式,不但成本高、耗时长,而且差错率高,使多式联运经营人难以向客户提供高效优质的服务,通过信息平台,可将国际标准单证和相关信息通过转换软件在计算机网络中进行传递,加快信息传输的速度,增加了信息传输在时间和处理上的确定性,降低经营管理成本,从而为企业赢得竞争优势。

7.1.3　多式联运项目分类

多式联运是一个涵盖面很广的概念,因此多式联运项目的涉及范围也很广泛,涉及了多式联运相关领域的方方面面。按照不同的分类标准可以将多式联运项目分为以下几种类型。

(1) 按项目的规模分类,可分为宏观项目、中观项目和微观项目。

宏观项目一般指战略问题的研究项目,跨度大,是对研究对象进行考察、预测、研究的结果,多为项目实施的政策体系。例如,美国、日本、欧洲一些西方发达国家,在政府的干预与协调下,着力搭建多式联运基础设施平台和基础信息平台,制定相关的政策与法规。

中观项目与宏观项目接近,往往从战术上考虑问题,主要是制定战略实施的相关策略与方案,主要包括业务范围的市场定位、物流资源的规划、企业的经营策略以及企业的管理体制等方面。

微观项目与宏观和中观项目有所不同,微观项目往往关注解决某一时段、某一作业环节的具体问题,往往与多式联运相关企业的生产经营活动相联系。例如,为了改善企业与顾客的关系,引入新颖的管理模式——客户关系管理(customer relationship management,CRM),或者为了提高多式联运相关单证和信息的传递效率,采用电子数据交换(electronic data interchange,EDI)信息系统等。

(2) 按项目的成果分类,可分为有形产品项目和无形产品项目。

有形产品项目主要指一些基础设施和信息平台建设项目,如集装箱码头建设、水运航道建设、公路主骨架建设、桥梁建设、铁路设施建设、航空港建设、多式联运信息系统建设等。

无形产品项目包括整个多式联运服务项目,多式联运业务项目,人才培训项目,多式联运相关知识、标准、技术、运营模式、决策咨询等开发项目。

(3) 按照货物性质分,可分为不同种货物的多式联运项目。

根据货物的不同性质,一般可将货物分为一般货物、特种货物、液态货物、散货,因此与其相对应可将多式联运项目分为一般货物多式联运项目、特种货物(如化学品、危险品、超长超重的大件等)多式联运项目、液态货物多式联运项目、散货多式联运项目。

(4) 按照所包含的运输方式分,可分为海陆联运项目、海空联运项目、江(河)海联运项目、陆空联运项目。

海陆联运是多式联运的主要组织形式,按照在陆地上运输方式的不同,又可分为船舶与汽车、船舶与火车联运两种。前者相对灵活且运输时间短,后者运输费用较低。

海空联运项目结合了海运与空运两种运输方式,其运输时间比全程海运短,但是运输成本比空运要低。然而与一般多式联运不同的是,海空联运项目在整个货物运输过程中多无法使用同一个集装箱,货物通常须在航空港换装航空集装器。

江(河)海联运项目可以利用发达的内陆河运系统对货物进行运输。目前,许多国家都利用国内既有的内陆河运系统,因地制宜地开展江(河)海联运项目,如欧洲的莱茵河和多瑙河流域的国家。在我国,其主要应用于长三角和珠三角地区。

陆空联运项目主要有两种形式:陆空联运(train-air or truck-air, TA)和陆空陆联运(train-air-truck, TAT)。

(5) 按照多式联运运输组织体制分,可分为协作式多式联运项目和衔接式多式联运项目两大类。

协作式多式联运项目是指两种或两种以上的不同运输企业在统一计划、统一技术作业标准、统一运行图和统一考核标准基础上,共同将货物从接管货物的地点运送至指定交付货物地点的多式联运项目。货物全程运输计划由参与多式联运的各项运输企业和中转港共同组成的联运机构定制,这种运输体制下的货物运输过程如图7-1所示。

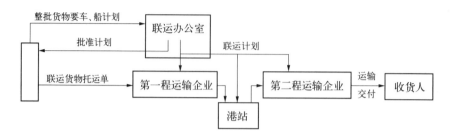

图7-1 协作式联运过程示意图

衔接式多式联运项目是由一个多式联运经营人(multi-model transport operator,MTO)综合组织两种或两种以上运输方式的不同运输企业,将货物从接管货物的地点运送至指定交付货物地点的多式联运项目,这种运输体制下的货物运输过程如图7-2所示。

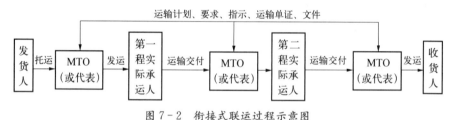

图7-2 衔接式联运过程示意图

7.1.4 多式联运项目管理的定义

所谓多式联运项目管理是指多式联运项目管理者为了实现其目标,按照客观规律的要求,运用系统工程的观点、理论和方法,对多式联运项目寿命周期全过程进行有效的计划、组织、指挥、控制和协调,以取得良好效益的各项活动的总称。

多式联运项目管理概念的要点主要表现在以下几个方面:

(1) 管理的客体。管理的客体是多式联运整个项目或其业务项目。

(2) 管理的主体。管理的主体是多式联运项目的管理者,即多式联运经营人(MTO)。

(3) 管理的目的。管理的目的是实现多式联运项目的目标。管理的性质和功能决定了管理本身不是目的,而是实现一定目的的手段。多式联运项目管理的目标是在有限的资源条件下,保证多式联运综合效率与效益最大化,既能满足费用最低,又能将货物安全、及时地运送到客户手中。

（4）管理的职能。管理的职能是计划、组织、指挥、控制和协调。离开这些职能,多式联运项目的运转是不可能的,管理的目标也无法实现。

（5）管理的依据。管理的依据是项目的客观规律。管理是人的主观行为,而主观行为必然要受到客观规律的制约。要实现管理目标,达到预期效果,就必须尊重多式联运项目运行的客观规律。

7.1.5　多式联运项目管理过程

多式联运项目是由一系列的项目阶段所构成的一个完整过程,各个阶段又是一系列具体活动所构成的具体工作过程。一般而言,多式联运项目管理过程由如下5个基本过程构成:

（1）多式联运项目启动。项目启动处于多式联运项目管理过程的首位。它所包含的管理活动内容有决策一个多式联运项目的开始与否。即当需要使用多式联运形式运输成批或零星货物的发货人向多式联运经营人(MTO)提出托运申请时,多式联运经营人根据自己的条件考虑是否接受,如接受,双方订立货物全程运输的多式联运合同。

（2）多式联运项目计划。多式联运项目计划就是确定和细化目标,并为实现多式联运项目而要达到的目标和完成项目要解决的问题规划必要的行动路线。其包含的管理活动内容有多式联运经营人通过一定的方法选择货物的运输路线,划分运输区段(确定中转和换装地点),选择各区段的实际承运人,制定货物全程运输计划并把计划转发给各中转衔接点的分支机构或委托的代理人。

（3）多式联运项目执行。项目执行就是将人与其他资源进行结合,具体实施多式联运项目管理计划。其包含的管理活动内容有双方按照合同制定的地点,办理货物的交接,多式联运经营人签发多式联运提单。多式联运经营人根据制定的全程运输计划,与第一程、第二程……的实际承运人分别订立各区段的货物运输合同,通过这些实际承运人来完成货物的全程位移等。

（4）多式联运项目控制。项目控制是指多式联运经营人监视整个多式联运项目,当发现偏离项目目标和处于项目管理计划之外时,采取相应的纠正措施以保证项目目标的实现,并使整个项目能够顺利进行下去。其所包含的管理活动内容有掌握整个多式联运的运输进度,控制多式联运项目的运行情况,与各区段实际承运人以及各中转衔接点的分支机构或委托的代理人及时进行信息沟通与反馈。

（5）多式联运项目收尾。项目收尾就是正式验收多式联运项目完成的好坏程度。如果货物能够按时按质按量地运到收货人手中,就说明该多式联运项目顺利完成。反之,则不能圆满完成。不能圆满完成的因素有很多,货损、货差是一个重要的原因,当货物产生货损、货差时,多式联运项目收尾就要涉及货损以及货差的事故处理等。

7.2　多式联运项目进度管理

7.2.1　多式联运项目进度管理概述

7.2.1.1　多式联运项目进度管理的含义

多式联运项目进度管理是指在多式联运项目实施的过程中,为了确保项目能够在规定的时间内按时实现项目的目标,所开展的一系列管理活动与过程。项目的进度管理是在项目范围确定以后,为实现项目的目标、生成项目的产出物和完成项目范围计划所规定各项工作开展的一种项目管理活动。它通过确定、调整任务的工序和工期,以提高工作效率。目的是通过做好项目的工期计划和项目工期的控制管理工作,合理分配资源、发挥最佳工作效率,以确保项目的按时完成。

对于一个多式联运项目而言,项目进度管理是整个项目管理中最为重要的组成部分。合理的项目进度管理能够使货物快速地到达客户的手中,提高客户对多式联运企业的满意度,提升企业形象。一次多式联运服务中的工作几乎都是按照一定的时间顺序进行的,即通过时间顺序的安排,将人、财、物组织在一起,达到较高的工作效率。而费用、资源等在项目进程中也必须以时间为度量进行,这使得费用计划必须与时间计划相匹配。从这个意义上讲,进度管理是多式联运项目管理的基础。

7.2.1.2　多式联运项目进度管理的基本内容

多式联运项目进度管理与一般项目进度管理相似,其基本内容包括项目的活动定义、活动排序、活动持续时间估算、进度计划编制及进度控制等五个过程,这些过程为按时完成多式联运项目所必须,彼此相互影响,同时也与外界的过程交互影响。多式联运项目进度管理的主要过程如图7-3所示。

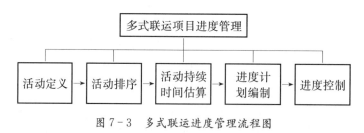

图7-3　多式联运进度管理流程图

7.2.2　多式联运项目进度管理的过程

7.2.2.1　项目活动定义

1) 多式联运项目活动定义的概念

项目活动定义是确认和描述项目的特定活动,它把项目的组成要素细分为可管理的更小部分,以便更好地管理和控制。要完成一个多式联运项目,并实现项目的目标,就应该事先识别和确定实施项目所需开展的各项活动,并拟出一份包括所有活动的活动清单。具体来说,项目活动定义就是对工作分解结构(work breakdown structure,WBS)中规定的可交付物所产生的、必须进行的具体活动进行识别和定义,并形成相应文档的一个项目进度管理过程。活动定义是一个过程,其基本框架如图 7-4 所示。

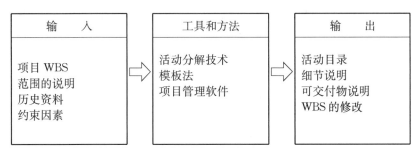

图 7-4 活动定义的主要工作

2) 多式联运项目活动定义的过程

(1) 项目活动定义的输入。

① 项目 WBS。项目 WBS 是进行项目工作分解后所获得的有关实施项目所完成工作的层次性树状结构描述,是项目活动定义过程中的主要输入。图 7-5 为一个简单的 WBS 模型示意图。

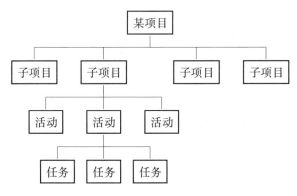

图 7-5 工作分解结构模型示意图

形成 WBS 的基本步骤如下。

确定项目生命周期的各个阶段,确定项目主要交付成果,形成 WBS 的第一层次;确定完成项目生命周期各个阶段的主要工作的具体活动,形成 WBS 的第二层次;确定完成每项具体活动的任务,形成 WBS 的第三层次;确定完成每项任务需要进行的具体子任务,应适当用动词来描述,形成 WBS 的第四层次。

对于多式联运经营人来说,若将多式联运项目按以上步骤进行分解,可得如图 7-6 所示的大致 WBS 图。

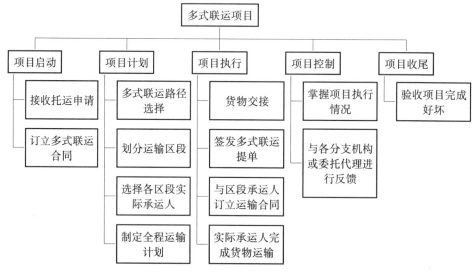

图 7-6　多式联运项目 WBS 图

② 范围的说明。范围说明是项目活动定义的另一个基本依据,因为在多式联运项目活动定义期间,必须明确考虑范围说明中列入的项目合理性说明和项目活动描述。活动描述应当详细具体,例如,多式联运项目经理在对验收项目完成好坏这个活动进行描述时,除了需说明项目好坏的判断依据,还需列明项目不能圆满完成的补救措施等。

③ 历史资料。多式联运项目活动定义还应考虑历史资料,这些历史资料既包括项目前期工作所收集和积累的各种信息,也包括项目组织或其他组织过去开展类似项目的各种历史信息。这些信息对项目活动定义具有重要的指导和参考作用。

④ 约束因素。一个多式联运项目可能会有各种各样、或多或少的约束因素,这些因素是定义项目活动时必须考虑的关键因素,如承运人装载能力约束、集装箱码头设备装卸能力约束以及运输中自然条件约束等。

⑤ 假设条件。在定义多式联运项目活动的过程中,必须考虑一些假设前提,不然项目活动的定义就无法进行,假定在项目管理中被当作是真实的、现实的或确定的因素来使用。例如,假设货物在海洋运输的过程中不会遇到海盗的威胁,事实上,在多式联运项目启动之前,并不能预先得知此次运输是否会遭到海盗的袭击。因此,假设会带来一定的风险。

(2) 项目活动定义的工具和方法。较大的、复杂的项目需要借助 WBS 来完成范围定义,项目活动定义则需要在 WBS 的基础上通过活动分解来完成。

① 活动分解技术。活动分解技术类似于建立 WBS 的工作分解技术。具体来说,活动分解技术是在 WBS 的基础上,将 WBS 所包含的活动分解为具体工作包或工作单元,图 7-7 所示为多式联运项目中就选择各区段实际承运人这一活动的活动分解技术示例,同理,其他活动也可以按照这种方法分解成具体的工作包或工作单元。

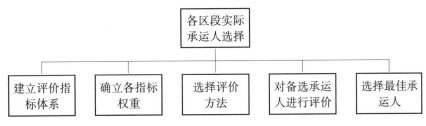

图 7-7 多式联运项目活动分解技术示例

② 模板法。对于多式联运企业过去所实施项目的活动分解,常常可以作为新项目活动分解的参考样板。虽说每个多式联运项目都是独一无二的,但仍有许多项目彼此之间都存在某种程度的相似之处。例如,两次多式联运服务,尽管收货人、发货人和货物种类不同,但若两者运输线路相同时,后一次多式联运可以参照上一次多式联运进行活动分解。

③ 项目管理软件。项目管理软件发展得很快,从小型项目管理软件发展成大型项目管理软件,而且项目管理的功能越来越强,许多项目管理人员充分利用这些软件进行项目活动分解。主流的项目管理软件有 P3 项目管理软件和微软的 Microsoft Project。

3) 项目活动定义的输出

(1) 活动目录。活动目录必须包括多式联运项目中所要执行的所有工作,可视为 WBS 的一个细化。这个活动目录应是完备的,它不包含任何不在项目范围里的活动。活动目录应包括活动的具体描述,以确保项目团队成员能够理解。

(2) 细节说明。有关活动目录的细节说明需要表达清楚,以方便今后其他项目管理过程的利用。细节说明应包括对所有假设和限制条件的说明。

(3) 可交付物说明。可交付物说明描述多式联运服务的性质和特征。它们的特性通常会影响项目活动的排序。

(4) WBS 的修改。在定义多式联运活动的过程中,项目组织通过活动分解技术可能会发现原有的 WBS 有遗漏、错误或不合理的地方,所以需要对原先的 WBS 进行修改。

7.2.2.2 项目活动排序

1) 多式联运项目活动排序的概念

多式联运项目活动排序就是在多式联运项目 WBS 的基础上,通过判断各个活动在项目执行过程中的逻辑关系和先后顺序,确定出哪些活动可以同时进行,哪些必须按先后顺序进行,某个活动在开始之前哪个或哪些活动必须结束以及哪些活动必须都完成后项目才能结束等逻辑关系,并以一定的图示方法表示出这些活动的先后逻辑关系。多式联运项目活动排序的主要工作如图 7-8 所示。

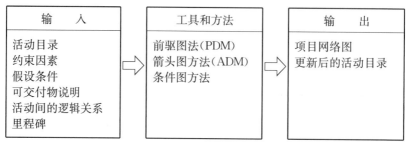

图 7-8 活动排序的主要工作

2) 多式联运项目活动排序的过程(1) 项目活动排序过程的输入。

项目活动排序过程的输入包括活动目录、约束因素、假设条件、可交付物说明、活动间的逻辑关系、里程碑等。其中活动目录、约束因素、假设条件、可交付物说明在前面已经介绍,故不再赘述,这里主要介绍活动间的逻辑关系与里程碑。

① 活动间的逻辑关系。所谓活动间的逻辑关系是指各项活动进行时必须遵循的先后顺序。在多式联运中,每项活动只有在具备一定条件的前提下才能开始或结束,而这些条件往往可能是由前面或后面另一项活动提供或创造的。举最常见的例子,在多式联运中,只有当空箱发放之后,发货人或其代理人才能进行货物的装箱;只有当第一程实际承运人完成货物运输之后,第二程实际承运人才能开始运输,等等。表 7-1 为某个多式联运项目中铁路运输子项目活动间的逻辑关系表。

表 7-1 多式联运项目中铁路运输子项目活动间的逻辑关系表

活 动 名 称	代　号	前置活动	总工时/h
托运受理	A		24
进行集装箱货物集配计划	B	A	48
货物装箱	C	A	72
承　运	D	C	24
装车运输	E	D	72
国际铁路联运货物在国境站交接	F	E	24
到达交付	G	F	24

② 项目里程碑。通常,里程碑是指在一个带有日历的甘特图上注明的一些项目重大事件,主要指关键可交付成果的完成。在定义了里程碑之后,还应把这些里

程碑以文档的形式列出来,这将有助于项目管理人员编制项目进度计划。

(2) 项目活动排序过程的工具和方法。在理清各个活动间的逻辑关系之后,多式联运经营人需要通过一定的活动排序方法将这些活动制成项目活动网络图。这些方法主要有以下几种。

① 节点活动法(active on node,AON)。它是用节点(方框)表示活动,一个节点表示一项活动,通过箭线连接表示活动之间的相互连接关系。每项活动具有唯一的活动表示号和活动持续时间,如图7-9所示。

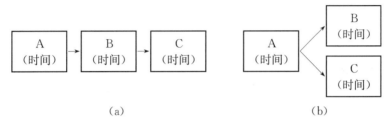

图 7-9 每项活动具有唯一的活动表示号及活动持续时间
(a) 活动 A 是活动 B 的前置活动;(b) 活动 B 是活动 C 的平行活动

其中图 7-9(a)表示活动 A 是活动 B 的前置活动,即在开始 B 活动之前,A 活动必须完成,同理,B 是 C 的前置活动。此外,活动 B 是活动 A 的后续活动,即活动 B 必须跟随在活动 A 之后,同理,C 是 B 的后续活动。

图 7-9(b)表示活动 B 和活动 C 是平行活动,B 和 C 只有在 A 完成之后才能开始,B 和 C 可以同时开始,也可以不同时开始。

用节点法表示项目网络图时,项目活动之间存在着 4 种逻辑关系(见图 7-10):

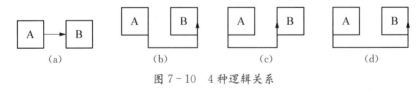

图 7-10 4 种逻辑关系

(a) 结束→开始(FS):某活动必须结束,然后另一活动才能开始。

(b) 结束→结束(FF):某活动结束前,另一活动必须结束。

(c) 开始→开始(SS):某活动必须在另一活动开始前开始。

(d) 开始→结束(SF):某活动结束前,另一活动必须开始。

在 AON 法,结束→开始(FS)是最常见的逻辑关系,开始→结束(SF)关系极少使用。

② 箭头图方法(arrow diagram method,ADM)。箭头图方法是项目网络图的另一种方法,箭线表示活动,用节点连接箭线以示相关性,每个活动开始于一个节

点,终于另一个节点,箭头图方法如图 7－11 所示,这种技巧也称为箭线代表活动(AOA)。项目的活动可以由两个节点的数字来表示,如活动 B 可以表示为活动(2,3)。

图 7－11　箭头图方法

(3) 项目活动排序过程的输出。

① 项目网络图。一个项目网络图是项目所有活动以及它们之间逻辑关系(相关性)的一个图解表示。图 7－12 就是根据多式联运项目中铁路运输子项目活动间的逻辑关系表,用两种不同画法绘制的网络图。网络图可手工编制也可用计算机实现。网络图应伴有一个简洁说明以描述基本排序方法,但对不平常排序应充分地加以叙述。

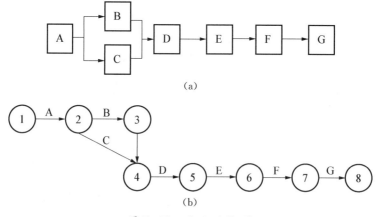

图 7－12　项目网络图

(a) 项目网络图绘制(方法一);(b) 项目网格图绘制(方法二)

② 更新后的活动目录。前面已述,活动定义的过程可对 WBS 做修改,以几乎同样的方法,编制网络图也同样出现这样的情况。

7.2.2.3　项目活动持续时间估算

1) 多式联运项目活动持续时间估算的概念

多式联运项目活动持续时间的估算,就是对已确定的各种活动所需要的持续时间做出正确的估算,其结果决定了多式联运项目各项工作的起止时间和完成项目的总时间。对项目进行持续时间估算,需要分别估算项目各个活动所需要的时间以及资源,然后根据项目活动的排序来确定整个多式联运项目所需要的时间。多式联运项目活动持续时间的估算包含的主要工作如图 7－13 所示。

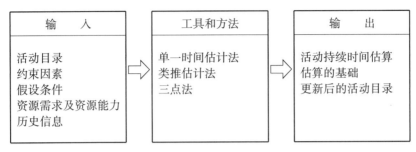

图 7-13 项目活动持续时间估算的主要工作

2）多式联运项目活动持续时间估算的过程

（1）项目活动持续时间估算的输入。多式联运项目活动持续时间估算的输入包括活动目录、约束因素、假设条件、资源需求及资源能力、历史信息等。其中，活动目录、约束因素、假设条件在前面已经叙述，在此不再重复。

① 资源需求及资源能力。多式联运项目活动的时间取决于资源的数量和质量。当分配给各个工作的人力资源减少一半时，工作的延续时间一般来说会增加1倍。此外，多式联运项目活动的时间也受到参与人员的熟练程度、突发事件、工作效率、误解和错误等资源能力因素的影响。

② 历史信息。有关各类活动所需时间的历史信息是有用的，这些信息来源于以下情况：项目档案——与这个项目有关的一个或几个组织也许保留有先前项目结果的记录，而这些记录非常详细，可帮助时间估计，在许多应用领域，个别小组成员也许也保留这些记录；商业用的时间估计数据库——过去的一些数据往往是有价值的，当活动所需时间不能由实际工作内容推算时，这些数据库特别有用；项目团队知识——项目团队的个别成员也许记得先前活动的实际或估计数，虽然这种重新回忆的方法也许有用，但比起记录的档案文件可靠性低得多。

（2）项目活动持续时间估算的工具和方法。

① 单一时间估计法。关键路径法（CPM）就是采用这种估算法，即活动历时的最终估算只取决于一个值。如果项目活动比较简单，其工作量和单位时间投入的资源量比较明确，项目活动进行中干扰因素较少时，由此估算出的项目活动时间也是比较准确的，它可以作为编制项目进度计划的依据。

② 类推估计法。类推估计法是以以前类似的多式联运项目活动的经历为基本依据估算未来活动的历时。这种方法经常在项目详细信息有限的情况下使用。

③ 三点法。三点法是最常见的一种模拟方法。其步骤是首先确定项目各个活动的三种可能时间：最乐观时间（t_o）、最悲观时间（t_p）和最可能时间（t_m）。然后利用概率的方法计算出各项活动作业时间的平均值和方差，具体如图 7-14 所示。

在将这三种时间合并为单个时间期望值的表达式之前，必须做两个假设：一是假定三个时间估计均服从 β 概率分布，二是标准偏差 δ 是时间需求范围的 $1/6$。

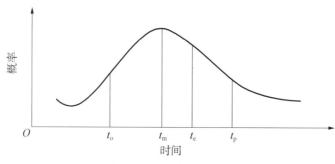

图 7-14 三点法示意图

则由活动的三个时间估计可以计算活动的期望(平均或折中)持续时间(t_e),计算公式如下：

$$t_e = \frac{(t_o + 4t_m + t_p)}{6} \tag{7-1}$$

进一步,可以计算活动持续时间的标准差,其计算公式如下：

$$\sigma_{t_e} = \frac{(t_p - t_o)}{6} \tag{7-2}$$

(3) 项目活动持续时间估算的输出。

① 各活动持续时间的估算。活动持续时间估算是关于完成一活动需多少时间的数量估计。活动持续时间估算值用某一范围表示,例如,2 周±2 天,表示该活动至少需 8 天和不超过 12 天;超过 3 周的概率为 15%,表示 85% 概率活动将用 3 周或更短时间。

② 估计的基础。在制定进度时所用的假设必须被确认合理可信。

③ 更新的活动目录。活动目录更新同活动排序过程输出的活动目录更新一样。

7.2.2.4　项目进度编制

1) 多式联运项目进度编制的概念

多式联运项目进度编制就是在 WBS 的基础上,根据前面内容所涉及的多式联运项目进度管理过程的活动定义、活动排序以及活动持续时间估算的输出结果和所需要的资源,对项目所有活动进行一系列的进度计划编制,其主要任务是要确定项目各活动的起始时间、具体的实施方案和措施。项目进度编制的主要工作如图 7-15 所示。

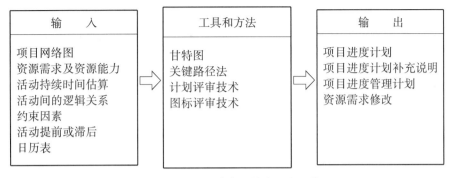

图 7-15　项目进度编制的主要工作

2）多式联运项目进度编制的过程

（1）项目进度编制的输入。多式联运项目进度编制的输入包括项目网络图、资源需求及资源能力、活动持续时间估算、活动间的逻辑关系、约束因素、活动提前或滞后、日历表等。其中项目网络图、资源需求及资源能力、活动持续时间估算、活动间的逻辑关系以及约束因素在上面已经提及，以下介绍活动提前或滞后和日历表。

① 活动提前或滞后。活动提前是指多式联运项目中，活动的逻辑关系允许将后续活动提前；活动滞后是指逻辑关系中可推迟后续活动。在多式联运项目进度编制中，为了精确说明活动间的相互关系，需要了解项目活动提前和滞后的时间。例如，在多式联运中，由于第一程实际承运人合理安排运输计划，货物提早3天到达指定货物交接处，这就意味着，多式联运经营人和第二程实际承运人可以提前3天安排下一程的运输。

② 日历表。项目日历表和资源工程日历表确定了可用于工作的日期。项目日历表对所有资源有影响（例如，一些项目活动仅在法定的工作时间内进行，而有的项目活动可一日三班安排工作），资源日历表对特定的资源有影响（例如，项目团队的成员可能正在放假接受培训，某个劳动合同可能限定工人一周的工作天数）。

（2）项目进度编制的工具和方法。

① 甘特图。甘特图又称横道图、条形图。它通过日历形式列出项目活动持续时间及其相应的开始时间和结束时间，为反映项目进度信息提供了一种标准格式。在甘特图中，可以依据项目进度计划的详细程度，以年、月、周、天或小时作为度量项目进度的时间单位。表 7-2 为某多式联运项目中铁路运输段子项目活动关系表。

表7-2　某多式联运项目中铁路运输段子项目活动关系表

活 动 名 称	活动开始时间	活动结束时间
A. 托运受理	2009.11.1	2009.11.1
B. 集装箱货物集配计划	2009.11.2	2009.11.3
C. 货物装箱	2009.11.2	2009.11.4
D. 承运	2009.11.5	2009.11.5
E. 装车运输	2009.11.6	2009.11.8
F. 国际铁路联运货物在国境站交接	2009.11.9	2009.11.9
G. 到站交付	2009.11.10	2009.11.10

对应的甘特图如表7-3所示。

表7-3　对应的甘特图

活动名称	活动开始时间	活动结束时间	11.1	11.2	11.3	11.4	11.5	11.6	11.7	11.8	11.9	11.10
A. 托运受理	2009.11.1	2009.11.1	▬									
B. 集装箱货物集配计划	2009.11.2	2009.11.3		▬	▬							
C. 货物装箱	2009.11.2	2009.11.4		▬	▬	▬						
D. 承运	2009.11.5	2009.11.5					▬					
E. 装车运输	2009.11.6	2009.11.8						▬	▬	▬		
F. 国际铁路联运货物在国境站交接	2009.11.9	2009.11.9									▬	
G. 到站交付	2009.11.10	2009.11.10										▬

②关键路线法(critical path method,CPM)。对于一个多式联运项目,只有项目网络图中最长的或耗时最多的活动路线完成之后,项目才能结束,这条最长的活动路线就叫作关键路线(critical path),关键路线上所有活动的持续时间加起来就是项目的工期。CPM是一种通过分析哪个活动序列(哪条路线)进度安排的灵活性(总时差)最少来预测项目工期的网络分析技术。具体而言,该方法依赖于项目网络图和活动持续时间估计,通过正推法计算活动的最早时间,通过逆推法计算活动的最迟时间,在此基础上确定关键路线,并对关键路线进行调整和优化,从而使项目工期最短,使项目进度计划最优。

关键路径的确定可以按照以下步骤进行。

——把所有的项目活动及活动的持续时间估计反映到一张工作列表上，表7-4是某多式联运项目中铁路运输段子项目的工作列表。

表7-4　某多式联运项目中铁路运输段子项目的工作列表

序号	活　　动	持续时间估算	最早开始时间（ES）	最早结束时间（EF）	最迟开始时间（LS）	最迟结束时间（LF）	总时差（TS）
1	A. 托运受理	1	1	1	1	1	0
2	B. 集装箱货物集配计划	2	2	3	3	4	1
3	C. 货物装箱	3	2	4	2	4	0
4	D. 承运	1	5	5	5	5	0
5	E. 装车运输	3	6	8	6	8	0
6	F. 国际铁路联运货物在国境站交接	1	9	9	9	9	0
7	G. 到站交付	1	10	10	10	10	0

——计算每个活动的最早开始时间（ES_j）和最早结束时间（EF_j），计算公式如下。

最早开始时间等于其前件活动结束时间最大值加1，即

$$ES_j = \max\{EF_i\} + 1$$

最早结束时间等于其最早开始时间加工期减去1，即

$$EF_j = ES_j + DU_j - 1$$

对没有紧前活动的活动，最早开始时间为项目开始时间。

——计算每个活动的最晚开始时间（LS_j）和最晚结束时间（LF_j），计算公式如下。

最晚结束时间等于其后续活动的最晚开始时间减去1，即

$$LF_j = \min\{LS_i\} - 1$$

最晚开始时间等于其最晚结束时间减去工期加1，即

$$LS_j = LF_j - DU_j + 1$$

对没有紧后活动的活动，最晚结束时间为项目结束时间。

——计算每项活动的总时差，计算公式为

$$TS_j = LS_j - ES_j，或者\ TS_j = LF_j - EF_j$$

——将每条路径上各个活动的时续时间求和,拥有最长时续时间的路径就构成了项目的关键路径;或者找出总是差最小的活动,这些活动构成的路径就是关键路径。

图 7-16 为相应的项目网络图,通过该图将每条路径上各个活动的持续时间求和,就可以计算出每条路径的长度。由于路径 A—C—D—E—F—G 有最长的持续时间 10 天,并且总时差也最小,所以,这条路径(粗线)是项目的关键路径。

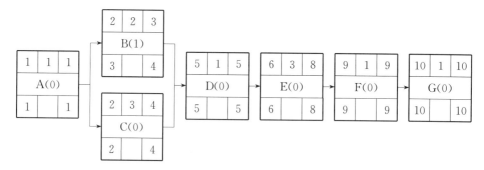

图 7-16　项目网络图

其中,各节点的活动方框标识示例如图 7-17 所示。

最早开始时间(ES)	时间长度(DU)	最早结束时间(EF)
活动号(时差 TS)		
最迟开始时间(LS)		最迟结束时间(LF)

图 7-17　各节点的活动方框标识示例

关键路线上的任何一个活动都是关键活动,其中,任何一个活动的延迟都会导致整个项目完成时间的延迟。此外,关键路线是从始点到终点的项目路线中耗时最长的路线,因此,要想缩短项目的工期,必须在关键路线上想办法;反之,若关键路线耗时延长,则整个项目的完工期就会延长。由此可见,找出项目网络图中的关键路线有着重大的意义。

③ 图表审评技术(graphical evaluation and review technique,GERT)。对网络结构和活动估计做概率处理(即某些活动可不执行,某些仅部分执行,某些可不止一次执行)。

④ 计划评审技术(program evaluation and review technique,PERT)。利用项目的网络图和各活动所需时间的估计值(通过加权平均得到的)去计算项目总时间。PERT 不同于 CPM 的主要点在于,PERT 利用期望值而不是最可能的活动所需时间估计(在 CPM 法中用的)。PERT 法如今很少应用,但类似 PERT 的估计方法常在 CPM 法中应用。

（3）项目进度编制的输出。

① 项目进度计划。项目进度计划至少应包括每项活动的计划开始时间和预期完成时间。另外，在项目的资源分配被确认之前，这种进度计划只是初步计划，正式的项目进度计划只有在项目资源分配得到确认和优化后才能得到。项目进度可用简略形式或详细形式表示，虽然可用表格形式表示进度，但更常以图的形式来表示。

② 项目进度计划补充说明。补充说明至少应该包括对项目所设定的假设和约束条件，此外，还应包括项目进度计划具体实施细节和进度风险的估算等方面的内容。

③ 项目进度管理计划。一个进度管理计划是指对进度的改变应如何加以管理。根据实际需要，进度管理计划可做得非常详细或粗略，可用正规形式，也可以用非正规形式表示。它是整个项目计划的一部分。

④ 资源需求修改。项目管理人员在编制项目进度计划的同时，也在对项目的资源数量和质量方面的需求进行不断修改。在资源需求中不断添加和删除各种资源，反复进行迭代，从而确定各项活动的合理资源平衡。

7.2.2.5 项目进度控制

1) 多式联运项目进度控制的概念

在进度计划的实施过程中，由于外部环境的变化，多式联运项目的实施进度经常会与进度计划发生偏离，如果不能及时纠正这些偏差，就可能导致整个多式联运项目延期完成，甚至影响项目目标的实现。多式联运项目进度控制就是根据项目进度计划对项目的实际进展情况不断地跟踪、对比、分析和调整，从而确保项目目标的实现。如图 7-18 所示，多式联运项目进度控制的主要内容如下。

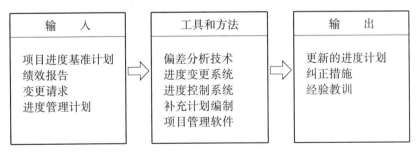

图 7-18　项目进度控制的主要内容

（1）确定项目的进度是否发生变化，若发生变化，找出变化的原因，如果有必要就要采取措施进行纠正。

（2）对影响项目进度变化的因素进行控制，从而确保这种变化朝着有利于项目目标实现的方向发展。

2) 多式联运项目进度控制的过程

（1）项目进度控制的输入。

① 项目进度基准计划。项目进度计划批准后就是项目进度基准计划。它是项目控制的主要依据，为衡量进度的执行情况提供了基准尺度，是测量和报告进度绩效的基础。

② 绩效报告。绩效报告提供了多式联运项目进度计划执行的实际情况，以及进度绩效的相关信息，如哪些活动已经如期完成，哪些活动尚未完成，等等。绩效报告还可以提醒项目团队那些可能会影响进度的活动。

③ 变更请求。变更请求就是项目团队对项目进度任务提出改动的要求，可能要求推迟或加快多式联运项目的进度，也可能是要求增加或减少多式联运项目的活动内容。

④ 进度管理计划。进度管理计划提供了如何应对项目计划变更的措施与安排，是项目进行进度调整的主要依据。

（2）项目进度控制的工具与方法。

① 偏差分析技术。偏差分析技术是一种测量和评估项目实施情况、确定项目进度计划完成情况与计划要求的差距大小的管理方法。它可以将目标日期与实际的、预测的开始和结束日期进行比较，为检测偏差、执行纠正措施等提供有用的信息。

② 进度变更系统。进度变更系统定义了改变项目进度计划应该遵循的程序。它包括书面文字工作、追踪系统以及核准变更所必需的批准层次。

③ 进度控制系统。项目进度控制的目的是保证项目实施按预定计划进行。因此，项目进度控制关心的是当前项目的实施现状，重点在于查找和识别实施进度与计划进度的偏离，并采取措施确保进度计划的实现。

④ 补充计划编制。在多式联运项目的实施过程中，很少有项目能精确地按照预定计划进行，一些项目活动可能会按时完成，但另一些项目活动可能会提前完成或延期完成，从而对项目未完成部分产生影响。此时，补充计划就是根据出现的进度计划变更情况，修订原有的进度计划，将变更融入进度。

⑤ 项目管理软件。项目管理软件能把计划日期和实际日期加以对比，并能预测进度改变所造成的影响。该软件是进度控制的一个有用工具。

（3）项目进度控制的输出。

① 更新的进度计划。更新的进度计划指根据进度执行情况对计划进行调整。如有必要，必须把计划更新结果通知有关方面。进度更新有时需要对项目的其他计划进行调整。在有些情况下，进度延迟十分严重，以致需要提出新的基准进度，给下面的工作提供现实的数据。

② 纠正措施。指采取纠正措施使进度与项目计划一致。在时间管理领域中，纠正措施是指加速活动以确保活动能按时完成或尽可能减少延迟时间。

③ 教训与经验。进度产生差异的原因,采取纠正措施的理由以及其他方面的经验教训应被记录下来,成为执行组织在本项目和今后其他项目的历史数据与资料。

7.3　多式联运项目质量管理及风险控制

7.3.1　多式联运项目质量管理

7.3.1.1　多式联运项目质量管理概述

1) 多式联运项目质量的定义

所谓项目质量就是项目的固有特性(可交付成果)能够满足项目相关方(客户)需求的程度。在多式联运项目中,项目的产品实质上是多式联运经营人提供的多式联运服务,即通过一次托运、一次计费、一份单证、一次保险,由各运输区段的承运人共同完成的一体化货物运输。因此,多式联运项目质量即为多式联运服务能够满足客户需求的程度。这些满足程度包括货物准时达到程度、交货时货物完好程度、运输方式的满足程度、成本水平及费用的满足程度、相关服务(如信息系统提供、索赔及纠纷处理)的满意程度,等等。

2) 多式联运项目质量的特性

多式联运项目质量的特性主要表现为安全性、准确性、及时性、经济性、便利性等五个方面。

(1) 安全性。安全性是多式联运服务的基本要求之一。多式联运服务在使货物发生位置变化这一物理现象的同时,除了由于不可抗拒的天灾外,不能改变货物的其他物理性质(如重量和件数不能少,不能破损、变形或掺入其他杂质等)和化学性质(如不能受污染,不能腐坏变质等)。

(2) 准确性。这里的准确性应当包括时间上的准确性、空间上的准确性和信息上的准确性三个方面。时间上的准确性是指按照多式联运合同中对货物运到期限的规定,及时送达货物;空间上的准确性是指承运人必须按照货主指定的目的地准确地进行运送;信息上的准确性是指多式联运经营人能够准确地传达伴随货物流动而发生的信息。

(3) 及时性。及时性是指根据客户的要求,及时提货、发货、送达,及时处理客户的信息查询、投诉索赔等要求。

(4) 经济性。经济性是指在完成同样任务的条件下,多式联运企业应尽量节约运输过程中物化劳动和活劳动的消费,以减少客户费用的支出。

(5) 便利性。便利性是衡量多式联运项目质量的一个不可缺少的方面。在多式联运过程中,尽可能提供方便客户使用的渠道和方式,满足客户合理要求,保障信息畅通,简化服务程序,为客户提供更多便利。

3) 多式联运项目质量的评价指标

(1) 货损率,指统计期内损失物品数量占应交物品总量的比率,按式(7-3)计算:

$$货损率 = \frac{损失的物品量}{应交付物品总量} \times 100\% \qquad (7-3)$$

(2) 货差率,指统计期内货物累计差错数量占应交付物品总量的比率,按式(7-4)计算:

$$货差率 = \frac{差错数量}{应交付物品总量} \times 100\% \qquad (7-4)$$

(3) 送达准时率,指统计期内在合同约定的时间内送达的订单数占订单总数的比率,按式(7-5)计算:

$$送达准时率 = \frac{在合同约定的时间内送达的订单数}{订单总数} \times 100\% \qquad (7-5)$$

(4) 提货准时率,指统计期内在合同约定的时间内到托运人制定的地点提货的订单数占客户要求提货的订单总数的比率,按式(7-6)计算:

$$提货准时率 = \frac{在合同约定的时间内到托运人指定的地点提货的订单数}{客户要求提货的订单总数} \times 100\%$$
$$(7-6)$$

(5) 回单准时率,指统计期内准时返还收货凭证的订单数占订单总数的比率,按式(7-7)计算:

$$回单准时率 = \frac{准时返还收货凭证的订单数}{订单总数} \times 100\% \qquad (7-7)$$

(6) 回单完整率,指统计期内完整返还收货凭证的订单数占订单总数的比率,按式(7-8)计算:

$$回单完整率 = \frac{完整返还收货凭证的订单数}{订单总数} \times 100\% \qquad (7-8)$$

(7) 有效投诉率,指统计期内客户有效投诉的订单数占订单总数的比率,按式(7-9)计算:

$$有效投诉率 = \frac{客户有效投诉的订单数}{订单总数} \times 100\% \qquad (7-9)$$

(8) 信息反馈时间,指从客户提出信息需求到客户收到准确信息所用的时间,以小时为单位。

（9）投诉响应时间，指从客户投诉到反馈客户所用的时间，以小时为单位。

4）多式联运项目质量管理的定义

多式联运项目质量管理是指围绕多式联运项目质量所进行的指挥、协调、控制等活动。它是由优化的质量方针、质量计划、组织结构、项目过程中的活动及相应的资源所组成。多式联运项目质量管理包括为确保多式联运项目能够满足质量需求所展开的过程和整体管理职能的所有活动。这些活动包括确定质量政策、目标和责任。在多式联运项目生命周期内，需要持续使用质量计划、质量控制、质量保证和改进措施，最大限度地满足客户的需求和期望，并争取最大的客户满意度。

根据上面多式联运项目质量管理的定义，可做出如下归纳：

（1）多式联运项目质量管理的客体是多式联运项目。

（2）多式联运项目质量管理的主体是项目的承担实体。

（3）多式联运项目管理的宗旨是实现项目的质量指标，并使项目的相关方都满意。

（4）多式联运项目质量管理主要活动包括项目质量策划、质量控制、质量保证和质量改进等。

7.3.1.2 多式联运项目质量管理的职能

1）确定质量方针和目标

质量方针是多式联运项目承担实体开展各项质量活动的行动指南，它体现多式联运承担实体就质量和服务向顾客及员工的承诺。制定质量方针的目的是为多式联运项目承担实体的全体员工所从事的质量工作中的行动和决策提供一个明确的方向和可靠的依据。质量方针的制定通常由组织整体业绩负责的最高管理者决定和发布，质量方针一经发布，将对整个多式联运项目承担实体所有与质量相关的活动产生影响，决定多式联运项目承担实体质量活动的总的宗旨和方向。多式联运项目质量方针应包含如下内容：多式联运服务理念、多式联运服务等级、企业质量形象和信誉、服务质量目标、保证多式联运服务质量的方法、员工的作用等。在确定多式联运项目质量方针时，应充分考虑顾客对多式联运服务的要求，把顾客的要求变成指导制定质量方针的关键因素。

质量目标是多式联运项目承担实体为提高其持续满足顾客现在和将来的需要和期望的能力的结果。质量目标通常涉及以下几个方面：多式联运项目承担实体市场占有率和经营效益方面的目标；所提供多式联运服务满足顾客需要能力和与市场竞争能力方面的目标；有关过程能力、过程的有效性和效率、资源的有效利用和对资源利用的控制程度方面的目标；多式联运项目承担实体组织的能力、有效性和效率方面的目标；有关员工的技能、知识、能力、积极性和事业发展方面的目标。

2）制定和实施质量管理制度

制定和实施质量管理制度是多式联运项目承担实体质量管理的重要职能。没有一定的质量规章制度和质量运行规范进行制约和控制,多式联运项目的各项服务活动就不能科学、合理、高效地运转。质量管理制度是多式联运项目承担实体质量管理的内部规范和管理准则,因此,要求管理制度具有权威性和稳定性,一旦确定,则不能随意更改。在制定质量管理制度时,既要明确整体服务质量目标,还要规定具体质量标准。由于多式联运项目承担实体的经营活动有可能涉及通关、储存、运输、货物交接、换装等,工作的复杂性较高,对服务成效、服务效果、用户满意度等不仅要有定量指标,同时也要辅以定性指标。对多式联运服务过程的每一环节,要规定其质量职责和权限,使人人都清楚在自己的岗位上应该干什么、怎么干、应该达到什么样的质量标准,将执行质量制度作为自觉的行动。

3) 质量控制

质量控制是多式联运项目质量管理的关键职能之一,是监测项目实际运行质量好坏的重要手段。提高多式联运项目质量的一个重要途径就是进行有效的质量控制。质量控制的目标就是确保产品的质量能够满足客户、法律法规等方面提出的质量要求(如安全性、准确性、及时性等)。多式联运项目质量控制的范围涉及服务形成全过程的各个环节。任何环节的工作没有做好,都会使多式联运服务受到影响而不能满足要求。

多式联运项目承担实体的质量控制工作包括作业技术和活动,也就是包括专业技术和管理技术两个方面。由于多式联运项目的作业是多环节作业,每一阶段的工作都要保证好,并对影响其工作质量的因素进行控制,对多式联运质量活动的成果进行分阶段验证,以便及时发现问题,查明原因,采取相应纠正措施,减少经济损失。因此,多式联运项目质量控制应贯彻预防为主与事后把关相结合的原则。另外,还需要关注质量控制的动态性。随着国际贸易的发展,人们对多式联运服务质量要求越来越高,为了不断满足更新的质量需求,多式联运企业应不断提高技术水平和工艺水平、检测率、快速反应水平,不断进行技术改进,研究新的控制方法。

4) 质量保证

质量保证的内涵已经不再是单纯地为了保证质量,而是以保证质量为基础,进一步引申到"信任"这一基本目的。要使顾客能信任多式联运项目承担实体,其所属的企业首先应加强质量管理,完善质量体系,有一套完善的质量控制方案、方法,并认真贯彻执行,对实施过程及结果进行分段验证,以确保其有效性。在此基础上,企业应有计划、有步骤地采取各种活动,使顾客能了解企业的实力、业绩、管理水平、技术水平以及各阶段主要质量控制活动和内部质量保证活动的有效性,使对方建立信心,相信提供的多式联运服务能达到所规定的质量要求。

5) 质量改进

单纯的质量控制和质量保证并不能完全达到质量改进的目的。质量控制致力于满足质量要求,它是按照事先规定的控制计划和控制标准对项目质量活动进行监控,及时发现和纠正偏差。质量保证致力于提高质量要求会得到满足的信任。而质量改进是要为将来的过程超过现有的质量水平而开展的一系列活动。为此,多式联运项目承担实体所属的企业必须在质量控制和保证的基础上,对企业质量活动中出现的问题加以分析和研究,制定纠正和预防措施,改进现有或制定新的质量控制计划,经验证后运用到工作中,从而使整个质量控制体系闭合滚动向上,达到稳步提高服务质量的目的。

质量改进不是一次性的活动,而是持续和循环的过程,这意味着质量改进是长期的、不间断的、一个阶段接着一个阶段的活动过程。因此,企业必须认真研究,有组织地进行改进活动,制定在一定时期内要达到的水平或应取得的成果,并通过定量化指标明确表示出来。实施过程中要不断进行阶段性的总结,找出新问题,提出新要求,从而实现质量改进的目标。

7.3.1.3　提高多式联运项目质量的措施

影响多式联运项目质量的因素很多,很难对其准确分类。根据顾客对多式联运的实际需要,多式联运项目质量主要体现在安全性、准确性、及时性、经济性、便利性 5 个方面,要提高这 5 个方面的质量,需要从安全、服务、价格、品牌、运行、作业、设备和管理 8 个方面着手。

1) 安全质量

安全质量主要体现在货物安全方面。提高安全质量,就是把安全生产放在第一位,保证货运安全,大力减少货盗、货损、货差,积极采用存储、包装、载运新技术。

2) 服务水平

服务水平是指为货主服务的状况和水平,主要反映在货运计划、发到手续、信息查询等方面。其中,信息系统的建设是提高多式联运服务水平的综合表现。多式联运过程包括两个方面,一是货物的移动,包括货物的发运、运输、交付、仓储等;二是伴随着货物移动而产生的货物本身信息和货物运输信息的流动和传递,如货物的种类、数量,运输单证,运输计划及指令,执行情况反馈,事故及责任信息等。要提高多式联运的服务质量,既要重视运输全过程中的各环节"硬件"建设和货运组织管理水平的提高,也要重视由数据采取、存储、处理、传输等环节组成的信息系统的建设。

3) 价格水平

价格水平主要体现在收费水平和运价机制上。在市场竞争中发挥价格杠杆作用,必须规范企业的收费行为,增强收费的合法性、合理性,加大收费的透明度,取信于顾客。同时,根据运输市场供求关系,建立灵活的运价机制。

4) 品牌效应

普通运输方式和多式联运企业在树立品牌的过程中,很重要的一点是注重展示品牌的可见性要素,包括企业及相关设施的名称、标识、颜色、服务、设备等。运输业能够留给顾客的印象越深,这个企业及产品的品牌地位就越强。在航空运输中,西北航空和西南航空可能是两个不同的概念。铁路运输推出了快速列车、"夕发朝至"列车、行包专列和货运"五定"班列、大宗货物直达列车等,实际上这就是品牌化过程。多式联运企业要通过抓品牌,完善运输新产品,开创出一批叫得响、过得硬的多式联运运输产品,提高运输水平,增强市场竞争力。

5) 运行质量

运行质量主要指运输秩序和运输效益,包括线路畅通、运力资源使用、载运工具组织、载运工具运行正点水平、货物运到期限等。提高运行质量必须优化资源配置,加强日常运输组织,提高调度指挥水平,加速载运工具周转,提高运输效益。

6) 作业质量

作业质量指多式联运过程中的作业标准化水平,主要是为货主提供直接服务的有关作业状态,还包括间接保证的作业质量,如水运的装货、卸货、编解船队、供应燃料作业;铁路的接发列车作业、调车作业等。提高作业质量,关键是落实各项作业标准化。

7) 设备质量

设备质量指货物运输的服务设施和保证运输安全的设备的技术状态。提高设备质量,重点是服务设施的日常维修和载运工具的修造质量,保证设备处于良好状态。

8) 管理质量

管理质量指管理方法的科学性、有效性和管理制度的科学化、规范化。提高管理质量,需要制定完善的规章制度,建立严密高效的管理机制。运输企业要在生产过程中推广全面质量管理并建立质量保证体系,取得产品质量认证。为了适应国际经济合作的贸易往来需要,国际标准化组织在 1987 年发布了 ISO 9000《质量管理和质量保证》系列标准。我国已等效全部采用这套标准,因此,国家技术监督局于 1988 年颁发了相应的 GB/T 10300《质量管理和质量保证》系列标准,用以贯彻执行 ISO 9000 标准的国家标准。目前许多运输企业已通过有关机构取得了质量认证。

7.3.1.4　多式联运项目质量管理的方法

1) 因果分析法

因果分析法因其形状的缘故又称鱼刺图、树枝图,它是分析质量问题产生原因的有效工具。当质量问题发生的时候,将原因一一列出,按其类别及层次与结果联系起来。

作图时,将要分析的问题放在图形的右侧,用一条带箭头的主线指向要解决的质量问题,然后将大原因进一步分解成中原因、小原因或更小的原因,它们之间的关系也用带箭头的直线表示,如图 7-19 所示。

做因果分析图时,要注意以下几个问题:

(1) 每个因果分析图,只针对一个质量问题,这是因果分析图的出发点。

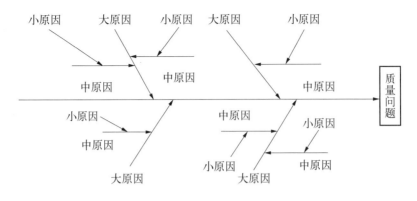

图7-19　因果分析图

（2）因果分析图一般用于一线员工,它需要集思广益,要广泛征集和采纳一线员工的意见,要召集所有有关人员开会商讨,才能取得良好的效果。

（3）原因分析要尽可能细,便于采取措施。分析时,可以沿着"为什么会发生这种问题"的主题查找原因,层层探究。也可以把前一段的相关工序作为大原因罗列出来,把各工序的影响因素作为中原因、小原因逐个查找。

（4）采用因果图分析原因,必须深入到可以采取具体的纠正措施为止。这种分析,是通过输入可以收集到的比较全面的反馈意见、交流经验和信息来输出质量问题发生的原因。

图7-20为某多式联运项目中产生货损的因果图。

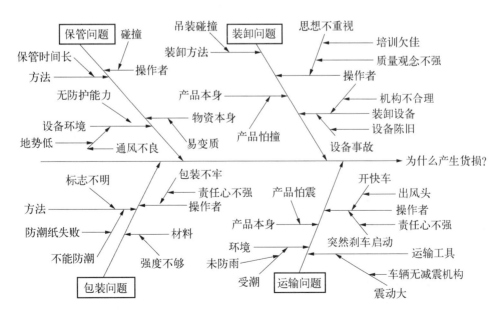

图7-20　某多式联运项目中产生货损的因果图

2) 标杆学习法

标杆学习法的基本内涵是以一系列规范化的程序,持续改进现有组织绩效。它是美国施乐公司 20 世纪 80 年代初为了提高仓储效率发明的。进行标杆学习一般要遵循"5 阶段 10 步骤"。

(1) 筹划。

① 明确学习的内容。标杆学习的第一步即是从改进和提高项目的工作流程出发,明确项目的任务是什么、产出是什么,正确把握影响多式联运项目质量的问题和症结所在,这些问题和症结便是学习的主要内容。

② 选择标杆企业或项目。选择被学习的标杆时应遵循两个原则:应具有卓越的业绩和标杆项目,被学习领域与本项目有相似的特点。

③ 收集资料和数据。资料和数据可以分为两类:一类是标杆项目的质量资料和数据,主要包括它们的绩效数据以及它们的最佳实践,这一类数据资料是学习的基准线,是追求多式联运项目质量改善的目标;另一类是本项目目前的质量绩效与管理现状。

(2) 分析。

① 分析差距。对手机的数据进行分析比较,即可找出本项目与标杆项目在绩效水平上的差距,以及质量管理措施和方法上的差距。

② 计划绩效目标。在分析差距的基础上确立要追赶的绩效目标,明确应该学习的标杆项目的最佳实践。

(3) 综合与交流。

① 将上述活动中取得的各项进展与本项目内员工反复交流,征询意见,并将标杆学习要达到的目标前景告诉员工。

② 根据员工的建议修改已制定的质量方针与目标,改进计划方案。

(4) 行动。

① 制定具体的行动方案,包括计划、安排实施的方法和技术以及阶段性的成绩评估等。

② 责任分工。按照计划方案,结合工作性质,对工作岗位进行责任描述和划分,清楚地界定工作和责任范围,把适当的员工安排在各个岗位上,负责该工作岗位的职责。

(5) 成熟运用。在一个标杆学习的最后阶段,对标杆学习的经验和教训进行总结,将结论制定成工作标准,制度化并在以后的工作中进行推广,在标杆学习中不断超越自己,最终超越被设定为标杆的对象。标杆学习开展后,应作为多式联运项目质量管理的一项职能活动融合到日常的工作中去,成为一项固定制度持续进行。

3) PDCA 循环法

PDCA 循环是全面质量管理中采用的一套科学的、合乎认识论的办事程序。

PDCA 由英文的计划(plan)、实施(do)、检查(check)、处理(act)几个词的首字母组成。任何一个质量管理活动都要遵循 PDCA 循环规则。

PDCA 循环有 4 个阶段、8 个步骤,但这并不意味 PDCA 循环的工作程序是僵死的。其中,4 个阶段必不可少,8 个步骤则根据多式联运项目的规模、特点以及实现方法的不同而不同。

(1) 第一阶段为 P 阶段。即要适应顾客的要求,并以取得经济效益为目标,通过调查、设计、试制,制定技术经济指标、质量指标,以及达到这些目标的具体措施和方法。这就是计划阶段。

(2) 第二阶段为 D 阶段。即要按照所制定的计划和措施去实施。这就是实施阶段。

(3) 第三阶段为 C 阶段。即对照计划,检查执行的情况和效果,及时发现和总结计划实施过程中的经验和问题。这就是检查阶段。

(4) 第四阶段为 A 阶段。即根据检查的结果采取相应措施,巩固成绩,吸取教训。这就是处理阶段。

以上 4 个阶段可以细分为以下 8 个步骤。

① 第一步:调查研究,分析现状,找出存在的质量问题。

② 第二步:根据存在的问题,分析产生质量问题的各种影响因素,并对这些因素逐个加以分析,可以采用上面提到的因果分析法。

③ 第三步:找出影响质量的主要因素,并从主要影响因素中着手解决质量问题。

④ 第四步:针对影响质量的主要因素,制订计划和活动措施。计划和措施应尽量做到明确具体。

以上 4 个步骤就是 P 阶段的具体化。

⑤ 第五步:按照既定计划执行,即 D 阶段。

⑥ 第六步:根据计划的要求,检查实际执行结果,即 C 阶段。

⑦ 第七步:根据检查结果进行总结,把成功的经验和失败的教训总结出来,对原有的制度、标准进行修正,巩固已取得的成绩,同时防止重蹈覆辙。

⑧ 第八步:提出这一次循环尚未解决的遗留问题,并将其转到下一次 PDCA 循环中去。

以上第七、第八步是 A 阶段的具体化。

PDCA 循环有以下几个特点。

① 4 个阶段一个不能少。

② 大环套小环(见图 7 - 21)。PDCA 循环不仅适用于整个企业,也适用于各个部门以及个人。根据企业总的方针目标,各部门都要有自己的目标和自己的 PDCA 循环,这样就形成了大环套小环,小环里边又套有更小环的情况。

③ PDCA 循环是螺旋式不断上升的循环。四阶段要周而复始地循环,而每一次循环都有新的内容和目标,因而就会前进一步,质量水平就会有新的提高。就如上楼梯一样,每经过一次循环,就登上一级新台阶。

④ 推动 PDCA 循环的关键在于 A 阶段。即总结经验、肯定成绩、纠正错误,提出新的问题以利再干。这是 PDCA 循环之所以能上升的关键。因此,推动 PDCA 循环,一定要抓好这个阶段。

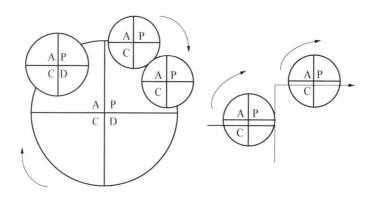

图 7-21　大环套小环和改进上升的示意图

7.3.2　多式联运项目风险控制

7.3.2.1　多式联运项目风险的概念及特点

多式联运项目风险是指在开展多式联运项目活动中,由于项目所处环境和条件本身的不确定性和项目相关方、项目组织或其他利益相关者主观上不能准确预见或控制的影响因素,使得项目的最终结果与当事者的期望产生背离,对项目的成功或预期利益产生影响,从而给当事者带来损失或者是机遇的可能性。

多式联运项目因其涉及领域广泛、总体综合性强等特点,其项目风险也具有自身的特点。

1) 风险的多样性

由于多式联运项目涉及面大、范围广,因而遇到风险种类也多,常见的有市场风险、营运风险、政治风险、金融风险、法律风险、管理风险、自然风险、合同风险、提单风险、技术风险等,这些风险之间又有复杂的内在联系。

2) 风险存在项目的整个生命周期

风险在多式联运项目生命周期中均存在,而不仅仅发生在执行阶段。例如,在启动阶段,多式联运经营人需要与托运人订立多式联运合同,此时可能存在一定的合同风险;在计划阶段,多式联运经营人选择各区段分运承运人时,可能由于疏忽,选择了不可信的承运商;在执行阶段,承运人在运输货物时,可能由于某些人为或自然因素,存在货损、货差的风险;在项目控制阶段,可能会由于信息系统的崩溃,导致不能很好地进行信息沟通与反馈;在收尾阶段,多式联运经营人海外代理可能会由于疏忽,产生无单放货现象,等等。由此看来,多式联运项目的整个生命周期均存在风险。

3) 风险将影响项目全局

风险的影响常常不是局部的、某一段时间或某一个方面,而是全局性的。例如,反常的气候条件造成货物运输的停滞或运营的停滞,则会影响整个后期计划,影响后期所有参加者的工作。它不仅会造成工期的延长,而且会造成费用的增加,造成对运输质量的危害。即使局部的风险也会随着项目发展影响逐渐扩大。例如,一个活动受到风险干扰,可能影响与它相关的许多活动,所以在项目中风险影响随时间推移有扩大的趋势。

4) 财务风险大

第一,筹资量大,筹资困难。多式联运项目投资巨大,动辄百万元甚至上亿。就拿航运业来说,航运业是需要巨额投资的资本密集型产业,随着船舶的大型化、现代化和高技术化,投资额越来越大,投资风险也就更大(现在一艘 5 000 TEU 的第五代集装箱平均造价为 8 000 万~9 000 万美元),然而此时运输生产尚未开始。航运业生产过程是在海上进行的,海上航行伴随着偶然的或不可预见的自然灾害和意外事故。无论是在航海技术落后的古代,还是航海技术发达的今天,海上航行的特殊风险都是其他产业所不能比拟的。

第二,固定资金所占比重比较大,主要劳动资料经常移动,流动资金沉淀量大,从而造成资本有机构成高,资金管理难度大。航运企业的主要劳动资料为船舶和装卸机械、车辆等,单位价值很高,而且必须随生产过程移动,各经营场所必须沉淀一定的流动资金。航运业又是技术密集型产业,现代科学技术日新月异,航海、导航等领域技术迅速发展,使得船舶机器设备更新速度大大加快,也使得船舶的无形磨损速度大大加快,许多船舶的营运寿命大大缩短,不得不在有效使用期到来之前被淘汰和报废,这使航运企业承受的无形磨损风险越来越大。

第三,多式联运项目需求是国际贸易的派生需求,它源于国内国际贸易的物流需要,这无疑使得多式联运项目生产具有依赖型和被动性。世界经济的波动、国际贸易的变化,政治因素、自然因素等都可能成为加剧风险的原因。

第四,多式联运项目的运营具有国际性,经常涉及外汇收支的问题,在运营中应采取必要的措施避免外汇汇率变动所带来的风险。

7.3.2.2　多式联运项目风险的种类

根据多式联运项目的特点,将多式联运项目开展过程中面临的风险大致分为10类,即市场风险、管理风险、技术风险、金融风险、营运风险、自然风险、意外事故、外来风险、合同风险以及提单风险。

1）市场风险

多式联运项目的市场风险主要来自市场因素的变化给企业带来的风险。如运价,运价水平的高低直接影响企业利润和竞争能力。世界经济周期性波动造成航运需求周期性波动,由于运输产品的非储存性,从事运输的船舶不能脱离生产过程单独存在,也无法储存,因而使航运市场供求关系难以调节。航运企业只能被动地利用船舶吨位的变化去适应航运需求的变化。当需求发生变化时,由于船舶吨位增加需要一段时间,吨位退出市场也有具体困难等原因,船舶吨位供给增大与减少的时滞,使航运供给实际上不可能与需求保持一致,由此导致航运市场极不稳定,进而导致航运市场运价波动,使航运业面临市场风险,无法获得稳定收入。

2）管理风险

管理风险是多式联运项目投入营运时将面临的很大的风险,这种风险是一种隐形的风险,并不像市场风险表现得那样明显,但是管理风险的发生将有可能导致整个项目的全盘失败。项目管理者将直接影响管理风险,他们的管理能力、自身素质及自身学习能力将对项目的开展状况起到促进或限制的作用。管理层的职业道德也是管理风险中的重要部分,管理层对企业的忠诚度、责任心的大小都对项目有很大影响。

3）技术风险

技术风险是指由于与多式联运项目相关的各种技术因素的变化而带来的风险。大型多式联运项目的开展需要很多新技术的引进,比如先进装卸设备的购入、运输工具跟踪定位系统的装备、多式联运服务信息网络的构建等。整个多式联运服务的提供需要科学合理的仓储、高效率的装卸、迅速及时的运输等,而这些都依赖于硬件设备的技术状况。此外,现代多式联运服务的及时性、准确性很大程度上依赖于稳定、完善的信息系统,如果信息系统不能满足客户的要求,或者信息系统经常出现故障,都会给项目的顺利开展带来巨大的风险。

4）金融风险

金融风险是指金融损失的可能性,其主要是因金融性因素,如利率、汇率变动,通货膨胀引起多式联运企业实际的收益或成本与预期结果有偏差,这些都会给企业带来很大的风险。此外,多式联运企业自身的财务状况也会带来风险,比如,企业资金不能及时到位,以致影响服务的正常开展而带来的风险。还有就是客户带来的财务风险,比如,客户企业的倒闭或运费的拖欠,给企业的财务状况带来危机。

5）营运风险

由于多式联运服务是涉及很多环节的综合性服务,在企业的营运过程中就会面临各种风险,具体体现在以下几个方面:

（1）经营上的风险。如在货物运输、装卸过程中,货运质量方面可能产生货损货差;由于装卸港拥挤、气候、船舶自身设备等因素,船期可能会产生延误;另外,重大突发事件也会对船舶运营产生风险。

（2）设备、人员及操作上的风险。设备的保养、维修状况如何，以及出现故障后的及时处理都构成营运过程中成本的升高；操作人员是多式联运运作过程中一线管理的人员，操作人员的素质直接决定各个环节之间衔接顺畅与否，尤其是对非正常情况的处理能力。

6）自然风险

自然风险是指那些因自然力的不规则变化所导致的风险。多式联运货物往往需要经历长途的运输，在运输途中，货物就可能会面临由于各种自然灾害所带来的风险。常见的自然灾害包括恶劣的气候、雷电、海啸、地震、火山爆发、泥石流和洪水等。

7）意外事故

意外事故是指由于偶然的、难以预料的原因造成的事故。由于多式联运涉及多种运输方式，普通运输方式中发生的意外事故也会给多式联运项目的顺利进行带来一定风险。我国 1981 年 1 月 1 日修订的《海洋运输货物保险条款》中包括的意外事故有运输工具遭受搁浅、触礁、沉没、互撞与流冰或其他物体碰撞及失火、爆炸等；陆上运输的意外事故包括倾覆、出轨、隧道坍塌、崖崩等；航空运输中的意外事故包括飞机倾覆、坠落或失踪等。

8）外来风险

外来风险是指上述自然风险和意外事故以外的其他外来原因所造成的风险。外来风险可以分为一般外来风险和特殊外来风险。一般外来风险包括偷窃、短少和提货不着、渗漏、短量、碰损、破碎、钩损、淡水雨淋、生锈、玷污、受潮受热、串味等；特殊外来风险是指军事、政治、国家政策法令以及行政措施等出乎意料的风险，常见的包括战争、罢工、交货不到、拒收等。

9）合同风险

在多式联运中，多式联运经营人除了要与托运人订立多式联运合同，还要与各区段实际承运人订立货物运输合同。合同的订立也存在一定风险。例如，合同中使用了容易混淆的词汇，导致需要承担责任的一方以此规避自身责任；或者合同中没有明确规定合同各方的权利与义务，以至于产生不必要的纠纷；等等。

10）提单风险

多式联运提单是货物所有权的凭证，谁控制了提单，谁就拥有了该批货物的所有权。提单的使用也会带来种种风险。常见的有签发倒签提单或预借提单产生的风险、伪造提单产生的风险、以保函换取清洁提单产生的风险以及无提单放货产生的风险等。

7.3.2.3　多式联运项目的风险控制及方法

多式联运项目的风险控制是指多式联运项目管理者采取各种措施和方法，消灭或减少风险事件发生的各种可能性,或者减少风险事件发生时造成的损失。在多式联运中,由于货物运输距离变长、运输时间增加、中途转运、装卸频繁等原因,货物遭受灭失,损坏的风险增大,因此需要采用一定方法,及时地进行风险控制。

多式联运项目风险控制的方法主要有 4 种:回避风险、转移风险、减轻风险和自留风险。

1) 回避风险

回避风险是指当项目风险发生的可能性太大,不利后果也太严重,又无其他策略可用时,主动放弃项目或改变项目目标与行动方案,从而规避风险的一种策略。如果多式联运经营人发现项目的实施将面临巨大的威胁,而又没有别的办法控制风险,甚至保险公司也认为风险太大,拒绝承保,此时就应当考虑放弃项目的实施,避免巨大的人员伤亡和财产损失。例如,对于有关危险品运输的多式联运项目,其运输条件要求一般都很高。当多式联运经营人认为自己的运输工具、设备、包装以及员工还不能够满足项目所需要的技术要求,并且自己又无力承担该危险品在运输过程中由于保管不当而产生的巨大人员伤亡和财产损失时,经营人就应当考虑放弃该项目的实施,以避免产生严重的后果。采用风险回避,最好在多式联运项目实施之前,这时对项目的损失最小。放弃或改变正在进行的多式联运项目,付出的代价一般都比较高。

2) 转移风险

转移风险又称为风险合伙分担,其目的不是降低风险发生的概率和不利后果的大小,而是借用合同或协议,在风险事故一旦发生时将损失的一部分转移到多式联运项目以外的第三方身上。当项目的资源有限,不能实行减轻和预防策略,或风险发生频率不高,但潜在的损失或损害很大时可采用此策略。对于多式联运项目来说,风险转移主要有发包和保险两种形式。

(1) 发包。发包就是将项目有关的物业或项目转移到第三方,或者以合同的形式把风险转移到其他人身上。对于以船舶运营为主的多式联运经营人来说,他们通常不拥有也不从事公路、铁路和航空运输,而是通过与各相关承运人订立分运合同来安排运输,此外,他们还订立内陆装卸、仓储和其他辅助性的分合同。这样既能很好地完成货物的运输,又能实现项目风险的分摊。

(2) 保险。保险是转移纯粹风险最常用的一种方法。项目班子只要向保险公司交纳一定数额的保险费,当风险事故发生时就能获得保险公司的补偿,从而将风险转移给保险公司(实际上是所有向保险公司投保的投保人)。

① 责任保险。对于多式联运经营人来说,其作为多式联运提单的签发人,对该多式联运负责。多式联运经营人对于运输过程中造成的货物损坏或灭失的赔偿责任通常都是以货物赔偿(cargo indemnity)责任保险(简称责任保险)向保险公司

或保赔协会投保。该责任保险所承担的风险,取决于经营人签发的提单中所规定的责任范围。

②　货物保险。对于货主来说,他所托运的货物需要经过长途运输,涉及多个环节、多种运输方式,货物从启运地到目的地的整个运输、装卸及存储过程中,由于自然灾害、意外事故和其他风险的客观存在,可能会遭受损失。为了在货物遭受损失后能得到一定的经济补偿,货主就需要向保险公司办理货物保险。货物运输保险就是被保险人或投保人(the insured)在货物装运之前,估计一定的投保金额,向保险人或承保人(the insurer)投保运输险,投保人按投保金额、投保险别及保险费率,向保险人支付保险费并获取保险单证,投保货物若在运输过程中遭受了承包范围内的风险造成的损失,保险人按投保金额及损失程度向保险单证持有人做出赔偿。由于多式联运涉及多种运输方式,货物保险根据运输方式的不同可分为海洋运输保险、陆上运输保险和航空运输保险。

③　集装箱保险。随着多式联运集装箱化程度的不断提高,对于集装箱所有人或租借人来说,有必要对集装箱进行投保。集装箱保险,就是集装箱所有人或租借人,对因集装箱在运输过程中的各种危险而产生的集装箱箱体的损坏或灭失进行的保险。或者当因集装箱运输事故而使集装箱对第三者(人或物)造成损害时,由于集装箱所有人员有法律上的责任,因此有必要预先对此赔偿责任进行保险。进而由于集装箱运输中的事故,也可能使装在箱内的货物发生损坏,此时,由于集装箱承运人有法律上的以及运输合同上的赔偿责任,因此承运人也必须把对货主的损害赔偿责任进行保险。由此可见,集装箱保险包括3种类型:集装箱自身保险、集装箱所有人(包括租借人)对第三者的赔偿责任保险以及集装箱承运人(包括多式联运经营人)的货物损害赔偿责任保险。

3) 减轻风险

减轻风险是指通过各种技术和方法降低风险发生的可能性,缩小后果的不利影响程度。按照减轻风险措施执行时间可分为风险发生前、风险发生中和风险发生后3种不同阶段的风险控制方法,应用在风险发生前的方法基本上相当于风险预防,而应用在风险发生时和风险发生后的控制实际上就是损失抑制。

(1) 风险预防。风险预防是指在风险发生前为了消除或减少风险因素,降低风险损失发生的概率,它从化解项目风险产生的原因出发,去控制和应对项目活动中的风险事件。多式联运企业在经营活动中难免会遇到风险,又由于其业务环节多、当事方多、单证多等因素,风险更易发生。高明的企业会尽量做到将风险扼杀在萌芽状态。例如,在选择供应商时,他们会选择可信、可服、可用的合作伙伴。选择好的合作伙伴能够预防企业经营风险的发生,同时也是企业求得业务成功和发展的根本所在。此外,聪明的企业还会从合同着手,降低由合同风险带来的损失,比如在制定合同时,明确合同的性质,避免使用易混淆词汇以及明确合同各方的权利和义务等。

（2）损失抑制。损失抑制是指在风险发生时或风险发生后,采取措施减少损失发生范围或损失程度的行为。事故发生中或发生后的损失抑制措施主要集中在紧急情况的处理,即急救措施、恢复计划和合法保护。在危险品多式联运中,船舶必须设有固定的灭火装置。例如,油轮上就必须装有蒸汽、二氧化碳、水等灭火系统和带有泡沫发生器的利用消防水管的泡沫灭火系统。一旦危险品发生爆炸起火,这些装置的使用能够及时阻止火势的蔓延。这就是一种限制火灾损失范围的措施。

4）自留风险

自留风险是一种风险的财务对策,即由企业或项目自身承担风险。多式联运企业或项目自身明知可能会有风险发生,但在权衡了其他风险应对策略之后,出于经济性和可行性的考虑,仍将风险留下,若风险损失真的出现,则依靠项目主体自己的财力,去弥补财务上的损失。

有些时候,项目班子可以把风险事件的不利后果自愿接受下来。自愿接受可以是主动的,也可以是被动的。由于在风险管理规划阶段已对一些风险有了准备,所以当风险事件发生时马上执行应急计划,这是主动接受。被动接受风险是指在风险事件造成的损失数额不大,不影响项目大局时,项目班子将损失列为项目的一种费用。自留风险是最省事的风险规避方法,在许多情况下也最省钱。当采取其他风险规避方法的费用超过风险事件造成的损失数额时,可采取自留风险的方法。

7.4　多式联运项目成本管理

7.4.1　多式联运项目的成本管理概述

从概念层面看,多式联运项目成本管理是通过对成本、人员、进度、质量、风险等进行有组织、有系统地预测、计划、控制、计算、分析和考核等一系列的科学管理工作,来确保多式联运项目能够按照预定的成本、进度、质量、业务程序得以顺利完成。多式联运项目成本管理是为了使多式联运项目获得成功而进行的一系列活动,其目的在于组织和动员相关工作人员,在保证产品质量和服务质量的前提下,挖掘降低成本的潜力,达到以最少的耗费取得最大的成果的目的。

7.4.1.1　多式联运项目成本的主要形式及构成

（1）按成本控制需要,从成本发生的时间角度来划分,可分为预算成本、计划成本和实际成本。

① 预算成本。多式联运项目预算成本是对项目中的各种成本进行预测并进行计算得出的。预算成本是确定多式联运运价的基础,也是编制计划成本和评价

实际成本的依据。

② 计划成本。多式联运项目计划成本是指根据项目的有关资料（如具体线路和箱量），在实际成本发生前预先计算的成本。如果计划成本做得更细致、更周全，最终的实际成本降低的效果会更好。

③ 实际成本。实际成本是多式联运项目在实施期内实际发生的各项费用的综合。不管计划成本做得怎么细致周全，如果实际成本未能很好及时得到编制，那么根本无法对计划成本与实际成本加以比较，也无法得出真正成本的节约或超支，也就无法反映各种多式联运技术水平和技术组织措施的贯彻执行情况和多式联运人的经营效果。所以，多式联运项目应在各阶段快速准确地列出各项实际成本，从计划与实际的对比中找出原因，并分析原因，最终找出更好的节约成本的途径。另外，将实际成本与预算成本比较，可以反映项目的盈亏情况。

（2）按生产费用计入成本的方法划分，可分为直接成本和间接成本。

① 直接成本。直接成本是指多式联运过程中直接耗费的为实现各区段运输的各项支出，包括各区段的运输费用、装卸费用、包装储藏费用以及各衔接点过程中发生的费用。

② 间接成本。间接成本是指多式联运企业的各分支机构为准备该多式联运项目的实施、组织和管理项目所发生的全部间接费用支出。它包括提供多式联运服务企业的各项目经理部为施工准备、组织和管理施工生产所发生的全部施工间接费支出。具体项目包括工资、职工福利费、燃料、材料、低值易耗品、折旧费、修理费、办公费、水电费、租赁费、差旅费、设计制图费、业务票据费、燃材料盘亏和毁损（减盘盈）、取暖费、会议费、出国人员经费、保险费、交通费、运输费、仓库经费、警卫消防费、劳动保护费、排污费等。

（3）按多式联运项目成本的不同职能，可进行如下分类。

① 运输成本。多式联运的运输成本主要表现为分段运输的费用。由两种运输方式组成的国际多式联运，存在两个区段的运费，如海铁联运，存在海运运费和铁路运费。由三种运输方式构成的多式联运，则存在三个多式联运的运费。国际多式联运经营人通常会与负责某区段运输的实际承运人订有协议，可以从实际承运人那里得到较为优惠的运价，因此而能节省运输上的成本。

② 端点成本。这一部分的成本主要包括各种起运地、目的地和中转站的费用。这些在起运地、目的地和中转地所发生的费用种类很多，如过桥过境费、提箱费、卸车费、进出库费、堆存费、机械费、装拆箱费、港建费、港杂费、交通费、制单费、手续费等。如需检验检疫、海关查验也会产生费用。此外，特殊情况下的货物移动还会有疏港费、移动费、翻箱费等。

③ 组织管理成本。在多式联运项目的组织经营过程中，通常伴随着各种管理成本的产生。这类成本包括多式联运经营人与货主、代理人、实际承运人等各有关

方之间信息、单证传递费用成本,单证的费用成本,经营活动的管理成本等。

7.4.1.2　多式联运项目成本管理流程

根据多式联运项目的特点,将多式联运项目成本管理的流程分为前期准备阶段、组织实施阶段和项目总结阶段,如图7-22所示。

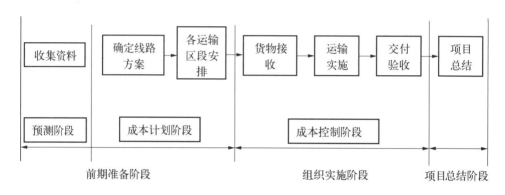

图7-22　多式联运项目成本管理流程

7.4.2　多式联运项目成本预测

成本预测是指通过取得的历史数字资料,采用经验总结、统计分析及数学模型的方法对成本进行判断和推测,通过项目成本预测,可以为项目管理部门编制成本计划等提供数据。

7.4.2.1　成本预测的过程

(1)制订预测计划。预测计划的内容主要包括组织领导及工作布置、配合的部门、时间进度、搜集材料范围等。

(2)整理预测资料。预测资料一般有纵向和横向两个方面的数据。纵向资料是多式联运项目中各类资源的消耗及价格的历史数据,据以分析其发展趋势;横向资料是指同类运输项目的成本资料,据以分析所预测项目与同类项目的差异,并做出估计。

(3)选择预测方法。预测方法一般分为定性与定量两类。定性方法有专家会议法、主观概率法和德尔菲法等,主要是根据各方面的信息、情报或意见,进行推断预测。定量方法有移动平均法、指数平滑法和回归分析法等。

(4)成本初步预测。主要是根据定性预测的方法及一些横向成本资料的定量预测,对项目成本进行初步的估计。这一步的结果往往比较粗糙,需要结合现在的成本水平进行修正,才能保证预测成本结果的质量。

(5)影响成本水平的因素预测。影响多式联运成本水平的因素主要有运输费用、中转费、滞期费、查验费等。可根据近期内其他项目实施情况、本企业职工及当地多式联运企业情况、市场行情等,推测未来哪些因素会对本项目的成本水平产生影响,其结果如何。

(6) 成本预测。根据初步的成本预测以及对成本水平变化因素预测结果,确定该多式联运项目的成本情况。

(7) 分析预测误差。成本预测是对联运项目实施之前的成本预计和推断,这往往与实施过程及其后的实际成本有出入,而产生预测误差。预测误差大小反映预测的准确程度。如果误差较大,就应分析产生误差的原因,并积累经验。

7.4.2.2　项目成本预测方法

1) 定性预测方法

定性预测方法可以凭借相对丰富的经验,通过多方面的探讨和分析,更好地预测可能发生的成本。定性预测方法的应用主要涉及德尔菲法和类比法等,需要结合多式联运项目进行具体分析,力求成本预测更为准确适宜。

2) 定量预测方法

在多式联运项目成本预测分析中,定量测量方法的应用比较有效,可以在具体成本管控中发挥出较强的实际效益,具体方法如下。

(1) 比较分析法。比较分析法的应用需要结合以往多式联运项目进行分析,研究类似项目的成本结构,进而分析该项目的费用构成状况,对于多式联运项目中的持续性成本预算,可以形成有效估算分析价值。

(2) 因素分析法。该方法的运用主要是针对项目中涉及的各个成本构成进行详细分析,探讨各个成本构成的影响因素,如此也就可以在汇总后有效明确项目成本,最终体现出较强的全面分析效果。

3) 其他预测方法

在项目成本预测分析中,除了上述常见的一些基本方法和手段外,针对一些特殊的多式联运项目还可以借助于一些针对性预测方法,比如趋势分析法、类比法、灰色预测法等,也都可以发挥出一定积极作用。

7.4.2.3　多式联运项目成本预测

国际集装箱多式联运是一票制,实行全程单一费率的运输。发货人只要办理一次托运、一次计费、一次保险,通过一张单证即可实现从起运地到目的地的全程运输。多式联运的项目预算需要多式联运经营人必须确定出具体的经营线路,并就有关各运输区段的各单一运输方式做好安排;在此基础上,依据各单一运输方式的运输成本及其他有关运杂费,估算出各条营运线路的实际成本,从而完成了多式联运项目预算,进而可以制订出一个合理的多式联运运价表。作为国际集装箱多式联运经营人的两种主要类型,无船承运人和有船承运人在很多方面具有不同的特征。然而,在多式联运运价表的内容与结构上,这两种多式联运经营人并无大的区别。

多式联运项目成本预算可以采用以下两种形式：第一种是对整个多式联运进行全程成本预测，包括运输成本、各种中转站费用成本以及单证流通的成本等，从而可以得到城市间的门到门费率。这种费率结构可以是以整箱货或拼箱货为运费单位的货物等级费率，也可以是按 TEU 或 FEU 计费的包箱费率，这是一种真正意义上的多式联运运价。第二种是对海洋运输成本和内陆运输成本分别进行预测，其中，内陆运输成本包括这样一些内容：

（1）一般性条款，如关税及清关费用、货物包装、无效运输以及更改运输线路与方向等。

（2）公路、铁路及内河运输的装箱时间及延滞费。

（3）额外服务及附加费的计收，如因货主原因而使用有关设备等。进而可以制订出与海运运价表相似的多式联运运价表，即港到港间费率加上内陆运费率，这种费率结构形式较为灵活，但从竞争的角度来看，由于这种形式将海运运价与内陆运价分开，因而于竞争不利。

不管采取何种形式，根据国际集装箱运输市场运价的变化及时调整多式联运项目成本预算，确保集装箱多式联运运价始终处于一种最新的状态，是多式联运经营人的一项十分重要的任务。

7.4.3　多式联运项目成本计划

成本计划是成本管理和成本会计的一项重要内容，是企业生产经营计划的重要组成部分。项目成本计划是在项目经理负责下，在成本预测的基础上进行的，它是以货币形式预先规定项目进行中生产耗费的计划总水平，通过项目的成本计划可以确定对比项目总投资(或中标额)应实现的计划成本降低额与降低率，并且按成本管理层次、有关成本项目以及项目进展的阶段对成本计划加以分解，并制订各级成本实施方案。

7.4.3.1　项目成本计划编制的原则

（1）从实际出发的原则。多式联运项目管理部门降低成本的潜力在于正确选择运输方案，合理组织运输项目；提高劳动生产率；改善资源供应，降低资源消耗，提高人员利用率；节约项目管理费用等。但不能为降低成本而忽视服务质量，片面增加劳动强度，或减掉合理的劳保费用，忽视安全工作。

（2）与其他计划结合的原则。编制多式联运成本计划，必须与多式联运项目的其他各项计划，如项目方案、项目进度、资源供应及耗费计划等密切结合，保持平衡。

（3）采用先进的技术经济定额原则。编制多式联运项目成本计划，必须以各种先进的技术经济定额为依据，并针对项目的具体特点，采取切实可行的技术组织措施做保证。

（4）统一领导、分级管理的原则。编制成本计划，应实行统一领导、分级管理的原则，采取走群众路线的工作方法，应在项目负责人的领导下，以财务和计划部门为中心，发动全体人员共同进行，总结降低成本的经验，找出降低成本的正确途径，使成本计划的制订和执行具有广泛的群众基础。

（5）弹性原则。编制成本计划，应留有充分余地，保持计划的一定弹性。在计划期内，项目的内部或外部的技术经济状况和供产销条件，很可能发生一些在编制计划时所未预料的变化，尤其是资源供应、市场价格千变万化，给计划拟定带来很大困难，因而在编制计划时应充分考虑到这些情况，使计划保持一定的应变适应能力。

7.4.3.2 项目成本计划的组成

项目成本计划一般由降低直接成本计划和间接成本计划组成。

（1）降低直接成本计划。降低成本计划主要反映项目成本的预算价值、计划降低额和计划降低率。

（2）间接成本计划。间接成本计划主要反映除主要运输费用之外的管理费用的计划数、预算收入数及降低额。间接成本计划应根据多式联运项目的核算期，以项目总收入费为基础，制订各部门费用的收支计划，汇总后作为多式联运项目的管理费用的计划。在间接成本计划中，收入应与取费口径一致，支出应与会计核算中管理费用的二级科目一致。间接成本的计划收支总额，应与项目成本计划中管理费一栏的数额相符。各部门应按照节约开支、压缩费用的原则，制定"管理费用归口包干指标落实办法"，以保证该计划的实施。

7.4.3.3 多式联运项目成本计划

在制订多式联运项目成本计划时，应综合多种方式和手段，来达到降低整个项目成本的目的。为充分发挥集装箱多式联运的优越性，多式联运成本应该比分段运输的成本来得更低，而绝对不能是各单一运输方式运输成本的简单相加，因为这将使得多式联运经营人毫无竞争力可言。众所周知，运输时间和运输成本是与多式联运经营人竞争力密切相关的两个因素。对于组织、管理水平较高的多式联运经营人来讲，运输时间是比较容易控制的，因此重要的是如何降低运输成本。目前，多式联运经营人，主要是无船承运人大多采用"集拼运输"（consolidation）方式来减少运输成本。集拼运输有时也称为"组装化运输"（groupage），它是指作为货运代理人的无船承运人将起运地几个发货人运往同一目的地几个收货人的小批量、不足一箱的货物汇集起来，拼装成整箱货托运。货物运往目的地后，由当地集拼运输代理人将它们分别交付各个收货人。其主要目的是从海上承运人较低的整箱货运费率中获益，从而降低海运成本。多式联运经营人降低海上运输成本的另一个途径是采用运量折扣费率形式，通过与海上承运人签订长协，获取较低的海运运费率。

除海上运输外,集装箱多式联运经营人也可以采用类似的方法来降低内陆运输(包括航运)成本,如采用运量折扣费率。此外,还可以通过加强与公路、铁路等内陆运输承运人之间的相互合作,获得较好的优惠费率。实际上,这种有效的合作对双方都是有利的。对于公路或铁路运输承运人来说,由于采用集装箱运输,车辆在一定时期内完成的周转次数比散件运输要多得多。也可以说,运输同样数量的货物,采用集装箱运输,车辆在一定时期内完成的周转次数比散件运输要多得多。同理,可以认为,运输同样数量的货物,采用集装箱运输所需的车辆数量要少很多,因而可以减少公路或铁路运输承运人的资本成本。不过在对内陆运输成本进行计划时,既要考虑集装箱的装载能力,也要考虑运输工具的承载能力。在有些时候会发生货主利益与承运人利益相互冲突的情况。例如,由于集装箱载重能力或内容积的限制,承运人在运输集装箱货物时不能达到运输工具的允许最大承载能力,进而给承运人造成一定的亏载损失。因而在多式联运成本计划时应考虑周全,合理安排,尽量避免这样的损失。

在多式联运项目成本计划时,还有一个问题值得注意。通常,内陆运费率及有关费用的变化,相比海上运费率要频繁得多。因此,在制订多式联运成本计划时,应根据内陆运费率及有关费用的变化尽快做出相应的变化。如果内陆运输成本上升而相关计划仍保持原样,那么,多式联运经营人的盈利可能会受到影响。同样,如果内陆运输费用降低,多式联运经营人可以修改相关成本计划,从而调整运价,使其在市场中保持一个竞争优势的地位。

7.4.4　多式联运项目成本控制

7.4.4.1　项目成本控制的原则

1) 目标管理原则

目标管理是贯彻执行计划的一种方法,它把计划的方针、任务、目的和措施等逐一加以分解,提出进一步的具体要求,并分别落实到执行计划的部门、单位甚至个人。目标管理的内容包括目标的设定和分解,目标的责任到位和执行,检查目标的执行结果,评价目标和修正目标,形成目标管理的 P(计划)、D(实施)、C(检查)、A(处理)循环。

2) 全面控制原则

(1) 项目成本的全员控制。项目成本是一项综合性很强的指标,它涉及项目组织中各个部门和单位的工作业绩,也与每个职工的切身利益相关。因此,项目成本的高低需要大家关心,项目成本管理(控制)也需要项目组织者群策群力。

(2) 项目成本的全过程控制。项目成本的全过程控制是指在多式联运项目确定以后,自项目准备开始,经过分段运输,到货物成功交付后结束,其中每一项经济业务都要纳入成本控制的轨道。

3）中间控制原则

对于具有一次性特点的项目成本来说，应该特别强调项目成本的中间控制，因为项目准备阶段的成本控制，只是项目组织设计的具体内容确定成本目标，编制成本计划、制订成本控制的方案，为今后的成本控制做好准备。而项目实施阶段的成本控制，由于成本盈亏已经基本定局，即使发生偏差，也来不及纠正。因此，把成本控制的重心放在项目实施的主要阶段上，是十分必要的。

4）开源与节流相结合的原则

项目每发生一笔金额较大的成本费用，都要查一查有无与其相对应的预算收入，是否支大于收，在经常性的分部分项成本核算和月度成本核算中，也要进行实际成本与预算收入的对比分析，以便从中探索成本节超的原因，纠正项目成本的不利偏差，提高项目成本的降低水平。

5）例外管理原则

例外管理是西方国家现代管理常用的方法，它起源于决策科学中的"例外"原则，目前则被更多地用于成本指标的日常控制。

6）责、权、利相结合的原则

要使成本控制真正发挥及时有效的作用，必须严格按照经济责任制的要求，贯彻责、权、利相结合的原则。

7.4.4.2　多式联运项目成本控制形式

1）以多式联运项目成本的形成阶段为控制对象

如某一多式联运项目为公海铁联运，可将整个运输成本分为公路运输成本、海路运输成本、铁路运输成本，实行分过程控制。

2）以多式联运过程中服务的不同功能作为成本控制对象

按服务功能的不同，多式联运项目中可以将运输、储存、装卸、配送、报关等功能作为控制对象，也就是通过对构成整个多式联运活动的各项功能进行技术改善和有效管理，从而减低其所消耗的项目成本费用。

3）以多式联运项目成本的不同项目作为成本控制对象

按照各责任中心、各成本发生项目等进行日常的成本控制，可分为材料费、人工费、燃油费、差旅费、办公费、折旧费、利息费、委托费以及其他。

7.4.4.3　多式联运项目成本控制的实施

成本控制是保证成本在预算估计范围内的工作。而多式联运项目成本控制的实施主要体现在费用控制上，大致可分为四个步骤。

（1）确定费用预算，即确定费用控制的依据。费用控制的基础是实现项目进行的费用预算。

（2）衡量工作成效，即通过管理信息系统采集实际工作的数据（与已制定的控制标准中所对应的要素)和监控费用执行情况以确定与计划的偏差,从而了解和掌握工作的实际情况。

(3) 分析衡量的结果,即将实际工作结果与标准进行对照,确定实际发生的费用是否已经出现偏差。若分析结果表明有偏差,则分析其发生的原因、影响改变费用线的各种因素、确定费用线是否改变以及管理和调整实际的改变,为进一步采取管理行动做好准备。若分析结果表明没有偏差或只存在"健康"的正偏差,那么控制人员就不必再进行下一步,控制也就到此为止了。

(4) 采取管理行动,纠正偏差。首先,对造成费用基准变化的因素施加影响,以保证这种变化向有利方向发展;然后,采取恰当的纠正偏差方法。纠正偏差的方法不外乎两种:要么改进工作绩效,要么修订标准。

多式联运项目的成本控制,应伴随项目的进程渐次展开,要注意各个时期的特点和要求。

7.4.5 多式联运项目进度与费用的协调控制

在项目执行过程中,费用与进度是相关的:如果减少费用,资源投入就会减少,相应的进度也会受影响;如果赶进度,费用就有可能提高;但是,如果期限过长,又会由于资源占的时间长而使费用上升。因此,在进行多式联运项目的进度控制和费用控制时,还要考虑到进度与费用的协调控制,设法使这两个控制指标都达到最优。具体的协调控制涉及复杂的技术和方法,在此只介绍一些原理和思想。就目前的项目管理水平来说,具体项目中项目的进度和费用控制是比较困难的步骤,但又是较为重要的一环。每个项目中,进度和费用的保证对项目的实施均具有极其重要的意义。对于多式联运项目来说,也是如此。

7.4.5.1 关键比值法

在大项目的控制中,常常通过计算一组关键比值来加强控制分析。关键比值计算如下。

在此将"实际进度/计划进度"称为进度比值,将"预算费用/实际费用"称为费用比值。关键比值是由进度比值和费用比值组成的,是这两个独立比值的乘积。

单独分析进度比值和费用比值,当它们大于1时,说明项目的进程状态或实施绩效是好的。但是在综合分析时,如一个大于1,一个小于1,项目的进程状态如何呢?关键比值可以帮助发现一些有关项目进程状态的深层的有价值的信息。以表7-5测量到的绩效资料为例,进行解析。

表 7-5 关键比值计算

工作单元	实际进度(1)	计划进度(2)	进度比值(3)=(1)/(2)	预算费用(4)	实际费用(5)	费用比值(6)=(4)/(5)	关键比值(7)=(3)×(6)
A	2	3	2/3<1	6	4	6/4>1	1
B	2	3	2/3<1	6	6	6/6=1	2/3<1
C	3	3	3/3=1	4	6	4/6<1	2/3<1
D	3	2	3/2>1	6	6	6/6=1	3/2>1
E	3	3	3/3=1	6	4	6/4>1	3/2>1

由上表可得出如下分析结果：

(1) 任务 A。无论进度还是费用,都是实际值低于计划值。如果进度推迟,没有大的问题。

(2) 任务 B。费用等于预算费用,但实际进度滞后。因为费用消耗已达到预算水平,而进度却落后,则有可能存在费用的超支。

(3) 任务 C。进度等于计划进度,但费用超支。

(4) 任务 D。费用等于预算费用,进度超前,意味着节省了一笔费用。

(5) 任务 E。进度等于计划进度,而实际费用低于预算,等于节约了一笔费用。

一般来说,关键比值应控制在 1 附近。对于不同的项目、不同的工作单元,要求关键比值的控制范围不同。越是重要的、投资大的项目或工作单元,允许关键比值偏离 1 的距离越小。

7.4.5.2 基于网络计划的多式联运进度费用控制

由网络分析技术可知在项目的所有工作单元中,只有关键工序会影响项目的进度。在一般情况下,项目中工作单元的进度和费用又呈反方向变化,及减少某些资源(如人力、设备)的投入可以减低费用,但是肯定会延长工期。

上述原理提供了一种进度和费用的协调控制思路。即若要降低多式联运项目后续工作的费用而不影响工期,只能在非关键工作单元(工序)上想办法。非关键工序由于存在时差,可以通过资源调整,适当延长其持续时间,以不超过允许时差为约束,达到降低多式联运项目费用的目的。若要赶进度,只有在多式联运项目的关键工作单元的工作时间缩短时,多式联运项目的进度才有可能提前。

"费用—进度"综合控制的基本原理如下：

随着多式联运项目计划的实施,通过加强项目进度监测,可以取得大量实际数据,并根据所测得的实际数据,绘制出实际进度与费用支出曲线;同时,可根据实际完成或部分完成的各项作业的原计划费用支出,绘制出已完工和部分完工作业的计划费用曲线,如图 7-23 所示。

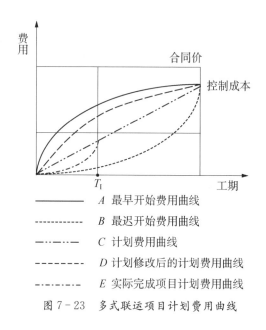

图 7-23   多式联运项目计划费用曲线

随着多式联运项目的开展,D、E 曲线不断延伸。如果 C、D、E 三条曲线彼此接近或重合,则说明多式联运项目按计划进行。不过这三条曲线通常会发生偏差。当项目进展到 T_1 时,D、E 两条曲线发生了纵向偏离,说明该工程实际已超支。C、E 两条曲线的横向偏离说明实际完成项目的时间比计划推迟了。检查结果说明项目进度与费用已偏离计划,就应分析并找出产生费用超支和项目拖期的原因。

7.5   重大件货物多式联运管理

7.5.1   重大件运输的特性分析

重大件货物通常生产制造周期长;针对不同的项目需求单独设计生产,用途具有专项性;加工过程具有一次性;重大件货物的运输组织需要综合考虑货物的实际情况、制造地点、运输路线、运输工具、装卸港情况、现场吊装设备等因素影响,并进行可行性分析。

7.5.1.1   重大件运输的特点

重大件运输随着大型工程项目的繁荣而产生,重大件运输除具有普通货物运输特性外,还有其自身特点。

(1) 对于路况要求更高。由于货物特殊性,需要提前考察路况,包括沿途桥隧运输限制、道路周边障碍等,选择道路情况良好、桥梁较少、限制较少的路线。

(2) 具有一次性和单向性。由于重大件货物是根据不同项目需求定制,因此每一次运输过程需要指定单独方案。并且由于货物制造周期长、大型化等特点使得运输具有单向性,几乎不可能发生逆向物流。

(3)对操作人员专业化水平要求较高。重大件运输需要专业和有经验的操作人员,能够灵活操作特种车辆和吊车,处理突发事件。

(4)运输风险高。由于货物超限,重大件运输过程中稍有不慎,会造成极其严重的车、货损失和其他直接、间接经济损失,直接影响工程项目的实施。

重大件道路运输可能遇到的问题如下。

(1)空障的通行性。重大件货物自身的高度加上承运车辆车板的高度较高,通常超过各地桥梁和涵洞限制。

(2)桥梁的通过性。重大件货物自身重量加上承运车辆的重量较大,这就需要对沿途道路、桥梁进行数据分析和模拟,通过分析桥梁内力和车辆通过时产生的最大内力,计算荷载效率,判断能否通过。

(3)转弯半径的通过性。重大件运输车辆较长,其转弯半径较大,如果道路转弯半径过小,宽度过窄,就有可能导致车辆不能通过。

(4)坡度的通过性。由于重大件承运车组较长,载货后车板发生一定的变形,通过凸坡或者凹坡车板落在两坡面,可能导致车组被托底或反向变形破坏。

(5)运输成本高。重大件运输不仅要考虑车辆直接运费,还需要考虑前期的路勘费用、桥梁加固、空中排障、修路造桥的费用等。

(6)运输时间长。重大件运输设备载货时速度比较缓慢,同时需要提前申请上路许可,修路造桥等辅助工作耗时较长。

因此,要安全、经济地在规定时间内将重大件运输到项目现场,是项目实施的关键。

7.5.2 多式联运项目招投标

招投标是指招标人就拟建的工程用招标方式吸引承包单位参与竞争,最终通过法定程序从中选择最优单位来完成工程任务的一种行为。采用招投标不仅是降低了某次特定采购的成本,而且还产生了对买方乃至整个社会有利的综合效益,优化资源配置。

7.5.2.1 招投标的特征及主要类型

招投标具有3个基本的特征。第一,平等性。这一特征符合等价交换,应该遵照自愿、平等以及规范的流程进行。第二,竞争性。招投标的核心就是竞争。招投标活动开展以后要求投标企业的数量在3家以上,投标者凭借自身的信誉、服务、视力以及报价等综合优势来从众多竞争者中脱颖而出。第三,开放性,所有招标广告必须以公开的方式呈现,为广大投标者营造一个公平、良好的竞争环境。

招投标应遵循四项工作原则:其一,公平性原则;其二,公开性原则;其三,公正性原则;其四,诚实守信原则。

根据不同的分类方法,招标方式也是不同的。从竞争的开放程度来说,有公开招标和邀请招标两种。公开招标是指招标人发布招标公告,邀请不特定的单位参与招标,此方式使得投标人之间的竞争更加充分,这有利于投标人选择合适的中标人;而邀请招标,是指对特定的几个对象发出邀请,这样投标人之间的竞争就会受到一定的限制。通常在多式联运项目中,为了保证项目更充分地竞争,一般选用公开招标的方式。

7.5.2.2　招投标的评标方法

1) 性价比评标方法

性价比法是综合评标办法中的一种特殊方法,指的是评标委员会按照招标文件的要求,先评审投标文件的技术商务部分,再计算出有效投标人技术商务部分的分项得分因素(如信誉、技术、人员安排、财务状况、业绩、工期等)的得分,汇总除以投标人的投标报价后,总得分最高的投标人为中标候选人。采用这种方法时,投标人需要将商务、报价、技术文件分别密封,分两次开标,先开技术和商务标,再开投标价格。

2) 评审后的最低投标价评标方法

评审后的最低投标价法实质上是将投标者的商务、技术和服务内容的各项指标按照统一的标准都换算成价格,比较后以最低标价的投标人作为中标候选人的方法。此法又称为合理低价法。要保持经评审的合理低价有效,就必须满足两个前提条件:一是该投标文件实质性响应招标文件;二是经评审的最低价不能低于其个别成本。

3) 最低评标价法

最低评标价法指的是中标候选人是以价格作为主要评标因素来确定的。但前提是投标文件的其他内容也要满足招标文件的全部实质性要求(即要满足招标文件对投标人的最低要求),满足后再以统一的价格要素确定出价格最低者为中标候选人。使用最低评标价法评标时须满足三个条件:一是必须完全响应了招标所有的实质性要求,二是评审后的投标价格最低,三是报价不能过低(即不能低于成本价)。

4) 二次平均评标方法

二次平均法是指先对所有投标人的有效报价先进行一次平均,之后对不高于第一次平均值的报价进行第二次平均,再以第二次的平均价作为最佳报价。二次平均法的评标也分为资格预审、符合性审查和详细评审等阶段。

5) 综合评分法

综合评分法指的是投标人应根据招标文件实质性要求进行最大限度的响应,即按招标文件各项要求中最高分标准准备投标文件,评标委员会根据招标文件中各项得分因素进行综合打分后,以最终得分最高的作为中标候选人。这种方法对技术、商务、价格等各方面指标分别进行打分,所以也称为打分法。

7.5.2.3　重大件货物运输公司的选择

选择良好的重大件运输公司是完成运输的关键,选择重大件运输公司当中需要注意以下事项。

(1) 了解当地法律法规。由于世界各国对于重大件运输有着特殊要求,因此首先要了解相关的法律法规要求,结合项目货物运输需求,确保将来运输过程可行性。

(2) 审查运输公司资质。运输公司的资质一定程度上反映该公司的实力。要详细区别运输公司是有车经营还是无车经营,同时要根据相关的政策审查其是否具备重大件运输资格。

(3) 审查业绩。由于重大件货物的特殊性,运输过同样重大件的可能性较小,但也需查看公司是否有相似重大件运输的业绩。业绩多少一定程度上可以反映公司的操作熟练程度和公司实力。

(4) 审查公司管理体系。审查公司是否通过了 ISO、HSE、质量控制等管理体系。

(5) 审查运输技术。运输技术包括运输公司前期的电脑模拟技术、牵引车辆选型及运输过程当中的实施技术。

(6) 划分保险责任。注意运输公司运输责任险的范围和理赔上限,保证运输当中所有出险情况由运输公司承担。

(7) 划分保函责任。运输过程当中,可能需要出具各式各样的保函,与运输相关的所有保函应由运输公司承担。

(8) 获得运输许可。在内陆运输过程当中,所有政府或者其他许可的申请,由运输公司负责,如需要,提供必要的帮助。

(9) 降低运输费用。在安全、可靠的前提下,尽量降低成本。

7.5.3　重大件货物海上运输

7.5.3.1　海运物流商选择

(1) 明确承运船舶要求,确定船舶年限、受载限期、船吊要求、航期要求等。

(2) 明确工作范围,装卸货要求,吊具要求等。

(3) 根据实际情况列出其他特殊要求。

(4) 按照公司规定询价。

(5) 进行评审、审批,确定中标物流商。

7.5.3.2　海运发运

(1) 确定外轮靠泊时间(estimated time of arrival,ETA),进行后续集港和保

管安排。

(2) 普通货物提前集港。

(3) 重大件安排车船(或驳船—海运船舶)直取。

(4) 提前到港口疏港,确保货物直接靠泊,以免产生滞期和相应的费用。

(5) 完成货物出口的通关。

(6) 装货前检查船舶舱位和相应的吊具,审核吊装方案。

(7) 检查货物在吊装前是否完好。

(8) 通知保险公司及聘请第三方监装公司进行装船过程监督。吊装过程全程监督,拍照和视频留存。

(9) 吊装完成后检查货物在海轮的状态和位置,同时记录绑扎情况。确保绑扎结实牢固,且不会对货物产生损坏。

7.5.3.3　海运卸货

(1) 海运过程中需要时刻跟踪船的状态,每天更新预计到达时间(ETA),便于提前准备重大件接卸和现场卸车吊装准备。

(2) 目的港提前疏港,确保船舶直靠,避免滞期。

(3) 车船直取货物,车辆提前在港内等待。

(4) 卸货前检查货物状态,绑扎是否完好,是否有位移,是否产生货损。如有货损及时签署货损报告,并通知保险公司查勘。

(5) 审查卸船方案和吊具。

(6) 确定作业时间,考虑天气影响。

(7) 第三方监督全程监卸。

(8) 保险公司参与卸货。

(9) 重大件卸货前各方交底,参与方不少于船方、港口、内陆运输公司、发货人、业主、第三方监卸人员、保险公司监卸人员等。要求各方达成一致。

7.5.4　重大件货物陆路运输

7.5.4.1　道路运输实施前准备

重大件运输具有科技含量高、运输操作难度高、风险高等特点,因此前期准备工作必须做好,包括路线勘测、道路选择、桥梁通过措施、空中障碍排除、承运设备选型等。

1) 实施原则

(1) 安全可靠性原则。由于设备价值高、生产周期长、无替代品,所以运输过程当中把安全第一作为指导原则。

(2) 经济性原则。在确保安全的前提下,选择合适的运输路线和运输方式,选择合适的桥梁通过方法及路障排除方法,最大程度地控制运输成本。

（3）时效性原则。由于重大件运输过程中可能涉及提前准备、运输许可申请、道路障碍排除、修筑辅路、交通管制等工作，并且还会影响施工现场大型吊装设备到场时间。所以整个运输过程需要严格控制时间进度。

此外，运输过程中应尽量避免吊装和中转，最大限度地保证安全。

2）路勘工作

重大件运输工作核心在于路线选择，良好的路线能够降低运输成本，减小风险、减少排障工作，最大限度保证货物运输的安全、可靠、时效。而路线选择的核心在于前期的道路勘查工作，即针对不同的路线进行实际的考察和测量。

（1）根据经验选择备选路线。备选路线选择时考虑运输距离及车辆通过的可行性。

（2）实际考察测量备选路线（运输公司完成）。实际考察当中需要考察桥、高度障碍、转弯半径、可能障碍物的详细坐标、备选通行路径中所有障碍汇总。

（3）汇总备选路线并分析比较。根据备选路线初步参数，将所有的参数分类汇总，识别出影响重大件运输的关键障碍。如条件允许，再次沿着路线实际考察障碍情况。

（4）选择详细踏勘路线。根据汇总的备选路线参数情况，结合运输以及项目实际，依据重大件实施原则，选择一条详细的路线，进行下一步详细的路线勘查。

（5）进行详细路勘。详细路勘的主要工作包括计算桥梁的负载参数，计算道路的负载能力，找出所有障碍，明确运输所需的各类许可，为所有障碍找出解决方法。

（6）清楚道路障碍预算。针对根据详细路勘的结果，针对许可申请，对清除障碍的全部费用进行预算。

（7）申请第三方机构认证路勘报告。根据当地政府要求和通常的做法，如有需求，首先到相关的第三方机构认证路勘报告。

（8）申请重大件运输许可。根据当地的法律法规，提供相应的材料，申请重大件运输许可。

7.5.4.2　内陆运输组织

（1）协调业主清关，按照信用证要求将信用证（letter of credit, LC）单据提交业主，提前协调从海关系统进行模拟，发现问题并处理，待最后仅递交纸质单据。

（2）运输公司跟踪船期，提前组织特种运输车辆，在港口等待海轮到港。

（3）提货手续提前完成。

（4）政府颁发的上路许可提前申请并获批，否则无法进行后续运输工作。

（5）选择临时仓储。既需要制造商根据货物性质提供临时存放说明，对存放的地基承载力、存放的周围环境等做出详细说明，又需要根据货物的重量分布和设备本身的底座情况，设计合适的底座支架，底座支架高度要适中，能够配合承运设备自身液压设施升降行程范围使用。

7.5.4.3 运输辅助系统

(1) 安全保障。重大件运输的安全保障需要从运行安全保障和运输保障控制两个方面进行控制,具体控制的关键点如图 7-24 所示。

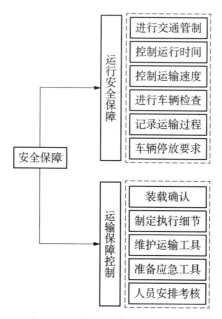

图 7-24　安全保障控制的关键点

(2) 应急保障。重大件运输过程中首先建立组织识别潜在的风险,将风险降到最低,同时组织运输公司,考虑各自潜在风险的可能性,制定预防措施。

8

多式联运法律与惯例

8.1 海运段货物运输法律与惯例

8.1.1 《海牙规则》

《海牙规则》于 1924 年 8 月在比利时布鲁塞尔举行的外交会议上审议通过,正式定名为《统一提单的若干法律规定的国际公约》,简称《海牙规则》(Hague Rules),自 1931 年起生效。《海牙规则》全文共 16 条,其中第 1 条至第 10 条是实质性条款,主要内容如下。

1) 定义条款

《海牙规则》将承运人定义为包括与托运人订有运输合同的船舶所有人或租船人。《海牙规则》适用的海运提单,是在将提单作为一种物权凭证所进行的海上货物运输时适用,如果是根据租约签发的提单,则在提单成为制约承运人和提单持有人时,亦得适用。"货物"不包括活动物和舱面货。所谓舱面货,是指在运输合同中载明,并实际装于舱面上。关于责任期间,《海牙规则》并未规定,但在定义条款中将"货物运输"定义为"自货物装上船时起,至卸下船时止的一段期间"。

2) 关于承运人的责任

《海牙规则》规定,承运人必须承担在开航前和开航当时谨慎处理使船舶适航,妥善地配备船员、装备船舶和配备供应品,使货舱、冷藏舱、冷气舱和其他载货处所适宜于并能安全收受、载运和保管货物。在货物运输过程中,承运人对于货物的装载、搬运、配载、运送、保管、照料和卸载,要承担责任和义务,并享受权利和豁免。除承运人可以免责的原因外,承运人应当妥善和谨慎地(properly and carefully)处理好管货的上述 7 个环节。

《海牙规则》规定,承运人对每件或每单位货物的赔偿限额为 100 英镑,如果货方已申报了货物的价值,并在提单上注明,则不在此列。

3) 关于承运人的免责

《海牙规则》第4条规定,承运人和船舶对凡是因船舶不适航引起的灭失和损坏不负责任,但承运人须对开航前和开航当时谨慎处理使船舶适航负举证责任。除此而外,该条同时规定了承运人和船舶的17项免责。

(1) 船长、船员、引水员或承运人的雇佣人员,在驾驶或管理船舶中的行为、疏忽或不履行义务。

(2) 火灾,但由于承运人的实际过失或私谋所引起的除外。

(3) 海上或其他能航水域的灾难、危险和意外事故。

(4) 天灾。

(5) 战争行为。

(6) 公敌行为。

(7) 君主、当权者或人民的扣留或管制,或依法扣押。

(8) 检疫限制。

(9) 托运人或货主、其代理人或代表的行为或不行为。

(10) 不论由于任何原因所引起的局部或全面罢工、关厂停止或限制工作。

(11) 暴动和骚乱。

(12) 救助或企图救助海上人命或财产。

(13) 由于货物的固有瑕疵(inherent vice)、性质或缺陷引起的体积或重量亏损,或任何其他灭失或损坏。

(14) 包装不善。

(15) 唛头不清或不当。

(16) 虽恪尽职责亦不能发现的潜在缺陷(latent defect)。

(17) 非由于承运人的实际过失或私谋(privity),或者承运人的代理人,或雇佣人员的过失或疏忽所引起的其他任何原因;但是要求引用这条免责利益的人应负责举证,证明有关的灭失或损坏既非由于承运人的实际过失或私谋,亦非承运人的代理人或雇佣人员的过失或疏忽所造成。

8.1.2　《维斯比规则》

以探讨提高发展中国家的经济地位为目的,国际海事委员会于1963年6月草拟了修订《海牙规则》的议定书草案,并提交给1967年和1968年召开的海事法会议审议。经会议审议通过后,于1968年2月23日在比利时的布鲁塞尔召开的外交会议上通过,定名为《关于修订统一提单若干法律规定的国际公约的议定书》,并简称为"1968年布鲁塞尔议定书"。在这次会议期间,与会代表前往参观过曾是15世纪有名的海法《维斯比海法》编纂地的维斯比城。所以这个议定书也就被称为《维斯比规则》。《维斯比规则》于1977年6月23日生效,截至2006年,参加该规则的国家共有 30 个,包括英国、法国、德国、荷兰、西班牙、挪威、瑞典、瑞士、意大利、日本等主要航运国家。

《维斯比规则》的主要内容如下:

1) 关于提单的证据效力

《海牙规则》第 3 条第 3 款及第 4 款规定,承运人收到货物之后,应托运人的请求应签发提单给托运人,这种提单即作为承运人依照规定所载内容"收到该提单中所载货物的初步证据",至于提单转让至第三人的证据效力,未做进一步的规定。《维斯比规则》为此做出了补充规定:"但是,当该提单已被转让至善意行事的第三者时,与此相反的证据便不予接受"。因此,提单上有关货物的记载在承运人与托运人之间构成初步证据,而当提单转至善意的第三人手中,即在承运人与收货人或提单持有人之间构成最终证据。

2) 关于承运人的赔偿责任限制

《维斯比规则》大幅度地提高了单位责任限额,并采用双重计算办法。该规则将《海牙规则》规定承运人对货物灭失或损坏的赔偿限额,从按每件或每单位计算的单一办法,改为按每件或每单位或按毛重每千克的双重计算办法,该规则第 2 条规定,承运人的责任限额为每件或每单位 10 000 金法郎或毛重每千克 30 金法郎,以高者为准。《维斯比规则》的 1979 年议定书又将计算单位金法郎改为国际货币基金组织(International Monetary Fund,IMF)的计算单位——特别提款权(special drawing right,SDR),责任限额分别为 666.67 计算单位或毛重每千克 2 计算单位。

为了解决集装箱运输出现后的损害赔偿问题,《维斯比规则》第 2 条规定,如果货物是以集装箱、货盘或类似的运输工具集装,则提单中载明的装在此种运输工具中的件数或单位数,应视为本条所述件数或单位数。除上述情况之外,此种运输工具应视为一个包/件或单位。

关于承运人享受责任限制的条件,《维斯比规则》也就此做出了规定:如经证明,损害系承运人故意或明知可能造成损害而轻率地采取的作为或不作为所引起,则无论是承运人或船舶,都无权享有责任限制的利益。

3) 关于受雇人、代理人法律地位

"喜马拉雅条款"源于 1953 年英国的一个案例(Alder v. Dickson)。英国东方及半岛公司(P&O)所属的"喜马拉雅号"客轮(Himalaya)在一次靠港时,由于舷梯未搭好,致使一名叫 Alder 的女乘客摔伤。因承运人依据客票上印有的免责条款要求免责,Alder 便以侵权行为为诉因控告该船水手长 Dickson。法院判决,水手长作为承运人的受雇人员,无权援引客票上印有的免责条款。该案在当时的承运人中反响很大,自此以后,纷纷在提单上加入"喜马拉雅条款",规定承运人的受雇人或代理人可以援引承运人的各种抗辩、免责和责任限制。

1968 年《维斯比规则》将该条款内容法定化：该规则第 3 条第 2 款规定,不论基于违约还是侵权对承运人的受雇人或代理人(该受雇人或代理人并非独立合同人)提起的诉讼,该受雇人或代理人有权援引承运人的各项抗辩和责任限制。但要注意,《维斯比规则》的这条规定中的受雇人或代理人,不包括承运人的独立合同人。现在提单中的喜马拉雅条款不仅包括受雇人和代理人,还包括独立合同人。

4) 关于侵权之诉

《海牙规则》中没有关于侵权行为的规定。《维斯比规则》规定,对承运人提起的任何有关货物灭失或损坏的诉讼,不论该诉讼是根据合同还是侵权行为,均适用本规则的有关规定。即无论是基于合同还是侵权,向承运人提起的诉讼都不影响承运人依据规则所应享有的免责、抗辩和责任限制的权利。这样规定,使得合同之诉和侵权之诉处于相同的地位,都适用《维斯比规则》,维护了承运人的利益。我国《海商法》也接受了这一规定。

5) 关于诉讼时效

《维斯比规则》第 1 条第 3 款规定,即使向承运人索赔的 1 年时效期限届满之后,只要在受案法院所在地法律允许期间内,仍可以向第三方提起追偿诉讼。但是,允许的时间自提起此种诉讼之人已经解决向其索赔的案件,或在对其本人的诉讼中收到送达的传票之日起算,不得少于 3 个月。承运人追偿的对象可以是码头装卸公司、受损货物之外的其他货物的托运人或发货人或其他第三者。

8.1.3 《汉堡规则》

1976 年 5 月,联合国国际贸易法律委员会拟定了《联合国海上货物运输公约草案》。1978 年 3 月 6 日至 31 日,联合国在汉堡召开的联合国海上货物运输外交会议对该草案进行审议,有 78 个国家派出了代表出席这次会议。与会代表对该草案逐条进行认真的审议后通过了该草案,并正式定名为《联合国海上货物运输公约》,又称为《汉堡规则》。

《汉堡规则》于 1992 年 11 月 1 日生效,到 2005 年 7 月共有 30 个成员国,主要是一些发展中国家,特别是航运不发达的国家。我国没有加入《汉堡规则》,但我国《海商法》第四章采纳了《汉堡规则》中的一些规定,例如承运人的责任期间、迟延交付、实际承运人等。

《汉堡规则》全文共 7 章 34 条。与《海牙规则》和《维斯比规则》相比,《汉堡规则》做出了根本性修改,主要内容如下:

1) 关于承运人的责任期间

《汉堡规则》第 4 条第 1 款规定,承运人对货物的责任期间包括在装货港,在运输途中以及在卸货港,货物在承运人掌管的全部期间,即从承运人在装货港接收货物时起至卸货港交付货物时止,与《海牙规则》规定的"钩到钩"相比,明显地延长了承运人的责任期间。

2) 关于承运人的责任基础

《汉堡规则》第 5 条第 1 款规定,除非承运人证明他本人、其雇佣人或代理人为避免该事故及其后果已采取了一切所能合理要求的措施,否则承运人应对因货物灭失或损坏或迟延交货所造成的损失负赔偿责任,如果引起该项灭失、损坏或迟延交付的事故,如同第 4 条所述,是在承运人掌管期间发生的。由此可见,《汉堡规则》是以"完全过失责任制"为基础来规定承运人的责任的。按照《汉堡规则》,承运人不再享有《海牙规则》规定的诸如驾船管船过失为主的 17 项免责权利。

关于火灾免责,《汉堡规则》有限制地保留下来。该公约规定,如果货方能够证明火灾引起货物的灭失、损害或延迟交付,是由于承运人、其受雇人或代理人的过失或疏忽引起的,承运人须承担赔偿责任。

3) 关于迟延交付

发展中国家认为,绕航的后果就是货物迟延交付。因此,《汉堡规则》没有关于承运人绕航的规定,但增加了承运人迟延交付货物的规定。该公约第 5 条第 2 款规定,如果货物未能在明确约定的时间内,或虽无此项约定,但未能在考虑到实际情况对一个勤勉的承运人所能合理要求的时间内,在海上运输合同所规定的卸货港交货,即为迟延交付。另外还规定了,如果货物在规定的交付日期没有交付满 60 天,对货物拥有请求权的索赔人可以认为货物已经灭失。关于迟延交付的赔偿责任,该公约规定,承运人对迟延交付的赔偿责任,以相当于迟延交付货物应支付运费的 2.5 倍的数额为限,但不得超过海上货物运输合同规定的应付运费总额。

4) 关于赔偿责任限额

与《维斯比规则》一样,《汉堡规则》也采用了双重计算赔偿责任限额的办法。该公约规定,承运人对货物灭失或损坏造成的损失所负的赔偿责任,为每件或每单位 835 计算单位或按货物的毛重每公斤 2.5 计算单位,以两者中较高的为准。这个数额较《维斯比规则》的规定又提高了 25%,这与货主国家的呼声相吻合,明显加重了承运人的赔偿责任。

5) 关于保函的效力

关于保函的规定也是《汉堡规则》新增加的。该公约第 17 条第 2 至第 4 款对保函及其效力做出了具体规定:

"(2) 任何保函或协议,据此托运人保证赔偿承运人由于承运人或其代表未就托运人提供列入提单的项目或货物的外表状况批注保留而签发提单所引起的损失,对包括收货人在内的受让提单的任何第三方,均属无效。

(3) 这种保函或协议对托运人有效,除非承运人或其代表不批注本条第 2 款所指的保留是有意欺诈,相信提单上对货物的描述而行事的包括收货人在内的第三方,在后面这种情况下,如未批注的保留与由托运人提供列入提单的项目有关,承运人就无权按照本条第 1 款规定,要求托运人给予赔偿。

(4) 如属本条第 3 款所指的有意诈骗,承运人不得享受本公约所规定的责任限额的利益,并且对由于相信提单上所载货物的描述而行事的包括收货人在内的第三方所遭受的损失负赔偿责任。"

6) 关于承运人和实际承运人

《汉堡规则》第 10 条规定了承运人和实际承运人的赔偿责任。其主要精神:一是在将货物运输的全部或部分委托给实际承运人时,承运人须对全程负责,承运人还必须对实际承运人及其受雇人和代理人在他们的受雇范围内的行为负责。二是实际承运人与承运人一样享有免责、抗辩和责任限制;实际承运人书面同意承担公约规定以外的义务或放弃公约规定的权利的,对他发生效力,未同意的不发生效力,但承运人如果做出此种承诺,则承运人要受约束。三是如果承运人和实际承运人对货物的灭失或损坏都负有责任,则他们应当承担连带责任,一方承担全部责任后,有权向另一方追偿不属于其承担的部分。

7) 关于活动物和舱面货

《汉堡规则》把活动物和舱面货也都包括在货物的范围内。这说明,活动物的收受、装载、运输、保管、照料和卸载均由货方承担风险,承运人对运输活动物造成的灭失和损害不负赔偿责任,但是,承运人要举证证明自己已经按照托运人关于运输活动物的特别要求行事,并证明活动物的灭失和损害是由于此种固有的特殊风险造成的即可。

关于舱面货,从《汉堡规则》的规定可以看出,第一,承运人只有按照同托运人的协议或符合特定的贸易惯例,或依据法规或规章的要求,才有权在舱面上载运货物,并且要在提单上载明货物装载于舱面上。这样要求,主要是提醒提单受让人,其将接受的货物是舱面货。如果没有在提单上载明,承运人须负举证责任,证明他与托运人曾经有过此类协议,但无论如何,此类协议不能对抗包括收货人在内的善意提单持有人。第二,如果承运人违反与托运人的协议,且既不符合航运习惯,又未按法律法规的规定,将货物装于舱面上,则承运人要对装于舱面上的货物承担灭失、损害或延迟交付的责任,并且根据情况,承运人还有可能丧失责任限制的权利。如果承运人违反与托运人约定的不将货物装于舱面,则承运人无权享受责任限制。

8) 其他

关于诉讼时效,《汉堡规则》第 20 条规定,有关货物运输的任何诉讼,如果在 2 年内没有提出司法或仲裁程序,即失去时效。这一规定加重了承运人的责任,也是《汉堡规则》不为多数海运国家所接受的原因之一。关于管辖权,与《海牙规则》适用于在缔约国签发的一切提单相比,《汉堡规则》允许货方可以在较多的地点选择起诉承运人,例如缔约国法院、承运人所在地、提单签发地、装货港、卸货港、运输合同订立地等。

8.1.4 《鹿特丹规则》

2008年12月11日，在纽约举行的联合国大会上，联合国贸易法委员会（UNCITRAL）制定的《联合国全程或部分海上国际货物运输合同公约》（United Nations Convention on Contracts for the International Carriage of Goods Wholly or Partly by Sea）正式通过，并且于2009年9月23日在荷兰鹿特丹举行了签字仪式，通常称为《鹿特丹规则》。当日，有15个成员国签约，当中不乏美国和希腊等主要海运大国。该规则须得到签署国本国政府接受和核准，UNCITRAL完成收集20个成员国提交核准书的一年后正式生效。

从内容上看，《鹿特丹规则》是当前国际海上货物运输规则之集大成者，不仅涉及包括海运在内的多式联运，在船货两方的权利义务之间寻求新的平衡点，而且还引入了如电子运输单据、批量合同、控制权等新的内容，此外公约还特别增设了管辖权和仲裁的内容。从公约条文数量上看，公约共有96条，实质性条文为88条，是《海牙规则》的9倍，《汉堡规则》的3.5倍。因此，该公约被称为一部"教科书"式的国际公约。

《鹿特丹规则》与我国《海商法》及现在国际上普遍采用的《海牙规则》《海牙—维斯比规则》相比较，对承运人责任制度的规定有很大的变化，扩大了承运人责任期间，改变了承运人的责任基础，取消了传统的承运人免责事项，提高了承运人责任限额，如果该规则生效，将大大加重承运人的责任，可以预见其对航运业及保险业将会带来重大影响，尤其会对一些经营船龄较大、管理水平不高的中小航运企业带来冲击。

虽然国际社会对《鹿特丹规则》的前景，即其是否能够生效，主要航运和贸易国家是否能够批准加入，是否能够在国际上发挥重要作用，存在不同看法。但毋庸置疑的是，《鹿特丹规则》必将引发国际海上货物运输立法的一场革命。该公约一旦生效，将会对船东、港口营运商、货主等各个国际海上货物运输相关方带来重大影响，也将会对船舶和货物保险、共同海损制度等带来影响。该公约即使未能生效，因其代表最新的国际立法趋势，其有关规定也将通过渗透进国内法等途径，对国际海上货物运输产生一定的影响。

8.1.5 《海商法》

我国关于海上货物运输合同的法律规范主要是《中华人民共和国海商法》（Maritime Code of the People's Republic of China）第四章"海上货物运输合同"、第六章"船舶租用合同"、第十三章"时效"和第十四章"涉外关系的法律适用"等中的规定。此外，《中华人民共和国民法典》（以下简称《民法典》）有关合同的原则性规定和第十九章"运输合同"的有关规定也是海上货物运输合同的法律规范。在海事诉讼方面,有关的法律规范是《中华人民共和国海事诉讼特别程序法》。

中国海商法制定于 1992 年,1993 年 7 月 1 日起施行。《海商法》共有 15 章 278 条,是我国目前调整海商法律关系最重要的法律规范。第四章是关于海上货物运输合同的规定,共有八节,第一节"一般规定",第二节"承运人的责任",第三节"托运人的责任",第四节"运输单证",第五节"货物交付",第六节"合同的解除",第七节"航次租船合同的特别规定"和第八节"多式联运合同的特别规定"。另外,在第六章中规定有定期租船合同和光船租船合同的内容,其中第一节是"一般规定",第二节是"定期租船合同",第三节是"光船租赁合同"。我国《海商法》是参照了许多国际公约和国际惯例的规定,同时根据我国国情独立制定的。《海商法》中有关海上货物运输合同的规定,基本是以《海牙规则》和《海牙—维斯比》为基础,也适当吸收了《汉堡规则》的先进内容。

《海商法》第 2 条第 2 款规定,第四章海上货物运输合同的规定不适用于中华人民共和国港口之间的海上货物运输。因此,《民法典》是调整我国港口之间海上货物运输活动的重要法律规范,也是调整国际海上货物运输合同的重要法律规范。国际海上货物运输合同除受《海商法》调整外,还受《民法典》的调整。就对合同的规定而言,《民法典》是普通法,而《海商法》是特别法。作为特别法,《海商法》对海商合同的规定并不全面,特别是海商合同作为合同共性的一些问题没有规定或者只有有限的规定,这些没有规定或者规定不清楚的地方,都需要依据作为普通法的《民法典》进行补充、解释和完善。《民法典》是一部关于合同的基本法律,其基本原则应该在海商合同的各项制度中得到体现。根据《民法典》第 123 条的规定,其他法律对合同另有规定的,依照其规定。由于《海商法》对海上货物运输合同这一问题做了特别规定,《民法典》对各类运输合同的共性问题做了规定,因此,如果对国际海上货物运输合同中的问题在《海商法》中有规定的,就应该依照《海商法》的规定处理,《海商法》没有规定的,才适用《民法典》的相关规定。

8.2　空运段货物运输法律与惯例

民用航空运输的对象主要是旅客、行李和货物 3 种。本书主要讨论和航空货物运输有关的法律与惯例。

航空货物运输法是调整航空货物运输关系的法律规范的总称。根据调整的方式不同,航空货物运输法可以分为两大部分。一部分是航空货物运输管理法,这是国家和国际组织对航空货物运输活动进行纵向管理的法律规范;另一部分是航空货物运输合同法,这是横向调整航空货物运输中平等主体之间的法律关系的法律规范。其中,航空货物运输合同法根据调整对象不同又分为两部分,一部分是调整国际航空货物运输的法律规范;另一部分是调整国内航空货物运输的法律规范。

目前,关于航空货物运输已经有《华沙公约》《海牙议定书》《瓜达拉哈拉公约》《蒙特利尔第四号议定书》《蒙特利尔公约》等多个国际公约,航空运输领域的国际统一立法被认为是各个经济领域中最有成效的。我国不仅明确规定我国参加的国际公约是我国法律的组成部分,而且规定在国际条约与国内立法有抵触时,国际条约优先适用。

国家制定的法律是航空货物运输法最重要的组成部分。在航空法领域中,各国均未制定专门的航空货物运输法,而是将其包括在航空法中。然而,各国对航空货物运输的国内立法一般都受到关于航空运输的国际条约的深刻影响。

8.2.1　国内法规范

我国关于航空货物运输合同的法律规范主要是《中华人民共和国民用航空法》(以下简称《民航法》)第九章"公共航空运输"和《民法典》第十九章"运输合同"和其他关于合同的原则性规定。

1)《民航法》

我国《民航法》于1995年10月30日通过,1996年3月1日起施行,并于2021年4月29日进行了第6次修正。这部法律共16章215条,是我国目前调整民用航空法律关系最重要的法律规范。《民航法》第八章是关于公共航空运输企业的规定,第九章是关于公共航空运输的规定,具体又分为四节,第一节"一般规定",第二节"运输凭证",第三节"承运人的责任"和第四节"实际承运人履行航空运输的特别规定"。此外,第十四章"涉外关系的法律适用"也有一些关于航空货物运输合同的规定。

我国《民航法》同时适用于国际航空运输和国内航空运输。并且,《民航法》第九章适用于公共航空运输企业使用民用航空器经营的旅客、行李或者货物的运输,包括公共航空运输企业使用民用航空器办理的免费运输,但不适用于使用民用航空器办理的邮件运输。

2)《民法典》合同编

除《民航法》外,我国2020年5月28日通过、2021年1月1日起施行的《民法典》合同编也是我国调整航空货物运输活动的重要法律规范。我国《民法典》合同编第十九章是有关运输合同的规定,其中第三节调整的就是货运合同。

航空货物运输合同除受《民航法》调整外,同样也受《民法典》合同编的调整。就对合同的规定而言,《民法典》合同编是普通法,而《民航法》是特别法。作为特别法,《民航法》对航空运输合同的规定是不全面的,特别是对航空运输合同作为合同共性的一些问题基本没有规定或规定有限,而且在这些有限的规定中,又有不少不够清楚的地方。这些《民航法》没有规定或规定不清楚的地方,都需要依据作为普通法的《民法典》合同编进行补充、解释、完善。

3) 其他规章

除了《民航法》和《民法典》这两部法律规范外,有关航空货物运输的国内规章还有《中国民用航空货物国内运输规则》(1996 年 2 月 29 日)、《中国民航航空货物国际运输规则》(2000 年 4 月 21 日)等。限于篇幅,本书不再赘述。

8.2.2 国际公约

目前,国际上有关民航事故损害赔偿的一揽子条约统称"华沙体制"(The Warsaw System),构成华沙体系的法律文件包括 8 个国际条约和 1 个国际民间协议,它们分别如下。

(1) 1929 年 10 月 12 日在华沙签署的《统一国际航空运输某些规则的公约》,俗称 1929 年华沙公约。

(2) 1955 年 9 月 28 日在海牙签署的《修订 1929 年 10 月 12 日在华沙签订的〈统一国际航空运输某些规则的公约〉的议定书》,俗称 1955 年海牙议定书。

(3) 1961 年 9 月 18 日在瓜达拉哈拉签署的《统一非缔约承运人所作国际航空运输的某些规则以补充华沙公约的公约》,俗称 1961 年瓜达拉哈拉公约。

(4) 1966 年 5 月 13 日在蒙特利尔签订的《蒙特利尔承运人间协议》,这不是国际条约,而是由美国民航委员会与世界各主要航空公司之间订立的民间协议,因其对国际航空业的重大影响而被归入华沙体系。

(5) 1971 年 3 月 8 日签署于危地马拉的《修订经海牙议定书修订的〈统一国际航空运输某些规则的公约〉的议定书》,俗称 1971 年危地马拉议定书。

(6) 1975 年 9 月在蒙特利尔签署的第 1 号、第 2 号、第 3 号、第 4 号《关于修改〈统一国际航空运输某些规则的公约〉的附加议定书》。该四份法律文件分别被俗称为 1975 年蒙特利尔第某号附加议定书。

此外,国际民用航空组织(ICAO)于 1999 年 5 月 28 日通过了新的《统一国际航空运输某些规则的公约》(通常称为"1999 年蒙特利尔公约"),它是一个独立的、全新的法律框架,力图取代现存的华沙体制。该公约已于 2003 年正式生效,我国政府 2005 年批准了该公约。

8.2.2.1 《华沙公约》

《统一国际航空运输某些规则的公约》(Convention for the Unification of Certain Rules Relating to International Carriage by Air, The Warsaw Convention),简称 1929 年《华沙公约》。

1929 年 10 月 12 日,由"航空法专家国际委员会"(CITEJA)拟订的国际统一的航空民事责任法典,即《统一国际航空运输某些规则的公约》(通常称为"1929 年华沙公约"),在华沙第二次航空私法国际会议上通过,该公约于 1933 年 2 月 13 日生效。我国于 1958 年 7 月 20 日交存公约加入书,同年 10 月 18 日该公约对我国生效。1929 年《华沙公约》形成了一整套相当完善的处理国际民航事故损害赔偿的规则体系,截至 1997 年 4 月 20 日,已有 149 个国家批准或加入了该公约,并且许多国家将其订入国内法使之适用于本国国内的航空运输,因此成为处理国际民航事故损害赔偿诉讼案件首要的法律依据。

《华沙公约》共 5 章 41 条,其主要内容如下:

1) 公约的适用范围

公约第 1 条规定,公约适用于"依当事各方约定,不论该运输有无中断或转换,凡其出发地和目的地在两个缔约国境内,或者都在一个缔约国境内而在另一国(即使该国不是本公约的缔约国)境内有一个约定经停地点的任何运输","由几个航空承运人承担的运输,凡被合同当事人各方当作一次运输过程者,则不论它以一个合同的方式或者几个相互联系合同的方式订立的,为本公约目的,都当作一项不可分割的运输,并不仅仅因为一个合同或几个相互联系合同全都要在同一个国家境内履行,而丧失其国际性质"。

上述规定中的"国际运输"很容易被误解为与承运人、航空器、旅客或者托运人的国籍有关,其实不然:凡出发地和目的地分别在两个缔约国境内,或者两者在一个缔约国境内而在另一国(不论是否为缔约国)境内有一个"约定经停地点"者,就属于"国际运输",即使经营该航班的航空公司是非缔约国的,也要受公约的强制约束。

2) 关于管辖法院和诉讼时限

公约第 28 条规定了关于有权受理诉讼的四种法院的规定,即"任何损害赔偿诉讼必须向承运人住所地,或者他的主要营业地,或者办理订立合同的承运人营业机构设在地,或者目的地的法院提出,由原告选择";"程序问题由受理案件法院地法决定"。公约禁止当事方专门协议变更管辖规则,但允许在货运方面订立仲裁条款在上述管辖权范围内进行仲裁。

需要注意的是,如果原告选择了向位于我国境内的承运人住所地或者其主要营业地,或者办理订立合同的承运人营业机构设在地,或者目的地的法院起诉,我国法院当然可以受理,但应符合我国民事诉讼法及相关司法解释中有关级别管辖和地域管辖的规定。

公约第 29 条规定:"损害赔偿诉讼必须在自到达目的地之日,或者自航空器应当到达之日,或者自运输停止之日算起,两年内提出,否则丧失其权利","计算时限的方法,由受理案件法院地法确定"。

该条文中的"计算时限的方法"是指确定"到达目的地之日""航空器应当到达之日""运输停止之日"准确含义的方法。上述规定表明,两年的诉讼时限并非诉讼时效,而是除斥期间。如果两年时限届满,原告丧失的不仅仅是胜诉权,而是实体权利本身,并且不得援引本国法加以中断、中止或者暂停。

3) 关于责任制度

公约第 17 至第 25 条规定了航空承运人的责任制度,构成了公约实体性规则的主体。其大致内容如下:

(1) 推定过失责任制。公约规定,"任何登记行李或者货物如因毁灭、遗失或损坏而蒙受损失,凡造成该所受损失的事件发生在航空运输期间",都推定承运人有过失,应负赔偿责任。但是,"凡承运人证明,他和他的代理人为避免损害已采取了一切必要措施,或者不可能采取此种措施者,他就没有责任","凡承运人证明,该损害是由受害人的过失引起或促成的,法院可依本国法规定,全部或者部分免除他的责任"。

上述条文表明,举证责任在通常处于强势地位的承运人即被告方,类似于我国民事诉讼中的"举证责任倒置"原则,有利于通常处于弱势的原告方。事实上,承运人很难履行这种举证责任,因此可推定其过失的存在,对被害人有利。这也反映出"公平、正义"观念在国际法上的体现。

(2) 承运人的责任限制。公约第 22 条规定,承运人对每位旅客的赔偿限额为 125 000 金法郎(当时约合 8 300 美元),每件手提行李为 5 000 金法郎,每公斤行李、货物为 250 金法郎。公约禁止"定出一个任何低于本公约规定限额的条款"。

(3) 承运人责任限制的例外。公约规定,凡承运人未交给客票、行李票或航空运单,或者所开票据不合规格,"无权引用本公约关于免除或者限制承运人责任的规定";凡承运人犯有"故意造成损害的不法行为"或"有意或不顾后果的不良行为"时,亦"无权引用本公约关于免除或者限制承运人责任的规定"。这是综合了大陆法系和英美法系共有的合同法或侵权行为法中对有意或半有意恶劣行为的惩罚原则而制定出的规定。

8.2.2.2 《海牙议定书》

《修改 1929 年 10 月 12 日在华沙签订的统一国际航空运输某些规则的公约的议定书》(Protocol to Amend the Convention for the Unification of Certain Rules Relating to the International Carriage By Air Signed at Warsaw on 12 October 1929, The Hague Protocol),简称 1955 年《海牙议定书》。

1929 年《华沙公约》订立之时是航空业发展的初期,因此对空运企业的保护较多,一个重要的表现就是公约规定了较低的承运人赔偿限额。自《华沙公约》签订以来,关于承运人赔偿限额的高低一直是各国争执的一个焦点问题,发达国家尤其是美国,强烈要求提高限额;此外,随着国际航空运输事业的发展,尤其是第二次世界大战后,民用航空企业迅猛增加,加入《华沙公约》的国家越来越多,这使得公约实施上遇到越来越大的矛盾与冲突。所以,各国外交代表在海牙召开的外交会议上,于 1955 年 9 月 28 日对《华沙公约》做出了修改,最后拟定了《海牙议定书》。

该议定书于 1963 年 8 月 1 日起生效。我国于 1975 年 8 月 20 日批准该议定书,同年 11 月 18 日对我国生效。

该议定书对《华沙公约》的修改主要有以下 3 点。

(1) 将承运人对每位旅客的责任限额提高 1 倍,即从 125 000 金法郎提高到 250 000 金法郎(当时约折合 16 600 美元)。

(2) 重新按普通法系的概念对《华沙公约》的第 25 条中"故意行为"的概念做出了更明确的定义。

(3) 简化了关于运输凭证的规定。由于华沙公约对飞机客票、旅客行李票和航空货运单条款过于烦琐,有的措辞含义不清,海牙议定书对此重新做出了明确规定。简化后,统一了客票、行李票和航空货运单"应载明的项目"。

此外,《海牙议定书》还在航行过失免责、免责范围、索赔期限等不少条文上对《华沙公约》进行了修订。

《海牙议定书》的适用范围:根据当事人所订立的合同,无论运输有无间断或者有无转运,出发地点和目的地点是在两个缔约国的领土内,或者在一个缔约国领土内而在另一缔约国,甚至非缔约国的领土内都有一个约定的经停地点的任何运输。在一个缔约国领土内两个地点之间的运输,如果没有这种约定的经停地点,不被认为是该公约意义上的国际运输。

8.2.2.3 《瓜达拉哈拉公约》

《统一非缔约承运人所办国际航空运输某些规则以补充华沙公约的公约》(the Convention Supplementary to the Warsaw Convention, for the Unification of Certain Rules Relating to International Carriage by Air Performed by a Person Other Than the Contracting Carrier, The Guadalajara Convention),简称《瓜达拉哈拉公约》。

无论是 1929 年制定《华沙公约》时,还是 1955 年通过《海牙议定书》时,都没有明确两个公约中的"承运人"究竟是指与旅客或发货人有合同关系的缔约承运人,还是履行运输事宜的实际承运人。第二次世界大战后,包租飞机,尤其是航空公司之间为调剂运力而所设代机组人员租用的飞机形式"湿租"越来越多,由此而产生了订立合同的"缔约承运人"和实际承担全部或部分运输的"实际承运人"相分离,从而引起了诸多亟待解决的法律问题。因此,各国外交代表于 1961 年 9 月 18 日在墨西哥的瓜达拉哈拉签订了这项公约来弥补上述两个公约的不足。《瓜达拉哈拉公约》于 1964 年 5 月 1 日开始生效,我国未加入该公约。

根据《瓜达拉哈拉公约》,"缔约承运人"(contracting carrier)指的是以本人的名义与发货人或发货人的代理人签订受《华沙公约》约束的航空货物运输合同的人。在许多情况下,缔约承运人首先是或有时是航空运输的唯一承运人,但是缔约承运人也可能仅仅是出具航空运单的人或飞机的包租人或者是一个集中托运人或运输代理人。"实际承运人"(actual carrier)指的是非缔约承运人在缔约承运人的授权下，他履行全部或部分运输任务，但他既不是后程承运人，也不是《华沙公约》定义的连续运输的连续承运人。

《瓜达拉哈拉公约》的适用范围既与《华沙公约》相同，也与《海牙议定书》相同。

8.2.2.4　《蒙特利尔第四号附加议定书》

《蒙特利尔第四号附加议定书》(the Warsaw Convention as amended at The Hague, 1955, and by Protocol No. 4 of Montreal, 1975, The Montreal Protocol 4)。

该议定书于 1975 年 9 月 25 日订于蒙特利尔，自 1998 年 6 月 14 日起生效。在该议定书各缔约国之间，1955 年在海牙修正的《华沙公约》和本议定书应被视为并解释为一个单一的文件，称之为《1955 年在海牙修正的和 1975 年蒙特利尔第四号议定书修正的华沙公约》。

《蒙特利尔第四号议定书》主要在三个方面做出了新的规定。

（1）引入"特别提款权"作为赔偿金的计算单位。《蒙特利尔第四号议定书》规定的承运人赔偿责任限额为每千克 17 个特别提款权（大约相当于 20 美元），规定的限额为最高额，无论产生责任的情势如何，均不得超过这一限额。所谓特别提款权，是指 IMF 所指定的货币计算单位，它是由美元、英镑、法国法郎、德国马克和日元 5 种货币，通过加权方式而计算出来的。特别提款权可以折合成为某个特定国家的货币。客户可以通过声明价值来提高限额，但由于种种原因，客户主要选择保险来补偿经济损失。

（2）国际航空货物运输承运人的责任制度，由"主观责任制"修改成"客观责任制"。承运人只有证明货物的损失是由下列原因造成的才可以免责：货物内在的质量问题或缺陷，货物的包装有缺陷，且包装是由承运人或其雇用人员或代理人之外的其他人完成的；货物的进出港或中转中公共机构的行为造成的损失。

（3）引入电子计算机储存货运资料的新方式。同时进一步简化了航空货运单的内容，并引入电子计算机储存货运资料的办法，即经托运人同意，可以用能够保存运输记录的任何其他方法代替出具航空货运单。这在技术上无疑是一种飞跃。但鉴于世界各国在经济上发展很不平衡，该议定书所规定的，只是实行航空货运单和其他替代办法的并行制度。共有 51 个国家批准。

8.2.2.5　《蒙特利尔公约》

蒙特利尔公约的正式名称是《统一国际航空运输某些规则的公约》(Convention for the Unification of Certain Rules for International Carriage by Air)，简称 1999 年《蒙特利尔公约》。

多年以来，只有少数国家批准或者加入了上述华沙体制的诸多文件，并且这些文件的签署国并不一致，并非都是 1929 年《华沙公约》的缔约国，再加上 20 世纪 70 年代的几份文件尚未生效，所以在司法实践中就会出现相当混乱、复杂且不合理的情况。

为解决上述问题,国际民用航空组织(ICAO)于 1999 年 5 月 28 日通过了新的《统一国际航空运输某些规则的公约》(通常被称为"1999 年蒙特利尔公约"),该公约涵盖并理顺了华沙体制所有 9 个文件的规定。1999 年《蒙特利尔公约》已于 2003 年 11 月 4 日正式生效。公约的生效取代了已适用 70 多年的华沙公约及修正其的系列公约、议定书,从而使规范国际航空运输的法律制度走向完整、统一,展现出一个全新的法律框架。截至 2019 年 8 月,1999 年《蒙特利尔公约》共有 136 个成员方,覆盖各国之间 98% 以上的运输量。世界主要航空运输大国,如美国、中国、英国、法国、德国、意大利、日本、加拿大、俄罗斯、澳大利亚、巴西等都已经加入该公约。我国于 2005 年 6 月 1 日加入了该公约,公约自 2005 年 7 月 31 日起对我国生效。

可以说,1999 年《蒙特利尔公约》最主要的变化是体现在责任制度和责任限额方面,具体有以下几方面:

1) 由过错责任制走向严格责任制

公约对客、货运均采取客观责任制。在旅客伤亡方面,公约规定对于因旅客死亡或者身体伤害而产生的损失,只要造成死亡或者伤害的事故是在航空器上或者在上、下航空器的任何操作过程中发生的,承运人就应当承担责任。在货物运输方面,公约规定,对于因货物毁灭、遗失或者损坏而产生的损失,只要造成损失的事件是在航空运输期间发生的,承运人就应当承担责任。

2) 提高对旅客的赔偿责任限额

在客运责任制度层面上,公约引进了一种全新的"双梯度"责任制度,即两级责任制。首先纳入了 1971 年危地马拉议定书的责任规则,对于赔偿限额在 10 万特别提款权(SDR)之内的人身伤亡赔偿,不论承运人有无过错,都应当承担责任,除非是由于旅客自己的原因造成的。这是第一梯度,在这一梯度上是客观责任制。在第二梯度下,如果索赔人提出的索赔额超出 10 万特别提款权,如果承运人证明自己没有过错或者证明伤亡是由于第三人的过错造成的,承运人不承担损害赔偿责任,否则,承运人必须承担责任。在这一点上,可以说是与华沙公约的过错推定责任制是相同的。但是,在任何情况下,索赔人都必须举证,证明其提出的索赔额就是其遭受的实际损失。同时,10 万特别提款权只是一个限额,实际损失低于 10 万特别提款权的,根据旅客遭受到的实际损失予以赔偿。

3) 增加了第五管辖权

原《华沙公约》第 28 条规定了以下 4 种管辖权:

(1) 承运人的住所地法院。

(2) 承运人的主营业地法院。

(3) 订立合同的承运人机构所在地法院。

（4）目的地法院。

1999 年《蒙特利尔公约》基本循此规范,但在此基础上,增加了第五种管辖权,公约规定:"对于因旅客死亡或者伤害而产生的损失,诉讼可以向本条第一款所述的法院之一提起,或者在这样一个当事国领土内提起,即在发生事故时旅客的主要且永久居所在该国内,并且承运人使用自己的航空器或者根据商务协议使用另一承运人的航空器经营到达该国领土或者从该国领土始发的旅客航空运输业务,并且在该国领土内该承运人通过其本人或者与其有商务协议的另一承运人租赁或者所有的处所从事其旅客航空运输经营"(第 33 条第 2 款)。

4) 恢复了运输凭证的正常功能

运输凭证的本来功能是作为运输合同的证据和判断是否构成"国际运输",从而适用华沙规则的根据。但是原凭证规则却把遵守凭证规则与否,作为是否有权援用责任限制的前提条件。1999 年《蒙特利尔公约》恢复了运输凭证的正常功能。同时,为适应现代电子技术需要,开辟了"任何保存所做运输的记录"的办法均可使用的现代化道路。

具体来说,在旅客运输中,出具个人的客票不再成为强制性规定。在团体运输中,可以出具"集体的运输凭证"。旅客运输凭证上只需标明始发地点和目的地点以及至少一个约定的经停地点(如有约定的经停地点)。为了便利电子计算机在客票销售和运输过程中的应用,允许使用任何保存前述内容的"其他方法",包括电子手段。

在货物运输中同样引入了电子凭证。承运人应按托运人的要求,向托运人出具货物收据。至于航空货运单或货物收据上应当载明的内容,除了标明始发地点和目的地点以及约定的经停地点外,只需标明货物的重量。

此外,根据《蒙特利尔公约》的规定,在国际航空运输中,承运人必须保证货物的安全正常运输,货物在承运人保管期间,发生货物毁灭、遗失或损坏而产生的损失,或因延误所产生的损失,承运人应负责任。赔偿的最高限额为每千克 17 特别提款权。如果货物的价值超过这个规定的限额,货主可以向承运人交纳声明价值附加费。

同时,公约规定的各项责任限额每隔 5 年进行一次复审,当通货膨胀超过 10% 时可以对责任限额进行修订。当通货膨胀超过 30% 时,则自动进行复审程序。据此,国际民航组织先后 3 次对公约责任限额进行了复审,并于 2009 年将上述限额修订为每千克 19 特别提款权(2009 年 12 月 30 日生效),2014 年维持不变,于 2019 年修订为每千克 22 特别提款权(2019 年 12 月 28 日生效)。

为便于参考,2019 年 6 月 3 日的一个特别提款权的价值等于 1.38 美元。

8.3　铁路段货物运输法律与惯例

8.3.1　国内铁路运输法规

我国《铁路法》于 1991 年 5 月 1 日开始实施,并于 2015 年 4 月 24 日进行了第二次修正。《铁路法》共有 6 章 74 条,其对铁路货物运输的规定主要集中在第二章。按照《铁路法》的规定,铁路货物的托运人与作为承运人的铁路运输企业应订立运输合同,双方按运输合同履行各自的义务,享有平等的权利。同时,明确规定运单是运输合同或运输合同的组成部分。

8.3.1.1　铁路货物的托运、受理和承运

托运人以铁路运输货物,应与承运人签订货物运输合同。按季度、半年度、年度或更长期限签订的整车大宗物资运输合同并须提出月度要车计划表,其他整车货物可将月度要车计划表作为运输合同,交运货物时还须向承运人递交货物运单。零担货物和集装箱运输的货物使用货物运单作为运输合同。车站根据批准的要车计划和进货计划受理货物。

托运人向承运人交运货物时,应向车站按批提出一份货物运单。使用机械冷藏车运输的货物,同一到站,同一收货人可以数批合提一份运单。整车分卸货物,除提出基本货物运单一份外,每一分卸站应另增加分卸货物运单两份(分卸站、收货人各一份)。

如果托运人按一批托运的货物品名过多,不能在运单内逐一填记,或托运搬家货物以及同一包装内有两种以上的货物,须提出物品清单一式三份。加盖车站承运日期戳后,一份由发站存查;一份随同运输票据递交到站;一份退还托运人。托运人对其在货物运单和物品清单内所填记事项的真实性应负完全责任,匿报、错报货物品名、重量时还应按照规定支付违约金。

托运人托运零担货物,应在每件货物上标明清晰明显的标记(货签)。标记应用坚韧材料制作,在每件货物两端各粘贴或钉固一个,包装不适宜粘贴或钉固时,可使用拴挂的办法。不适宜用纸制标记的货物,应使用油漆在货件上书写标记或用金属、木质、布、塑料板等材料制成的标记。运行李、搬家货物除使用布质、木质、金属等坚韧材料的货签或书写标记外,并应在货物包装内部放置标记(货签)。托运人应根据货物性质,按照国家标准,在货物包装上做好包装储运图示标志。货件上与本批货物无关的运输标记和包装储运图示标志,托运人必须撤除或抹消。

零担和集装箱运输的货物,由发站接收完毕,整车货物装车完毕,发站在货物运单上加盖车站日期戳时起,即为承运。实行承运前保管的车站,对托运人已全批搬入车站的整车货物,从接收完了时起负承运前保管责任。车站在承运货物时,应将领货凭证及货票丙联交给托运人。托运人应将领货凭证及时交给收货人,凭以

向到站联系领取货物。

8.3.1.2　承运人的责任和义务

1) 及时运送货物的义务

铁路运输企业应当按照合同约定的期限或者国务院铁路主管部门规定的期限,将货物运到目的站;逾期运到的,铁路运输企业应当支付违约金。

铁路运输企业逾期 30 日仍未将货物交付收货人的,托运人、收货人有权按货物灭失向铁路运输企业要求赔偿。

铁路运输企业对于承运的货物,应妥善处理。对于承运的容易腐烂变质的货物和活动物,应当按照国务院铁路主管部门的规定和合同的约定,采取有效的保护措施。

2) 责任期间和责任范围

铁路运输企业应当对承运的货物自接受承运时起到交付时止发生的灭失、短少、变质、污染或者损坏,承担赔偿责任。货物逾期运到,铁路运输企业同样要承担责任。

3) 赔偿金额

托运人或者旅客根据自愿申请办理保价运输的,按照实际损失赔偿,但最高不超过保价额。未按保价运输承运的,按照实际损失赔偿,但最高不超过国务院铁路主管部门规定的赔偿限额;如果损失是由于铁路运输企业的故意或者重大过失造成的,不适用赔偿限额的规定,按照实际损失赔偿。

4) 免责事项

由于下列原因造成的货物、包裹、行李损失的,铁路运输企业不承担赔偿责任。

(1) 不可抗力。

(2) 货物或者包裹、行李中的物品本身的自然属性,或者合理损耗。

(3) 托运人、收货人或者旅客的过错。

5) 合理收费

铁路运输企业违反法律规定,多收运费或者货物运输杂费的,必须将多收的费用退还付款人,无法退还的须上缴国库。

8.3.1.3　托运人的义务和权利

1) 如实申报和提供合法货物

托运人应当如实填报托运单,铁路运输企业有权对填报的货物和包裹的品名、重量、数量进行检查。经检查,申报与实际不符的,检查费用由托运人承担;申报与实际相符的,检查费用由铁路运输企业承担,因检查对货物和包裹中的物品造成的损坏由铁路运输企业赔偿。

托运人因申报不实而少交的运费和其他费用应当补交,铁路运输企业按照国务院铁路主管部门的规定加收运费和其他费用。

托运、承运货物,必须遵守国家关于禁止或者限制运输物品的规定。

2)妥善包装

托运人托运货物,应根据货物的性质、重量、运输种类、运输距离、气候以及货车装载等条件,使用符合运输要求、便于装卸和保证货物安全的运输包装。有国家包装标准或部包装标准(行业包装标准)的,按国家标准或部标准(行业标准)进行包装。物的运输包装不符合前款要求时,应由托运人改善后承运。

3)及时提取货物

货物到站后,收货人或者旅客应当按照国务院铁路主管部门规定的期限及时领取,并支付托运人未付或者少付的运费和其他费用;逾期领取的,收货人或者旅客应当按照规定交付保管费。

4)自愿保险

托运人可以自愿向保险公司办理货物运输保险,保险公司按照保险合同的约定承担赔偿责任。托运人可以根据自愿的原则办理保价运输,也可以办理货物运输保险;还可以既不办理保价运输,也不办理货物运输保险。不得以任何方式强迫办理保价运输或者货物运输保险。

8.3.1.4　货物的装车和卸车

凡在车站公共装卸场所内装车的货物,托运人应在承运人指定的日期全部搬入车站,车站应及时组织装车。车站接收货物时,应对品名、件数、运输包装、标记及加固材料等进行检查。托运人托运整车货物,未在承运人指定日期内将货物全部搬入车站,自指定搬入之日起至再次指定搬入之日,或将货物全部搬出车站之日止,按车核收货物暂存费。整车货物因车辆容积载重量的限制,装车后有剩余货物时,托运人应于装车的次日起算,3日内将剩余的货物全部搬出车站或另行托运。逾期未搬出或未另行托运时,对于超过的日数按车核收货物暂存费。

货物装车和卸车的组织工作,在车站公共装卸场所以内由承运人负责;在其他场所,均由托运人或收货人负责。但罐车运输的货物、冻结易腐货物、未装容器的活动物、蜜蜂、鱼苗、一件重量超过1t的放射性同位素,以及用人力装卸带有动力的机械和车辆,均由托运人或收货人负责组织装车或卸车。其他货物由于性质特殊,经托运人或收货人要求,并经承运人同意,也可由托运人或收货人组织装车或卸车。

8.3.1.5　货物的交付

承运人组织卸车的货物,到站应不迟于卸车完了的次日内,用电话或书信,向收货人发出催领通知并在货票内记明通知的方法和时间。有条件的车站可采用电报、挂号信、长途电话、登广告等通知方法,收货人也可与到站商定其他通知方法。采用电报等方法或商定的方法通知的,车站应按实际支出向收货人核收催领通知费。收货人在到站查询所领取的货物未到时,到站应在领货凭证背面加盖车站日期戳证明货物未到。

《铁路法》规定,自铁路运输企业发出领取货物通知之日起满 30 日仍无人领取的货物,或者收货人书面通知铁路运输企业拒绝领取的货物,铁路运输企业应当通知托运人,托运人自接到通知之日起满 30 日未做答复的,由铁路运输企业变卖;所得价款在扣除保管等费用后尚有余款的,应当退还托运人,无法退还、自变卖之日起 180 日内托运人又未领回的,上缴国库。

自铁路运输企业发出领取通知之日起满 90 日仍无人领取的包裹或者到站后满 90 日仍无人领取的行李,铁路运输企业应当公告,公告满 90 日仍无人领取的,可以变卖;所得价款在扣除保管等费用后尚有余款的,托运人、收货人或者旅客可以自变卖之日起 180 日内领回,逾期不领回的,上缴国库。对危险物品和规定限制运输的物品,应当移交公安机关或者有关部门处理,不得自行变卖。对不宜长期保存的物品,可以按照国务院铁路主管部门的规定缩短处理期限。

货物在到站应向货物运单内所记载的收货人交付。收货人在到站领取货物时,须提出领货凭证,并在货票上盖章或签字。如领货凭证未到或丢失时,则应出示本单位的证明文件。到站在收货人办完领取手续和支付费用后,应将货物连同货物运单一并交给收货人。

8.3.2 《国际铁路货物联运协定》

《国际铁路货物联运协定》简称《国际货协》,1951 年由苏联、罗马尼亚、匈牙利、波兰等 8 个国家签订,我国于 1954 年 1 月加入《国际货协》,截至 2018 年,共有 25 国铁路加入了《国际货协》。

《国际货协》是参加国际铁路货物联运协定的各国铁路和发货人、收货人办理货物联运必须共同遵守的基本规则。它规定了货物运送组织、运送条件、运送费用计收办法和铁路与发、收货人之间的权利、义务等问题,因此对铁路、发货人、收货人均有约束力。凡《国际货协》有规定的,而国内也有规定的,不论两者是否相同,均应适用《国际货协》的有关规定。若两个邻国铁路间有特殊规定时,按其规定办理。《国际货协》没有规定的,则适用国内铁路规定。由于我国是《国际货协》的成员国,我国经由铁路运输的进出口货物,均按协定的有关规定办理,它不仅是办理铁路货物国际联运业务的依据,也是解决国际铁路货物联运中有关纠纷的法律依据。

8.3.2.1 铁路货物运输合同的订立

铁路的运输单证称为运单,《国际货协》规定,为缔结运输合同的凭证。按照货协的规定,发货人在托运货物的同时,应对每批货物按规定的格式填写运单和运单副本,由发货人签字后交始发站。从始发站承运货物(连同运单一起)时起,即认为运输合同业已订立。在发货人提交全部货物和付清一切费用后,发站在运单及其副本上加盖发站日期戳记,证明货物业已承运。运单一经加盖戳记就成为运输合同生效的凭证。

运单随同货物从始发站至终点站全程附送,最后交给收货人。运单既是铁路承运货物的凭证,又是铁路在终点站向收货人核收运送费用和交货的依据。运单从其性质上看,它不是物权凭证,不能转让。运单副本在铁路加盖戳记证明运输合同订立后,应退还发货人。运单副本虽然不具有与运单正本相等的效力,但按照我国同参加货协各国所签订的贸易发货共同条件的规定,运单副本是卖方通过有关银行向买方结汇的主要单证之一。

发货人应对他在运单中所申报和声明的事项的正确性负责,否则一切后果由发货人负责。铁路有权检查发货人在运单中所申报事项的正确性,但这只限于在海关和其他规章有规定的情况下,以及为保证途中行车安全和货物完整时,铁路才在途中检查货物的内容。

发货人还必须将货物在运送途中为履行海关和其他规定所需的添附文件附在运单上,否则发站可以拒绝承运货物。铁路对添附文件是否正确和齐全无检查义务,但由于添附文件不正确、不齐全而产生的后果,应由发货人对铁路负责。

8.3.2.2　运输合同的变更

根据《国际货协》的规定,发货人和收货人都有权对运输合同做必要的更改。但无论是发货人还是收货人都只能各自变更一次运输合同,而且在变更运输合同时,不准将一批货物分开办理。

铁路在下列情况下,有权拒绝变更运输合同或延缓执行这种变更:

(1) 应执行变更运输合同的铁路车站,接到申请书或发站或到站的电报通知后无法执行时。

(2) 这种变更违反铁路营运管理时。

(3) 与参加运送的铁路所属国家现行法令和规章有所抵触时。

(4) 在变更到站的情况下,货物的价值不能抵偿运到新指定的到达站的一切费用时,但能立即交付或能保证支付这项变更费用者除外。

铁路对要求变更运输合同有权按有关规定核收各项运杂费用。

8.3.2.3　铁路承运人的责任

1) 铁路承运人的基本责任

《国际货协》规定,按照运单承运货物的铁路,应对货物负连带的责任,即承运货物的铁路,应负责完成货物的全部运输。如果是在缔约国一方境内接受货物,铁路的责任直到在到站交货时为止;如果是向非《国际货协》参加国转运,则按照另一国际铁路货物运输公约,到办完手续时为止。其中每一个继续运送的铁路,自接收附有运单的货物时起,即作为参加这项运输合同的当事人,并承担由此而产生的义务。

铁路应从承运货物时起,至在到达站交付货物时为止,对于货物运输逾期以及因货物全部或部分灭失或毁损所产生的损失负责。同时,铁路还应对由于铁路过失而使发货人在运单上记载并添附的文件的遗失后果负责,并对由于铁路过失未能执行有关要求变更运输合同的申请的后果负责。

2) 铁路承运人的免责事项

根据《国际货协》的规定,如果承运的货物由于下列原因而发生灭失、短少、毁损(腐坏),承运人可以免责:

(1) 由于铁路不能预防和不能消除的情况。

(2) 由于货物、容器、包装质量不符合要求或由于货物、容器、包装的自然和物理特性,以致引起其毁损(腐坏)。

(3) 由于发货人或收货人的过失或由于其要求,而不能归咎于承运人。

(4) 由于发货人或收货人装车或卸车的原因所造成。

(5) 由于货物没有用运送该货物所需的容器或包装。

(6) 由于发货人在托运货物时,使用不正确、不确切或不完全的名称,或未遵守本协定的条件。

(7) 由于发货人将货物装入不适于运送该货物的车辆或集装箱。

(8) 由于发货人错误地选择了易腐货物运送方法或车辆(集装箱)种类。

(9) 由于发货人、收货人未执行或未适当执行海关或其他行政手续。

(10) 由于与承运人无关的原因,国家机关检查、扣留、没收货物。

由于下列原因致使未履行货物运到期限,承运人也可以免责:

(1) 由于承运人不能预防和不能消除的情况。

(2) 由于发货人或收货人的过失或由于其要求,而不能归咎于承运人。

(3) 由于发货人、收货人或其授权人未执行或未适当执行海关或其他行政手续。

如承运的货物,由于下列原因在国际铁路—轮渡直通联运中发生灭失、短少、毁损(腐坏)或运到逾期,则承运人对货物灭失、短少、毁损(腐坏)或运到逾期也可以免责:

(1) 由于火灾。如承运人能证明火灾不是由于其过失,也不是由于在其履行运输合同时为其提供服务的其他人在履行职责时的过失造成。

(2) 为拯救生命而采取的措施或为抢救财产而采取的合理措施。

(3) 风险、危险或不幸事故。

同时,承运人仅在能够证明货物灭失、短少、毁损(腐坏)或货物运到逾期发生在水路区段上,即从车辆上的货物装到水运交通工具上开始,直至从水运交通工具卸下为止的期间,才可引用上述免责原因。

8.3.2.4 铁路的赔偿限额

铁路对货物赔偿损失的金额,在任何情况下,都不得超过货物全部灭失时的数额。

对于货物全部或部分灭失,铁路的赔偿金额应按外国出口方在账单上所开列的价格计算;如发货人对货物的价格另有声明时,铁路应按声明的价格予以赔偿。对于未声明价格的家庭用品,如发生全部或部分灭失时,铁路应按每公斤 2.70 卢布给予赔偿。由于货协计费和结算用的货币已改用瑞士法郎,因此赔偿限额已经修改。

如果货物遭受损坏,铁路应赔付相当于货物价格减损失金额的款额,不赔偿其他损失。

协议还规定了货物逾期运到的赔偿额,如果货物逾期运到,铁路应以所收运费为基础,按逾期的长短,向收货人支付规定的逾期罚款。协议同时还规定,如果货物在某一铁路逾期,而在其他铁路都早于规定的期限运到,则确定逾期同时,应将上述期限相互抵消。

8.3.2.5　托运人的权利和义务

托运人包括发货人与收货人。

根据《国际货协》的规定,托运人主要有以下几个方面的权利和义务。

1) 支付运费

支付运费是托运人的主要义务。根据《国际货协》的规定,运费的支付方式如下:

(1) 发送国铁路的运送费用,按照发送国的国内运价计算,在始发站由发货人支付。

(2) 到达国铁路的费用,按到达国铁路的国内运价计算,在终点站由收货人支付。

(3) 如果始发站和到达路的终点站属于两个相邻的国家,无须经由第三国过境运输,而且这两个国家的铁路有直通运价规程时,则按运输合同订立当天有效的直通运价规程计算。

(4) 如果货物需经第三国过境运输,过境铁路的运输费用,应按运输合同订立当天有效的《国际货协》统一运价规程(即《统一货价》)的规定计算,可由始发站向发货人核收,也可以由到达站向收货人核收。但如果按《统一货价》的规定,各过境铁路的运送费用必须由发货人支付时,则这项费用不准转由收货人支付。

此外,《国际货协》还规定了各国铁路之间的清算办法。其主要原则是,每一铁路在承运或交付货物时向发货人或收货人按合同规定核收运费和其他费用之后,必须向参加这次运输业务的各铁路支付各该铁路应得部分的运送费用。

2) 受领货物

受领货物是收货人的另一项主要义务。根据《国际货协》规定,货物运抵到达站,在收货人付清运单所载的一切应付的运送费用后,铁路必须将货物连同运单一起交给收货人;收货人则应付清运费后受领货物。

收货人只有在货物因毁损或腐烂而使质量发生变化,以致部分或全部货物不能按原用途使用时,才可以拒绝受领货物。即使运单中所载的货物部分短少时,也应按运单向铁路支付全部款项。但此时,收货人按赔偿请求手续,对未交付的那部分货物,有权领回其按运单所支付的款项。

如果铁路在货物运到期限届满 30 日内,未将货物交付收货人时,收货人无须提出证据就可认为货物已经灭失。但货物如在上述期限届满后复至到达站时,则到达站应将这一情况通知收货人。如货物在运到期限届满后 4 个月内到达,收货人仍应领取货物,并将铁路所付的货物灭失赔款和运送费用退还给铁路。此时,收货人对货物的送交或毁损,保留提出索赔请求权。

3) 变更运输合同

这是托运人的一项重要权利,具体要求如前所述(见"运输合同的变更"部分)。

8.3.2.6　索赔与诉讼时效

根据《国际货协》的规定,发货人和收货人有权根据运输合同提出索赔要求。在索赔时附有相应索赔根据并注明款项,以书面形式由发货人向发送站提出,或由收货人向到达站提出。如果一张运单的赔偿请求额少于 2.25 卢布时(由于改用瑞士法郎计费和结算,规定金额已有不同),不得提出索赔。

有关当事人向铁路提出索赔时,应按下列规定办理:

(1) 货物全部灭失时,可由发货人提出,同时须提交运单副本,也可以由收货人提出,同时须提交运单副本或运单。

(2) 货物部分灭失、毁损或腐烂时,由发货人或收货人提出,同时须提交运单和铁路在到达站交给收货人的商务记录。

(3) 货物逾期运到时,由收货人提出,同时须提交运单。

(4) 多收运送费用时,由发货人按其已交付的款额提出,同时须提交运单副本或发送铁路国内规章规定的其他文件;或由收货人按其所交付的运费提出,同时须提交运单。

铁路自有关当事人向其提出索赔时,须在 180 日内审查请求,并予以答复。凡有权向铁路提出索赔的人,只有在提出索赔后,才可以向铁路提起诉讼。根据《国际货协》的规定,有关当事人依据运输合同向铁路提出索赔和诉讼,以及铁路对发货人或收货关于支付运送费用、罚款和赔偿损失的要求和诉讼,应在 9 个月内提出。

8.4　公路货物运输法律与惯例

8.4.1　国内公路运输法规

我国于 1997 年颁布并于 2017 年修订实施的《中华人民共和国公路法》,主要针对公路的规划、建设、养护和路政管理、监督检查等,对于公路货物运输基本没有涉及。目前,规范公路货运的法规主要是由交通部颁布并于 2000 年 1 月 1 日开始施行的《汽车货物运输规则》,此外,还有《集装箱汽车运输规则》《汽车运价规则》《汽车危险货物运输规则》。《民法典》合同篇对货运合同有专门的规定,但是,没有分别就公路货运、铁路货运和海运等进行规定,因此,有关的规定仅仅具有一般性指导意义。

《汽车货物运输规则》是为维护汽车货物运输当事人的合法权益,明确承运人、托运人、收货人以及其他有关方的权利、义务和责任,维护正常的道路货物运输秩序,依据国家有关法律、法规而制定的。凡在国内从事营业性汽车货物运输及相关的货物搬运装卸、汽车货物运输服务等活动,均应遵守规则。此外,除非法律、法规另有规定,规则对于汽车运输与其他运输方式实行货物联运的情况也可适用。规则共有 8 章 92 条,以下是主要内容介绍。

8.4.1.1　汽车货物运输的业务种类

汽车货物运输按托运货物数量分为零担和整车。托运人一次托运货物计费重量 3 t 及以下的为零担货物运输;一次托运货物计费重量 3 t 以上,或不足 3 t 但其性质、体积、形状需要一辆汽车运输的,为整批货物运输。

按照运送的时间要求分为一般货物运输、快件运输、特快件运输。在规定的距离和时间内将货物运达目的地的,为快件货物运输;应托运人要求,采取即托即运的,为特快件货物运输。

按照运输时货物的特点分为大型特殊笨重物体运输、集装箱汽车运输、危险货物汽车运输、出租汽车货运、搬家货物运输等。因货物的体积、重量的要求,需要大型或专用汽车运输的为大型特型笨重物件运输。采用集装箱为容器,使用汽车运输的为集装箱汽车运输。承运《危险货物品名表》列名的易燃、易爆、有毒、有腐蚀性、有放射性等危险货物和虽未列入《危险货物品名表》但具有危险货物性质的新产品,为危险货物汽车运输。采用装有出租营业标志的小型货运汽车,供货主临时雇用,并按时间、里程和规定费率收取运输费用的为出租汽车货运。为个人或单位搬迁提供运输和搬运装卸服务,并按规定收取费用的,为搬家货物运输。

汽车运输的货物有普通货物和特殊货物之分。货物在运输、装卸、保管中无特殊要求的,为普通货物,共有三等。货物在运输、装卸、保管中需采取特殊措施的,为特种货物,共有四类。每立方米体积重量不足 333 kg 的货物为轻泡货物。其体积按货物(有包装的按货物包装)外廓最高、最长、最宽部位尺寸计算。

8.4.1.2　汽车货物运输合同的内容

《汽车货物运输规则》规定,汽车货物运输合同有定期运输合同、一次性运输合同和道路货物运单。定期运输合同适用于承运人、托运人、货运代办人之间商定的时期内的批量货物运输。一次性运输合同适用于每次货物运输。承运人、托运人和货运代办人签订定期运输合同、一次性运输合同时,运单视为货物运输合同成立的凭证。在每车次或短途每日多次货物运输中,运单视为合同。无论哪一类合同,承运人或托运人应本着平等、自愿、公平、诚实、信用的原则签订。我们认为运单是道路货物运输合同的凭证,是运输经营者接受货物并在运输期间负责保管和据以交付的凭据。运单不是一种独立的合同形式,定期运输合同和一次性运输合同都可通过运单记载所运送货物及运输的具体内容和当事人的权利义务。

对于一次性运输合同,每一批货物的汽车运输都应填写运单,另有运输合同存在的情况下,运单视为合同的证明。运输合同的订立应符合《合同法》的要求,《汽车货物运输规则》对于合同的基本内容有非强制性规定,包括对运单内容的要求。

定期汽车货物运输合同和一次性汽车货物运输合同在内容上存在一定的差异,但共同点多于不同点。两类合同共同具有的条款如下:

(1)准确表明托运人和收货人的名称(姓名)和地址(住所)、电话、邮政编码。

(2)运输质量。

(3)装卸责任。

(4)货物价值,是否保价、保险。

(5)运输费用的结算方式。

(6)违约责任。

(7)解决争议的方法。

定期汽车货物运输合同和一次性汽车货物运输合同由于合同期限、货物等的区别导致在内容上存在不同。定期汽车货物运输合同中需要约定:

(1)货物的种类、名称、性质。

(2)货物重量、数量或月、季、年度货物批量。

(3)起运地、到达地。

(4)合同期限。

而一次性汽车货物运输合同需要约定:

(1)货物名称、性质、重量、数量、体积。

(2)装货地点、卸货地点、运距。

(3)货物的包装方式。

(4)承运日期和运到期限。

无论是订立定期运输合同还是一次性运输合同,或者未签订定期运输合同或一次性运输合同的,托运人应按以下要求填写运单:

(1)准确表明托运人和收货人的名称(姓名)和地址(住所)、电话、邮政编码。

(2)准确表明货物的名称、性质、件数、重量、体积以及包装方式。

(3)准确表明运单中的其他有关事项。

(4)一张运单托运的货物,必须是同一托运人、收货人。

（5）危险货物与普通货物以及性质相互抵触的货物不能用一张运单。

（6）托运人要求自行装卸的货物，经承运人确认后，在运单内注明。

（7）应使用钢笔或圆珠笔填写，字迹清楚，内容准确，需要更改时，必须在更改处签字盖章。

但当事人订立有书面的定期运输合同或一次性运输合同时，应在运单托运人签字盖章处填写合同序号。

8.4.1.3　货物保价运输

货物运输有货物保险和货物保价运输两种投保方式，采取自愿投保的原则，由托运人自行确定。货物保险由托运人向保险公司投保，也可以委托承运人代办。货物保价运输是按保价货物办理承托运手续，在发生货物赔偿时，按托运人声明价格及货物损坏程度予以赔偿的货物运输。托运人一张运单托运的货物只能选择保价或不保价。托运人选择货物保价运输时，申报的货物价值不得超过货物本身的实际价值；保价运输为全程保价。分程运输或多个承运人承担运输，保价费由第一程承运人（货运代办人）与后程承运人协商，并在运输合同中注明。承运人之间没有协议的按无保价运输办理，各自承担责任。办理保价运输的货物，应在运输合同上加盖"保价运输"戳记。保价费按不超过货物保价金额的7‰收取。

8.4.1.4　托运人的义务与责任

托运人应履行下列义务。

（1）托运货物的名称、性质、件数、重量、体积、包装方式等，应与运单记载的内容相符。按照国家有关部门规定办理准运或审批、检验等手续的货物，托运人托运时应将准运证或审批文件提交承运人，并随货同行。托运人委托承运人向收货人代递有关文件时，应在运单中注明文件名称和份数。

整批货物运输时，散装、无包装和不成件的货物按重量托运；有包装、成件的货物，托运人能按件点交的，可按件托运，不计件内细数。

（2）托运的货物中，不得夹带危险货物、贵重货物、鲜活货物和其他易腐货物、易污染货物、货币、有价证券以及政府禁止或限制运输的货物等。

（3）托运货物的包装，应当按照承托双方约定的方式包装。对包装方式没有约定或者约定不明确的，可以协议补充；不能达成补充协议的，按照通用的方式包装，没有通用方式的，应在足以保证运输、搬运装卸作业安全和货物完好的原则下进行包装。依法应当执行特殊包装标准的，按照规定执行。托运人应根据货物性质和运输要求，按照国家规定，正确使用运输标志和包装储运图标标志。使用旧包装运输货物，托运人应将包装与本批货物无关的运输标志、包装储运图标标志清除干净，并重新标明制作标志。

（4）托运特种货物，托运人应在运单中注明运输条件和特约事项。

运输途中需要饲养、照料的有生动、植物，尖端精密产品、稀有珍贵物品、文物、军械弹药、有价证券、重要票证和货币等,托运人必须派人押运并在办理货物托运手续时,在运单上注明押运人员姓名及必要的情况。押运人员在运输过程中负责货物的照料、保管和交接;如发现货物出现异常情况,应及时做出处理并告知车辆驾驶人员。

托运人未履行合同约定的义务,或在合同没有约定情况下,未履行有关法律规定的义务时,应承担下列责任:

(1) 托运人未按合同规定的时间和要求,备好货物和提供装卸条件,以及货物运达后无人收货或拒绝收货,而造成承运人车辆放空、延滞及其他损失,托运人应负赔偿责任。

(2) 因托运人下列过错,造成承运人、站场经营人、搬运装卸经营人的车辆、机具、设备等的损坏、污染或人身伤亡以及因此而引起的第三方的损失,由托运人负责赔偿:在托运的货物中有故意夹带危险货物和其他易腐蚀、易污染货物以及禁、限运货物等行为;错报、匿报货物的重量、规格、性质;货物包装不符合标准,包装、容器不良,而从外部无法发现;错用包装、储运图标标志;托运人不如实填写运单、错报、误填货物名称或装卸地点,造成承运人错送、装货落空以及由此引起的其他损失,托运人应负赔偿责任。

8.4.1.5 承运人的义务与责任

1) 承运人的义务

(1) 承运人应根据承运货物的需要,按货物的不同特性,提供技术状况良好、经济适用的车辆,并能满足所运货物重量的要求。使用的车辆、容器应做到外观整洁,车体、容器内干净无污染物、残留物。承运特种货物的车辆和集装箱运输车辆,需配备符合运输要求的特殊装置或专用设备。

(2) 承运人应当根据受理货物的情况,合理安排运输车辆,货物装卸重量以车辆额定吨位为限,轻泡货物以折算重量装卸,不得超过车辆额定吨位和有关长、宽、高的装卸规定。

(3) 承运人受理凭证运输或需有关审批、检验证明文件的货物后,应当在有关文件上注明已托运货物的数量、运输日期,加盖承运章,并随货同行,以备查验。

(4) 承运人受理整批或零担货物时,应根据运单记载货物名称、数量、包装方式等,核对无误,方可办理交接手续。发现与运单填写不符或可能危及运输安全的,不得办理交接手续。

(5) 承运人应与托运人约定运输路线。起运前运输路线发生变化必须通知托运人,并按最后确定的路线运输。承运人未按约定的路线运输增加的运输费用,托运人或收货人可以拒绝支付增加部分的运输费用。

(6) 货物运输中,在与承运人非隶属关系的货运站场进行货物仓储、装卸作业,承运人应与站场经营人签订作业合同。

（7）运输期限由承托双方共同约定后应在运单上注明。承运人应在约定的时间内装货物运达。零担货物按批准的班期时限运达,快件货物按规定的期限运达。

（8）整批货物运抵前,承运人应当及时通知收货人做好接货准备;零担货物运达目的地后,应在 24 h 内向收货人发出到货通知或按托运人的指示及时将货物交给收货人。

（9）车辆装载有毒、易污染的货物卸载后,承运人应对车辆进行清洗和消毒。但因货物自身的性质,应托运人要求,需对车辆进行特殊清洗和消毒的,由托运人负责。

2）承运人的责任

（1）货物在承运责任期间和站、场存放期间内,发生毁损或灭失,承运人、站场经营人应负赔偿责任。

（2）承运人未按约定的期限将货物运达,应负违约责任;因承运人责任将货物错送或错交,应将货物无偿运到指定的地点,交给指定的收货人。

运输期限是由承托双方共同约定的货物起运、到达目的地的具体时间,如有约定,按照约定;如未约定,从起运日起,按 200 km 为 1 日运距,用运输里程除每日运距,计算运输期限。

（3）承运人未遵守承托双方商定的运输条件或特约事项,由此造成托运人的损失,应负赔偿责任。

3）承运人的免责事项

货物在承运责任期间和站、场存放期间,由于下列原因造成灭失、损坏,经承运人、站场经营人举证后可不负赔偿责任:

（1）不可抗力。

（2）货物本身的自然性质变化或者合理损耗。

（3）包装内在缺陷,造成货物受损。

（4）包装体外表面完好而内装货物毁损或灭失。

（5）托运人违反国家有关法令,致使货物被有关部门查扣、弃置或做其他处理。

（6）押运人员责任造成的货物毁损或灭失。

8.4.1.6 运输合同的变更和解除

1）中途停运权

中途停运权是指在承运人未将货物交付收货人之前,托运人可以要求承运人中止运输、返还货物、变更到达地或者将货物交付给其他收货人,但应当赔偿承运人因此受到的损失。在中途停运权行使过程中,既可能是运输合同的解除,也可以是运输合同的变更。

2）允许变更和解除的情形

凡发生下列情况之一者,允许变更和解除:

（1）由于不可抗力使运输合同无法履行。

（2）由于合同当事人一方的原因，在合同约定的期限内确定无法履行运输合同。

（3）合同当事人违约，使合同的履行成为不可能或不必要。

（4）经合同当事人双方协商同意解除或变更，但承运人提出解除运输合同的，应退还已收的运费。

3）因不可抗力造成合同的变更

货物运输过程中，因不可抗力造成道路阻塞导致运输阻滞，承运人应及时与托运人联系，协商处理。发生货物装卸、接运和保管费用按以下规定处理：

（1）接运时，货物装卸、接运费由托运人负担，承运人收取已完成运输里程的运费，返回未完成运输里程的运费。

（2）回运时，收取已完成运输里程的运费，回程运费免收。

（3）托运人要求绕道行驶或改变到达地点时，收取实际运输里程的运费。

（4）货物在受阻处存放，保管费用由托运人负担。

8.4.1.7　货物的交付

（1）货物运达承、托双方约定的地点后，收货人应凭有效单证提（收）取货物，无故拒提（收）取货物，应赔偿承运人因此造成的损失。

（2）货物交付时，承运人与收货人应当做好交接工作，发现货损货差，由承运人与收货人共同编制货运事故记录，交接双方在货运事故记录上签字确认。

（3）货物交接时，承托双方对货物的重量和内容有质疑，均可提出查验与复磅，查验和复磅的费用由责任方负担。

（4）货物运达目的地后，承运人知道收货人的，应及时通知收货人，收货人应当及时提（收）货，收货人逾期提（收）货的，应当向承运人支付保管费等费用。收货人不明或者收货人无正当理由拒绝受领货物的，依照《合同法》的有关规定，承运人可以提存货物。

8.4.1.8　货运事故和违约处理

1）事故处理的原则性规定

货运事故是指货物运输过程中发生货物毁损或灭失。货运事故和违约行为发生后，承托双方及有关方应编制货运事故记录。

货物运输途中，发生交通肇事造成货物损坏或灭失，承运人应先行向托运人赔偿，再由其向肇事的责任方追偿。

按规则规定，货运事故发生后，承运人应及时通知收货人或托运人。收货人、托运人知道发生货运事故后，应在约定的时间内，与承运人签注货运事故记录。收货人、托运人在约定的时间内不与承运人签注货运事故记录的，或者无法找到收货人、托运人的，承运人可邀请两名以上无利害关系的人签注货运事故记录。货物赔偿时效从收货人、托运人得知货运事故信息或签注货运事故记录的次日起计算。在约定运达时间的 30 日后未收到货物,视为灭失,自 31 日起计算货物赔偿时效。

未在约定的或规定的运输期限内运达交付的货物,为迟延交付。

当事人要求另一方当事人赔偿时,须提出赔偿要求书,并附运单、货运事故记录和货物价格证明等文件。要求退还运费的,还应附运杂费收据。另一方当事人应在收到赔偿要求书的次日起,60 日内做出答复。

2）事故赔偿金额

货运事故和违约的赔偿金额,按照规则的规定,分别根据情况确定:

（1）货运事故赔偿分限额赔偿和实际损失赔偿两种。法律、行政法规对赔偿责任限额有规定的,依照其规定;尚未规定赔偿责任限额的,按货物的实际损失赔偿。

（2）在保价运输中,货物全部灭失,按货物保价声明价格赔偿;货物部分毁损或灭失,按实际损失赔偿;货物实际损失高于声明价格的,按声明价格赔偿;货物能修复的,按修理费加维修取送费赔偿。保险运输按投保人与保险公司商定的协议办理。

（3）未办理保价或保险运输的,且在货物运输合同中未约定赔偿责任的,按（1）款的规定赔偿。

（4）货物损失赔偿费包括货物价格、运费和其他杂费。货物价格中未包括运杂费、包装费以及已付的税费时,应按承运货物的全部或短少部分的比例加算各项费用。

（5）货物毁损或灭失的赔偿额,当事人有约定的,按照其约定,没有约定或约定不明确的,可以补充协议,不能达成补充协议的,按照交付或应当交付时货物到达地的市场价格计算。

（6）由于承运人责任造成货物灭失或损失,以实物赔偿的,运费和杂费照收;按价赔偿的,退还已收的运费和杂费;被损货物尚能使用的,运费照收。

（7）丢失货物赔偿后,又被查回,应送还原主,收回赔偿金或实物;原主不愿接受失物或无法找到原主的,由承运人自行处理。

（8）承托双方对货物逾期到达,车辆延滞,装货落实都负有责任时,按各自责任所造成的损失相互赔偿。

（9）承运人或托运人发生违约行为,应向对方支付违约金。违约金的数额由承托双方约定。

（10）对承运人非故意行为造成货物迟延交付的赔偿金额,不得超过所迟延交付的货物全程运费数额。

8.4.2　《国际公路货物运输合同公约》

《国际公路货物运输合同公约》（Convention on the Contract for the

International Carriage of Goods by Road，CMR)是联合国所属的欧洲经济委员会负责草拟,1956 年 5 月 19 日于日内瓦通过并生效。我国至今未加入该公约。公约的基本目的是规范国际公路货物运输合同,特别是统一有关公路运输所使用的单证和承运人责任的条件。

8.4.2.1　公约的适用范围

《国际公路货物运输合同公约》适用于下列规定确定的公路货物运输合同:

(1) 以车辆从事公路货物运输并收取报酬的任何合同,只要合同中规定的接管和交付货物的地点位于两个不同国家,其中至少有一个是缔约国者的,而不考虑合同当事人的住所和国籍。

(2) 当载货车辆上的货物没有从车辆上卸下,而其部分路程由海上、铁路、内河或航空接运,则公约应依然适用于全程。如果经证明,在其他运输方式承运期间货物所发生的任何灭失、损坏或延迟交付不是由于公路承运人的行为或不行为所造成,而仅由于在其他运输方式承运期间和由于其他运输方式承运的原因而发生的某事件所造成,如果货物运输合同本身是根据该运输方式货物运输法规定的条件由发货人和该其他运输方式的承运人所签订的,则公路承运人的责任不应由公约确定,而应按照其他运输承运人责任的方式来确定。但如无所述条件,公路承运人的责任应由公约确定。

(3) 如果公路承运人同时也是其他运输方式的承运人,则他的责任也应按前述(2)的规定来确定,但就其以公路承运人和其他运输方式承运人的身份应作为两个不同当事人看待。

(4) 当承运人的代理人、受雇人或其他人在其受雇范围内行事,承运人应对这些代理人、受雇人和为履行运输而使用其服务的任何其他人的行为和不行为负责。

(5) 公约不适用于按照任何国际邮运公约条款而履行的运输、丧葬运送、家具搬迁等。

8.4.2.2　公约关于运单的规定

1) 运单的性质和签发

《国际公路货物运输合同公约》规定,运输合同应以签发运单来确认。无运单、运单不正规或丢失不影响运输合同的成立或有效性,仍受公约规定所制约。因此,运单不等于运输合同,运单是对运输合同的确认,在性质上是运输合同的证明形式。在运输过程中,尤其作为货物的收据、交货的凭证,也不具有物权凭证的效力。

运单应签发有发货人和承运人签字的三份正本,这些签字可以是印刷的或如运单签发国的法律允许,可由发货人和承运人以盖章代替。第一份应交付发货人;第二份应交付跟随货物;第三份应由承运人留存。

当待装货物在不同车内或装有不同种类货物或数票货物,发货人或承运人有权要求对使用的每辆车、每种货或每票货分别签发运单。

2）运单应记载的主要内容

适用公约的运单应包括下列事项：

（1）运单签发日期和地点。

（2）发货人名称和地址。

（3）承运人名称和地址。

（4）货物接管的地点及日期和指定的交付地点。

（5）收货人名称和地址。

（6）一般常用的货物品名和包装方法，如属危险货物，说明通常认可的性能。

（7）件数和其特殊标志和号码。

（8）货物毛重或以其他方式表示的数量。

（9）与运输有关的费用（运输费用、附加费用、关税和从签订合同到交货期间发生的其他费用）。

（10）办理海关和其他手续所必需的通知。

（11）不管有任何相反条款，该运输必须遵照公约各项规定的说明。

基于当事人的约定，运单还可记载：

（1）不允许转运的说明。

（2）发货人负责支付的费用。

（3）"现款交货"费用的金额。

（4）货物价值和交货优惠利息金额的声明。

（5）发货人关于货物保险所给予承运人的指示。

（6）约定的履行运输的时效期限。

（7）交付承运人的单证清单。

（8）缔约国要求在运单上列明的其他事项。

3）运单的证明效力

运单应是运输合同成立、合同条件和承运人收到货物的初步证据。如运单中未包含承运人的特殊保留条件，除非有相反证明，则应认为当承运人接管货物时，货物和包装外表状况良好，件数、标志和号码与在运单中的说明相符。

8.4.2.3　发货人的权利、义务和责任

1）发货人的权利

（1）要求承运人核对货物的权利。发货人应有权要求承运人核对货物的毛重或以其他方式表示的数量。他也可要求对货物的内容进行核对。承运人应有权对此种核对产生的费用提出索赔。核对结果应记入运单中。反过来，承运人有核对的义务。公约规定，当接管货物时，承运人应核对在运单中对件数及其标志和号码申报的准确性、货物的外表状况及其包装。当承运人对此的准确性无合理的核对

方法,他应将他的保留条件连同其理由记入运单。同样,他应对货物外表状况及其包装所做出的任何保留说明理由。除非发货人在运单上明确同意受此种保留所制约,否则此种保留对发货人不应有约束力。

(2) 处置货物的权利。发货人有权处置货物,特别是以要求承运人停止在途货物运输的方式来改变货物交付地点或将货物交付给非运单所指定的收货人。但是,当第二份运单交给收货人时或当收货人对承运人以其自己名义享受运输合同产生的权利时,则该权利即告终止。此自以后,承运人应听从收货人的指令。

收货人有权自运单签发之时起处置货物,如果发货人在运单中注明有如此说明。如收货人在行使其处置货物的权利时,已指示将货物交给另一方,那么其他人无权再指定其他收货人。行使处置权应遵照下列条件:

① 发货人或如在本条第 3 款所述情况下拟行使权利的收货人出示上面已列明对承运人的新指示的第一份运单和向承运人赔偿由于执行该指示所涉及的所有费用、灭失或损坏。

② 当指示到达执行人手中时执行该指示是可能的,同时既不干扰承运人的正常工作的进行,也不妨碍其他货物的发货人或收货人。

③ 该指示并不造成货物的分票。

2) 发货人的义务

为在交付货物前办妥海关或其他手续,发货人应在运单后随附必需单证或将其交承运人支配和提供承运人所需全部情况。承运人无责任调查这些单证和情况是否准确或适当。除非是由于承运人的错误行为或过失,对由于这些单证和情况的短缺或不正规所引起的损坏,发货人应向承运人负责。承运人对运单所规定的和跟随运单的或交存承运人的这些单证,由于灭失或不正确的使用所引起的后果承担相当于作为代理身份所负的责任,但承运人所支付的赔偿以不超过如货物灭失所支付的赔偿为条件。

3) 发货人的责任

发货人应对由于下列事项不确切或不当致使承运人所遭受的所有费用、灭失和损坏负责:

(1) 发货人名称和地址。

(2) 货物接管的地点及日期和指定的交付地点。

(3) 收货人名称和地址。

(4) 一般常用的货物品名和包装方法,如属危险货物,说明通常认可的性能。

(5) 件数和其特殊标志和号码。

(6) 货物毛重或以其他方式表示的数量。

(7) 办理海关和其他手续所必需的通知。

（8）货物价值的记载等其他事项。

8.4.2.4　危险货物运输的特殊规定

当发货人把有危险性质的货物交付承运人,他应将危险的确切性质通知承运人和如有必要时指出应采取的预防措施。如此种情况并未列入运单,发货人或收货人可通过一些其他方式负责举证证明承运人了解由该货物运输所造成危险的确切性质。

如果承运人不知道货物的危险性质,则危险货物可能随时随地由承运人卸载、销毁或使之无害而无须给予赔偿;再者,发货人应对接管或运输引起的所有费用、灭失或损坏负责。

8.4.2.5　货物的交付

当货物到达指定的交货地点后,收货人有权凭收据要求承运人将第二份运单和货物交给他。如果货物灭失已成立或在约定时间、没有约定则在合理时间届满后货物并未到达,收货人对承运人有权以其自己名义享受运输合同产生的任何权利。

如果由于某种原因或者根据运单规定的条件,在货物到达指定交货地点前执行合同已经或成为不可能,承运人有权从处置货物者处取得指示。但是,如果情况允许按不同于运单规定的条件进行运输和如果承运人不能在合理时间内从有权处置货物者处取得指示,他应采取他认为对有权处置货物者最有利的措施。

如果货物到达指定交付地点后的情况妨碍货物交付,承运人应要求发货人给予指示。如果收货人拒绝接货,发货人应有权处置货物而无须出示第一份运单。即使收货人已拒绝接货,但只要承运人未从发货人处收到相反的指示,收货人仍可要求交货。

8.4.2.6　承运人的责任和豁免

承运人应对自货物接管之时起到交付时止发生的全部或部分灭失和损坏以及货物交付中的任何延迟负责。但如果货物灭失、损坏或延迟是由于索赔人的错误行为或过失,是由于索赔人的指示而不是由于承运人的错误行为或过失、由于货物的固有缺陷或承运人不能避免的情况和承运人不能防止的结果所造成,承运人应免除责任。

对由于为履行运输而使用车辆的不良状况或由于承运人已租用其车辆的人或他的代理人或他的受雇人的错误行为或过失,承运人不应免除责任。

当货物未能在约定的时效期限内交货,或虽无此种约定时效期限,在考虑到实际情况后,运输的实际期限,特别是分票运输,在通常情况下组成整票货物所需要的时间超过了允许一个勤勉承运人的合理时间,则视为延迟交付发生。

在运输合同约定期限届满后 30 日内或如无约定期限,从承运人接管货物时起60 日之内货物未交付的事实应视为货物灭失的最终证明,所以有权提出索赔的人可视货物已经灭失。有权提出索赔的人在收到对灭失货物的赔偿时,可提出书面要求——在赔偿支付后一年期间如货物被找到,应立即给他通知。对他的此种要求应给予书面确认。在接到通知书后 30 日之内,在交付运单上应付费用和退还他收到的赔偿金(减去其中包括的费用)后,有权提出索赔的人可要求将货物交付给他,但不损害有关交货延迟赔偿的任何索赔。

当货物的灭失或损坏是在下述一种或一种以上情况中产生的特殊风险所引起的,承运人应予免责:

(1) 当已在运单中明确约定和规定使用无盖敞车。

(2) 如货物根据其性质,在无包装或未予妥善包装时易于损耗或损坏的情况下,无包装或包装不良。

(3) 由发货人、收货人或代表发货人或收货人所从事的货物搬运、装载、积载和卸载。

(4) 特别是由于断裂、生锈、腐烂、干燥、渗漏、正常损耗或虫蛀特易造成全部灭失或部分灭失或损坏的某些货物的性质。

(5) 包装上标志或号码不足或不当。

(6) 承运活动物。

8.4.2.7　承运人的赔偿责任及其限制

承运人承担赔偿责任的基本规则如下:

(1) 如果承运人负责赔偿货物的全部和部分灭失,这种赔偿应参照接运地点和时间货物的价值进行计算。

(2) 货物的价值应根据商品交易所价格,或无此种价格则根据现行市价,或如无商品交易所价格或现行市份,则参照同类、同品质货物的通常货价决定。

(3) 货物毛重每千克的赔偿不超过 8.33SDR。

(4) 如果货物全部灭失,运输费用、关税和有关货物运输发生的其他费用应全部偿还。如货物部分灭失,则按遭受灭失部分的比例偿还,但不付另外的损坏费用。

(5) 在延迟情况下,如索赔人证明损坏是由此引起的,承运人应支付该损坏不超过运输费用的赔偿。

(6) 只有在申报货物的价值,并支付了附加运费的情况下,才能得到较高的赔偿。

如果货物的灭失或损坏是由承运人的故意不当行为或根据受理该案的法院地的法律认为相当于故意不当行为的承运人的过失所引起,则承运人无权免除或限制他的责任。

如果故意不当行为或过失是由承运人的代理人或受雇人或为履行运输他所利用其服务的其他人所作,并且这些代理人、受雇人或其他人是在其受雇范围内行事时,则承运人同样无权免除或限制他的责任。

8.4.2.8　连续承运人的责任

连续承运人是指几个承运人基于一个运输合同共同完成货物运输的承运人。公约规定,如受单一合同所制约的运输是由连续公路承运人履行,则其每一承运人为全程运输负责。由于其接受货物和运单,第二承运人和每个连续承运人即成为在运单条款中运输合同的当事人一方。

从前一承运人处接受货物的承运人应给前一承运人载有日期和签字的收据,他应在第二份运单上登记他的名字和地址。必要时,他有权在运单中对所接受的货物作出保留。

在连续运输承运人承担运输的情况下,如果货物发生灭失、损失或延迟,则受害人可以向第一承运人、最后承运人或在发生灭失、损坏或延迟的这一段运输中履行那段运输的承运人提起,在一个诉讼中可以同时向这些承运人的几个提起。

已根据公约规定支付赔偿的承运人应有权从参加运输的其他承运人处享受取得该赔偿及其利息和由于索赔发生的所有费用,并遵守下列规定:

(1) 对灭失或损坏负责的承运人应单独负责赔偿,不管此赔偿是否由他或另一承运人支付。

(2) 当灭失或损坏是由两个或两个以上承运人的行为所造成时,每个承运人应按其所负责部分按比例进行分摊。

(3) 如不能确定属于哪个承运人的责任,灭失或损坏则应在所有承运人之间按比例分担赔偿。如果某一承运人无力偿还,应按支付给其他承运人的运费按比例在其他承运人中分摊他应支付和支未付的赔偿部分。

8.4.2.9　索赔和诉讼

如果收货人接管货物时未与承运人及时检验货物状况或如有明显的灭失或损坏,在不迟于交货的时候,如灭失或损坏不明显,在交货后 7 日内(星期日和例假日除外)未向承运人提出保留说明灭失或损坏的一般性质,则接收货物的事实应作为他收到运单上所载明的货物的初步证据。如货物灭失或损坏不明显,则所述保留应用书面作出。

当货物的状况已经收货人和承运人及时检验,只有在灭失或损坏不明显而且收货人在检验之日起 7 日内(星期日和例假日除外)已向承运人及时提出书面保留的情况下,才允许提出与检验结果相反的证据。

除非自货物置于收货人处置时起 21 日内已向承运人提出书面保留,否则交货延迟不予赔偿。

在计算时效期限时,根据实际情况,交货日或检验日或将货物置于收货人处理之日,不应包括在时效期限内。

承运人和收货人应相互为进行必需的调查和检验提供各种合理的方便。

公约中运输所引起的诉讼,原告可在双方协议约定的缔约国的任何法院和法庭提起,也可以在下列地点所属的国家的法院或法庭提起:

(1) 被告的通常住所或主要营业所,或者经手订立合同的分支机构或代理机构的所在地。

(2) 承运人接管货物的地点或指定的交货地点。而不得在其他法院或法庭起诉。

按照公约运输所引起的诉讼,其时效期限是一年,但如是故意的不当行为,或根据受理案件的法院或法庭地的法律认为过失与故意的不当行为相等同时,时效期限为 3 年。时效期限开始起算的时间如下:

(1) 如货物系部分灭失、损坏或交货延迟,自交货之日起算。

(2) 如系全部灭失,以议定的交货期限届满后第 30 日,或如无议定的交货期限,则从承运人接管货物之日起第 60 日开始起算。

(3) 在所有其他情况下,在运输合同订立后满期 3 个月时起算。时效期限开始之日不应计算在期限内。

时效期限因提出书面索赔而中止,直至承运人以书面通知拒绝索赔并将所附单证退回之日为止。如索赔的一部分已承认,则时效期限仅应对有争议部分的索赔恢复计算。收到索赔或答复和退回单证的举证应由援引这些事实的当事人负责。时效期限的计算不应被具有同一标的的进一步主张所中止。时效已过的诉讼权利不可以通过反索赔或抵消的方式行使。

8.5　多式联运法律与惯例

8.5.1　国际多式联运经营人与各相关方关系

8.5.1.1　多式联运经营人与各区段实际承运人的关系

国际集装箱多式联运牵涉众多的当事方,各当事方之间的法律关系十分复杂。例如,发货人与多式联运经营人、发货人与各区段实际承运人、多式联运经营人与各区段实际承运人、多式联运经营人与收货人、各区段实际承运人与收货人,等等。上述法律关系之中,国际多式联运公约主要规定了发货人、收货人(以下简称为货方)与多式联运经营人之间的权利义务责任关系,而对货方与各区段实际承运人之间的关系,仅有多式联运公约第 20 条非合同赔偿责任、第 21 条赔偿责任限制权利的丧失的规定。对于多式联运经营人与各区段实际承运人之间的关系,公约并无具体条文规定,留待各运输区段所单独适用的法律解决。因此,应明确国际多式联运经营人与各区段实际承运人之间的法律关系。

多式联运经营人与实际承运人的责任关系表现在如下几个方面:

第一,多式联运经营人对全程货物运输负责。这是多式联运经营人履行多式联运合同的义务,根据《汉堡规则》第 10 条第(1)款和我国《海商法》第 60 条规定,不论多式联运经营人是否将货物运输的全部或者部分交由各区段实际承运人履行,多式联运经营人都要对全程货物运输负责,除非多式联运合同中明确约定,货物在实际承运人掌管期间发生的灭失、损坏或者迟延交付,多式联运经营人不负赔偿责任。

第二,各区段实际承运人仅对自己的运输区段负责,承担与多式联运经营人相同的法定责任。这一规定表明,实际承运人间不负连带责任,因为一般情况下,不会出现同一运输环节或运输区段由两个不同的实际承运人履行的情况。

第三,多式联运经营人与各区段实际承运人对运输或部分运输均负有责任的,则在应负责任的范围内,承担连带责任[根据《汉堡规则》第 10 条第(4)款,我国《海商法》第 63 条]。此规定实际是多式联运经营人分别同各区段实际承运人在其各自履行的运输范围内承担连带责任。

第四,多式联运经营人与实际承运人之间可以相互追偿,这是连带责任带来的必然后果[根据《汉堡规则》第 10 条第(6)款,我国《海商法》第 65 条]。追偿的依据是多式联运经营人与实际承运人之间的分运合同约定。

《海牙规则》《汉堡规则》和我国《海商法》有关承运人权利、义务、(赔偿)责任和免责的规定,都是围绕着承运人对货物灭失或损害(包括因迟延交付造成的经济损失)的赔偿责任所做出的规定,实际承运人的责任并非是承运人权利义务的全部。否则,承运人与实际承运人即无区别。与此相适应,无论从运输实务的角度还是从立法原则的角度,多式联运经营人与实际承运人的权利义务关系,也不可能完全一致。

1) 多式联运经营人与实际承运人共同具有的权利和义务

(1) 可以享受责任限制的权利。包括实际承运人应该享有与多式联运经营人相同的限制其赔偿责任的权利;实际承运人应该享有不高于多式联运经营人赔偿责任限额的权利,等等。

(2) 可以享受免责的权利。在某些特殊情况下,例如,战争、罢工、天灾、货主的恶意行为、货物的自然损耗等而导致的货物灭失或损坏,实际承运人可以与多式联运经营人享有共同的免责权利。

(3) 对危险货物的处置权。我国《海商法》第 68 条规定,托运人托运危险货物"未通知或者通知有误的,承运人可以在任何时间、任何地点根据情况需要将货物卸下、销毁或者使之不能为害……""承运人知道危险货物的性质并已同意装运的,仍然可以在该项货物对于船舶、人员或者其他货物构成实际危险时,将货物卸下、销毁或者使之不能为害……"《汉堡规则》第 13 条明确规定,"承运人"和"实际承运人"都有这种处置权。国际多式联运从运输工具和人员的安全考虑,对危险货物的这一处置权也必须赋予实际承运人。这种权利是多式联运经营人与实际承运人应该共同具有的一项法定权利。

(4) 适航、管货义务以及合理速遣的义务。在国际集装箱多式联运下,多式联运经营人与实际承运人应该共同承担谨慎处理使运输工具适航、适货,妥善地、谨慎地装载、搬移、积载、运输、保管、照料和卸载所运集装箱货物,同时,应该妥善安排和组织,对货物进行合理速遣。由于未尽到上述义务,造成货物灭失、损害或迟延交付,多式联运经营人与有关的实际承运人应该承担连带赔偿责任。

2) 多式联运经营人与实际承运人权利义务的不同之处

(1) 签订多式联运合同的权利。在国际多式联运方式下,多式联运经营人负责与货主签订多式联运合同,确定双方的权利义务;而实际承运人并不参与合同的签订,不是合同的当事方。

(2) 签发多式联运单据的权利。在国际多式联运方式下,多式联运经营人有权向发货人及其代理人签发多式联运单据作为合同的证明;而实际承运人履行实际的运输义务,其签单的对象是多式联运经营人,且该单据仅仅作为货物的交接收据,不具有多式联运单据固有的法律特征。

(3) 向货主请求多式联运全程运费的权利。很显然,只有多式联运合同的当事方多式联运经营人有权向货主请求支付全程运费及其他相关的合理费用,实际承运人只能向与其签订分运合同的多式联运经营人请求其应得的运费。

(4) 对货物的留置权。由于只有多式联运经营人有权向货主请求支付全程运费以及其他相关的合理费用,因此由于上述费用未支付而由法律赋予多式联运经营人对货物的留置权无法由实际承运人共享。这是因为,在实际承运人与承运人之间的运输合同下,承运人是货方,但货物事实上并非归其所有,实际承运人不能就其对承运人的权利而对第三人的货物行使留置权。

(5) 交货义务。《海商法》第 85 条规定:"货物由实际承运人交付的,收货人依照本法第 81 条的规定向实际承运人提交的书面通知,与向承运人提交的书面通知具有同等效力;向承运人提交的书面通知,与向实际承运人提交的书面通知具有同等效力。"由此可见,"实际承运人"交付货物的义务是存在的。但承运人与实际承运人的交货义务有所不同,第一,实际承运人对承运人的交付与承运人对收货人的交付是两个相对独立的合同关系下的交付;第二,实际承运人的交付是承运人交付的前提,没有实际承运人对承运人的交付,则承运人也无法完成其对收货人的交付。

(6) 承担责任的范围。多式联运经营人对于整个全程运输承担责任,而实际承运人仅在自己履行运输义务的区段内承担责任。

8.5.1.2 多式联运经营人与港站经营人的关系

尽管多式联运经营人与单式运输经营人的关系对于多式联运经营人完成其角色并对整个运输承担责任至关重要。然而,国际货物多式联运的进行离不开港站经营人的合作，因此，确定港站经营人的法律地位同样是重要的。1991年在维也纳通过的《联合国国际贸易运输港站经营人赔偿责任公约》是唯一确定港站经营人法律地位的国际规则。该公约是"考虑到在国际运输中的货物既非主承运人接管又非由货主接管，而是由国际贸易运输港站经营人接管时，因适用这类货物的法律制度的不确定性而造成的问题"，意欲为这类货物在由运输港站经营人接管而又不受源自适用于各种运输模式的公约的运输法律管辖时所发生的灭失、损坏或交货迟延而制定的赔偿责任的统一规则，以期有利于货物的流动。

1) 港站经营人与承运人及多式联运经营人

一般而言，港站经营人和多式联运经营人之间法律地位的区别是比较明显的，多式联运经营人是与托运人或发货人订立多式联运合同，且对整个运输负责的本人，而港站经营人则仅是与多式联运经营人或货物利益方订立关于诸如堆存、仓储、装货、积载、平舱、隔垫或绑扎等与运输有关的服务合同的当事人。但当多式联运经营人既负责完成或组织完成国际货物多式联运，又提供与国际货物运输有关的服务时，根据港站经营人赔偿责任公约第15条"本公约并不改变根据对本公约当事国有约束力的关于国际货物运输的国际公约或根据该国使有关国际货物运输的公约生效的任何法律产生的任何权利和义务"的规定，多式联运经营人的法律地位不能依港站经营人公约予以确定。

2) 港站经营人与货运代理人的区别

港站经营人与货运代理人之间的区别一般体现为以下几个方面：

第一，港站经营人提供服务有一定地域限制，其是"在其控制下的某一区域内或在其有权出入或使用的某一区域内"提供公约所规定的特定服务。而货运代理人则在国内法允许的情况下不受地域限制地提供一切与其业务有关的事宜。

第二，港站经营人提供的服务直接针对货物，即负责接管国际运输的货物，以便提供关于货物的与运输有关的服务，而货运代理人所提供的服务涉及运输的各个方面。

第三，港站经营人提供的服务范围仅限于"与运输有关的服务"，诸如堆存、仓储、装货、卸货、积载、平舱、隔垫和绑扎等服务，货运代理人提供的服务从订舱、清关等基本的日常服务至复杂的一揽子服务，简而言之是一切与其业务有关的事宜。

第四，就关于货物的与运输有关的服务的提供方式而言，港站经营人既可提供(perform)又可实现提供(procure the performance)，而货运代理人亦可以上述两种方式提供关于货物的与运输有关的服务，但具体情况要视其法律身份而定(纯粹代理人抑或无船承运人)。但观诸港站经营人赔偿责任公约的对人效力，其仅适用于"在其业务过程中，于其控制下的某一区域内或在其有出入或使用的某一区域内，负责接管国际运输的货物，以便提供或实现提供关于这些货物的与运输有关的服务"的港站经营人。在货运代理人提供了与公约所规定的港站经营人所提供的服务相同的服务时，如果货运代理人不符合公约所规定的港站经营人的定义，不应根据港站经营人赔偿责任公约来确定货运代理人的责任。

8.5.2 国际多式联运经营人责任制度

在国际多式联运的开展过程中，国际多式联运经营人首先要与发货人订立多式联运合同，然后根据这份合同承担货物全程运输的责任：使用两种或两种以上的运输方式将货物从一国境内的接受地点运至另一国境内指定交付货的地点。运输全过程可能由他与各种受雇人（分支机构工作人员或代表等）、代理人和实际承运人等共同完成。为了完成全程运输任务，多式联运经营人要与受雇人、代理人和实际承运人订立各种雇用合同、委托（代理）合同和分运（分包）合同。在多式联运合同及这些合同中，多式联运经营人都是以本人身份出现并承担责任的。因此，多式联运中的法律关系比起单一方式运输来讲，要复杂得多，既有多式联运经营人与发货人之间的合同关系，又有多式联运经营人与他的受雇人之间的雇用关系，与他的代理人之间的委托代理关系，与分包承运人之间的分运合同关系等，还可能会有发货人、收货人与多式联运经营人的受雇人、代理人、分运人之间发生的侵权关系等。由于多头的法律关系交织在一起，而且协调各法律关系的国际或地区性法规对各方权利、义务、责任的规定又各不相同，因此，在多式联运中，多式联运经营人的法律地位及承担的责任要比单一方式运输经营人复杂、深远得多。多式联运下的法律结构的关键是多式联运经营人与发货人之间的多式联运合同关系，并把其他法律关系都附在这一合同关系上。多式联运是根据多式联运合同进行的，该合同的一方是多式联运经营人（包括其本人或其代表），他要负履行合同责任，作为承运人（全程运输的契约承运人），对运输的全程负责。在运输的全过程中，不论是他自己完成全部工作，还是将部分或大部分工作通过委托合同和分运合同转交给代理人或分包人完成，多式联运经营人都要对全部工作负责。国际多式联运下的赔偿责任首先是多式联运合同决定的多式联运经营人与发货人（或收货人）之间的赔偿责任；其次是由雇用合同、代理合同和分包合同决定的多式联运经营人与受雇人、代理人和分运人等之间的赔偿责任；还有，在确知责任人情况下发货人（收货人）与多式联运经营人的雇佣人、代理人、分运人之间的赔偿责任。在涉及保险情况下，还存在投保人与保险人之间和保险人与实际责任人之间的赔偿关系等。

本节以国际多式联运经营人为核心，以多式联运经营人与发货人之间的多式联运合同为依据，以约束国际多式联运经营人责任的相关国际公约和强制性国内立法为准则，对国际多式联运经营人责任制度的各个方面展开详细的介绍和分析。国际多式联运经营人的责任是指国际多式联运经营人按照法律规定或运输合同的约定对货物的灭失、损坏或迟延交付所造成损失的赔偿责任。本章论述的国际多式联运经营人的责任制度由责任期间、责任基础、责任形式、责任限制、免责、非合同责任等几部分构成。

8.5.2.1 国际多式联运经营人的责任形式

多式联运中货物的全程运输，一般是由多式联运经营人及其代理人和各区段的实际承运人共同完成的。如果货物在运输过程中发生灭失、损害或延误，是由多式联运经营人负责，还是由实际承运人负责？在不同区段，以不同方式发生时，是依据同一标准进行赔偿，还是根据损害发生区段所适用的法律规定的标准（即不同标准）进行赔偿？这是多式联运经营人的责任形式要解决的问题。

1）国际多式联运经营人责任形式的类型

在目前的国际集装箱多式联运中，经营人责任形式之类型主要有以下四种：

（1）责任分担制，也称分段责任制，是多式联运经营人对货主并不承担全程运输责任，仅对自己完成的区段货物运输负责，各区段的责任原则按该区段适用的法律予以确定。由于这种责任形式与多式联运的基本特征相矛盾，因而，只要多式联运经营人签发全程多式联运单据，即使在多式联运单据中声称采取这种形式，也可能会被法院判定此种约定无效而要求多式联运经营人承担全程运输责任。

（2）网状责任制，是指多式联运经营人尽管对全程运输负责，但对货运事故的赔偿原则仍按不同运输区段所适用的法律规定，当无法确定货运事故发生区段时则按海运法规或双方约定原则加以赔偿。目前，几乎所有的多式联运单据均采取这种赔偿责任形式。因此，无论是货主还是多式联运经营人，都必须掌握现行国际公约或国内法律对每种运输方式下承托双方的权利、义务与责任所作的规定。

（3）统一责任制，是指多式联运经营人对货主赔偿时不考虑各区段运输方式的种类及其所适用的法律，而是对全程运输按一个统一的原则并一律按一个约定的责任限额进行赔偿。由于现阶段各种运输方式采用不同的责任基础和责任限额，因而，目前，多式联运经营人签发的提单均未能采取此种责任形式。不过前述所称的适用于单一运输方式法律的"多式联运"，比如，航空特快专递、机场—机场航空运输、港—港海上集装箱运输等，倒可以看作是采用了统一责任制。因为这种"多式联运"形式下，即使这种事故发生在陆运区段，多式联运经营人也应按空运或海运法规所规定的责任限额予以赔偿。

（4）经修订的统一责任制，这是介于统一责任制与网状责任制之间的责任制，也称混合责任制。它是在责任基础方面与统一责任制相同，而在赔偿限额方面则与网状责任制相同。目前，《联合国国际货物多式联运公约》基本上采取这种责任形式。该公约规定："多式联运经营人对货损的处理，不管是否能确定造成货损的实际运输区段，都将适用于本公约的规定，但对于货损发生于某一特定区段，而该区段适用的国际公约或强制性国家法律规定的赔偿责任限额高于本公约规定的赔偿责任限额时，则应按照该区段适用的国际公约或强制性国家法律规定的赔偿责任限额予以赔偿。"由于目前各个单一运输方式国际公约和国内法对承运人的责任基础和赔偿责任限额的规定并不统一,相互之间存在较大的差别,即使采用修正统一责任也将会对现有的运输法律体系产生一定的冲击,因此,这也是造成该公约至今尚未生效的主要原因。

2) 国际多式联运公约采用的责任形式

在国际多式联运公约起草过程中,分歧最大的问题之一就是选择网状责任制还是统一责任制。一些发展中国家主张采用统一责任制,而发达国家主张采用网状责任制。主张采用统一责任制者认为其采用了一种法律规定,既包括了多式联运经营人与货方之间的法律关系,也包括了多式联运经营人与实际承运人之间的法律关系。这一方面保证了货主的利益,简化货运事故的处理,也解决了整个运输过程中可能出现的"隐藏损害"(即货物发生损害,但又无法确定造成损害的区间和具体的责任人)的处理问题,是一种较为优越的责任制。主张采用网状责任制者认为统一责任制有其优越性,但并不完善,实际上是行不通的。这是由于各国家及承运人早已接受不同的国际公约,这些公约对运输合同及承运人责任的规定差别很大,如果接受统一责任制的多式联运公约,则会面临不能同时履行对每一公约义务的情况(由于统一责任制规定的责任与单一运输方式公约规定的责任不同),这会给实际运作带来极大问题。再者,目前与集装箱运输相关的人(如保险人等)的赔偿责任都是建立在单一运输法规的责任规定之上的,改为统一标准会给这些行业带来混乱。他们认为网状责任制更为实用,可把多式联运经营人与实际承运人的赔偿责任结合起来,即在货物的损害可确定发生在哪一区段并归结于某一实际承运人时,多式联运经营人与该区段实际承运人的赔偿责任相同;而在不能归结于某一实际承运人时,多式联运经营人可按照双方约定的特殊责任予以承担(一般按海上运输区段所适用的法规处理)。

为使公约能顺利通过,分歧双方都做了让步,最后通过的国际多式联运公约采用了经修订的统一责任制,即多式联运经营人对全程运输负责,各区段的实际承运人仅对自己完成区段的运输负责。无论货损发生在哪一区段,多式联运经营人和实际承运人都按公约规定的统一责任限额承担责任,但"如果货物的灭失、损坏发生于多式联运的某一特定区域,而对这一区段使用的一项国际公约或强制性国家法律规定的赔偿责任限额高于本公约规定的赔偿责任限额时,多式联运经营人对这种灭失、损坏的赔偿应按照适用的国际公约或强制性国际法律予以确定"。这种经修订的统一责任制前一半是统一责任制,而后一半是网状责任制。

多式联运的这种特殊规定,在多式联运中出现了两层赔偿关系,第一层首先是多式联运经营人与货方间的赔偿关系。由于各种运输方式至今分别采用"不完全过失责任"(海运)、"完全过失责任"(空运)和"严格责任"(铁路、公路运输),且各公约规定的赔偿责任限额有很大差别(空运最高,铁路次之,海运最低),空运、铁路及公路运输公约规定限额均高于多式联运公约规定的统一限额,只有海运公约低于这一限额,以及考虑国际多式联运公约的强制性,在处理该层赔偿时多式联运经营人不能放弃或降低规定的责任限额,也不能把自己承担的责任转嫁给货方。第二层赔偿关系是多式联运经营人与各区段实际承运人之间的赔偿责任。对这一责任,公约中并没做出任何规定,只能按目前各区段使用的法律处理。这种规定极易造成多式联运经营人把利益的损害或责任完全由多式联运经营人独自承担的局面。例如,多式联运中货物的灭失、损坏发生在海上运输区段,由于海上运输目前适用法规(海牙规则等)规定的赔偿限额低于多式联运公约中规定的统一限额,多式联运经营人按公约规定的限额赔偿货方后,却不能通过向海运区段承运人的追偿中得到足够的补偿。更有甚者,如果事故是由于海上承运人驾船或管船过失造成时,根据适用的法律,海上承运人是免责的,不承担向多式联运经营人的赔偿责任,而公约规定多式联运经营人不能借以免除责任,同时又无法向海上承运人追偿。再者,如果是各种方式的实际承运人接受统一的责任限额,又是很困难的。因此,多式联运公约中规定的这种经修订的统一责任制在目前确实是难以实行的。公约中出现的这种责任制问题在近期内很难解决,只有当其他单一方式的运输公约、法律做出调整或出台新的规定后才能逐渐解决。这也是国际多式联运公约至今仍未生效的主要原因之一。

3) 国际多式联运经营人责任形式的应用

在传统的分段运输下,各种运输方式的国际公约对承运人的责任形式、责任基础和责任限制都有明确的规定,在货损事故处理中,承运人只要根据所在国家加入的国际公约规定的责任限制额对自己应承担的责任进行赔偿就可以了。但在多式联运中,情况要复杂得多。目前,多式联运经营人的责任形式类型共有 4 种:责任分担制、网状责任制、统一责任制和经修订的统一责任制。其中,责任分担制由于其实质与多式联运的基本特征相抵触,因此,现今基本不被采用;而经修订的统一责任制实际上是网状责任制和统一责任制相融合的产物,因此,其特点也表现为网状责任制和统一责任制各自的特点。鉴于上述原因,这里仅对统一责任制和网状责任制这两种责任形式对货损事故的影响加以讨论。

在这两种责任形式下,确定多式联运经营人责任的原则和赔偿额都有很大区别。

在统一责任制下,多式联运经营人要对运输全程负责。各区段的实际承运人要对自己承担的区段负责,无论事故发生在哪一个区段,都按统一规定的限额进行赔偿。如在多式联运中采用统一责任制,一般规定的统一赔偿限额比航空、铁路和公路运输公约规定的要低,但比海运公约规定的要高,因此,各方式的实际承运人出于长期的习惯难以接受这一限额:特别是海运段的承运人更难以接受这一较高的标准。这就会造成在能确知货损事故发生区段和实际责任人的情况下,多式联运经营人按统一限额做出赔偿后,在向实际责任人追偿时得不到与已赔额相同的赔偿,特别是事故发生在海运区段,而事故原因又符合海运公约规定的免责规定时甚至得不到任何赔偿的局面,造成不应有的损失。

在网状责任制下,多式联运经营人对全程运输负责,各区段的实际承运人对自己承担的区段运输负责,在确知事故发生区段的情况下,多式联运经营人或实际承运人都按事故发生区段适用的国际公约或地区法律规定和限额进行赔偿。如果在多式联运中采用网状责任制,则在可以确定事故发生区段和实际责任人的情况下,多式联运经营人对货方的赔偿与实际承运人向多式联运经营人的赔偿都可按相同的责任基础和责任限额进行。由于目前的保险业也是以各种单一方式运输法规和地区性法规为基础的,因此即使在投保情况下,都可以有效地避免上述问题的发生。这也是目前在多式联运中大多采用网状责任制的原因。但采用这种责任形式会给货方索赔带来一定麻烦,与多式联运的初衷有所抵触。

8.5.2.2　国际多式联运经营人的责任期间

1) 责任期间的含义

责任期间是货物运输合同的一个特殊概念,在一般合同中没有责任期间的规定。货物运输合同中引入这个特殊概念主要是为了适应各特定运输区段货物运输法的强制性,它不是合同期间,而是合同双方必须受特定区段货物运输法规定约束的期间,因此,称之为"法律适用期间"也许更准确。

因此,应该区分"合同期间"和"责任期间"这两个不同的概念。"合同期间"是整个货物运输合同存续的期间,它应该包括从合同签订到货物交付的全部时间,这期间承运人都应尽合同约定的义务以及合同虽然没有约定但法律规定承运人一般应尽的义务。而"责任期间",如上所述,严格地讲应该称为"法律适用期间",是指特定的法律适用于合同的特定期间,因为这期间内承运人应当承担法律规定的强制性义务(例如,海运承运人须承担适航、管货等强制性义务),如果货物发生灭失或损坏,不能通过合同约定减轻法定责任。例如,《海牙规则》规定的"货物运输"是指从货物装上船到货物卸下船为止的一段期间,这期间就是《海牙规则》的适用期间,或者说是受《海牙规则》调整的合同的期间,但这期间并不是合同期间的全部,因为即使适用《海牙规则》的合同,也是从订立合同时开始,到货物交付时为止的,只不过在装前卸后这一段期间,在《海牙规则》适用的意义上不被规则看作是运输合同的组成部分,但从民法和合同法的角度看,装前卸后当然还是在运输合同内。

2) 多式联运经营人的责任期间

(1) 单一运输方式的国际公约下承运人的责任期间。对于海上承运人的责任期间,根据《海牙规则》的规定,承运人的责任期间是"自货物装上船时起至卸下船时止"这一段时间。即只有当货物的灭失或损坏在该期间产生,才适用《海牙规则》;而对于装船前和卸船后有关货损的责任,可由承、托双方自由订立合同约定。因此,对货物没有装上船或已从船上卸下后有关承运人的责任小于《海牙规则》的规定,也为法律所许可。但是,《海牙规则》中承运人的责任期间并不是绝对的,还要受各国港口习惯的约束。如英国虽然承认《海牙规则》,但在伦敦港口装卸货物,承运人的责任期间则延伸到仓库,类似的港口还有坦桑尼亚的达累斯萨拉姆港,叙利亚的拉塔基亚港等。

1978 年通过的《汉堡规则》将承运人的责任期间规定为:"货物在装货港、运输途中和卸货港处于承运人掌控之下的期间。"《汉堡规则》的这一规定,突破了《海牙规则》对承运人的最低责任期间,向装前卸后两个方向发展,在一定程度上延长了承运人的责任期间。

对于承运人接受和交付货物的方式,《汉堡规则》规定,承运人可以按通常的方式从托运人或其代表处接受货物,也可按照法律或规章,从海关和港口当局处接受货物;在交付货物方面,承运人可以把货物交给收货人,也可按照法律或规章,把货物交给有关当局或第三人。如果收货人提货延迟,承运人将货物置于收货人的支配之下便无责任。通常,在将货物交给港口当局,并向收货人发出通知后,货物即可被认为已处于收货人的支配之下。但对此问题素有争议。

根据《汉堡规则》的规定,无论货物的灭失或损坏发生在哪一区域,只要是在承运人掌管期间发生的,收货人均可向承运人提出赔偿要求,即使是实际上的货物灭失或损坏并非属于承运人的责任。当然,这并不排除承运人向有关责任人行使追偿的权利。

至于其他运输方式下的国际货物运输公约,如《国际公路货物运输公约》、《国际铁路货物运输公约》(International Convention Concerning Carriage of Goods by Rail, CIM)、《国际航空货物运输公约》(《华沙公约》)等对承运人责任期间的规定,与《汉堡规则》的规定大体相同,即承运人的责任期间为从承运人接管货物时起至交付货物时止,差别主要在于接管和交付货物的方式与地点。由于在货物运输实务中,接管和交付货物的方式涉及实际责任期间的长短和风险的大小,因此各货运公司通常都在其章程、运输条件中予以明确。

(2) 国际多式联运公约对多式联运经营人责任期间的规定。联合国国际多式联运公约根据集装箱运输下,货物在货主仓库、工厂以及集装箱货运站、码头堆场进行交接的特点,仿照《汉堡规则》,对多式联运经营人规定的责任期间是"多式联运经营人对于货物的责任期间,自其接管货物之时起至交付货物时止"。

按照多式联运公约条款的规定,多式联运经营人接管货物有两种形式:

① 从托运人或其代表处接管货物,这是最常用、最普遍的规定方式。

② 根据接管货物地点适用的法律或规章,货物必须交其运输的管理当局或其他第三方,这是一种特殊的规定。

在第二种接管货物的方式中,有一点应予以注意,即使多式联运公约规定多式联运经营人的责任从接管货物时开始,但在从港口当局手中接受货物的情况下,如货物的灭失或损坏系在当局保管期间发生的,多式联运经营人可以不负责任。

多式联运公约对交付货物规定的形式有三种:

① 将货物交给收货人;

② 如果收货人不向多式联运经营人提取货物,则按多式联运的合同或按照交货地点适用的法律或特定行业惯例,将货物置于收货人支配之下;

③ 将货物交给根据交货地点适用法律或规章必须向其交付的当局或其他第三方。

在收货人不向多式联运经营人提取货物的情况下,多式联运经营人可按上述第二、第三种交货形式交货,责任即告终止。在实践中,经常会发生这种情况,如收货人并不急需该批货物,为了节省仓储费用;又如市场价格下跌,在运费到付的情况下,都有可能造成收货人延迟提货。因此,多式联运公约的这种规定不仅是必要的,也是合理的。

8.5.2.3　国际多式联运经营人的赔偿责任基础及非合同赔偿责任

1) 多式联运经营人的赔偿责任基础

在各类运输法规中,承运人的赔偿责任基础一般是指承运人在按运输合同规定完成运输的过程中(责任期限内)对发生的哪些事情或事故承担赔偿责任及按照什么样的原则判断是否应承担责任。

目前,已经在国际货物运输中实行的各种单一方式货运公约对承运人的赔偿责任基础的规定是不同的,大致可分为过失责任制和严格责任制两种。过失责任制是指承运人承担责任是以自己在执行这些合同过程中有过失,并因这些过失造成对货方或其他人的损害为基础而承担损害的赔偿责任。根据目前各公约中规定的不同,过失责任制又可分为不完全过失责任制和完全过失责任制两种。完全过失责任制是指不论承运人的过失是什么情况,只要有过失并造成了损害就要承担责任,如海运的《汉堡规则》和航空运输的《海牙议定书》就采取这种责任制;不完全过失责任制是指规定对某些性质的过失造成的损害可以免责(即不承担赔偿责任),如海上运输的《海牙规则》就采用这种责任制,规定承运人对驾船、管船的过失造成的损害可以免责,但对管货的过失应承担责任。严格责任制则是指除不可抗力造成的损害可以免责外,承运人要对责任期限内发生的各类损害承担赔偿责任,不论承运人是否有过失或损害是否由于过失造成。目前,国际铁路、公路运输公约采用这类责任制。

在国际多式联运公约中,仿照《汉堡规则》,采用了完全过失责任制,对多式联运经营人规定的赔偿责任基础是:"多式联运经营人对于发生在其掌管期间内货物的灭失、损坏或延误交货的损失应负赔偿责任。除非多式联运经营人能证明其本人、受雇人或其代理人或其他人为避免事故的发生和其后果已采取了一切符合要求的措施。"这个规定的前一句话说明了多式联运经营人责任的范围,即对掌管货物期间发生的货物灭失、损害和延误交货造成的货方损失负责。后一句话说明在能证明本人或受雇人或代理人无过失的情况下可以不承担责任。或反过来说,如果有过失或不能证明无过失则应承担责任。由于没有区分过失的性质,这句话实际是完全过失责任制的体现。

值得注意的是,由于采用严格责任制的国际公约或国内法也列举了大量的免责事项,从而,使得严格责任制与完全过失责任制在承担责任范围的差别上有所缩小,但严格责任制与完全过失责任制毕竟是两种不同的责任基础。

在多式联运公约中又对延误交货做出规定:"如果货物未在议定的时间内交付,或者无此种协议情况下,未在按照具体情况对一个勤奋的多式联运经营人所能合理要求的时间内交付,即为延误交货。"又规定如果货物在上面规定的交货日期届满后连续 90 日内未交付,索赔人即可认为这批货物业已灭失。上述对延误交货的规定可以分为两种情况:

(1) 未在双方议定(或合同规定)的时间内交货。

(2) 未在合理的时间内交货。

如何理解"勤奋的多式联运经营人"与"合理的时间",要根据不同情况加以判断,如由于气候、天气影响不能正常装卸和运输造成的延误交货(或延误日数)即使再勤奋的多式联运经营人也不可避免,因此也不能作为未在合理时间内交货处理。

此外,如果货物的灭失、损坏或延迟交付是由多式联运经营人、其受雇人、代理人或有关其他人的过失或疏忽与另一原因结合而产生的,根据多式联运公约规定,多式联运经营人仅对灭失、损坏或延迟交货可以归之于此种过失或疏忽的限度内负赔偿责任。但公约同时指出,多式联运经营人必须证明不属于此种过失或疏忽的灭失、损坏或延迟交货的部分。

2) 国际多式联运经营人的非合同赔偿责任

多式联运公约的第 20 条是对非合同赔偿责任(non-contractual liability)的规定。公约该条的第(1)款规定:本公约规定的辩护理由和赔偿责任限制,应适用于因货物灭失、损坏或延迟交付造成损失而对多式联运经营人提起的任何诉讼,不论这种诉讼是根据合同、侵权行为或其他。

在一些国家的法律规定中,允许受损方享有双重诉讼请求权,即受损方既可根据合同提出诉讼,也可根据侵权行为提起诉讼。在这种情况下,多式联运经营人将受到双重诉讼,而这种不同的诉讼,将使多式联运经营人不能享受公约中他应享受的责任限制,随之诉讼时效也不适用了。如果是这样,将使公约的制定失去实际意义。根据公约第 20 条第(1)款的规定,无论是根据违约行为提起诉讼,还是根据侵权行为或其他理由提起诉讼,都将适用本公约的规定,而且,必须按本公约规定的责任限制、诉讼时效执行。

公约第 20 条第(2)款是关于多式联运经营人的受雇人或代理人是否有权援用本公约的辩护理由和赔偿责任限制的规定。该规定指出,如果由于货物灭失、损坏或延迟交付造成损失而对多式联运经营人的受雇人或代理人,或对经营人履行多式联运合同而使用其服务的其他人提起诉讼,该受雇人或代理人如能证明他是在受雇范围内行事,该其他人如能证明他是在履行合同的范围内行事,则该受雇人、代理人或其他人应有权援用多式联运经营人按本公约有权援用的辩护理由和赔偿责任限制。可以看出,该规定实质上是"喜马拉雅条款"的适用。

8.5.2.4　国际多式联运经营人的赔偿责任限制及其丧失

1) 多式联运经营人的赔偿责任限制

(1) 关于货物灭失、损坏的赔偿责任限制。在现有的国际货运公约中,对于承运人的赔偿责任限制(limitation of liability)采用的赔偿标准都不尽相同。《海牙规则》采用的是单一标准的赔偿方法,即只对每一件或每一货运单位负责,而不对毛重每千克负责。这种规定方法在实际应用中存在较大缺陷,已不符合现今国际贸易和运输业发展的需要。为此,1968年制定的《维斯比规则》把双重标准的赔偿方法列入公约,既对每一件或每一货运单位负责,又对毛重每千克货物负责。同时,对集装箱、托盘或类似的成组工具在集装或成组时的赔偿也做了规定。1978年制定的《汉堡规则》也采用了这种赔偿方法。

国际多式联运公约仿照了《汉堡规则》的规定,也将这种双重赔偿标准列入了公约中。不同的是,多式联运公约不仅规定了双重标准的赔偿方法,同时也规定了单一标准的赔偿方法。多式联运公约按国际惯例规定多式联运经营人和托运人之间可订立协议,制定高于公约规定的经营人的赔偿限额。在没有这种协议的情况下,多式联运经营人按下列赔偿标准赔偿:

① 如在国际多式联运中包括了海上或内河运输,也就是在构成海/陆、海/空等运输方式时,多式联运经营人对每一件或每一货运单位的赔偿按920个特别提款权(SDR)或毛重每千克2.75个SDR,两者以较高者为准。

关于对集装箱货物的赔偿,多式联运公约基本上采用了《维斯比规则》规定的办法。因此,当根据上述赔偿标准计算集装箱货物的较高限额时,公约规定应适用以下规则:

● 如果货物是采用集装箱、托盘或类似的装运工具集装,经多式联运单据列明装在这种装运工具中的件数或货运单位数应视为计算限额的件数或货运单位数。否则,这种装运工具中的货物视为一个货运单位。

● 如果装运工具本身灭失或损坏,而该装运工具并非为多式联运经营人所有或提供,则应视为一个单独的货运单位。

② 如在国际多式联运中根据合同不包括海上或内河运输,即构成陆/空、铁/公等运输方式时,多式联运经营人的赔偿责任限额,按毛重每千克8.33个SDR。

多式联运公约采用不包括海运或内河运输在内时的单一标准赔偿方法,实际上是对其所奉行的统一责任制做出一种例外,这是非常必要的。因为多式联运如果不包括海上或内河运输,其风险就比较小,经营人收取的运费也比较高,所以采用高限额赔偿是理所当然的。但实际上,多式联运公约确定的限额并不高,8.33SDR 赔偿限额与国际公路货运公约下承运人的赔偿限额 25 金法郎相等。这说明对不包括水运的多式联运,经营人是按最低限额进行赔偿的,因为事实上多式联运不可能只由公路运输组成,它必须与铁路运输或航空运输一起组成,否则,就称不上多式联运。而国际铁路公约和华沙航空公约下的承运人的赔偿责任限额均高于公路货运公约。

此外,多式联运公约采用这一赔偿标准,显然也是为了有利于与除海上或内河运输外的其他运输方式下承运人的赔偿责任制保持一致,以避免问题的复杂化。因为,华沙航空货运公约、国际铁路货运公约及国际公路货运公约都采用的是毛重每千克单一标准的赔偿方法。

各国际货物运输公约及惯例对每一件或每一货运单位及毛重每千克赔偿限额的不同规定如表 8-1 所示。

表 8-1　国际货物运输公约有关赔偿责任限额的规定

国际公约/国内法/惯例		计算货币	每件/单位	毛重每千克
海牙规则		英镑	100	—
维斯比规则		金法郎	10 000	30
汉堡规则		SDR	835	2.5
海商法		SDR	666.67	2
华沙公约		金法郎	—	250
蒙特利尔公约		SDR	—	22
国际货约		SDR	—	16.67SDR
CMR		SDR	—	8.33SDR
国际多式联运公约	包含水运	SDR	920SDR	2.75SDR
	不含水运	SDR	—	8.33
UNCTAD/ICC 规则	包含水运	SDR	666.67	2
	不含水运	SDR	—	8.33

从上述规定中不难看出,在不包括海运方式下的多式联运中,公约采用的赔偿责任限额是各种运输公约中最低的,与公路货运公约的规定相同,但仅是铁路货运公约和华沙公约所规定的二分之一还少。可见,在国际多式联运中,货运受损方从多式联运经营人那里得到的赔偿都低于单一运输方式下所得到的赔偿限额。因此,公约规定的赔偿责任限额是十分低的。为此,公约采取了补救的办法,公约第

19 条规定,如果货物的灭失、损坏发生在某一特定的区段,而对这一特定区段所适用的国际公约或强制性国际法律规定限额高与上述限额时,多式联运经营人对这种灭失、损坏的赔偿应按该国际公约或强制性国家法律予以确定。公约的这一规定虽然补充了上述提及的不足之处,但不能确定货物在哪一区段造成损害的赔偿(即隐藏损害)时,仍然受制于多式联运公约规定的责任限制,这似乎又显得不合理。因为,隐藏损害可能发生在整个运输过程中的任何一个区段,参加多式联运的承运人都应承担相应部分的损失。以其合理性来说,应符合相应运输方式下的货运公约的规定,制定出一个相应的合理比值。如公路—铁路联运下采用公路和铁路公约的平均数。

(2) 关于迟延交付货物的赔偿。关于货物延迟交付的赔偿限额,各国际货运公约均有不同规定,如表 8-2 所示。

表 8-2 各国际公约关于货物延迟交付赔偿责任限额的规定

公　　约	赔偿责任限制	赔偿责任总额
海牙规则	未提及迟延交付	未提及迟延交付
汉堡规则	应付运费的 2.5 倍	不超过合同应付运费总额
蒙特利尔公约	同货物灭失、损害	无限额规定
CMR	延迟交付货物运费总额	无限额规定
CIM	应付运费的 2 倍	无限额规定
多式联运公约	应付运费的 2.5 倍	不超过合同应付运费总额

对于迟延交付的赔偿责任,《海牙规则》《维斯比规则》均未提及,但并不等于说排除。在实际航运业务中,《海牙规则》《维斯比规则》不允许有不合理绕航,因此,从另一侧面弥补了上述公约中没有明确延误责任的不足。但这种方法显然是十分欠缺的,承运人往往可以根据这些公约来免除自己的一些延误责任。因为根据《海牙规则》《维斯比规则》,货主想要对此获得赔偿,必须要举证船舶曾发生过不合理绕航,并且是由于船舶的不合理绕航导致了承运人延误交货,从而造成了其损失。而这对于货主来说并非易事。

《多式联运公约》对多式联运经营人在延误交货时规定,如果货物的灭失、损坏或迟延交付系由于多式联运经营人、其雇用人员或代理人的行为或不行为所致,多式联运经营人应负赔偿责任。显然,多式联运公约对不合理绕航并没有提及,但这并没有给多式联运经营人带来多大好处。因为,绕航的结果往往是时间上的延误,只有在时间上没有延误的前提下,才能对绕航不负责任。此外,多式联运公约也没有像《汉堡规则》那样提及合理绕航的问题,这主要顾及在陆运和空运中,绕航问题并不突出。

《多式联运公约》的赔偿标准中还包括了延迟交付赔偿限额的计算方法。根据公约的规定,不管多式联运是否包括海上或内河运输,经营人对延迟交货造成损失所负的赔偿责任限额,相当于被延迟交付的货物应付运费的 2.5 倍,但不得超过多式联运合同规定的应付运费的总额。同时,延迟赔偿或延迟与损失综合赔偿的限额,不能超过货物全损时多式联运经营人赔偿的最高额。可见,多式联运公约对运输延误的赔偿是建立在运费基础上的,与运费基数成正比。如延迟交付货物的运费没有超过运费总额的 40%,则按该票延误货物的运费乘上 2.5 倍,反之,如果超过运费总额的 40%,2.5 倍的标准失效,其最高运输延误赔偿不超过多式联运合同规定的应付运费的总额。

《多式联运公约》对延误赔偿的这一规定,可能产生以下问题:第一,由于公约在两套责任限额上的差异,也就是在一般赔偿责任限额高于延误损失的赔偿责任限额时,要求损害赔偿的一方当事人往往希望自己的货物损失不属于运输延误所致。然而,是否属于延误损失,一旦发生,由于存在举证上的困难,很难区分清楚。第二,当双方在多式联运合同中并没有约定交货时间,多式联运经营人是否在"合理时间内交货",如何确定"合理"的标准,又容易产生误解引起纠纷。

2) 多式联运经营人赔偿责任限制权利的丧失

为了防止多式联运经营人利用赔偿责任限制的规定,对货物的运输安全掉以轻心,使货主遭受不必要的损失,影响国际贸易和国际运输业的发展,多式联运公约在第 21 条明确规定在下列情况下,多式联运经营人将丧失赔偿责任限制:

(1) 如经证明,货物的灭失、损坏或延迟交付是由于多式联运经营人有意造成或明知可能造成而毫不在意的行为或不行为所引起,则多式联运经营人无权享受本公约所规定的赔偿责任限制的利益。

(2) 虽有第 20 条第(2)款的规定,如经证明,货物的灭失、损坏或延迟交付是由于多式联运经营人的受雇人或代理人或为履行多式联运合同而使用其服务的其他人有意造成或明知可能造成而毫不在意的行为或不行为所引起,则该受雇人、代理人或其他人无权享受本公约所规定的赔偿责任限制。

这里要顺便提及不合理绕航的法律后果问题。《海牙规则》《维斯比规则》《汉堡规则》以及《多式联运公约》都承认不合理的地理上的绕航是根本违约。不过,其规定不尽相同。在《海牙规则》中,不合理绕航被认为是一种破坏和违反该公约和运输合同的行为。这意味着承运人将丧失公约所规定的单位责任限制、免责抗辩、一年时效以及合同中各项责任限制和除外条款的权利。这与《维斯比规则》或《汉堡规则》中相关规定有所不同,后两个规则仅涉及单位责任限制。《维斯比规则》对承运人丧失责任限制的标准已做了明确的规定,即如果货损失是由于承运人的故意或者明知可能造成损失而轻率的作为或不作为造成的,承运人将丧失责任限制。而《多式联运公约》的规定更进了一步,将"故意或者明知可能造成损失而轻率的作为或不作为"的主体从多式联运经营人扩大到了多式联运经营人的受雇人或代理人或为履行多式联运合同而使用其服务的其他人,进一步保护了货方利益。

参 考 文 献

［1］王学锋. 国际物流［M］. 北京：高等教育出版社，2009.

［2］杨志刚，孙明，吴文一. 国际货运代理实务、法规与案例［M］. 北京：人民交通出版社，2006.

［3］孙明. 国际货运代理实务［M］. 3 版. 上海：同济大学出版社，2020.

［4］王学锋，陆琪. 国际物流地理［M］. 上海：上海交通大学出版社，2005.

［5］中国国际货运代理协会. 国际货运代理理论与实务［M］. 北京：中国商务出版社，2007.

［6］杨长春. 国际货物运输公约逐条解释［M］. 北京：对外经济贸易大学出版社，1999.

［7］郭文超. 中国铁路集装箱运输［M］. 北京：中国铁道出版社，1994.

［8］刘寿兰. 国际货物运输［M］. 北京：中国铁道出版社，1998.

［9］吴兆麟. 综合交通运输规划［M］. 北京：清华大学出版社，2009.

［10］罗仁坚. 中国综合运输体系理论与实践［M］. 北京：人民交通出版社，2009.

［11］郭洪太，刘雅杰. 交通运输管理［M］. 北京：人民交通出版社，2009.

［12］张丽娟. 水运价格理论与实践［M］. 北京：人民交通出版社，2003.

［13］王鸿鹏. 国际集装箱运输与多式联运［M］. 大连：大连海事大学出版社，2004.

［14］高明波. 集装箱物流运输［M］. 北京：对外经济贸易大学出版社，2008.

［15］王鸿鹏. 集装箱运输管理［M］. 北京：电子工业出版社，2007.

［16］梁心琴，张立华. 空港物流规划与运作实务［M］. 北京：中国物资出版社，2008.

［17］陈洋. 集装箱码头操作［M］. 北京：高等教育出版社，2001.

［18］陈春芳，宗蓓华. 基于 SFA 的上海港集装箱码头效率评价［J］. 上海海事大学学报，2008，9(3)：87－92.

[19] 高华. 集装箱码头管理信息系统应用分析[J]. 商场现代化，2009，9：5.

[20] 王利. 铁路集装箱站作业流程及平面配置方案设计研究[J]. 交通运输系统工程与信息，2009，6(3)：152-156.

[21] 王艳青. 基于 em-plant 的铁路集装箱结点站系统建模与仿真研究[D]. 成都：西南交通大学，2008：35-40.

[22] 闫伟. 铁路集装箱专办站运输组织研究[D]. 成都：西南交通大学，2005：55-57.

[23] 王任祥. 交通运输地理[M]. 北京：人民交通出版社，2008.

[24] 王乃仙. 世界上的大陆桥[J]. 地理教学，2004(1)：6.

[25] 陈琳，蔡卫卫. 集装箱多式联运[M]. 上海：上海财经大学出版社，2006.

[26] 田宇. 第三方物流项目管理[M]. 广州：中山大学出版社，2006.

[27] 苏印，李铁柱. 国际多式联运线路选择的方法研究[J]. 交通运输系统工程与信息，2006，6(2)：91-94.

[28] 彭其渊，闫海峰，魏德勇. 集装箱班列运输组织[M]. 成都：四川科学技术出版社.

[29] 梁杰，侯志伟. AHP 法专家调查法与神经网络相结合的综合定权方法[J]. 系统工程理论与实践，2001(3)：59-63.

[30] 朱晓宁，边彦东，马桂贞. 关于多式联运通道效益综合评价问题的研究[J]. 系统工程理论与实践，1999(4)：74-78.

[31] 葛瑞. 集装箱多式联运中转城市合理布局与路径选择研究[D]. 北京：北京交通大学，2007：34-47.

[32] 王鑫. 物流配送中车辆优化调度问题的研究与实践[D]. 沈阳：沈阳航空工业学院，2006：6-10.

[33] 杨文东，王文芳. 有时间窗的多式联运问题分析与建模[J]. 南京航空航天大学学报，2009(1)：111-115.

[34] 曾永长，王勇，赖志柱. 带时间窗口的多式联运模型与算法[J]. 工业工程，2009(2)：24-28.

[35] 王巍，张小东，辛国栋. 基于多式联运的组合优化模型及求解方法[J]. 计算机工程与应用. 2009，45(7)：212-219.

[36] 刘昱婷. 东北三省和山东半岛间集装箱多式联运路径选择研究[D]. 大连：大连海事大学，2008：11-16.

[37] 李跃宇，徐玖平. 项目时间管理[M]. 北京：经济管理出版社，2008.

[38] 王学锋，刘盈，刘颖. 国际物流项目管理[M]. 上海：同济大学出版社，2006.

[39] 赵涛，潘欣鹏. 项目时间管理[M]. 北京：中国纺织出版社，2005.

［40］王立国，吴春雅，赫连志巍. 项目管理教程［M］. 北京：机械工业出版社，2008.

［41］崔书堂，朱艳茹. 交通运输组织学［M］. 南京：东南大学出版社，2008.

［42］马天山，孙启鹏. 集装箱运输管理［M］. 北京：人民交通出版社，2009.

［43］卢向南. 项目计划与控制［M］. 北京：机械工业出版社，2009.